权威·前沿·原创

皮书系列为
"十二五""十三五"国家重点图书出版规划项目

中国社会科学院创新工程学术出版资助项目

经济蓝皮书
BLUE BOOK OF
CHINA'S ECONOMY

2018 年
中国经济形势分析与预测

ECONOMY OF CHINA ANALYSIS AND FORECAST
(2018)

顾 问/李 扬
主 编/李 平

社会科学文献出版社
SOCIAL SCIENCES ACADEMIC PRESS (CHINA)

图书在版编目（CIP）数据

2018 年中国经济形势分析与预测 / 李平主编. －－北京：社会科学文献出版社，2018. 1

（经济蓝皮书）

ISBN 978 － 7 － 5201 － 1887 － 3

Ⅰ. ①2… Ⅱ. ①李… Ⅲ. ①中国经济 － 经济分析 － 2017②中国经济 － 经济预测 － 2018 Ⅳ. ①F123. 2

中国版本图书馆 CIP 数据核字（2017）第 297883 号

经济蓝皮书
2018 年中国经济形势分析与预测

顾　　问 / 李　扬
主　　编 / 李　平

出 版 人 / 谢寿光
项目统筹 / 邓泳红
责任编辑 / 吴　敏　宋　静　彭　战

出　　版 / 社会科学文献出版社·皮书出版分社 （010）59367127
　　　　　　地址：北京市北三环中路甲 29 号院华龙大厦　邮编：100029
　　　　　　网址：www. ssap. com. cn
发　　行 / 市场营销中心 （010）59367081　59367018
印　　装 / 北京季蜂印刷有限公司

规　　格 / 开　本：787mm × 1092mm　1/16
　　　　　　印　张：25.75　字　数：425 千字
版　　次 / 2018 年 1 月第 1 版　2018 年 1 月第 1 次印刷
书　　号 / ISBN 978 － 7 － 5201 － 1887 － 3
定　　价 / 89.00 元

皮书序列号 / PSN B － 1996 － 001 － 1/1

经济蓝皮书编委会

主要编撰者简介

李 扬 1981年、1984年、1989年分别于安徽大学、复旦大学、中国人民大学获经济学学士、硕士、博士学位。1998~1999年，美国哥伦比亚大学访问学者。

中国社会科学院前副院长。中国社会科学院首批学部委员。研究员，博士生导师。十二届全国人大代表，全国人大财经委员会委员。中国博士后科学基金会副理事长。第三任中国人民银行货币政策委员会委员。2011年被评为国际欧亚科学院院士。

中国金融学会副会长。中国财政学会副会长。中国国际金融学会副会长。中国城市金融学会副会长。中国海洋研究会副理事长。

曾五次获得"孙冶方经济科学奖"著作奖和论文奖。已出版专著、译著23部，发表论文400余篇，主编大型金融工具书6部。主持国际合作、国家及部委以上研究项目40余项。

李 平 中国社会科学院数量经济与技术经济研究所所长、研究员，中国社会科学院重点学科技术经济学学科负责人和学科带头人。中国社会科学院研究生院教授、博士生导师，中国数量经济学会理事长、中国技术经济学会副理事长、中国区域经济学会副理事长。长期从事技术经济、产业经济等领域研究工作，主持参与多项国家重大经济问题研究和宏观经济预测，包括"我国未来各阶段经济发展特征与支柱产业选择（1996~2050）""中国能源发展战略（2000~2050）"等项目研究；参加"三峡工程""南水北调工程""京沪高速铁路工程"等国家跨世纪重大工程的可行性研究和项目论证。国家南水北调工程审查委员会专家，起草南水北调综合审查报告，国家京沪高速铁路评估专家组专家，代表作有《特大型投资项目的区域和宏观经济影响分析》《中国工业绿色转型》《"十二五"时期工业结构调整和优化升级研究》等。

摘　要

当前全球经济持续复苏回暖，主要大宗商品价格有所回升，全球贸易呈扩张态势。但未来世界经济不稳定、不确定性因素较多，回升基础仍然脆弱。

2017 年以来，中国经济延续回稳向好态势，国民经济呈现运行平稳、结构优化、动能转换、质量效益提升的态势。全社会固定资产投资增速小幅回落，消费增速总体平稳，进出口增速显著大幅回升，居民收入稳定增长。预计2017 年中国经济增长 6.8% 左右，增速比上年小幅回升，实现年初的增长目标。其中第一、二产业增速平稳，第三产业对经济增速贡献显著，增加值占比继续提高。

2017 年全社会固定资产投资总体保持适中较快增长，预计将超过 65 万亿元，其中基础设施投资增长 15.2%，房地产开发增长 7.5%，制造业增长3.7%，基础设施投资成为稳增长的主要动力之一，民间投资增速高于上年，达到 5.5%；社会消费品零售总额预计达到 36.6 万亿元，总体继续保持平稳增长态势，从消费结构看，最终消费支出对国内生产总值增长的贡献率为65.3%，达到 2001 年以来最高水平。同时，我国进出口增速比上年大幅回升，进口增速提高尤为显著，全年货物贸易顺差 4146 亿美元，比上年减少 961 亿美元。

2018 年是全面贯彻落实党的十九大精神的开局之年，经济社会发展具有良好支撑基础和许多有利条件，预计经济增速保持在 6.7%，与民生密切相关的就业、物价保持基本稳定，发展质量和效益有望持续提升，中国经济将在新常态下保持稳中向好发展态势。

目　录

Ⅲ 宏观政策与供给侧改革篇

Ⅳ 财政与金融篇

Ⅴ 消费、投资与进出口形势分析篇

Ⅵ 市场价格与收入分配篇

Ⅶ 新经济、新动能篇

Ⅷ 附录

皮书数据库阅读**使用指南**

努力建设"现代金融"体系（代前言）

——学习十九大报告关于建设现代金融的论述

国家金融与发展实验室　李　扬

在划时代的十九大报告中，有非常多的新表述、新观点、新理论值得我们深入思考、认真落实。对于我国金融改革和发展来说，有两个表述最重要。

第一个表述是，"我国经济已由高速增长阶段转向高质量发展阶段，……建设现代化经济体系是跨越关口的迫切要求和我国发展的战略目标"。这段话有两个要点，一是我国经济已由高速增长转向高质量发展。我以为，这个表述，是习主席经济新常态理论的进一步深化。过去大家讲经济新常态，往往过多关注经济增速下滑，却较少透过这一现象，看到经济发展的质量在改善以及效益在提高的本质。十九大的这个表述，直接阐释了质量对增长的替代关系，给了一个观察我国经济转型发展的新视角。二是我们的战略目标是"建设现代化经济体系"。我们知道，最近几年，在概括目前我国经济发展阶段时，很多人使用"新经济"这个概念。我个人觉得，新经济的概念，一则容易与上世纪末美国发生的那场变革相混淆，二则并未概括出当前我国经济基于现代科技而进行创新、转型的特征，相比而言，"现代化经济体系"的提法显然更为确当。

第二个表述与金融有关，"着力加快建设实体经济、科技创新、现代金融、人力资源协同发展的产业体系，着力构建市场机制有效、微观主体有活力、宏观调控有度的经济体制，不断增强我国经济创新力和竞争力"。我体会，这段话有三个要点。一是"现代金融"概念的提出。很明显，这一概念与前述"现代化经济体系"前后映照，互通声气。二是首次把实体经济、科技创新、现代金融、人力资源并提，并要求它们"协同发展"，形成"产业体系"。这显然指明了我国未来一段时期的工作重点和政策逻辑。三是"宏观调控有度"。这一表述尤其值得注意。我们知道，在宏观经济学理论中，宏观调控从未曾与"有度"联系在一起。十九大报告提出"有度",很强烈地传达出一个期许、一个要求、一个态度,就是宏观调控不要过度,"有形之手"不要伸得过长,不要越俎代庖,用十八届三中全会《中共中央关于全面深化改革若干重大问题的决定》(以下简称《决定》)的表述就是,要"使市场在资源配置中起决定性作用和更好发挥政府作用"。

那么,"现代金融"体系应当包含怎样一些要素呢?我以为,根据十九大报告精神,如下六方面要素必不可少。

其一,现代金融应当以服务实体经济为基本导向。这一点,相信如今已无歧义。问题在于,在实践中落实这一点并不容易。我觉得,在具体的金融实践中,如果做到一切金融活动、金融创新、金融发展,都以实体经济的需要为出发点和落脚点,服务实体经济的承诺落到实处方才有保证。讨论这一命题,我们要特别重视一个过去我们认识不充分,但今后将越来越重要的方面,就是坚持惠民导向问题,我们必须以可负担的成本,为有真实金融需求的社会各阶层和群体,有尊严地提供适当、有效的金融服务。熟悉当代金融发展的人们都知道,这是一段关于普惠金融的表述。也就是说,如果说金融过去主要是为富人服务的话,那么,从今往后,它就应广泛地面向普通人,面向草根,践行习主席在代表新一届党中央会见全球记者时候所说的那句话,"全面建成小康社会,一个不能少;共同富裕路上,一个不能掉队"。大家注意,习主席在这里用的是全称判断,这个全称判断和过去邓小平同志说要"让一部分人先富起来"恰成映照,它反映了我国社会主义市场经济发展的两个阶段,第一阶段是富起来,如今则是强起来。

其二,现代金融应当优化结构。我们知道,结构是个可以有很多含义的概念,人们可以从很多方面去阐述它。对于当前以及今后的中国金融业而言,最重要的结构有两个,第一个结构就是直接融资和间接融资相互协调、彼此配合的结构。发展直接融资,自20世纪末便开始成为我们的方向,客观地说,发展到今天,情况并不尽如人意。正因如此,在十九大报告中关于金融改革的那一小段阐述中,就拿出了三分之一的分量,给了发展资本市场。毫无疑问,这是一个极为重要的战略任务。如果说我们已经赋予资本市场很多任务的话,如今又增添了新的重托,这就是,我们要通过多层次资本市场的发展,有效降低我国企业的杠杆率,防止系统性金融风险发生。第二个结构是十八届四中全会首次出现的提法，就是坚持商业性金融、政策性金融、开发性金融和合作性金融合理分工、联动互补、协调发展。我们知道，按照过去的简单逻辑，当我们确立了发展社会主义市场经济的战略目标之后，金融业的发展目标就应当是根据市场的需要，将我们的金融业向商业性的方向上引导；事实上，几十年来的中国金融改革，确实就是在沿着这一方向发展。但是，全球金融危机以来，情况发生了变化。危机救助的实践告诉我们，面对高度复杂的金融形势，仅仅依靠商业性机构，遵循商业性原则行事，是完全行不通的。不仅如此，人们深刻认识到，充分运用政策性、开发性和合作性的金融手段，不仅为救助危机所需，而且为经济恢复和发展所需，甚至为经济正常运行所需。换言之，四类金融长期并存，彼此间合理分工，联动互补，协调发展，将成为我国未来金融业的常态。可以说，如今中国金融业出现的问题，特别是那些脱实向虚的不当趋向，都与我们过度强调金融的商业性有关。

其三，现代金融应当是市场导向的。毫无疑问，作为社会主义市场经济有机组成部分的金融业，必须有助于市场在资源配置中发挥决定性作用。这个决定性作用，表现在金融领域，就是能够有效地提供各类信号和激励机制，引导资源向那些能产生最大经济效益和社会效益的领域配置。关于金融的市场导向，有两个要点至关重要。第一个要点就是产权。大家一定注意到，在党的十八届三中全会《决定》中，产权问题就已占据极为重要的地位。在十九大报告中，产权问题再次占据显著位置，可见这个问题之重要，可见这个要求迄今为止并未被很好地落实，因而有进一步强调的必要。这是因为，所谓市场交易，所谓市场配置资源，必须以产权明晰为其前提。倘若产权不明晰，交易各方便搞不清楚自己交易的对象和性质，进一步，更搞不清楚交易中的利弊得失，这些都搞不清楚，市场交易便很难进行，更难持续，而且会产生无穷的利益纠葛。所以，完善产权制度和要素市场化配置机制，是我们推进市场导向的金融发展的第一要务。

金融发展要市场导向，第二个要点是完善金融系统中的利率、汇率和收益率曲线。我们还是回顾一下十九大报告。在唯一的关于金融改革的三段表述中，第一个表述关乎资本市场，第二个表述就关乎几个"率"了。报告指出，"健全货币政策和宏观审慎政策双支柱调控框架，深化利率和汇率市场化改革"。在这里我想特别指出，关于利率市场化，我们将它看得过于简单了。近十年来，我们多次宣称利率市场化已接近成功，就差"临门一脚"了，然而，踢来踢去，到最后我们才发现，利率市场化的若干基本要素和关键环节仍然没有到位。我想强调，千万不要轻视利率、汇率等金融的基本要素，须知，要想将利率、汇率说清楚，几乎需要把整个金融从头至尾说一遍，因为，利率、汇率等金融的基本要素，几乎渗透在金融的所有环节之中，因此，对于它们的改革，需要金融业的所有环节予以配合。现在，党的十九大再次把利率和汇率的市场化改革任务提到了我们面前，我们应当有所作为。说到"率"，还有一个收益率曲线问题，这在十八届三中全会《决定》中，是与利率、汇率并列提出的。我们知道，金融的几乎所有问题就是定价问题，而只有在有效的收益率曲线的基础上，有效的定价方才可能，一旦我们能够有效对金融产品定价，资源的市场化配置就有了前提条件。

其四，健全货币政策和宏观审慎政策双支柱调控框架。这又是一个新的表述。我们知道，全球金融危机以来，各国当局和国际组织创造了难以胜数的新理念、新工具和新框架，然而，唯一获得全世界共识的，只有宏观审慎政策。我们注意到，关于宏观审慎，自危机开始便在全世界热烈探讨，然而，相当长时期内，业界始终不得要领。主要因为，宏观审慎政策作为一项新的治理机制，其自身并没有区别于其他政策体系的政策工具，而且，其目标和货币政策目标经常混淆。经济政策学告诉我们，没有独立的工具，缺乏自己的独立目标，一项政策体系就很难成立。回顾危机以来各国货币当局的行为，大约可以说，唯独英格兰银行认真做出了探索，其他国家则停留在概念和口头上。正是在这样的背景下，中国的货币当局做出了很多有价值的努力，并取得了有益的进展。当然，这种进展与中国的国情密切有关。如今，中国的宏观审慎政策已大致上有了与货币政策相区别的理念和政策工具，宏观审慎政策与货币政策也已展开了有意义的配合实践。

在中国，说到政策配合，就少不了另外一个更高层面的配合，那就是，货币政策必须与国家发展规划相配合，与财政政策、产业政策、收入分配政策和区域发展政策等密切配合。这是一个更大的政策体系。这就提出了一个在更高层面和更大范围内的政策协调配合问题。毋庸讳言，目前，我国经济政策的制定和实施过程中最大的问题就是不协调。每一项政策若单独看，都有合理性，问题恰恰在于，在宏观经济体系内，所有单个的调控政策要想取得预期效果，非同其他相关政策协调配合不可。

其五，有效监管。自从全国金融工作会以来，加强监管，并借以"守住不发生系统性风险的底线"，已经成为金融界的共识。但是，必须清楚地认识到，有效监管绝不意味着强监管，更不意味着无所不至的强管制。为市场经济发展所需的有效监管，应当是"好的监管"，应当是不妨碍市场运行的监管，不越俎代庖的监管，它的主旨在于确定一个合理的运行框架，使得所有的金融机构、金融市场、金融活动有章可循。这样一种监管，应能让实体经济、让金融业、让市场更有效地发挥作用，应能更好地保护消费者利益，它绝不应当妨碍市场主体的自由经营。就此而论，我认为，在与金融业发展有关的各方面之间建立一个内洽的不矛盾的监管架构，对于我国社会主义市场经济发展而言至关重要。

其六，积极开展国际货币政策协调。经过几十年持续发展，如今的中国已经站在了世界舞台的中央。在新的情势下，我们迫切需要同国际社会密切配合，彼此协调，为世界人民争取最大的福祉。首先，我们需要将自己建设为一个开放型经济体，这是十八届三中全会就已确定的目标。在完善的开放型经济体的基础上，我们要积极同国际社会磋商、协调，争取合作共赢。在刚刚结束不久的各国政党会议上，习主席代表中国阐述了我们的严正立场，这就是，我们不接受国际社会强加给我们的规则，同时，我们也不输出自己的规则。那么，国际协调该如何运行呢？就是对接。就是践行"一带一路"倡议，就是在承认各国利益的基础上，承认世界多元化的前提下，寻求最大公约数，兼顾我国国情和国际标准，完善全球金融治理体系，争取合作共赢。其中，经常开展货币金融政策的国际协调，是题中应有之义。唯有如此，才能使得我们这个世界，使得我们这个地球村能够平稳发展，造福全人类。

总 报 告

General Reports

B.1
中国经济形势分析与预测

——2017年秋季报告

"中国经济形势分析与预测"课题组*

要点提示

2017年初以来,全球经济复苏呈现出更多积极因素,经济继续复苏回升,全球贸易呈扩展态势,大宗商品价格有所回升,全球通胀相对稳定,经济信心转向乐观。

预计2017年中国经济增长6.8%左右,增速比上年回升0.1个百分点,实现年初预期6.5%~7.0%的经济增长目标,继续保持在中高速适当的经济增长区间。

预计2017年第三产业增加值占比继续提高,固定资产投资增速小幅

---

* 课题总负责:李扬;执行负责人:李平、李雪松;执笔:李平、娄峰、樊明太、李文军、张延群、胡洁、万相昱;参加起草讨论的还有:刘强、刘生龙、张涛、蒋金荷、胡安俊、冯烽、程远、王怡等。

回落，消费增速总体平稳，进出口增速显著大幅回升，贸易顺差基本稳定，CPI 与 PPI 背离的剪刀差有所缩小，居民收入稳定增长。

预计 2017 年全社会固定资产投资将达到 65.1 万亿元，名义增长7.0%，实际增长 2.6%，虽然增速分别比上年小幅回落 1.1 个和 6.2 个百分点，但总体仍然保持了适中较快增长态势。从结构上看，在固定资产投资中，制造业投资增长 3.7%，基础设施投资增长 15.2%，房地产开发投资增长 7.5%，2017 年基础设施投资成为稳增长的主要动力之一，多拉动 GDP 增长 0.7 个百分点，民间投资增速将达到 5.5%，高于上年增速，但依然有较大的上升空间。

预计 2017 年社会消费品零售总额将达到 36.6 万亿元，名义增长10.3%，增速比上年回升 1 个百分点；扣除价格因素，实际增长 9.0%，增速比上年增加 1.2 个百分点，总体继续保持平稳增长态势。从内需结构上看，2017 年最终消费支出对国内生产总值增长的贡献率为 65.3%，比上年提高 0.7 个百分点，达到 2001 年以来最高水平。

预计 2017 年我国出口和进口（以美元计价）分别增长 6.6% 和14.7%，增速分别比上年大幅回升 14.2 个和 20.2 个百分点，全年货物贸易顺差为 4146 亿美元，比上年减少 961 亿美元。

2017~2018 年中国经济将在新常态下运行在合理区间，就业、物价保持基本稳定，中国经济不会发生硬着陆。

从科技政策模拟结果来看：①无论从全国还是从农村和城镇来看，财政再分配的效应均为负，其对农村的负作用大于城镇，即财政再分配没有起到缩小中国城乡收入差距的作用，原因在于中国支出端间接税的负效应远大于社会保障、转移支付和支付税费的正作用，其对农村的影响大于城镇。②不同财政工具的再分配效应存在明显差别。从全国来看，转移支付、社会保障缴费和个人所得税的再分配效应为正，而来源端间接税、社会保障收入和支出端间接税的再分配效应为负。③与 5 个中等收入国家比较显示，中国初始收入分配差距低于其他中等收入国家，财政再分配后也低于其他国家，但财政再分配的效应为负，不同于其他中等收入国家；与10个发达国家（地区）比较显示，中国初始收入分配差距低于多数发达国家，但我国财政再分配效应为负，而其他发达国家财政再分配效应为正且对收入分配的调节力度大，因此财政再分配后我国的收入分配差距远高于其他发达国家（地区）。

2018年需要保持一定力度的扩张性财政政策以稳定经济增长。实施积极有效的财政政策，不仅要求在财政支出方面保持适度的增速，并优化支出结构、提高资金使用效率，更要求以税制改革为重心，完善税收体系，减轻宏观税负，从而激发企业生产活力，增强居民购买力；另外，合理利用税收、社会保障、转移支付等手段，进一步增强我国当前的财政再分配效应；同时，协调货币政策和审慎监管政策，稳定流动性和风险预期；稳步推进创新驱动发展战略，继续加强供给侧结构性改革；从提升劳动力质量、优化投资结构，以及增加研发强度、改革科研体制等方面促进全要素生产率不断提高，从而促进新旧动能转换，确保经济中长期稳定较快增长。

一　当前国际经济环境分析

自2007年美国次贷危机爆发以来，全球经济经历了近十年漫长而艰辛的复苏历程，而从目前发展态势来看，全球经济复苏呈现出更多积极因素，经济增速稳步回升，全球贸易呈扩展态势。世界贸易景气指数（WTOI）显示，未来全球贸易增长进入上升通道，同时大宗商品价格进一步回升，全球通胀相对稳定，经济信心转向乐观。预计2018年全球经济复苏态势持续平稳，且经济增速进一步回升，而经济上行周期可能进一步延长。尽管如此，全球危机仍无法被有效摆脱，不确定性风险仍将不断出现：第一，全球经济结构失衡严重，各主要经济体投资和有效需求不足，经济潜在增速偏弱，高债务高杠杆运行模式给全球金融系统带来巨大的波动风险；第二，各主要经济体经济政策的外向系统性差，而内向边际效果锐减，宽松的经济刺激政策难以为继；第三，全球化贸易格局受挫，各国经济政策向国内收敛，贸易摩擦增多，全球贸易格局正在酝酿重大变革;第四,大宗商品价格的持续低迷与竞争性汇率政策可能加剧全球性通缩风险;第五,超长期低迷的经济形势正在消耗复苏的信心,恶化收入分配格局,经济风险持续向政治风险转化。在这样的背景下,全球经济再平衡周期可能进一步拉长,且存在震荡风险,需要特别关注金融汇率市场的系统性风险。

目前,美国经济继续保持良好发展态势。经修正后 2017 年第二季度 GDP 增长率高达 3%,美国经济表现出前所未有的强劲增长态势,同时,失业率持续降低,源生性风险得以消除,再工业化进程加速,社会投资逐步回升。与此同时,前期低位运行的国际大宗商品价格间接地形成了对消费的有效支撑,削弱了美国国内通胀压力。良好的经济表现加之美元走强预期,促进了跨境资金回流,美国经济增长的内生动力正在加强。但美国民众对于经济增长的信心出现波动,表现为非农劳动参与率偏低以及对当前政府政策稳定性的普遍担忧。美国也面临新一轮的财务整顿压力。保守派执政党为兑现竞选承诺并贯彻自身政治立场,必然进一步加快财政改革,推进结构性减税,扶植国内制造业并限制移民政策,并被迫提高政府债务上限,美联储未来的货币政策将向执政党倾斜,这意味着美国货币政策存在波动性风险甚至可能出现方向性调整,同时,为缓和加息和缩表计划给全球资本市场带来冲击以及防范其他主要经济体的货币政策对冲方案,美联储加息动力恐将进一步减弱,这间接稳定了全球经济预期,并为各国调整经济政策争取了时间。

欧元区在顽强地摆脱一个个衍生性危机的同时继续推进着艰难的复苏进程,欧洲经济整体内需回暖,经济复苏信心增强,法国、德国等主要经济体大选尘埃落定使得后续风险减少,国际资本有望持续回流,预计未来经济运行将呈现平稳态势,经济增速进一步持续回升。然而,英国脱欧事件带来的影响恐将持续发酵,未来民粹主义风暴、极右翼势力抬头以及难民问题的升级,都可能再次重创欧洲经济一体化进展。更糟糕的是,欧洲央行的量化宽松政策难以为继,欧元区必须尽快实质性推进结构改革,着力解决经济结构失衡、实体经济空心化、就业压力加大、政策机制不协调、收入分配恶化等问题,同时努力消除欧元区财政政策独立和货币政策统一的相互掣肘局面,促进欧元区经济的均衡复苏和合理化结构配置。

最新数据显示,日本 2017 年第二季度实际经济增速为 0.6%,若折算为全年增速，则高达2.5%，高于日本上年同期水平，也高于欧美各主要发达国家水平。日本通过稳定注入的流动性宽松，使通缩压力缓解，出口稳步回升，居民消费持续增长，同时日本采购经理人指数（PMI）持续走高，预示未来生产情况继续向好，企业信心进一步增强。然而人口老龄化趋势在压缩劳动力供给的同时，也对未来消费形成巨大而持续的挤出效应，日本长期经济增长引擎面临熄火，这也给计划于2019年实施的进一步税改施加了巨大压力。作为"安倍经济学"核心内容的结构性改革仍然面临巨大挑战，日本经济长期运行风险有所积聚。

新兴市场国家正在经历严峻挑战，在全球有效需求不足、大宗商品价格低迷、全球贸易萎缩以及流动性错配等国际背景下，新兴市场国家自身经济结构存在的弊端凸显，经济增速普遍较前期大幅放缓，部分国家甚至出现负增长。但全球经贸格局的巨变也给以金砖国家为代表的新兴市场国家带来重大的发展机遇，未来新兴市场国家应积极促进内部经济结构调整，有针对性地加强国际战略合作，加快重塑全球经济发展的新格局。其中，印度货币改革的负面效应反复发酵，莫迪政府面临重大调整，但综合考虑人口结构优势和国际资本流向，印度经济有望持续回升；巴西虽然暂时摆脱了长期负增长的困局，但内生经济增长动力仍严重不足，国内政治局势持续动荡，经济运行仍存在较大风险；南非的经济低迷仍将持续，其内生经济增长动力严重匮乏，财政状况不断恶化，政治局势不稳，投资环境和消费水平短期难以改善；俄罗斯正在面临严峻的国内外经济环境，为实现未来经济增长，必须加速调整经济结构并谋求国际关系再平衡；东盟国家由于区域贸易环境的改善，将保持良好的增长态势；而以大宗商品出口为主要经济支持的中东、北非和拉美等其他发展中国家，在国际大宗商品价格完全转入上升通道前，难以彻底摆脱困境。

长期以来，中国经济增长对全球经济的稳定和繁荣发挥了积极的影响，特别是全球经济危机后，中国为全球经济有效摆脱困境并实现再平衡发挥了不可替代的重要作用，成为全球经济复苏最稳定、最核心的发展动力。作为全球第二大经济体和第一大贸易体，中国的经济发展已不可能孤立于全球经济系统之外，两者间的交互影响日益显著。当前全球经济的稳定复苏和国际贸易的回暖，使中国未来对外经贸环境以积极因素为主，在"一带一路"建设和"金砖峰会"等国际合作机制的助力下，中国贸易伙伴结构正在发生变化，外贸格局趋于多元化、周边化和主动化，对欧美发达国家市场的依赖性减弱。同时，中国对外贸易自身的质量和效益也有显著提升，微观层面的抗风险能力明显增强。尽管如此，全球经济漫长而艰辛的复苏进程已经严重影响到各国对外经贸合作的信心，经济复苏状态的不均衡性和易变性导致各国经济政策向内倾斜，国际贸易摩擦加剧，全球贸易格局也在酝酿重大变革，这在短期内会给中国的对外经济贸易带来风险，而在长期更会对中国在国际政治和经济舞台中的战略性决策提出更高的要求。而此前各经济体为刺激经济增长而大量注入的流动性宽松，在当前全球货币政策缺乏协调机制的情况下，可能给中国金融和汇率市场的稳定性带来较大冲击。另外，诸如地缘政治等非经济干扰因素存在大规模爆发的风险。

二 2017年中国经济形势分析及预测

经济增速稳中略升。全球经济整体稳步复苏，尤其是美欧日等发达国家和地区经济复苏好于预期，外部需求明显改善；在经济新常态下，我国加快调整经济结构，经济增长新动力不断积聚，财政收入好于预期，财政政策更加积极，工业生产增长较快，库存水平提高，工业企业主动回补库存的需求发挥作用，棚户区货币化安置和返乡置业需求促进了三、四线城市的商品房销售好转，进而带动消费需求。在上述积极因素的共同作用下，2017年上半年我国经济增速高于社会预期。预计2017年中国经济增长6.8%左右，增速比上年增加0.1个百分点，实现年初预期6.5%~7.0%的经济增长目标，继续保持在中高速适当的经济增长区间。

产业结构继续优化，第三产业贡献突出。2017年，第三产业增速继续快于第一产业和第二产业。预计三次产业增加值将分别增长3.4%、6.2%和7.8%，其中第一和第二产业增速均比上年回升0.1个百分点，第三产业增速与上年持平；第三产业增加值占国内生产总值的比重为54.7%，比上年大幅提高3.1个百分点；三次产业分别拉动GDP增长0.3个、2.5个和4.0个百分点；三次产业对GDP增长的贡献率分别为4.3%、37.4%和58.3%，其中第一产业和第二产业贡献率分别比上年增加0.5个和0.8个百分点，第三产业贡献率略微小幅回落，但依然占据主导地位。

固定资产投资增速下滑，投资结构分化。2017 年，随着中央和地方政府财政收入状况的改善，财政政策更加积极；同时，国家出台了一系列宏观调控措施，使短板领域投资加大，城市轨道交通、地下综合管廊建设等基础设施支撑能力持续提升，生态保护和环境治理、水利投资水平不断提高，2017 年基建投资继续保持高速增长；高技术产业投资快速增长，2017 年上半年高技术制造业和高技术服务业投资同比分别增长 21.5% 和 22.3%，分别高于全部投资增速 12.9 个和 13.7 个百分点，这说明我国制造业确实在不断升级转型，为中国经济未来持续增长奠定了坚实的发展基础。值得注意的是，虽然 2017 年民间固定资产投资增速有所回升，略好于上年，但依然处于历史低位。预计 2017 年全社会固定资产投资将达到 65.1 万亿元，名义增长 7.0%，实际增长 2.6%，虽然增速分别比上年小幅回落 1.1 个和 6.2 个百分点，但总体仍然保持了适中较快的增长态势。从结构上看，在固定资产投资中，制造业投资增长 3.7%，基础设施投资增长 15.2%，房地产开发投资增长 7.5%，2017 年基础设施投资成为稳增长的主要动力之一，多拉动 GDP 增长 0.7 个百分点。然而，从 2016 年 1 月开始民间投资增速大幅下滑，显著低于政府主导的公共投资增速，而且这两个缺口呈现出进一步扩大之势，虽然 2017 年民间投资增速将达到 5.5%，高于上年 3.2% 的增速，但依然处于近十年的较低水平，这说明 2017 年国家出台的相关促进民间投资的政策虽然有效遏制住民间投资萎靡不振的发展态势，但效果并不理想。

消费平稳增长，需求结构不断改善。2017 年以来，绿色消费成为市场热点，服务消费继续快速发展，实体零售呈现回暖态势，消费升级驱动的品质消费正在渗透到各个消费领域；同时，随着网络支付技术和相关风险制度的完善，以"互联网＋"为核心特征的消费新业态显著改变了传统的消费行为和消费模式，为消费者提供了更加便利化和多元化且质优价廉的互联网消费产品，极大地激发了人们的消费热情，成为我国经济增长的新动力；预计 2017 年社会消费品零售总额将达到 36.6 万亿元，名义增长 10.3%，增速比上年回升 1 个百分点；扣除价格因素，实际增长 9.0%，增速比上年增加 1.2 个百分点，总体继续保持平稳增长态势。从内需结构上看，2017 年最终消费支出对国内生产总值增长的贡献率为 65.3%，比上年提高 0.7 个百分点，达到 2001 年以来最高水平。

进出口增速明显回升，贸易顺差基本稳定。2017 年，随着全球经济温和复苏，国际市场需求明显改善，从而带动我国出口显著回升；同时，国内经济稳中向好，带动进口持续增加。另外，国际大宗商品价格的快速上涨助推我国进出口价值增长，加上 2016 年我国进出口基数较低，从而使 2017 年上半年我国进出口不仅延续了 2016 年下半年以来的回稳向好态势，也创下了 2011 年下半年以来的半年度同比最高增速。虽然国际贸易保护主义依然严重，"逆全球化"现象不断增多，但随着我国对传统市场的进出口全面回升、贸易方式结构不断优化，以及"一带一路"建设的积极推进，未来我国外贸依然存在较大发展空间。预计 2017 年我国出口和进口（以美元计价）分别增长 6.6% 和 14.7%，增速分别比上年大幅回升 14.2 个和 20.2 个百分点，全年货物贸易顺差为 4149 亿美元，比上年减少 961 亿美元。

供给侧改革效果显现，物价基本稳定。2017 年，随着我国"去产能"政策的逐步落实，严重失衡的工业品供需关系有所改善，加之劳动力成本不断上升，以及钢铁、煤炭等产品价格快速回升等因素的综合作用，PPI 价格指数快速回升，从而使我国面临的通货紧缩风险大大降低。另外，2017 年居民消费价格指数翘尾因素较少，M2 增速大幅回落，房地产价格持续保持高位，美国"缩表加息"政策对我国利率造成间接压力。综合以上因素，预计 2017 年居民消费价格上涨 1.6%，涨幅比上年回落 0.4 个百分点，总体依然处于温和上涨状态；工业品出厂价格上涨 6.2%，涨幅比上年大幅增加 7.5 个百分点；GDP 缩减指数由 2016 年的 1.2% 继续回升到 3.8%。

居民收入稳定增长，城乡差距进一步缩小。2017 年，随着我国劳动力市场结构性不断变化，居民收入持续稳定增长，城乡居民收入分配结构得以持续改善。预计 2017 年农村居民人均纯收入和城镇居民人均可支配收入分别实际增长 7.6% 和 6.4%，农村居民人均纯收入实际增速连续八年高于城镇居民人均可支配收入，城乡居民收入差距进一步缩小。

三 2018年中国经济预测

根据中国宏观经济季度模型预测，2018 年，我国 GDP 增长率为 6.7%，比上年略微减少 0.1 个百分点。从定性分析上看，这种预测结果与供给侧和需求侧两个方面的现实情况相一致。

从供给侧角度来看，决定经济增长的主要因素包括劳动力、资本和全要素生产率。由于我国劳动力供给自 2012 年进入拐点以来逐年下滑，近年来全要素生产率增长率维持在低位运行；而资本存量增速也随着固定资产投资增速的下降而下滑。由于以上诸多因素短期内很难得到显著改变，这意味着 2018 年我国 GDP 潜在增长率依然会在适当区间内出现小幅下滑。

从需求侧角度来看，虽然以美欧日为代表的发达国家和地区经济持续向好，外需不断增加，但美国的"缩表加息"配合其"降税减负"的产业政策可能会进一步促使资本和制造业不断回流，从而使得新兴经济体外部融资条件收紧、投资使用成本上升、消费机会成本上升，甚至可能引发局部地区资产泡沫破裂，进而造成银行坏账增加、居民财富缩水等潜在金融风险；而且随着美国制造业的不断复苏和扩张，其外部需求将不断减小，并形成新的国际市场供给，加剧国际市场竞争。另外，由于 2017 年较高的基数因素，2018 年我国外需增速将有所回落。

从内需来看，虽然以"互联网＋"为核心特征的消费新业态的发展欣欣向荣，高新技术制造业和高技术服务业投资高速发展，产业升级加快，但总体而言，新旧动能转换不能一蹴而就，由于规模和时滞等因素，新的发展动能短期内难以完全抵消因结构调整而带来的负面影响，其未能发挥决定性作用；三、四线城市缺少产业的有力支撑，并且随着信贷政策收紧，在房地产调控措施趋紧的环境下，房地产销售和投资将会逐步回落，而政府债务、赤字水平将限制基础设施投资作用的发挥，从而使得 2018 年投资的拉动作用或将减弱。另外，由于国民收入分配问题依然没有得到有效解决，政府、企业、居民收入分配依然存在较大失衡，基尼系数依然居高不下，从而限制了居民消费水平的大幅提升。

2018 年经济增长存在许多积极因素：新一轮对外开放（上海自贸区、外商投资新模式、结构性改革），以及"一带一路"建设的积极推进将稳定和激发我国的外部需求；我国就业规模持续扩大，调查失业率保持在 2013 年以来的最低位，这对社会稳定、居民收入增长将起到关键作用；社会稳定，居民收入稳步增长，消费者预期稳定，消费新业态高速发展，消费质量不断提升；虽然 2018 年翘尾因素将成为推动 CPI 上升的重要力量，而上游成本压力不断加大，但是目前供给充足，成本传导较为缓慢，且国际原油供需将趋于平衡，原油价格基本稳定，对国内的输入作用有限，从而使得我国物价水平总体依然保持平稳。

另外，从经济先行指数角度来看，通过经济先行指数来判断经济运行趋势，是国际学术界进行经济预测的方法之一，根据中国社会科学院数量经济与技术经济研究所的中国经济先行指数（该指数由21个子指标构成），2017年下半年至2018年上半年，我国的经济增速呈现微幅平稳下滑的趋势，具体指标预测如下。

2018年全社会固定资产投资将达到69.2万亿元，名义增长6.3%，实际增长2.4%，增速分别比2017年小幅回落0.7个和0.2个百分点，其中，房地产固定资产投资、基础设施固定资产投资、制造业固定资产投资和民间固定资产投资名义增速分别为5.1%、14.1%、3.6%和4.0%，整体而言，固定资产投资增速仍在小幅下滑。

2018年社会消费品零售总额将达到40.3万亿元，名义增长10.1%，实际增长8.7%，增速分别比上年小幅回落0.2个和0.3个百分点，下降幅度逐渐收窄。

2018年居民消费价格指数（CPI）为2.0%，比2017年增长0.4个百分点，依然处于温和上涨阶段。PPI为3.6%，增幅比2017年大幅减少2.6个百分点，这意味着2018年工业品价格的上涨压力将有所缓解。

预计2018年农村居民人均纯收入和城镇居民人均可支配收入分别实际增长6.8%和5.8%，农村居民人均纯收入实际增速连续八年高于城镇居民人均可支配收入实际增速；财政收入18.3万亿元，增长5.7%，财政支出22.3万亿元，增长8.8%。

总之，2017～2018年中国经济将在新常态下运行在合理区间，就业、物价保持基本稳定，中国经济不会发生硬着陆。表1列出了2017～2018年国民经济主要指标的预测结果。

表1 2017～2018年国民经济主要指标预测

指标名称	2017年统计值（第一季度）	2017年统计值（第二季度）	2017年统计值（第三季度）	2017年预测值（第四季度）	2017年预测值（全年）	2018年预测值（全年）
1. 总量						
GDP增长率(%)	6.9	6.9	6.8	6.7	6.8	6.7
2. 产业						
第一产业增加值增长率（%）	3.0	3.8	3.9	3.0	3.4	3.1

指标名称	2017年统计值（第一季度）	2017年统计值（第二季度）	2017年统计值（第三季度）	2017年预测值（第四季度）	2017年预测值（全年）	2018年预测值（全年）
第二产业增加值增长率（%）	6.4	6.4	6.0	6.0	6.2	6.0
第三产业增加值增长率（%）	7.7	7.6	8.0	8.0	7.8	7.7
第一产业对GDP增长的拉动（个百分点）	0.1	0.3	0.4	0.3	0.3	0.3
第二产业对GDP增长的拉动（个百分点）	2.5	2.7	2.5	2.5	2.5	2.5
第三产业对GDP增长的拉动（个百分点）	4.3	3.9	3.9	3.9	4.0	3.9
第一产业贡献率（%）	2.2	3.9	5.5	5.1	4.3	4.1
第二产业贡献率（%）	36.1	39.3	36.9	37.3	37.4	37.0
第三产业贡献率（%）	61.7	56.8	57.6	57.6	58.3	58.9
3. 投资						
全社会固定资产投资（十亿元）	9563	19061	18148	18363	65135	69239
名义增长率（%）	9.2	8.3	5.5	6.1	7.0	6.3
实际增长率（%）	4.5	3.4	1.3	2.2	2.6	2.4
房地产固定资产投资（十亿元）	1929	3132	3003	2963	11028	11589
房地产固定资产投资名义增长率（%）	9.1	8.2	7.4	5.9	7.5	5.1
基础设施固定资产投资（十亿元）	2376	5075	4986	5080	17516	19994
基础设施固定资产投资名义增长率（%）	18.7	16.0	14.3	13.8	15.2	14.1
制造业固定资产投资（十亿元）	2933	5748	5401	5395	19478	20185
制造业固定资产投资名义增长率（%）	5.8	5.4	1.9	2.6	3.7	3.6
民间固定资产投资（十亿元）	5731	11293	10728	10762	38515	40046

续表

指标名称	2017年统计值（第一季度）	2017年统计值（第二季度）	2017年统计值（第三季度）	2017年预测值（第四季度）	2017年预测值（全年）	2018年预测值（全年）
民间固定资产投资名义增长率(%)	7.7	6.9	4.0	4.2	5.5	4.0
4. 消费						
社会消费品零售总额（十亿元）	8583	8655	8993	10418	36650	40336
名义增长率(%)	10.0	10.8	10.3	10.1	10.3	10.1
实际增长率(%)	8.2	9.7	9.2	8.9	9.0	8.7
5. 外贸						
进口总额（十亿美元）	417	445	474	486	1822	1978
进口增长率(%)	23.9	14.4	14.5	8.3	14.7	8.6
出口总额（十亿美元）	481	566	589	600	2236	2354
出口增长率(%)	7.8	9.0	6.5	3.6	6.6	5.3
货物贸易顺差（十亿美元）	64	121	115	114	414	376
6. 价格						
工业出厂品价格指数上涨率(%)	7.4	5.8	6.2	5.5	6.2	3.6
居民消费价格指数上涨率(%)	1.4	1.4	1.6	2.0	1.6	2.0
核心 CPI 上涨率(%)	2.0	2.1	2.2	2.2	2.1	2.2
投资品价格指数上涨率(%)	4.5	4.7	4.3	3.8	4.3	3.8
GDP 平减指数(%)	4.6	3.9	3.6	3.2	3.8	3.2
7. 居民收入						
城镇居民人均可支配收入实际增长率(%)	6.3	6.7	6.8	6.0	6.4	5.8
农村居民人均纯收入实际增长率(%)	7.2	7.6	8.7	6.8	7.6	6.8
8. 财政收支						
财政收入（十亿元）	4437	4994	3982	3903	17316	18296
财政收入增长率(%)	14.1	7.1	11.0	2.3	8.5	5.7
财政支出（十亿元）	4592	5757	4839	5318	20506	22320
财政支出增长率(%)	21.0	12.4	7.1	2.5	9.2	8.8

指标名称	2017年统计值（第一季度）	2017年统计值（第二季度）	2017年统计值（第三季度）	2017年预测值（第四季度）	2017年预测值（全年）	2018年预测值（全年）
财政赤字（十亿元）	155	763	857	1415	3190	4024
9. 货币金融						
新增贷款（十亿元）	4222	3746	3186	2704	13858	14817
居民储蓄存款余额（十亿元）	62552	63714	64259	63959	63959	68245
居民储蓄存款余额增长率（%）	7.7	7.5	8.4	7.0	7.0	6.7
M2（十亿元）	159961	163128	165566	168957	168957	183994
M2 增长率（%）	10.6	9.4	9.2	9.0	9.0	8.9
各项贷款余额（十亿元）	110826	114572	117758	120462	120462	135279
各项贷款余额增长率（%）	12.4	12.9	13.1	13.0	13.0	12.3
社会融资总额（十亿元）	6943	4220	5672	3419	20255	22717

四　政策建议

（一）以税制改革为重心促进财政政策更加积极有效

2017 年上半年我国经济形势虽然有所好转，但仍面临下行压力，需要保持一定力度的扩张性财政政策以稳定经济增长。实施积极有效的财政政策，不仅要求在财政支出方面保持适度的增速，优化支出结构，提高资金使用效率，更要求以税制改革为重心，完善税收体系，减轻宏观税负，从而激发企业生产活力，增强居民购买力。

1. 推进税制改革，减轻宏观税负

宏观税负较重仍是我国在保持经济增长、推进供给侧改革时需要解决的重要问题。我们将全国一般公共预算收入占 GDP 的比例作为宏观税负的指标，2006 年至 2016 年我国财政收入占 GDP 的比重由 17.7% 增加到 21.4%，这表示该口径度量的宏观税负是增加的。从税收承担主体来看，不仅企业承担税负较重，居民的赋税压力也较重。在个人所得税制基本不变的前提下，2017 年前两个季度居民人均可支配收入名义增长率同比为 8.8%，而同期个人所得税为 6753 亿元，同比增长 18.6%，远高于居民可支配收入增速。整体来说，我国的税收制度仍有一些不能适应当前经济形势的部分。

首先，从税收结构来看，我国财政税收收入中间接税所占比重过大。不考虑关税，国内增值税、营业税和消费税这三项间接税占财政各项税收收入的比重从 2000 年的 57.9% 下降到 2016 年的 47.9%，尽管整体趋于降低，但是比重仍然偏高。间接税税负更容易转嫁，会造成商品价格扭曲。相较于直接税，间接税更具有累退性，不符合公平原则。以间接税为主的税制也更具顺周期性，限制了政府通过税收政策调控宏观经济的有效性。

其次，无论从企业还是从居民角度来看，我国经济主体承担的税负都较高。企业税负方面，2016 年我国"营改增"全面铺开，这对降低企业税率、理顺税制体系有着重要意义。虽然"营改增"减少了重复征税，减轻了企业负担，但是我国企业的整体税负仍然偏重，需要进一步降低税率。居民税负方面，个人所得税增速高于居民可支配收入增速，这表明我国个人所得税制并不适应如今的经济形势，其在调节居民收入方面效果较差。建议加快推进改革个人所得税制方面的研究和论证工作，并尽可能快地实行。

最后，税收体系的缺陷造成政府宏观调控手段不足。税收政策是我国市场经济宏观调控的基本工具，而税收体系的缺陷会导致宏观调控力度的减弱，甚至造成政府过多地利用非市场化的行政手段对市场经济进行不当干预。近期这一问题突出表现在环保部门对企业污染问题的治理上。由于我国还未开征环境保护税，政府治理企业污染更多的是依靠罚款和关停等手段，难以形成有效的促进企业运用节能减排技术减少污染的激励机制。某些地区的环保部门为了实现节能减排目标，将区域内某些行业的所有企业"一刀切"地全部关停，而不考虑行业内企业真实排放情况的差异。这种简单粗暴的方法不仅有悖于市场化改革的大方向，而且不利于节能减排长期目标的实现。建立环境保护税收体系，采用更加市场化的方法，依据企业实际排放水平课税，将企业外部性内化以激励企业采用更为环保的生产技术，并保障达到环保标准的企业正常生产，不仅有利于实现节能减排的目标，而且有利于兼顾经济增长和民生发展的目标，维持市场经济秩序。建议尽快完善环境保护、资源利用方面的税收体系，更多地利用税收手段调节企业行为，减少行政命令对企业的直接干预。

总之，随着各项改革进入深水区，我国需要进一步解决税收体系中遗留的不适应当前经济形势的各种问题，以提高宏观调控的有效性，推动经济发展。

2. 采取多种措施促进财政政策积极有效

第一，扩大财政支出规模，保持3%的赤字率。过高的财政支出会提高赤字率进而增加财政风险，因此近年来我国的赤字率一直保持在3%以下。从1~7月企业利润和出口等指标来看，2017年上半年的经济形势出现好转迹象，但仍面临下行压力。因此需要继续保持一定力度的扩张性财政政策以稳定经济增长。1~7月财政收入增速回升也为进一步增加财政开支提供了空间。建议全年赤字率仍然保持在3%，既保持对经济一定的刺激力度，又避免过高的财政风险。

第二，提高资金使用效率，增强财政政策有效性。从财政支出的角度看，财政政策效果不只取决于支出规模，还在于财政资金的使用效率。尤其是在目前财政支出增速有限的背景下，提高资金使用效率显得更为重要。因此，需要进一步探索科学的管理财政资金的办法，减少财政资金闲置甚至浪费的情况。同时，应该推广政府和社会资本合作模式，让社会资本更多地参与到基础设施建设等项目中来，一方面缓解政府资金投入不足的问题，另一方面将项目交由专业人员建设和运营可以有效控制风险，提高效率。

第三，推进税制改革，减轻宏观税负。首先，我国税收结构中间接税比重过高，存在价格扭曲、再分配功能偏弱的缺陷；其次，整体来看，我国企业和居民承担的宏观税负偏重；最后，我国个人所得税增速长期高于人均可支配收入增速，表明个人所得税在调节居民收入方面效果较差。因此推进税制改革需要统一考虑税收结构，确定直接税与间接税的合理比例；减轻企业税负，降低企业经营成本；研究可以促进我国企业发展的包括增值税、消费税、企业所得税、资源税、环保税等税种在内的税收体系，优化税种和税率结构，增强企业竞争力，促进企业转型升级；推进个人所得税改革，以减轻中低收入家庭税收负担为基本方向。

第四，完善环境保护税实施方法，促进企业节能减排。减少企业能耗和污染是推进经济结构调整、转变增长方式的必由之路。目前我国节能减排工作主要采用行政命令方式推进，但是效果并不理想。我国《环境保护税法》将于

2018年1月1日在全国范围内正式开始实施，未来的节能减排工作需要以环境保护税这种征收"矫正税"的方式为核心，一方面要完善税法的具体实施方案和税收标准，另一方面要减少其他节能减排的行政手段对市场经济的干预。

第五，合理利用税收、社会保障、转移支付等手段，进一步增强我国当前的财政再分配效应。一是优化财政收入结构，逐步提高直接税和社会保障缴纳的比重，同时相应地降低间接税的比重，这一方面可以增强直接税和社会保障缴纳的正效应，另一方面相应地削弱了间接税的负效应。二是优化财政支出结构，逐步提高转移支付和社会保障支出的比重，同时相应地降低一般性财政支出的比重，从而在财政支出端增强调节收入分配的正效应。三是优化个人所得税制度，实现由分类税制向综合税制的转变，通过综合收入、以家庭为单位纳税、完善费用扣除和税收抵免、完善累进税制等方面的改革，增强个人所得税的累进性。四是优化间接税制度，减弱间接税的累退性，增强累进性，如对初级食品和普通药品实行免征增值税的政策，将更多的奢侈品消费纳入消费税的征收范围等。

（二）协调货币政策和审慎监管政策，稳定流动性和风险预期

要坚持稳中求进，把握发展主动权，促进我国经济持续健康发展与社会和谐稳定，未来一年必须加强对增长、就业、物价、国际收支等主要目标的统筹平衡，在保持宏观经济政策连续性、稳定性的同时，协调稳健货币政策和审慎监管政策，着力保持合理的流动性增速，防范系统性金融风险，稳定流动性和风险预期，提高金融服务实体经济的效率和水平。

第一，坚持货币政策的稳健性，加强货币政策目标和操作弹性，保持流动性合理增长和预期稳定。

具体来讲，就是要综合运用货币政策工具并创新流动性管理工具，灵活调整流动性操作的方向和力度，引导货币信贷及社会融资规模合理增长，在保持流动性合理增长和适度通胀率的同时，使货币政策目标和操作与宏观审慎监管政策更具协调性。

近年来，货币政策与审慎监管政策之间的关系成为一个国际热点问题。很多发达国家开始将宏观审慎监管引入货币政策框架，而我国则开始形成货币政

策与宏观审慎监管政策的双支柱框架。这要求货币政策目标和操作要更具弹性，兼顾与宏观审慎监管政策的协调性。

实施货币政策规则的目标和操作弹性制，有利于我国货币政策规则弹性制的实施，发挥市场在金融资源配置中的决定性作用，发挥货币政策保持适度流动性、支持经济稳定增长和促进就业的作用；在我国互联网金融资产管理业务不断创新的情形下，有利于平衡金融创新和审慎监管，防范系统性金融风险。

在市场深化和金融创新快速发展的背景下，要发挥货币政策弹性目标制的有效性，就必须综合运用数量、价格等多种货币政策工具并相机创新流动性管理工具，在维持适度通胀率和合理杠杆率的同时，适时运用公开市场短期流动性调节工具、回购、票据、存款准备金率、再贷款、再贴现、常备借贷便利等组合，引导和调节银行体系流动性，适时运用金融政策工具引导商业银行、影子银行加强流动性、资产负债和理财组合管理，从而保持合理的市场流动性并引导货币信贷及社会融资规模合理增长，促进国民经济稳中有进。

第二，创新金融调控差别化方式，发挥宏观审慎监管结构性引导功能，支持产业结构优化升级。

具体来讲，就是要继续完善宏观审慎评估及差异性准备金率动态机制，着力健全货币政策与宏观审慎监管政策的内在协调框架，完善金融调控结构机制，强化金融资源的市场化调控和资产负债管理，加强表外业务核算和监管，引导金融机构优化金融资源配置，优化增量、盘活存量，在改善、优化信贷结构和融资结构的同时，鼓励金融有效支持经济结构调整和转型升级。

近年来，伴随着互联网金融等创新和金融市场深化，我国金融体系的资产负债结构和盈利模式发生了许多重大变化。其中比较引人关注的，一是中央银行的外汇储备和来自商业银行的存款准备金增长趋稳，二是商业银行通过与基金、证券、保险、信托等非银行金融机构合作推进表外业务创新和同业扩张，互联网金融也因 IT 技术的支持而取得突破性进展，从而使银行脱媒化发展迅速，金融资源配置在金融体系内。同时，我国金融市场主体与实体经济主体相分割，资本市场结构不平衡，场外市场及资产证券化进展缓慢，也使得实体经济融资结构不合理，社会融资能力受到金融资源配置结构的制约。其结果就是大量银行表内资金转移至表外，部分属于 M1 的活期存款流向属于 M2 中的信托存款等，贷款等金融资源流向最终实体的链条拉长，从而导致实体经济融资存在瓶颈或社会融资成本虚高。应加强金融监管，规范银行同业业务和理财业务。

有效引导金融机构优化金融资源配置，盘活存量、优化增量，改善和优化信贷结构和融资结构，并鼓励金融有效支持经济结构调整和转型升级，是我国金融深化中必须解决的问题之一。因此，一方面，要着力健全货币政策与金融监管政策相协调的宏观审慎管理框架，创新金融调控差别性机制，通过窗口指导、差别化存款准备金率、差别化存贷比、差别化监管费、财政贴息和税收激励等方式引导金融机构优化金融资源配置，在优化增量的同时逐步调整盘活存量，并有效服务于实体经济、支持经济结构调整和转型升级，特别是加大对"三农"、新型城镇化和保障性住房、节能减排和低碳发展、现代服务业等领域的金融支持力度，在实施结构性金融政策的同时，注意防范房地产市场资金链断裂引发金融风险。另一方面，要加快完善金融市场，更充分地发挥市场在金融资源配置中的决定性作用和价格传导机制。特别的，要继续推动金融市场、金融产品、投资者和融资中介多元化发展，加快发展多层次资本市场，提高直接融资比重，推动资本市场结构创新，通过发展和完善多元化金融市场，方便金融和实体经济的结构调整。

第三，完善金融市场基准价格机制，优化金融市场价格功能，降低社会融资成本。

具体来讲，要结合金融改革完善货币信贷市场和外汇市场，进一步推进利率市场化和完善人民币汇率逆周期形成机制，改善金融资源配置条件，提高金融资源配置效率。一是要继续完善存款利率市场化条件，注意协调好市场利率定价自律机制和金融机构负债产品市场化定价范围。二是要继续完善人民币汇率逆周期形成机制，根据其中的逆周期因子进行动态调整，加强人民币在跨境贸易和投资中的使用，逐步推进人民币资本项目可兑换。

推进利率市场化，扩大金融机构利率自主定价权，目前的重点在于继续扩大金融机构负债产品特别是社会存款的市场化定价范围。在没有存款利率与贷款利率的市场均衡机制条件下，单方面扩大金融机构贷款利率自主权，需要依托由金融机构组成的市场定价自律和协调机制，否则社会融资成本会迅速提高从而影响实体经济的发展。

在目前的国际经济格局下，货币政策和监管政策的双支柱框架必须促进内外币币值稳定的合理平衡，使人民币汇率在市场机制下的双向波动中合理平衡。容忍我国人民币对美元汇率过度、过快调整，既损害人民币汇率形成机制，也会对我国的外贸转型和经济发展产生不利影响。

我国的人民币国际化进程取得一定进展，要继续鼓励加强人民币在跨境贸易和投资中的使用，但必须跟踪国际经贸动态对资本流动的影响，加强对跨境资本的有效监控。

（三）稳步推进创新驱动发展战略，继续加强供给侧结构性改革

第一，以新理念、新思想、新战略深入推进供给侧结构性改革。正是基于对经济结构弊端和发展趋势的深刻把握，2015年中央决定将供给侧改革作为我国经济进入新常态后经济工作的主线，提出要在适度扩大总需求的同时，着力加强供给侧结构性改革，提高供给体系质量和效率，增强经济持续增长动力，推动我国社会生产力水平实现整体跃升。为巩固经济结构良性变化趋势，实现经济长期稳定均衡有效增长，必须准确领会供给侧结构性改革的深刻内涵，继续以供给侧结构性改革为主线持续深化经济体制改革，深入推进"三去一降一补"改革，深化简政放权、放管结合、优化服务的改革内容，持续增加包括制度供给在内的有效供给。要用新理念、新思想、新战略深化供给侧结构性改革。去产能应当也必须立足于市场调节，把着力点放在完善使市场在资源配置中起决定性作用的体制机制上。降成本应实行减税降费与削减政府支出联动，以政府支出规模的削减为减轻企业税费负担腾挪空间。补短板要立足于经济发展新常态，从严重制约经济社会发展的重要领域和关键环节切入，从人民群众迫切需要解决的突出问题切入，既补硬短板也补软短板，既补发展短板也补制度短板。宏观经济政策应摆脱政策调整的局限，将政策调整与制度安排巧妙结合，以改革实现供求关系新的动态均衡。

第二，破解制约创新驱动发展的突出矛盾和薄弱环节，优化创新驱动发展环境。当前，制约我国创新驱动发展的突出矛盾和薄弱环节主要在于中小微企业普遍受到传统金融机构的融资歧视、知识产权保护力度不够和高层次紧缺人才不足等。首先，要丰富和创新中小微企业金融服务方式，解决其融资难题，促进中小微企业创新发展。作为国民经济最具活力和动力的市场主体，中小微企业创新发展的重要意义毋庸讳言。缺乏抵押品、筹资融资能力差、传统金融

服务模式不匹配等是中小微企业发展过程中普遍面临的难题。要结合中小微企业的自身特点和发展阶段，加快供应链金融等服务模式创新，支持以从核心龙头或大型企业获得的应收账款为质押，为关联企业提供融资，发展贷款、保险、财政风险补偿捆绑的专利权质押融资新模式，搭建面向中小微企业的一站式投融资信息服务体系。其次，要加大知识产权保护力度。知识产权保护是推动创新发展的制度保障，也是国际经贸往来的基本规则。更大力度加强知识产权保护，有利于激发全社会的创新欲望，增强创新活动的有效性，营造创新发展的市场环境和社会氛围。要建立健全知识产权保护的长效机制，加强知识产权执法，针对重点领域、重点产业开展专项保护和维权援助工作。依托快速维权中心，开展专利快速审查、确权、维权综合服务。最后，要优化人才引进政策，加大人才引进力度。高层次和紧缺人才也是影响我国当前创新发展的关键节点。要从薪酬、编制、外籍人才居留制度等方面，进一步完善引进人才的软环境。落实高校和科研院所采取年薪制、协议工资制等形式引进高层次或紧缺人才。拓宽外籍人才工作居留向永久居留转换渠道，对外国专家来华工作和入境许可实行一口受理、一窗发放。

第三，完善战略性新兴产业支持政策，促进政策实施并发挥效力。发展战略性新兴产业是培育新动能的重要抓手，是深化供给侧结构性改革的重要途径，也是培育国家竞争新优势的重要支撑。国家发改委等相关部门已经制定多项规划和政策，明确工作安排，包括加快实施重大工程、加大财政金融支持力度等多项举措，大力推动战略性新兴产业发展。在财政金融支持力度方面，将强化对创新企业的政策倾斜，通过增加政府采购、推进相关应用示范、建立补贴制度等方式，加大对云计算、分享经济、大数据、空间技术应用、循环经济等领域的支持力度。鼓励金融机构合法合规地采用投贷联动、股债结合等方式，进一步带动社会资金支持战略性新兴产业发展。要进一步梳理评判过往政策的有效性，完善政策支持体系，积极推动各项行之有效的政策落到实处。健康服务业事关全体人民切身福祉，作为需求巨大而迫切的新兴产业同样具有战略性意义。要积极贯彻建设健康中国的战略部署，尽快制定健康产业发展行动纲要，建立长效支持机制，完善投资、监管、财税等支持政策，推进医疗健康与养老、旅游、体育、互联网等有效融合，形成功能齐全、结构合理的产业支撑体系。当然，对战略性新兴产业某些领域可能的投资泡沫化倾向，也要通过公开数据透明信息及时做出预警，避免泡沫累积蔓延，促进行业健康有序发展。

第四，推进行政性垄断基础产业领域的改革、开放与竞争。中国正处在高速增长期结束后与成熟增长期到来之前的中速增长期区间，人均收入从8000美元向50000美元追赶。在此阶段，经济增长动能既来自现有的传统部门通过提升效率而焕发出的新活力，也来自新兴产业特别是服务业的发展、经济增长前沿的开拓性创新带来的增长空间等。而这些均有赖于能源、电信、融资、物流、土地等垄断性基础产业的改革、开放与竞争。中国的制造业为经济增长贡献了近三成的份额，但垄断性基础产业的效率不高，导致制造业成本过高，也严重制约了制造业竞争力的提升。新兴产业和前沿领域的开拓创新，更需要上述领域推进改革，放宽准入限制，促进有效竞争，降低社会支付成本。

（四）促进新旧动能转换，夯实经济增长基础

首先，从劳动力数量驱动向劳动力质量驱动转变。过去30多年时间里，我国经历了人口抚养比不断下降的过程，人口红利成为促进经济增长的最重要影响因素之一。随着人口老龄化的到来，人口抚养比将不断增加，但是以教育年限增加为重要特征的人力资本质量的提高将可以大大降低老年抚养比增加给经济增长带来的危害。我们建议将义务教育年限扩大到12年，涵盖高中教育。同时继续免除公办普通高中建档立卡等家庭经济困难学生（含非建档立卡的家庭经济困难残疾学生、农村低保家庭学生、农村特困救助供养学生）的学杂费，提供住宿费、伙食补贴费、交通补贴费等，使他们不仅能够上得了高中，还能上得起高中。

其次，优化投资结构，积极发展新兴领域。当前我国已经进入工业化后期，投资的增速和资本产出回报率都在下降，但是我国仍然有很多新兴的投资领域。未来的新兴领域主要包括如下几个：①健康养老产业。由于中国日渐进入老龄社会，大量的老年人口必将催生巨大的老龄产业市场。②新材料。主要包括石墨烯、碳纤维、新兴膜材料和生物基材料。新材料是新经济的基石，随着基础化学、基础材料、纳米技术等方面科研实力的不断积累，我国新材料领域的创新点将不断涌现，新材料将形成数万亿元产值的市场。③新能源。包括新能源汽车、锂电池、超级电容等。可以说，我国是最大的新能源市场，发展

新能源产业是改变我国能源结构、降低对化石能源的依赖度，同时减少环境污染的必然选择。④机器人。随着中国人口老龄化问题日益突出、人工成本急剧上升以及整体经济结构面临转型，机器人未来的崛起及其巨大的市场规模已经被各大机构认可。我们认为未来无论短期还是长期，机器人行业的投资机遇巨大，从工业机器人、协作机器人到服务机器人均会有十分可观的市场规模。⑤云计算和大数据。虽然我国云计算市场还处于萌芽期，但是其市场前景巨大。"大数据＋"已经渗透到几乎所有行业，如以阿里巴巴为代表的"大数据＋零售"、以丁香园为代表的"大数据＋医疗"、以搜房网为代表的"大数据＋房地产"等。⑥人工智能。经过过去几十年的技术积累和数据积累，人工智能已经出现了明显的规模效应，可以说，人工智能重塑各行各业的大潮即将来袭，未来一段时间里，智能化大潮将会带来巨大的投资市场。⑦生命科学和生命技术。随着基因组学、分子生物学等基础学科的发展，生物制剂与生命科学技术正在治疗中发挥越来越重要的作用。生物制剂方面，越来越多的单抗药物在治疗肿瘤、糖尿病等疑难杂症方面获得突破性疗效，一些具有颠覆性的新药频出。我们认为生物技术与生命科学无疑是大健康领域极为重要的投资方向，中国在这一领域可以说是大有可为之处。⑧医疗器械。医疗器械市场在国内起步较晚，但发展迅速，2001年到2014年我国医疗器械市场规模从173亿元增长至2556亿元，增长了近14倍，复合增速达到23%。但从医疗器械市场规模与药品市场规模的对比来看，全球医疗器械市场规模大致为全球药品市场规模的40%，而我国这一比例低于15%，随着经济的发展以及国内老龄化程度的提高，医疗器械市场发展潜力巨大。

最后，增加研发力度，改革科研体制，促进全要素生产率提高。近些年来，随着经济实力的日益增强，我国也加大了研发投入，R&D占GDP的比重从1999年的0.83%上升至2016年的2.1%。但是由于科研管理体制改革滞后，科研产出与投入不匹配。科研管理体制改革可以从以下几个方面逐步推进。一是，项目经费投入方面的改革。从目前我们所了解的情况来看，我国财政支持的科研项目，即国家级的项目往往被部分学术权威、"明星"科学家或者"圈内人"所把持，而真正潜心科研又没有关系的年轻科研人员往往得不到较多的经费支持，而项目立项后往往缺乏严格的监管机制和科学的评估机制，难以保障科研项目的产出效率，造成资源的大量浪费而出不了高水平的成果。因此，我们建议可以将主持科学研究的方式从过去的以"前端立项投入"为主改为以"采购已有科研成果"为主，激励科研人员在已有成果的基础上进一步专心搞科研。二是，改革科技评价体系和科技奖励体制。科技评价体系是科研管理的一个核心问题，由于科学研究活动是由具有博弈行为的人参与的特殊复杂系统，对其进行具体管理与评价，不应当以"数量化"、"一刀切"、"投票法"或"行政化"等简单做法来决定。具体而言，对基础研究成果应该依据其学术价值或对科技发展所起的实质性推动作用，由公认的学术组织和学术团体来评价；而对应用性研究成果应该考察其实际应用效果和推广情况，通过市场机制等来进行评判。一项奖励的权威性不应该取决于组织评审部门的行政级别或职能大小，奖励也不宜过多过滥。三是，科研机构和高等院校应逐步实施去行政化改革，回归学术本位。我国高等教育长期以来所形成的行政化趋向和我国的经济社会发展以及现行的干部管理制度是分不开的。高校行政化存在的弊端已经严重阻碍了我国对优秀人才的培养，制约了我国高校的发展，同时容易导致学术腐败。推动科研机构和高等院校改革，逐步去除官本位，回归学术本位是推动我国科技创新的另一个重要动力。

B.2
"经济形势分析与预测2017年秋季座谈会"综述

彭 战[*]

2017 年 10 月 17 日，中国社会科学院经济形势分析与预测座谈会在北京举行。会上中国社会科学院课题组发布了《2017 年中国经济形势分析与预测秋季报告》。报告预测 2017 年中国经济增长 6.8% 左右，实现了稳增长目标，中国再次成为世界经济增长最重要的动力。来自国家发展和改革委员会、财政部、工业和信息化部、商务部、国务院发展研究中心、中国人民银行、国家税务总局及部分高校的专家学者参加了座谈会，中国社会科学院经济学部主任李扬到会报告。会议由中国社会科学院数量经济与技术经济研究所所长李平研究员主持。

一 对当前经济形势及2018年经济走势的基本判断

2017 年，中国经济总体平稳，稳中向好。前三季度，国内生产总值同比增长 6.9%，比上年同期高 0.2 个百分点。在第一、二产业平稳增长的前提下，第三产业增加值占比继续提高；全社会固定资产投资增速小幅回落，消费增速总体平稳，进出口增速显著回升，就业数据良好，居民收入保持稳定增长。多家权威国际机构调高了 2017～2018 年中国经济发展增速预期，经济发展主要指标总体好于预期。

农业稳定发展，保持持续增长，粮食安全有所保证。工业运行处于近 3 年最好的时期，结构性改革发挥了非常重要的作用，经济增速换挡主要集中在工业制造业上，上游钢铁、煤炭价格持续上升，工业企业利润增速加快，市场调

---

* 彭战，中国社会科学院数量经济与技术经济研究所。

节下的优胜劣汰持续推进，产业结构调整向上游推进，钢铁、水泥等行业过剩产能退出进程加快，节能减排成效明显。同时服务业持续领跑，同比提高2.3个百分点，占国内生产总值的比重达到51.4%。

需求方面，固定资产投资增速进一步放缓，民间投资增速比投资整体增速高2.2个百分点，居民就业和收入形势总体较好，消费价格基本稳定，消费继续成为经济增长的主要支撑。虽然随着国际经济复苏，我国进出口增速有所回升，出口产品逐步实现转型升级，进口增速远大于出口贸易顺差总量增速，但规模缩小。预计全年增长7.0%左右。

与会专家认为，2017年经济发展增速好于预期，但2018年仍然面临众多不确定因素，经济增速会有所降低，但仍可保持6.7%左右的平稳增长。

二　当前经济形势的特点

当前经济形势表现为增速平稳，各产业结构不断改善，其中工业表现突出；居民收入增加，城乡差距缩小；固定资产投资增速下滑，民间投资动能不足；国内物价稳定，国际收支基本平衡。新旧动能逐步实现转换，创新驱动战略初现成效。

（一）经济平稳运行在合理区间

2017年是全面落实"十三五"规划的重要一年，也是供给侧结构性改革的关键一年。简政放权、放管结合、优化服务（简称"放管服"）改革激发市场活力效果显著，国企改革、产权保护、财税金融、投融资、价格等基础性改革持续推进。我国经济结构调整加快，经济增长新动能不断积聚，财政收入好于预期，财政政策更加积极，工业生产增速较快，库存水平提高，工业企业主动回补库存的需求发挥作用。经济运行呈现了增长平稳、就业扩大、物价稳定、国际收支改善的良好格局。

自2015年以来工业增速保持平稳状态，包括2017年前9个月增速平稳向好，之前的不断下滑态势得到遏制。这意味着未来中国经济增长具有较好的工业基础支撑，实体经济增速尤其是工业增长支撑力度较强，以此判断，中国经济短期不会出现大问题。

同时，全球经济稳步复苏，主要发达经济体整体状况好于预期，使得外部需求明显改善，2017年我国进出口大幅回升，出口增速为8%左右，进口增速为15%左右。

（二）新旧动能转换、经济结构优化、质量效益提升

创新引领作用不断强化，国家科技重大专项加快推进，全国技术合同交易额持续增长，大众创业、万众创新活力方兴未艾。新产业、新产品快速形成新动能，前三季度战略性新兴产业同比增长11.3%，增速快于规模以上工业4.6个百分点。信息服务业和商务服务业指数增长速度分别达到29.4%和11.4%。新业态和新商业模式蓬勃发展，数字经济、平台经济、共享经济广泛渗透，新的服务不断涌现。

从产业结构来看，供给侧结构性改革深入推进。钢铁、煤炭去产能5年目标已基本实现，工业向中高端迈进，其中，高技术制造业增加值占规模以上工业增加值的比重达到12%以上，装备制造业占比达到32%以上，呈现加快增长的态势。企业杠杆率稳中趋降，全年为企业减负预计超过1万亿元。服务业的主导作用进一步增强，前三季度增加值同比增长7.8%，对经济增长的贡献率达到58.8%，比上年同期提高0.3个百分点。从需求结构来看，消费的贡献更加突出，前三季度最终消费支出对经济增长的贡献率达到64.5%，比上年同期提高2.8个百分点。

质量效益提升显著。前三季度居民收入同比增长7.5%，增幅比上年同期加快1.2个百分点，继续快于GDP和人均GDP的增长速度。企业利润快速增长，规模以上工业企业利润增长21.6%，增速比上年同期加快了13.2个百分点。同时最严环保执法措施倒逼工业企业转型升级，在河北、山东等多地大规模清理各类污染企业的情况下，工业仍能比上年同期有所提高，实属不易。规模以上服务业企业的利润增长达到22.8%，比上半年加快6.8个百分点。财政收入的增长态势也好于上年，比上年同期加快3.8个百分点。

三 2017年及2018年主要国民经济指标预测

中高速平稳增长是"新常态"的最显著特征。因此，国际国内如无重大特

殊事项，整体经济增速不会出现大幅下滑，但也不太可能出现大幅上涨。对于当前的中国经济形势，大多数与会专家认为 2018 年 GDP 增速将有所降低，保持在 6.7% 左右。2017 年和 2018 年主要国民经济指标的预测数据如表 1 所示。

表 1　2017～2018 年主要经济指标预测

单位：%

主要经济指标	2017 年	2018 年
国内生产总值（GDP）增长率	6.8	6.7
全社会固定资产投资实际增长率	2.6	2.4
社会消费品零售总额实际增长率	9.0	8.7
居民消费价格指数（CPI）上涨率	1.6	2.0
城镇居民人均可支配收入实际增长率	6.4	5.8
农村居民人均纯收入实际增长率	7.6	6.8
财政收入增长率	8.5	5.7
财政支出增长率	9.2	8.8
出口增长率	6.6	5.3
进口增长率	14.7	8.6
M2 增长率	9.0	8.9

四　当前经济运行中的几个问题

（一）民间投资如何增强动力

2017 年整体投资增长稳中略缓，前 10 个月固定资产投资增长 7.3%，其中基础设施、制造业和房地产开发投资分别增长 19.6%、4.1% 和 7.8%，民间投资增长 5.8%。从 2016 年 1 月开始，民间投资增速呈现大幅下滑趋势，说明一段时间以来国家出台的各项促进民间投资的政策效果并不理想。虽然 2017 年民间投资增速预计将达到 5.5%，高于上年 3.2% 的增速，但依然处于近 10 年的较低增长水平。民间投资增速明显低于政府主导的公共投资增速，而且差距有进一步拉大的趋势。民间企业投资活力不足，是民间资本应对经济转型、需求偏弱、产能出清的具体表现。专家们认为深层次原因包括：一是企业税费、房租、物流等成本依然较高；二是在加强金融去杠杆过程中，流动性不时出现紧张状况，企业融资难、融资贵问题再次凸显；三是产权保护、法制建设等方面存在的制度性问题仍比较严重，甄别、纠正侵害企业产权的错案、冤案进展缓慢，民间企业投资信心不足。

（二）外贸增长能否持续

2010~2016年中国出口增速从31.3%降到-7.74%（按美元计算），曾经作为经济增长"三驾马车"中最重要的贡献者，对外贸易中的净出口对GDP增长产生了负贡献。2017年出口增速达到6.7%，从下降恢复平稳，实属不易。未来是否可以保持正向贡献，引起专家的热议。大家认为尽管还有很多不确定性因素，但外部环境逐步转稳、转好，同时我国传统市场的进出口全面回升且贸易方式结构不断优化，"一带一路"建设积极推进，中国在全球范围内广泛开拓市场，未来我国外贸依然存在较大的发展空间。从2017年的贸易数据可以看到，美国、欧盟、日本等国家和地区的出口增速均与中国相当，印度、韩国等国的出口增速均达到两位数，对于中国来说人民币汇率问题成为影响出口的重要因素，人民币升值可能影响我国出口产品的国际竞争力。专家们认为，作为贸易大国，我国出口增速将和世界经济增速同步，即在3%~5%的水平。

五 2018年经济走势与政策建议

综合国际和国内两个方面情况看，2017年宏观经济形势良好。总体情况超出大部分人的预期。从外部环境来看，美国经济保持良好发展态势，出台减税方案，也制定了缩小资产负债的时间表，欧洲经济整体内需回暖，经济复苏信心增强。但是应该看到，2018年中国经济仍然面临各种困难，国内现代化治理能力有待加强，世界范围内的各种地缘政治等因素使得未来的发展仍然存在隐忧，各类不确定性因素仍然大量存在。

专家们认为，经济全球化和全球经济自由化并行，全球化促进全球资源平衡水平和能力的提升。有专家建议，全球化推进过程中将促进各方面各领域全面发展，"一带一路"和"人类命运共同体"的提出，使得中国在经济全球化发展中出现了更多值得重视的情况，未来的经济发展将达到一个飞跃的水平，不同国家参与全球化所获利益不同，不同阶段参与全球化所获利益也会不同，因此，国家应加强全球化相关战略研究。

（一）推进税制改革，为积极财政政策提供保障

应该看到，当前的经济形势保持平稳，仍然需要相对积极的财政政策来加以支持。政府虽然做了大量努力，但无论从企业还是从居民角度来看，我国经济主体承担的税负仍然较高；从税收结构来看，我国财政税收收入中间接税所占比重过大；税收体系的缺陷造成政府宏观调控手段的不足。因此，需要以税制改革为重心，降低宏观税负，促进财政政策更加有效，具体包括：提高财政支出规模，保持一定的赤字率；提高资金使用效率，增强财政政策有效性；合理利用税收、社会保障、转移支付等手段，进一步完善我国当前的财政再分配效应。美国新近出台的减税方案，不禁让人们想起里根总统时期的减税政策对于当时世界经济排名第二的日本经济的影响。我们应该认真研究，积极加以应对。

（二）继续推进创新驱动战略，促进新旧动能转换

稳步推进创新驱动发展战略，以新理念、新思想、新战略深入推进供给侧结构性改革；破解并补齐制约创新驱动发展的突出矛盾和薄弱环节，优化创新驱动发展环境；进一步完善战略性新兴产业支持政策，促进政策实施并发挥效力；推进行政性垄断基础产业领域的改革、开放与竞争，依靠"放管服"改革激发市场活力。通过优化投资结构，积极发展新兴领域，增加研发强度。通过改革科研体制，促进全要素生产率提高。随着工业机器人、人工智能、5G通信等各类新产品、新技术的不断涌现，未来将实现从劳动力数量驱动到劳动力质量驱动的转变，各方应积极做好准备。

此次座谈会是中国经济形势分析预测项目自1990年设立以来的第52次。

经济增长与经济预测篇

Economic Growth and Forecast

B.3

中国经济增长与货币供给机制转变

张 平*

摘 要： 2012 年中国经济进入新常态以来，经济增长结构性减速，以货币供给驱动资本形成推动 GDP 增长的目标越来越难以实现。基础货币供给的基础资产发生了根本性变化，从长期的外汇资产转为为金融机构流动性服务的短期资产，意味着"脱实向虚"从基础货币供给就有根源性特征。本文通过对经济增长与货币供给阶段性变化的经验、逻辑和体制安排进行梳理，分析货币供给机制的基础性变化特征，探索开放格局下经济增长与货币供给的新关系和面临的挑战，发现在新常态下重新设计财政和金融体制已经不是一个简单的单项问题，需要重新设立适应新常态的财政金融体制。

关键词： 增长 货币供给 脱实向虚 金融体制

---

* 张平，任职于中国社会科学院经济研究所。

中国经济进入新时代，经济增长保持平稳态势，2017 年预计经济增长6.8%，2018 年经济增长将超过 6.5%，经济增长的波动性进一步下降，物价仍会维持 2% 以下的低通货膨胀率。中国实体经济的低波动特征越来越明显，然而金融的高波动性却在加大。近年现实的冲击已经到来，2013 年发生"钱荒"，2015 年出现"股灾"，2015 年 8 月 11 日汇率市场化改革，汇率贬值波动，2016 年初股市"熔断"，房价大涨，年末债券市场出现小"债灾"，金融降杠杆政策呼之欲出。2017 年二季度重回严厉的金融分业监管和财政督查。以"通道"业务驱动的金融创新和地方产业基金、政府购买服务形成的 BT 项目和部分 PPP 等地方融资安排同样被叫停。经济低波动性与金融高波动性的不协调特征凸显了内生矛盾，需要在新的发展阶段设计"稳中求进"的新管理框架。

中国宏观管理体制中的货币供给体系和财政的分税制等沿用的是 1994 年分税制以来的宏观管理框架，新的经济发展要求设立新的宏观管理架构。与发展阶段不相适应的宏观管理只能是"一放就乱"，大量的"影子银行"进行着监管套利，出现"脱实向虚"和"高杠杆"、"高房价"等虚假繁荣；"一收就死"，违约事件频出，金融体系不稳，经济向下压力大，这些都直接冲击了宏观经济的稳定性，也指向了货币供给等宏观调控体系与新的经济增长阶段的不匹配和宏观管理体系间的摩擦。

本文通过对经济增长与货币供给阶段性变化的经验、逻辑和体制安排进行梳理，在大量前人研究的基础上希望能够理解经济增长阶段性变化对货币供给的影响，同时分析货币供给机制的基础性变化特征，探索开放格局下经济增长与货币供给的新关系和面临的挑战，最后给出"稳中求进"宏观目标下的中国货币供给体系和政策调整的建议。

一　中国经济增长与货币供给的理论与经验事实

基于增长与资本形成框架分析货币供给的研究指出，"在其他条件都不变的情况下，压低企业借款利率或增加货币（信贷）供给增长率，可以促进经济增长"，并指出其推动资本形成—增长的边界性特征（张平等，2011）。国际上基于后发国家事实对货币供给的研究最著名的是麦金农（麦金农，1988）

的金融深化理论，货币供给通过"信贷中介"促使一国的资本形成，从而推动经济增长。后发国家资本稀缺，资本形成是推动经济增长的根本，其原理非常简单，即中央银行进行货币供给＝银行信贷（信用创造）＝企业（非银行机构）货币需求＝投资（资本形成），投资带动经济增长。银行作为"信贷中介"是资本形成的关键，因此用M2/GDP来衡量金融深化。

改革开放以来，中国先以财政创造货币，通过信贷推动资本形成，货币供给增长的同时，价格大幅波动，直到货币供给模式转向后才抑制了价格的大幅上涨。货币供给模式的转变源于1994年人民币并轨和1995年商业银行体制建立后，货币供给从财政创造货币转向以出口导向为基础资产的银行货币供给。1995年后M2/GDP上升了1倍以上，到2016年已经达到了2.08倍，信贷供给大幅提升，资本形成迅速，物价相对平稳，经济高速增长（见图1）。

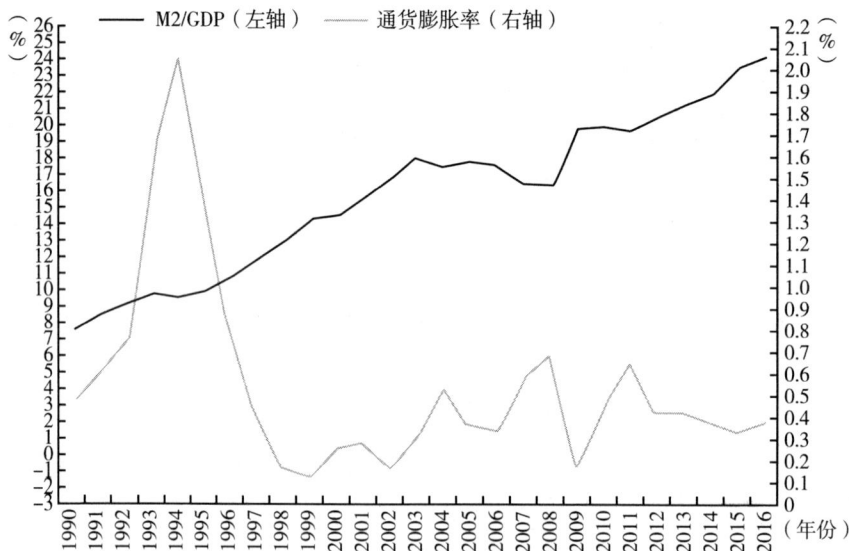

图1 M2/GDP与通货膨胀

资料来源：《中国统计年鉴》（2016）。

中国快速增长的M2没有引起通货膨胀，有悖于货币理论中M/P的中性原理，即货币供给过多引起通货膨胀。1995年后，中国M2大幅提高过程中，未发生严重的通货膨胀，即中国的"货币迷失"问题。对此，理论解释非常多，但本质上只有结合中国经济增长和体制改革，才能做出很好的解释。比如计划商品的市场化改革（易纲，2003），又如全面解释中国的信用创造的论著（李斌、伍戈，2014）等。国际上，伯南克（B. S. Bernanke，2005）讨论了中国的"过度储蓄"，他从另一个角度解释了"货币迷失"。中国以"信贷中介"加快资本积累为货币政策的目标，利用比较优势实现出口导向，推动经济高速增长，而货币的稳定化目标相应的要求较低。

发达国家货币模型框架原本将货币作为中性来看待，关心的是 M/P，目标是货币供给与物价的关联，引入托宾的资产变量、金融结构等，分析了新因素对利率和资本的影响，但仍以货币供需对宏观经济的影响为主，而不是增长。增长是稳定化宏观目标的副产品。美国货币政策目标以泰勒规则为加权，但其本质仍是以稳定为主。2008 年全球金融危机以来，美联储主导的货币政策更是具有很强的"工具性"特征。为了解决债券市场的流动性问题，采用"量化宽松"政策，并同时承诺量化宽松货币的退出，货币释放是一个解决金融市场信息不对称问题的"中性"工具。而扭转交易则是通过改变利率曲线，修复负债表。尽管美联储加息和缩表退出"救市"的量化宽松政策不易，但仍然进入了加息和缩表的退出过程。

中国的货币供给是沿着后发国家的路径推进，核心是通过"信贷中介"来加快资本形成，加速增长，当然也兼顾波动，基本目标是"又快又好"。2008 年全球金融危机促使反危机措施加强，并积极推动了金融监管的适度放松，允许银行提供更为广泛的金融服务，银行的理财等多种表外业务得以发展，出现信托公司非标融资和通道等金融服务，资本形成依然保持较高速度。随着 2012 年中国经济步入"新常态"，资本—产出效率下降，资本外流，资产价格波动加剧。货币供给推动"资本形成"促增长的政策目标失去了效率，经济阶段也内生要求改变。

中国有着明确的资本形成目标，但不同的发展阶段，货币供给和决定货币供给的因素是不断变化的，这些都要基于增长阶段—货币供给机制变化给予历史经验的分析。

1. 1994年后劳动要素货币化

1978~1994 年，中国改革开放以来，从农村土地承包改革启动到发展乡镇企业，再到 1992 年邓小平南方讲话后的沿海开放，微观主体被激活，对外贸易逐步展开，很多计划控制的商品逐步开始由市场定价，到 1994 年价格双轨制（即计划价格和市场价格）统一，从而产生了大量的货币需求。用简单的公式表述为：货币需求 = 正常货币需求 + 额外需求，即额外需求 =（市场价格 – 计划价格）× 计划内商品市场化速度。市场化改革将使计划产品在逐步市场化过程中产生额外货币需求。这一时期，货币供给仍是在原有的体系下，通过财政创造货币，中国人民银行及工农中建行都是财政支出的出纳，没有独立的银行体系，银行贷款一直大于存款，需要财政弥补。财政货币化导致了价格波动巨大。

改革开放以来，随着经济的发展，银行中已经有了大量的存款，这与 1978 年居民储蓄只有不到 3 亿元相比发生了天翻地覆的变化，为银行商业化转型奠定了基础。1995 年银行法公布后，中国的银行和财政体系分离，央行和商业银行分离，现代银行体系正式建立。

1995 年后中国货币供给与发展阶段相互配合，第一个阶段就是农村剩余劳动力从无价变有价，劳动要素货币化开启。中国通过劳动力比较优势获得巨大贸易盈余和 FDI，双顺差推动了央行外汇占款增加，货币供给增长加快，货币供给与需求不断相互促进上升。这一阶段有两大标志：第一个标志是以 1995 年的商业银行法为起点，中国货币供给摆脱了财政"出纳"的架构，中央银行和商业银行具有了独立性特征，货币供给正常化；第二个标志就是 1994 年人民币汇率并轨，并与 1992 年以来沿海对外开放相互配合，1995 年后中国从长期逆差国变为持续顺差国，外汇盈余持续增长，FDI 加快流入。

货币供给的方式已经从一般商品市场化转为"农村剩余劳动力从无价变有价"的劳动要素货币化。劳动要素货币化的深化过程中，通过出口和 FDI 构成了货币化的循环扩张机制。按二元经济结构理论，农村是一个非货币化的部门，其剩余劳动力是"无价"的，它们已经不能增加农业产出，反而要消耗农村粮食积累，如果有一个工业化（货币化）部门吸收其劳动力，就会推动剩余劳动力的货币化转换。国际货币基金组织的经济学家鲍普杰里（Borpujari，1977）认为，货币化部门对非货币化部门的贸易需求启动了非货币化部门的货币化进程。

从中国的实践看，工业发展，特别是外向型工业部门的发展对农业部门的劳动力产生了极大的需求，中国的贸易条件已经从工业农业交换贸易条件拓展为国际贸易条件。中国通过比较优势奠定了出口导向战略，农村剩余劳动力持续转移。贸易条件推动的农村劳动力从"无价"的农村部门转到"有价"的工业部门，本质上是农村剩余劳动要素货币化的过程。

中国通过市场化和国际化的发展，大量"无价"农村剩余劳动力转移到出口部门，通过比较优势创造大量外汇盈余，外汇盈余转为央行外汇占款，央行发行基础货币，增加信贷。农村剩余劳动力获得货币报酬，盈利企业获得收益进而扩大投资，劳动者和投资者货币需求增加，经济体实现内在的循环。这一阶段被称为农村剩余劳动力要素货币化过程的货币释放。这一进程是中国最为重要的经济增长与货币供给体制形成的历程，体现为央行资产负债表中资产项目下国外资产迅速增加，外汇占款占央行资产和 M2 的比重持续增加，M2/GDP 显著提高（见图2）。出口导向性的经济发展与货币供需架构一直是中国货币化进程的主导因素。这一释放货币没有引起通货膨胀，根本原因就是"出口导向"。

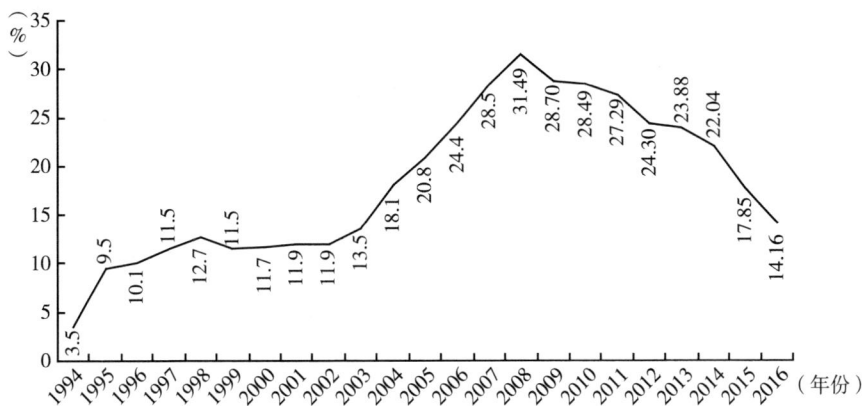

图2　外汇占款占 M2 的比重

资料来源：《中国统计年鉴》（2016）。

2. 2002年后中国进入土地等资产货币化过程

1997 年亚洲金融危机后，政府推动了居民住房的货币化，允许居民按揭买房，1999 年全面启动公房改革，2002 年 5 月国土资源部发布第 11 号令，颁布实施《招标拍卖挂牌出让国有土地使用权规定》，明确规定包括商业、旅游、娱乐、商品住宅用地在内的经营性用地必须通过招拍挂方式出让，正式启动了以房地产为资产抵押的货币需求的新阶段。

中国土地从划拨转向 21 世纪的"招拍挂"的市场化行为，土地、住房、资源等资产从无价划拨变为可定价、可抵押的标准资产。以土地为代表的资产货币化提高了土地的货币需求，并参与了信用创造。土地等资产不仅产生货币需求，而且具有抵押性质和杠杆特性，这是信用创造的根本。新因素界定应该是从 2003 年正式开始的，2003 年土地市场化推动了新的货币供给的需求因素，也构成了第二阶段货币供给的主要因素。

土地等资产货币化对货币需求的影响是巨大的，体现在土地从划拨无价变有价，房屋从公房无价变有价。房地产具有抵押特性，其信用创造能力比一般商品、劳动要素高，房地产对货币的需求影响着货币供给。从表 1 可以看出，房地产开发贷款和居民个人贷款余额占 M2 的比重持续上升，而且增长速度高于 M2 的增长速度，这里未包含其他非标和土地购入款等项目，从 2003 年启动到 2016 年已经占到货币需求的 15% 的水平。

表 1　房地产开发贷款和居民个人贷款余额占 M2 的比重

单位：亿元，%

年份	房地产开发贷款和居民个人贷款余额	M2	占 M2 的比重
2004	23800.00	254107.0	9
2005	28491.00	298755.7	10
2006	36800.00	345577.9	11
2007	48000.00	403442.2	12
2008	49100.00	475166.6	10
2009	72878.00	610224.5	12
2010	93325.80	725851.8	13
2011	106280.00	851590.9	12
2012	113630.00	974148.8	12
2013	136000.00	1106525.0	12
2014	152000.00	1228374.8	12
2015	185000.00	1392278.1	13
2016	238000.00	1550066.7	15

资料来源：Wind。

3. 金融创新（影子银行）的货币信用创造

第三个阶段是金融脱媒阶段，即通过同业、资管通道和金融产品管制放松等手段，形成表外业务，进行脱媒活动，推动金融系统进行信用创造。2008年金融危机后，2009年国家进行了反危机的四万亿元刺激，推动了国内基础设施的发展，带动了地方政府投资与城市化扩张。很多货币需求是原有信贷难以满足的，脱媒活动呼之欲出，2009年信托公司启动了脱媒，银行通过信托的"非标业务"为地方政府和房地产商提供融资服务。2010年"社会融资"的新货币目标提出，将信托贷款、票据、债券等项目纳入体系。以银行理财、同业、买入反售、信托非标为代表的金融"脱媒"活动实现大发展。大量的银行资金通过多个渠道进入经济体系，并分享了城市化带来的收益。货币需求来自房地产和基础设施的双扩张，城市化率到2012年突破50%。城市化巨大的融资需求推动了金融创新活动。刘轶等（2016）计算了银行同业对货币供给的额外影响，认为2010~2015年同业，特别是买入反售额外增加了10%的货币供给。

2013年"钱荒"后，政府加强了对"买入反售"和"非标"的监管，2014年启动了更为全面的金融产品管制放松。保监会、银监会、证监会积极出台资管产品创新政策，允许了更多的金融交叉业务，如基金公司、保险都可以参与通道业务。保险推出万能险这样的准理财产品，私募基金和互联网融资等全面兴起，股票、债券、货币市场交易火爆，波动加剧，中国金融体系的"影子银行"体系确立，初步形成了以通道驱动的"金融结构"。即在金融机构间进行交易，实现监管套利，而非优化资源配置的金融结构。

2015年8月11日开始进行汇率市场定价机制的改革，汇率波动开始加剧，并出现了持续性外汇占款的下降，同期政府推动了债务置换和国内货币资产创造减缓因外汇占款下降而出现的央行资产缩表。这里包括央行创设国内资产，如中期便利（MLF）和抵押再贷款（PSL）等，也包括进行地方债务置换，尝试公债货币化。

公债货币化是指国家为了弥补债务，让央行发行货币进行购买。公债货币化是央行货币释放的一个重要渠道，发达国家主要是靠公债货币化来推进和调整央行资产和基础货币（邓小兰、李铮，2015）。

货币供给机制再次发生根本性变化。从以出口导向推动外汇占款上升为主导的货币供给，到土地信用创造货币需求进而驱动货币供给，再到通过"脱媒"进行金融创新，但原有的外汇占款和房地产需求带动会逐步下降，而"脱媒"只是以通道驱动的金融结构，对优化资源帮助不大，因此新的阶段孕育了新的货币供给机制的转变。

二 新的发展阶段货币供给机制三大转变

2012 年中国经济进入新常态以来，经济增长结构性减速，以货币供给驱动资本形成推动 GDP 增长的目标越来越难以实现（刘金权等，2017）。货币供给推动经济增长、经济增长带来新的货币需求的正循环模式难以持续。劳动要素货币化进程实质上在 2008 年达到高峰，外汇占款占 M2 的比重为 31.5%，而后不断下降，2015 年外汇占款额绝对额下降；2012 年城市化率突破 50%后，土地转让收入逐步下降，而以土地为抵押的面积扩大，其金融属性更为凸显。资本形成中的长期货币需求和货币供给的关键性要素的作用逐步减弱，2013 年金融创新推动金融机构交易开始迅速攀升，与之相应的货币乘数和信用杠杆快速提升。以 2015 年"8·11"汇改和加入 SDR 为契机的汇率改革启动的同时，新开放格局下国际利率间传递机制也在形成。因此在新常态下，货币供给、信用创造和利率国际传递机制确实发生了根本性的变化，需要重新理解新常态下货币供给机制的三大转变。

我们从央行负债表上看，基础货币（MB，即资产负债表中的储备货币）＝国外净资产（NFA）变动＋国内净资产（NDA）变动。货币供给（M2）＝ MB × 货币乘数（m），货币乘数隐含了货币传递机制。货币受到量影响，同时其价格对于后发国家而言不仅受到本国货币政策的影响，也受到美国等储备货币国家货币政策的影响。上述有关央行资产的变动、金融结构对货币乘数和信用杠杆的影响，以及利率的国际传递影响构成了新常态下货币供给机制的三大转变。从当前看，其转变为以下三大方向。一是货币当局资产项目中的外汇资产下降，反映出的是中国经济中由外向型经济推动的货币释放逐步正常化，且难以推动基础货币的供给；二是货币信用创造机制发生了根本性变化，从"信贷中介"转向"金融结构"，提高了货币乘数和信用杠杆，当然通过传统监管方式仍然可以回归为信贷主导，但会导致金融的超预期收缩和巨大的金融摩擦；三是汇率和利率波动具有国际联动的特性，中国十年期国债长期受到美国十年期国债的影响，2015 年汇率中间价改革、加入 SDR 和沪深与香港资本市场接通后，中国资本流动性加强，美国即国际储备国利率和汇率对中国的影响加大，特别是近来美联储的持续加息通过货币流动渠道直接引发了国内债券市场的异常波动，美国加息周期和缩表周期已经在推动中国资金成本持续上升，当然其中有监管方面的原因，但无疑美国的加息和缩表对中国经济已经起到了很大的作用，中国已经加强了资本管制和汇率市场化定价的修改，希望能减小国际冲击对中国的影响。

1. 货币供给将从外汇资产推动逐步转向国内金融"便利"资产创设，"脱实向虚"特征明显

央行资产负债表中外汇资产对应的是中国实体经济出口和国外投资的财富累积，属于长期资产。国内资产近年来主要是通过"对其他存款性公司债权"这一项目进行创设资产，这一部分资产来源于央行大量创设的金融"便利"资产，主要为金融市场交易的流动性服务，包括短期便利（SLF）、中期便利（MLF）、长期便利（TLF）、再贷款等，这些属于短期维持流动性的金融资产，为的是保持金融机构间交易平稳，与实体经济无直接关联。由于央行创设的国内部门的金融资产过于短期，只适合于短期稳定经济，无法成为长期货币供给的基础。

从央行资产表可以看出，外汇资产（NFA）从持续上升变为持续下降。1994 年汇率并轨后，中国进入了一个双顺差的阶段，直到 2012 年人民币双顺差才结束，2013 年外汇资产占央行资产的比重高达 83%，再次创历史新高，但 2014 年出现了季度性贸易逆差，2014 年外汇资产占央行资产的比重下降，2015 年人民币汇率市场化改革启动，人民币贬值且大规模流出，2015 年初外汇资产绝对额下降，外汇资产下降直接引起了央行资产负债表的收缩，央行开始了增加国内资产的创设，2016 年外汇资产占央行资产的比重持续下降，央行靠"对其他存款性公司债权"创设资产提升了 2.18 倍，即从 2.7 万亿元提高到 8.5 万亿元的水平，一举将国内资产占比提升到 25%，以对冲外汇资产下降，推动了央行资产的扩张，央行的货币供给已经从外汇资产推动逐步转向国内资产的创设和发行，货币机制发生了根本性的变化（肖崎、王迪，2016）。

表2 外汇占款、国内资产和央行资产增长

单位：%

年份	2009	2010	2011	2012	2013	2014	2015	2016
外汇占款/总资产	0.77	0.80	0.83	0.80	0.83	0.80	0.78	0.64
对其他存款性公司债权/总资产	0.03	0.04	0.04	0.06	0.04	0.07	0.08	0.25
总资产增长	10	14	8	5	8	7	-6	8
对其他存款性公司债权增长	-15	32	8	63	-21	90	7	218

资料来源：《中国统计年鉴》（2016）和中国人民银行网站。

央行负债表变化的背后是中国经济发展进入新常态后的三个变化的表现，第一个是以比较优势推动的出口导向战略结束，国际贸易盈余占 GDP 的比重和对经济增长的拉动都在3%以下，而由因剩余劳动力而压低工资推动的出口品比较优势已经不存在，相对应的国内教育、研发、医疗等服务质量较低，服务逆差不断加大，以贸易推动的外汇盈余提升已经结束；第二个是汇率升值预期转变为贬值预期，资本流入变为资本流出，特别是大量投机性资本流出，导致外汇资产下降过快，资本单向流入的时代结束；第三个是国内的资金回报率低于国外的资产回报率，长期投资外流，贸易与资本项下双顺差结束。

这些都意味着由持续外汇占款推动的货币机制需要转变为创设国内资产进行新的货币释放，但当前国内创设资产本质上都是金融机构短期限用的资产，本身更多的是为金融机构交易所用，因此从货币供给的性质来看就有很强的"脱实向虚"的特征，而且这些流动性创设资产难以为中国提供长期的货币供给。

2. 中国货币供给传递或信用创造从"信贷中介"转向以"通道"驱动的"金融结构"的中介

这一货币传递或信用创造中介的转变源于中国近年来的金融创新。2008年全球金融危机后，2009年中国全面实施反危机政策——四万亿元财政刺激，并配套了银行贷款、开启地方融资、发展信托业等系列融资政策，投入基础设施和城市化。以信托发展带动银行"同业"的大发展，2013年后以在"通道"驱动下的金融资管产品创新推动"影子银行"的发展，而通道业务和同业业务的核心都是进行"监管套利"，主要是将表内业务转变为表外业务，形成"影子银行"的影子部分。信贷中介模式就是金融与实体的直接交易，而中国的影子银行结构则多出了金融结构交易和新创设信用工具，金融信用中介复杂化。金融复杂化与实体经济需求多样化相关，但金融机构间交易越来越多，推动了金融业增加值占 GDP 的比重在 2016 年高达 8.4%，居全球第一，即已经自我循环发展了，与实体经济越来越远了。金融结构正从银行信贷转向以通道业务驱动的"金融结构"，金融机构交易扩张明显快于金融与实体经济的扩张，这一方面推高了资金成本，另一方面使金融杠杆上升迅速，从而更多的资源被金融部门占用，以制造业为代表的实体经济的资金成本被推高。

从社会融资结构上看，中国 21 世纪以来信贷在社会融资结构中的比重为 90%，而后持续下降至 70% 多。2010 年是标志年，一举降到 60%，2013 年最低，达到 54%，而后比重回升，但都低于 70%。M2 是最好的"信贷中介"指标，通过信贷形成资本，资本推动经济增长。但随着金融创新活动的加快，银行的完全信用创造逐步让位于"金融结构"的信用创造。

中国的金融创新，提高了信用创造能力，提升了整体金融杠杆。对于金融杠杆的定义有很多，此处继续沿用 M2/GDP 作为金融杠杆，2016 年金融杠杆水平已经达到 2.08%。有的学者（殷剑峰等，2013）用信用总量与 GDP 之比来衡量金融杠杆，这样能比较好地反映金融结构的变化。信用总量由贷款加国债、非金融企业债券、对其他存款性公司债权、对其他金融机构债权的总和构成，2012 年信用总量占 GDP 的比重为 1.94%，已经高于 M2/GDP 的比重 1.4%。用资产负债表考察总体负债情况也是重要的信用指标，国内负债水平比 GDP 的比重 2015 年超过了 2.79 倍（李扬等，2015），影子银行的兴起推动了信用杠杆的持续上升，已经要高于"信贷中介"测量的 M2/GDP 了。

近年来，金融创新推动了货币乘数的上升。货币乘数也在 2015 年 9 月创下金融危机后的新高 4.86，而后不断上升到 2017 年第一季度的 5.29（见图 3），达到新高，基础货币增长不快，M2 增长主要靠乘数增加。金融结构变化，特别是银行与非银行金融机构间的交易，实质上构成了信用创造，对货币供给乘数有着正贡献。2014 年以来银行理财，委外、非标和金融机构通道业务等相互往来和交易更为频繁，这与金融产品的创新密不可分，推动了金融交易快速增长。但这种金融结构不是配置性结构，而是以"通道"为基础的，通过相互的通道进行监管套利。

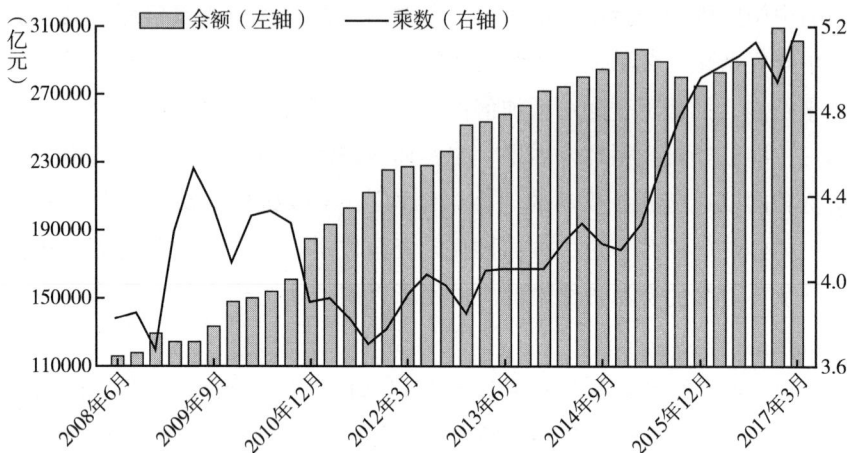

图3 基础货币余额与乘数

资料来源：Wind。

从信用的运用方看，一是投资制造业的收益率持续下降，金融机构积极投资于城市化土地和基础建设的抵押融资的活动中以获取高利润，同时为了逃避监管，开拓"同业"以及"通道"等业务；二是期限错配以提高收益率，推动金融资源向着长期限配置，提高资金运用的久期杠杆，如政府担保下的地方政府投资的基础设施等；三是"通道"业务驱动下的金融活动，由于高杠杆的使用，流动性问题经常出现，银行间市场利率波动较大；四是资产全球配置活动越来越多，国内资金进行海外投资以获取收益，这种国际资产的配置需求推动了资本外流。2012年经济减速后，PPI持续通缩，使原有的实体经济雪上加霜，金融加快了脱实向虚和对外投资的步伐。

政府希望通过金融创新来推动资源配置转型，但实践结果是没有形成新的资源配置机制，只是加剧了金融杠杆和金融市场的波动。2017年3月以来，金融降杠杆，金融业再次进入分业"严监管"状态，银监会陆续针对"三违反"（违反金融法律、违反监管规则、违反内部规章）、"三套利"（监管套利、空转套利、关联套利）和不当行为发出监管函，证监会宣布"全面禁止通道业务"，保监会停止了具有理财性质的万能险等，金融体系向着原有格局回归。

3. 开放下的汇率—利率传递机制在形成

由于中国经济发展阶段发生了根本性变化，金融开放步伐也在加快，特别是以 2016 年加入 IMF 的 SDR 为契机，中国开始尝试汇率市场定价和资本项目开放。2015 年 8 月 11 日中国启动了汇率市场决定中间价的机制改革，通过加强一揽子货币、填入逆调节因子等，一方面尝试市场定价，另一方面保持央行的干预性。在资本项目下，推出了沪港通、深港通等项目，同时加强了对企业海外投资的管制，稳步开放金融体系。中国的利率与美国保持了长期的联动均衡。

从图 4 中可以看出，金融危机以来，全球加强了宏观政策的协调，2010 年以来中美十年期收益率呈现明显的正相关，保持为 120BP 的平均利差。我们构建了一个中美十年期利率回归模型：

$$CH = 0.0105166835625 + 0.00606106549607 \times US + 0.993187800908 \times CH(-1)$$
$$(2.81) \qquad\qquad (440)$$

$$R^2 = 0.996 \qquad DW = 1.87$$

模型中 CH 代表中国十年期国债到期收益率，US 代表美国十年期国债到期收益率。模型通过检验，相关性高达 99.6%。做格兰杰检验：美国十年期国债到期收益率是中国十年期国债的原因（F 检验 = 10.16）。

中国为新兴市场国家，汇率受到储备货币国利率政策的影响，利率保持着相对于储备货币国的优势，否则会导致资金流向储备货币国，币值出现不稳定。中国受美国利率等宏观政策的影响最为明显，而且这一传递也具有稳定性。美国的加息已经对中国的市场利率走势形成直接冲击。首先表现为 10 年期国债的跟随性质，而后是上海银行间拆借利率（shibor）上升，特别是 3 个月以上期限的利率持续上升。美国十年期国债的到期收益率受到美国加息的影响，但这次更受到美联储资产负债表缩表的影响。

按美联储加息预期，到 2019 年加息最终达到 3%，加上缩表的影响，2019 年十年期美国国债将在 4.5% 的水平，中国十年期国债与美国保持 120 个 BP 的差距，就要达到 5.7% 的水平，商业贷款同期限的利率水平就会同步增加至少 100 个 BP，中国长期贷款利率会在 6.7%～7% 的水平，这对中国长期限的基础设施和房地产贷款而言挑战巨大。当然美国的加息和缩表预期会不断调整，但中国资金成本上升已经是不争的事实。

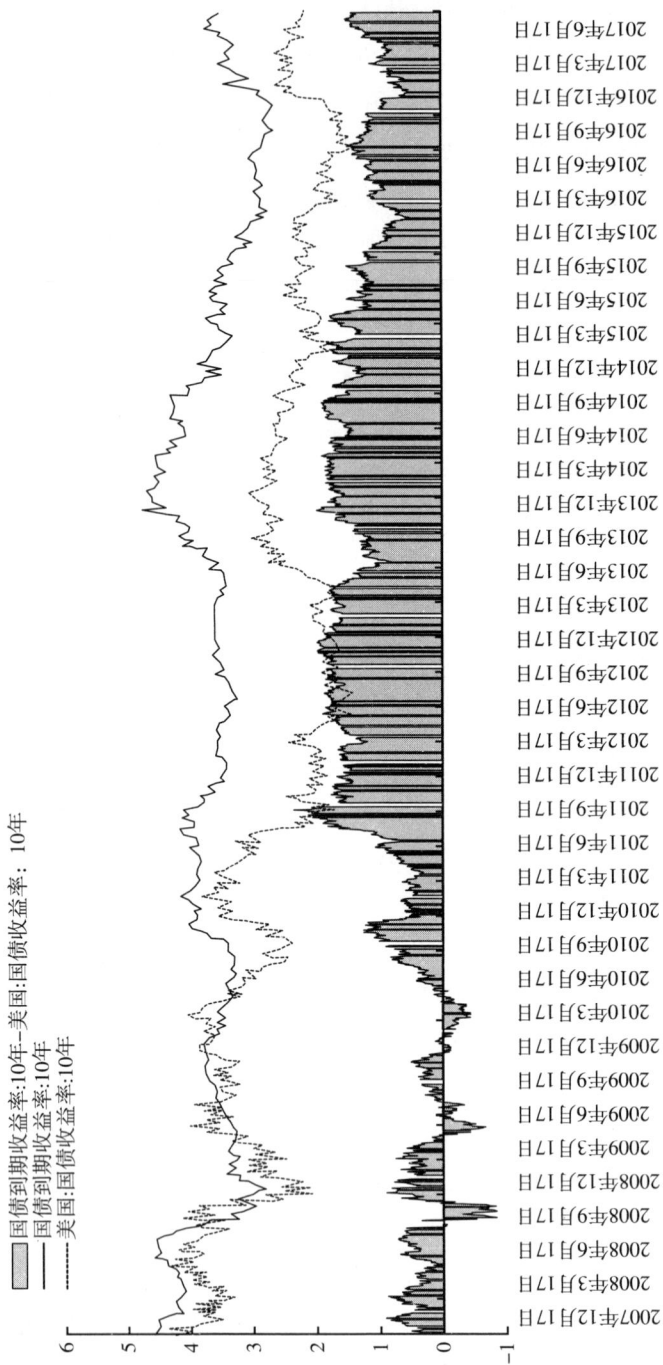

图 4　中美十年期到期收益率关联

资料来源：Wind。

三 货币供给转变与宏观稳定化目标政策选择

从货币供给与阶段性匹配的分析来看，中国货币供给及其相应的金融体系直接面临以下三大转变。

第一，央行基础货币供给的基础资产发生了根本性变化，从长期的外汇资产转为金融机构流动性服务的短期资产，意味"脱实向虚"从基础货币供给开始就有了根源性特征。新的长期货币供给的央行基础资产需要重新构建。现实中提出了"央行改表"的议题，即大幅通过财政部创设国债的方式加快替代央行中的国外部门资产，同时增加国债短期限的发行，增加流动性货币工具，转为成熟经济体的央行负债。在成熟经济体央行负债表中，国内资产占主要部分，其中国债占资产负债表的60%，国外资产占比在20%以下。中国的央行资产中，外国资产占60%以上的比重，国内资产多为央行创设的流动资产，因此开启公债货币化是改表的关键。

中国的国债和地方债等公债都是与中国庞大的长期基础设施资产相匹配的，因此创设公债资产为货币供给中的长期资产打下基础。当然这方面的探索需要央行与财政部的协调，财政部成为创设资产方，这更需要配合财政体制的深化改革和立法体系的完善，才能有效约束国内公债"软约算"的痼疾，否则公债货币化会加速提高政府负债水平和通货膨胀。

第二，金融体系复杂化后，监管相对滞后，相对统一的监管体制需要明确下来。2017年证监会、保监会、银监会均加大了监管力度，外管局对资本流出的窗口指导趋严，中国人民银行推进了MPA考核。在开放和复杂的金融结构下短期内进行调控和整顿具有一定意义，但从根本上看，这种方式会酝酿更大的风险。货币供给可以短期回归传统银行信贷，但这与经济的复杂性已经不匹配了，根本上是需要建立与优化配置资源相适应的新监管体制，因此加大金融监管的范围，而不完全以纵向分业划分，才能逐步引导和形成以配置资源为导向的金融结构。

第三，金融开放下的独立货币政策目标要从"信贷中介"促使资本形成，刺激经济增长的政策目标转为稳定经济体系、优化资源配置、减少金融和经济的波动。宏观政策目标要逐步从赶超经济阶段的刺激经济增长"又快又好"

转向成熟经济阶段的"稳中求进"。

货币政策目标包含了阶段转换过程中直接赋予其的使命：①从增长目标逐步转为"稳中求进"的宏观稳定化目标，真正实现央行以稳定币值为导向的目标，而不是积极参与资本形成以促增长的目标，特别是在开放条件下，大国独立的货币政策必须基于稳定目标才能完成应对外部风险的冲击；②缓解外部冲击，降低外汇占款对货币发行的影响，有步骤地将国外净资产置换为国内净资产，保持国内净资产特别是国债的比重，增加央行操作工具的抵押物，才会缓解很多外部冲击带来的影响。

货币供给体系调整直接依赖于财政体系调整，依赖于新常态下的整体宏观管理体系和政策目标转型，而不是单一的货币或财政体系的改革。1994年的分税制改革开启于中国高速工业化阶段，增值税起步于制造业，2013年服务业超过第二产业后，增值税体系到2016年才覆盖了建筑业和服务业。分税制有力地激发了中国工业化发展的热潮，推动了地方政府的工业化竞争。以增值税为基础的分税制体系与城市化的快速推进开始不适应了。随着城市化率2012年突破50%，以"物质"对象为基础的流转税体制与城市化发展以"人"为基础的直接税体制就不和谐了。以城市化为基础的财政体系主要的税收来源于直接税，通过私人纳税直接与享受养老、医疗、教育等服务权利相匹配。明确地将纳税义务与享受公共服务的权利相关联，奠定了现代城市以人为中心的税收体制。

财政与金融当前的困境是新的宏观管理框架没有确立。2015年地方债置换已经开始对央行负债表进行调整，积极探索公债货币化。公债货币化有利于用注入"硬资产"和长期限的金融安排，这对于调整现有的金融结构、降低金融风险而言是有益的。但公债货币化在现有的财政体制下，只能浅尝辄止，涉及地方政府财政"窘境"和政府"软预算"问题。地方政府的财政体制问题难以解决，支出主要靠土地财政，当土地财政失去能力后，金融负债是其解决政府支出的唯一选择，这样不断采取"债务置换"方式的公债货币化，无疑对于经济发展而言没有更多的优化价值，反而导致地方政府的"逆向选择"。

中国在新常态下重新设计财政和金融体制已经不是一个简单的单项问题了。改革系统性宏观管理框架首先要从财政入手，财政税收和公共服务支出体系的改革要符合城市化达到60%的水平后的安排，即征税体制要从企业转向个人，间接税转向直接税，只有稳定城市税收收入，才能稳定地方公共服务支出，使其预算和债务安排可以按理性预期开展。在稳定税收安排后积极调整央行负债表，真正开启公债货币进程，同时配合监管体制改革，优化金融资源。中国已经明确了"稳中求进"的宏观稳定化政策目标，但需要新的宏观管理框架来确保其实现。

参考文献

Ben S. Bernanke, "The Global Saving Glut and the U. S. Current Account Deficit", http//www. federalreserve. gov/boarddocs/speeches/2005/200503102/default. htm, 2015.

Borpujari J. G. , "Production and Monetization in the Subsistence Sector with Some Implications for Financial Programming, IMF Mimeograph, 1977.

陈昌兵：《城市化率多重"S"型曲线估计及预测》，载《中国可持续经济增长的城市化研究》，中国经济出版社，2016。

邓小兰、李铮：《公债货币化对货币供应量的影响研究——基于国际面板数据》，《经济科学》2015 年第 4 期。

李斌、伍戈：《信用创造、货币供求与经济结构》，金融出版社，2014。

李扬等：《中国国家资产负债表 2015：杠杆调整与风险管理》，中国社会科学出版社，2015。

刘金权、张都：《广义货币增长效应失灵的结构性解释》，《财经科学》2017 年第 1 期。

刘轶、林恋、罗春蓉：《银行同业业务与"额外"货币供给创造》，《金融理论与实践》2016 年第 9 期。

麦金农：《经济发展中的货币与资本》，上海人民出版社，1988。

肖崎、王迪：《外汇占款下降对我国货币供给机制的影响研究》，《世界经济研究》2016 年第 8 期。

易纲：《中国货币化进程》，商务出版社，2003。

殷剑峰、王增武主编《影子银行与银行的影子》，社会科学文献出版社，2013。

张平、刘霞辉、王宏淼：《金融发展与经济增长：从动员性扩张向市场配置的转变》，载《中国经济增长前沿Ⅱ》，中国社会科学出版社，2011。

B.4

2017年国民经济发展预测和2018年展望

赵 琨 王宝林*

摘 要： 2017 年以来，中国经济延续回稳向好态势，国民经济呈现运行平稳、结构优化、动能转换、质量效益提升的态势，韧性不断增强，信心得到提振，党的十九大胜利召开，极大地鼓舞和坚定了全国人民建设新时代中国特色社会主义的信心和决心，调动了各方面的积极性和创造精神。2018 年是全面贯彻落实党的十九大精神的开局之年，我国发展仍处于重要战略机遇期，经济社会发展具有良好支撑基础和许多有利条件，特别是在习近平新时代中国特色社会主义思想的指引下，全社会创造力和发展活力将持续激发，发展质量和效益有望持续提升，经济将保持稳中向好发展态势。

关键词： 中国 国民经济 新时代

一 2017年国民经济发展预测

2017 年以来，面对复杂变化的国内外形势，在以习近平同志为核心的党中央坚强领导下，各地区各部门牢固树立政治意识、大局意识、核心意识、看齐意识，按照中央决策部署，坚持稳中求进工作总基调，坚持以新发展理念引领经济发展新常态，坚持以推进供给侧结构性改革为主线，坚持以提高经济发展质量和效益为中心，适度扩大总需求，有效引导社会预期，深入实施创新驱

---

* 赵琨，供职于国家发展和改革委员会；王宝林，供职于国家发展和改革委员会。

动，妥善应对风险挑战，国民经济呈现运行总体平稳、结构优化、动能转换、效益提升的态势，特别是党的十九大胜利召开，极大地鼓舞和坚定了全国人民建设新时代中国特色社会主义的信心和决心，调动了各方面的积极性和创造精神，促进了经济持续健康发展和社会和谐稳定。

（一）2017年经济稳中向好、好于预期

2017年前三季度，国内生产总值同比增长6.9%，比上年同期高0.2个百分点，其中第一、二、三产业分别增长3.7%、6.3%和7.8%。消费需求持续较旺，前10个月社会消费品零售总额增长10.3%，其中网上商品零售额增长28.8%；消费继续发挥对经济发展的主要支撑作用，前三季度最终消费对经济增长的贡献率达到64.5%。投资增长稳中略缓，前10个月固定资产投资增长7.3%，其中基础设施、制造业、房地产开发投资分别增长19.6%、4.1%和7.8%，民间投资增长5.8%。进出口保持较快增长，以人民币计价增长15.9%，其中出口和进口分别增长11.7%和21.5%。居民消费价格温和上涨，工业生产者出厂价格波动上升，分别上涨1.5%和6.5%。

（二）结构持续优化

供给侧结构性改革深入推进。钢铁、煤炭去产能5年目标已大头落地，"地条钢"产能出清，防范化解煤电产能过剩风险任务深入落实。10月末商品房和住宅待售面积同比分别下降13.3%、23.3%。三季度末市场化债转股签约项目总金额超1.3万亿元，企业杠杆率稳中趋降。全年为企业减负将超过1万亿元。补短板既重硬设施又重软能力建设，前10个月制造业技术改造投资增长13.4%。农业供给侧结构性改革扎实推进，稳粮优经扩饲深入推进，农村一二三产业融合发展加快。实体经济振兴取得积极进展，前10个月规模以上工业增加值增长6.7%，前三季度工业产能利用率为76.6%，同比提高3.5个百分点，10月制造业采购经理指数持续第13个月维持在51%以上。

节能减排力度加大。环境监管执法持续强化，中央环保督察实现省级全覆盖，污染防治三大行动全力推进，生态文明体制改革和建设深入开展，能源结构优化和节能降耗成效突出，前三季度单位国内生产总值能耗下降3.8%。

区域发展协调性增强。"一带一路"建设、京津冀协同发展、长江经济带

建设成效明显，东、中、西和东北四大板块互动性增强，城乡发展提质增效，新型城镇化建设行动方案深入实施，城市群集聚效应不断增强，国家级开发区等特殊功能平台带动效应凸显，跨区域供应链和产业链布局不断深化。

（三）动能加快转换

改革开放持续深化。"放管服"改革激发市场活力效果显著，国企改革、产权保护、财税金融、投融资、价格等基础性改革深入推进。我国在全球经济治理体系重塑中的作用凸显，"一带一路"建设取得重要突破。对外贸易较快增长，利用外资政策体系不断完善，对外投资健康有序发展。

创新引领作用不断强化。国家科技重大专项加快推进，量子科学、航空航天等领域取得重大突破。创新成果加快转化，全国技术合同交易额增长较快。大众创业、万众创新活力持续迸发，全国"双创"活动周成功举办、成果丰硕，"双创"示范基地实现省级全覆盖。

制造强国建设和服务业创新发展交融并进。传统制造业加快转型升级，《中国制造2025》深入实施，战略性新兴产业快速成长，"互联网＋"、分享经济、人工智能蓬勃发展，前三季度战略性新兴产业增加值增长11.3%，前10个月高技术产业增加值增长13.4%。消费升级带动服务供给提升，旅游、文化、体育、健康、养老"五大幸福产业"快速发展，服务业增速持续快于工业增速，其前三季度占国内生产总值的比重提高至52.9%，对经济增长的贡献率达58.8%。

（四）质量效益持续提升

就业形势总体稳定。前10个月城镇新增就业1191万人，同比多增23万人，提前两个月完成年度目标任务；10月31个大城市城镇调查失业率为4.83%，为2012年以来低点，连续8个月保持在5%以下。

居民收入持续增加。前三季度，全国居民人均可支配收入实际增长7.5%，继续快于经济增速，其中农村居民收入增长7.5%，快于城镇居民0.9个百分点，城乡居民收入差距继续缩小。

社会保障安全网进一步扎牢。各项社会保险参保人数继续增加，各省份养老金上调，精准扶贫加快实施，医疗、养老、教育等社会事业和产业加快发展，住房保障工作稳步推进。

经济效益明显提升。前三季度，规模以上工业企业利润增长22.8%，增幅比上年同期提高14.4个百分点。前10个月，财政收入增长9.2%，比上年同期提高3.3个百分点，财政支出增长9.8%。

与此同时，金融运行总体稳定，广义货币供应量M2余额增长8.8%。

综合分析近期经济运行变化及政策作用等因素，四季度经济有望保持平稳运行，全年国内生产总值增长6.8%左右。消费有望保持平稳增长，投资增长将缓中趋稳，外贸将延续较快增长态势。居民消费价格温和上涨，涨幅为1.6%左右。

二　2018年国民经济展望及政策建议

展望2018年，我国经济发展环境仍将错综复杂，世界经济不稳定、不确定性因素仍然较多，回升基础仍然薄弱，主要经济体政策变动仍可能带来外溢影响，国际贸易投资保护主义升温，地缘政治风险、非传统安全威胁等此起彼伏。我国经济发展不平衡不充分的问题仍然突出，经济发展仍面临不少困难和挑战。

但更要看到，随着党的十九大胜利召开，中国特色社会主义进入新时代，我国经济发展进入新阶段。在习近平新时代中国特色社会主义思想的指引下，我们将继续朝着决胜全面建成小康社会、夺取新时代中国特色社会主义伟大胜利的目标奋勇前进，我国经济发展仍处于重要战略机遇期。一是，十八大以来取得的历史性成就为我国下一步发展打下了坚实的基础。二是，新发展理念的深入贯彻将不断提升发展的质量和水平。三是，推动乡村振兴和区域协调发展将释放新的发展潜力。四是，宏观调控体系的不断创新完善有助于促进经济持续健康发展。五是，改革开放的深入推进将不断激发市场活力。六是，世界经济复苏态势的延续有利于市场预期稳定。2018年我国经济平稳发展的支撑因素仍然较强，经济将保持稳中向好的发展态势。

（一）从需求看，市场销售将持续较旺，投资增长有望缓中趋稳，进出口增速将高位放缓

1. 消费方面

2017年以来，居民收入增速持续快于经济增速，2018年消费价格涨幅将

总体温和，居民消费能力有望进一步提升；消费环境不断改善，供给质量持续提升，居民消费意愿有望增强；消费产品由生存型向享受型升级发展，消费方式向线下线上融合发展转变，新兴消费业态有望保持较快增长态势；促进消费的各项政策效果持续显现有利于"五大幸福产业"等有关消费较快增长；但由于小排量汽车购车税优惠政策取消、新能源汽车补贴退坡，汽车消费增长可能有所放缓，家电、家具、家装等领域消费活力可能有所减弱。

2. 投资方面

房地产开发投资将受到到位资金增长放缓制约；加强地方债务风险防范可能会影响基础设施投资的增长；改善营商环境的政策力度加大，促进民间投资的各项政策效果将逐步显现，再加上市场供求关系改善、企业效益回升，企业投资意愿和能力有望增强，制造业投资可能保持平稳增长态势。

3. 外贸方面

2018年全球经济和贸易有望延续复苏态势，但主要经济体财政货币政策的调整，可能会增加我国外需的不确定性，加大我国出口的竞争压力；逆全球化抬头、贸易投资保护主义升温，将增加我国稳定出口市场的难度；人民币升值可能影响我国出口产品的国际竞争力。进口方面，2018年大宗商品价格涨幅可能回落，企业补库存需求增长可能放缓，再加上2017年基数较高，进口保持较快增长的难度较大。

（二）从供给看，农业生产有望稳定发展，工业生产将总体平稳，服务业将保持良好发展势头

1. 农业方面

2018年，支持农业发展的体制机制将进一步完善，有利于农业保持稳定发展。深化农村土地制度改革，保持土地承包权关系稳定不变，有利于稳定农民生产经营预期。发展多种形式适度规模经营，健全农业社会化服务体系，促进农村一二三产业融合发展，促使科技管理成果向农村渗透，有利于提高农业生产效率和增加农民收入。

2. 工业方面

2018年，随着振兴实体经济的各项政策深入实施，工业结构调整态势有望延续，居民消费持续升级和企业技术改造投资力度加大，将带动装备制造

业、高技术制造业、战略性新兴产业等保持较快增长速度。中、下游行业出现价格回升预期,将有利于推动中、下游产业效益改善和生产积极性提升。同时传统产业增长速度可能有所放缓,资源环境等约束增强、企业存货增长放缓也可能对工业增长产生影响。

3. 服务业方面

随着房地产调控效应进一步显现,房地产销售可能延续放缓态势,房地产业增长可能放缓;随着金融防风险和去杠杆力度加大,金融业发展可能更加规范;居民消费持续较旺,有利于带动批发零售、住宿餐饮、快递物流等行业增长;与工业生产相关的交通运输和仓储行业将总体保持平稳增长;大众创业、万众创新蓬勃发展,"互联网+"持续改造提升传统产业,并将带动新兴服务行业继续较快增长。

基于以上分析,要深入贯彻落实习近平新时代中国特色社会主义思想,不折不扣落实党的十九大部署的各项重大方针政策、重大举措和重大工作,推动决胜全面建成小康社会取得新的进展,努力实现更高质量、更有效率、更加公平、更可持续的发展。要抓住经济平稳运行的有利时机,推动经济提质增效,坚持质量第一、效益优先,继续深化供给侧结构性改革,着力振兴实体经济,提高经济发展的质量和效益,加大减税降费政策力度,支持实体经济发展,增强金融服务实体经济能力。加快建设创新型国家,加快科技创新突破,深入开展全面创新改革试验,大力推动大众创业、万众创新。实施乡村振兴战略,制定国家乡村振兴规划,促进农业发展、农民富裕、农村面貌改善。实施区域协调发展战略,补齐落后地区发展短板,促进东、中、西部协调发展,扎实推进京津冀协调发展战略、长江经济带发展战略。加快完善社会主义市场经济体制,不断完善产权制度,促进要素市场化配置,进一步健全宏观调控体系。推动形成全方位开放新格局,扎实推进"一带一路"建设,坚持"引进来"和"走出去",加快建设贸易强国,积极参与全球治理体系改革和建设。加快建设美丽中国,推动绿色发展,解决突出环境问题,加大生态系统保护力度,改革生态监管体制,推动形成人与环境和谐发展的新格局。提高保障和改善民生,积极推动教育、就业、社保、脱贫攻坚、医疗健康、社会治理、国家安全等领域的建设和发展,不断增强人民获得感、幸福感、安全感。

B.5
经济增长新基础初步形成，
新特点日益明显

——2017~2018 年经济形势分析与展望

张立群*

摘　要： 经过六年左右的经济增速换挡，2017 年中国经济初步进入新的增长期，经济增长新基础初步形成。政策方面，按照稳中求进的工作总基调，2012 年开始的宏观调控，从强刺激转为适时适度调控；从偏重投资为主转向投资消费并重；从偏重需求扩张转向稳需求与调结构、转方式、深化改革相辅相成。政策的可持续性明显增强。市场方面，一是外部经济环境趋稳，世界经济复苏态势趋向明朗，出口形势开始好转；二是城镇化推进不平衡的矛盾正在积极解决，支持投资增长的积极因素不断增加。特别重要的是，在宏观调控和市场的共同作用下，中国经济转型升级取得明显进展，改革取得积极成效。这些因素共同构成了经济增长的新基础，支撑了经济增长稳中向好的态势。在此基础上，预计 2018 年经济平稳增长的特点将更为明显。

关键词： 经济形势　增长新基础　中国

一　经济增长新基础初步形成，由降转稳拐点出现

2017 年前三季度，按照可比价格，GDP 同比增长 6.9%；增幅较上年同期

---

* 张立群，供职于国务院发展研究中心宏观经济研究部。

提高 0.2 个百分点。从季度 GDP 增长率走势看，2017 年一、二、三季度分别为 6.9%、6.9%、6.8%，波动幅度很小；自 2015 年三季度以来，季度 GDP 增速已经连续 9 个季度保持在 6.7% ~ 6.9%，平稳增长特点明显。

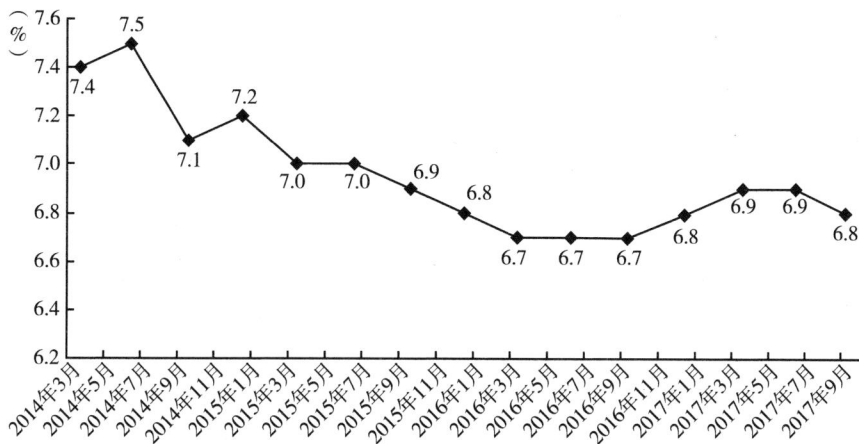

图 1 2014 ~ 2017 年季度 GDP 增长率

资料来源：国家统计局。

经济增长企稳的主要原因是增长的新基础初步形成。2010 ~ 2016 年，中国经济增速持续下降，从 10.6% 降低到 6.7%。政策方面的原因主要是"一揽子计划"的全面退出；市场方面的原因主要是国际金融危机导致的出口增速持续大幅降低（2010 ~ 2016 年，美元口径的出口增长率从 31.3% 降低到 -7.74%）；国内城镇化推进不平衡的矛盾导致的投资增速持续大幅降低（2010 ~ 2016 年，全社会固定资产投资增长率从 24.5% 降低到 8.1%）。经济增长新基础的形成：政策方面主要是党中央、国务院科学分析总结了国际金融危机发生以后国内外经济环境的深刻变化，提出了稳中求进的工作总基调。2012 年开始的宏观调控，从强刺激转为适时适度调控；从大水漫灌转向精准发力；从偏重投资转向投资消费并重，在保就业、稳收入、促消费方面加大工作力度；从偏重需求扩张转向稳需求与调结构、转方式、深化改革相辅相成。实践证明，宏观调控的效果明显增强，政策的可持续性明显增加。市场方面，一是外部经济环境趋稳，世界经济复苏态势趋向明朗，受其影响，我国出口形势开始好转；二是城镇化推进不平衡的矛盾正在积极解决，支持投资增长的积极因素不断增加。特别重要的是，在宏观调控和市场的共同作用下，中国经济转型升级取得明显进展，改革取得积极成效。这些因素共同构成了经济增长的新基础，支撑了经济稳中向好的增长态势。

（一）投资增长由降转稳的基础已初步形成

2010年开始的投资增速下降，初始原因是"一揽子计划"退出，基础设施投资增速大幅降低；2012年采取稳增长政策以后，基础设施投资增速明显提高，对投资增长的稳定作用明显增强，此后投资增速继续下降的主要原因是房地产投资增速大幅下滑。其面临"拿地难""卖房难"的双重困境。这与城镇化推进不平衡的矛盾密切关系。城镇化进程主要表现为城市人气度的稳定提高，人口数量的稳定增长。基础设施、公共服务、市场环境等基本条件在各个城市的发展很不平衡，导致产城融合水平差异较大，进而使城市人气度提高速率差异较大，城市人口数量增长得很不平衡，出现了大城市人满为患、中小城市人气不足这样两个比较极端的现象。人气度提升快，则房地产市场成长性就强，这必然吸引房地产企业集中搞开发建设。经过一段时间，人气度持续较快提高的大城市就会出现越来越严重的"拿地难"。同时，2010年以后出现的造城运动，普遍出现了不考虑城市人气度提高的系统性条件、片面追求扩大建成区面积的倾向。地方政府在吸引房地产企业方面出台了很多优惠政策，特别是土地供给方面的优惠政策，这对众多在大城市拿不到地的房地产企业产生了很大的吸引力，不少房地产企业到中小城市拿地建房。由于支持城市人气度提高的条件没有配套形成，住房建设布局与城市人口增长格局出现较大失衡，进而形成了较为严重的"卖房难"。在资金循环严重困难而市场潜力大的区域又拿不到地的约束下，房地产投资增速出现持续大幅滑坡（2010～2015年从33.2%降低到1%）。这对重化工原材料、能源等大宗商品的市场销售形成了较大抑制，相关企业开工率降低、效益持续下降，进而使制造业投资、民间投资增速下滑。因此，城镇化不平衡的矛盾及其引起的房地产投资增速滑坡，是投资增速下降的主要原因。近年来，一批二线城市的人口快速增长；一线城市开始联合周边的中小城市向城市群方向发展；在中心城市的带动下，一些三、四线城市的人气度也在提高。按照中央推进新型城镇化的战略部署，城市长远、综合规划工作正在加强；地下基础设施加快"补课"；城市群内部基础设施、公共服务的同城化正在积极推进。城镇化推进不平衡、发展不充分的问题正在得到解决。受其推动，房地产企业"卖房难"的问题，在一线城市、热点二线城市，以及一批三、四线城市得到全面缓解；"拿地难"问题在这些二线和三、四线城市也得到缓解。这就支持房地产开发建设活动开始恢复，房地产投资增速开始提高。2016 年，房地产投资同比增长 6.9%，较 2015 年提高5.9 个百分点；2017 年 1~9 月，同比增长 8.1%，较上年提高 1.2 个百分点。与此同时，受新型城镇化和"一带一路"建设带动，基础设施投资持续保持较高增速。房地产和基础设施投资的恢复和活跃，带动了重化工原材料、能源等大宗商品市场销售形势好转，销售价格提高，利润水平提高，也带动了制造业投资、民间投资趋向回升。尽管三季度以来受诸多短期因素影响，制造业和民间投资增速出现下滑，但根据以上分析，这种下滑不是趋势性的。在以新型城镇化等为代表的经济现代化进程开始克服困难逐渐顺利推进的背景下，投资增速由降转稳的基础已初步形成。

（二）出口增长由降转稳的基础初步形成

至 2008 年国际金融危机发生以来，已经过去了近九年时间。从历史回顾看，历次危机后摆脱经济低迷困境的时间，都未超过十年。2017 年国际贸易增速开始高于全球 GDP 增速，发达国家和新兴发展中国家或地区出口形势普遍好转，可视为经济摆脱增长低迷的一个重要信号。从美国经济看，由于政府出手，国家信用介入，量化宽松货币政策有力地支持了政府对金融信用危机的救助行动，有效地稳定了金融信用和社会信用，制止了不信任风潮的蔓延，进而保持了金融市场的基本稳定，为实体经济恢复提供了必要条件。受其支持，美国的再制造业化取得了积极进展，生物信息技术革命的成果得以深入运用，新能源技术、信息技术支持了诸多新经济增长点的形成和发展，促进了实体经济恢复，并促进了就业形势好转。就业形势好转带动了城市人气度提高，房地产市场回暖，逐步缓解了房地产市场低迷给抵押贷款带来的巨大压力，也带动了与房地产相关的产业逐步恢复。这些都支持了经济复苏，并不断改善金融债务的质量，逐步修复了存在的风险点。这就形成了经济复苏的基本条件。欧洲则通过稳定欧元、稳定欧盟的一系列努力和量化宽松货币政策，保持了欧洲金融体系的基本稳定，并支持了实体经济通过工业 4.0 版本、人工智能等新增长点得以不断恢复，带动了就业恢复和多项经济指标不断好转。经过长期的努力，日本经济恢复增长的条件也逐步形成。以中国为首的新兴发展中国家的经济企稳向好特征则更为明显。综合研判，世界经济复苏的基础初步形成。这一变化也推动了中国出口形势好转。1～9月，中国出口同比增长7.5%（美元口径），较上年提高逾16个百分点。尽管还存在诸多不确定性因素，但综合考虑世界经济复苏态势、中国出口企业转型升级的效果等，可判断中国出口由降转稳的基础已初步形成。

（三）消费平稳增长的基础较为巩固

2012年以来，党中央、国务院坚持社会政策托底的原则，全力保障基本民生，着力抓好精准就业、精准扶贫等重点环节的工作，取得了明显效果。尽管经济下行压力较大，但就业形势持续保持平稳，每年新增城镇就业都超过1300万人。2017年前三季度城镇新增就业1097万人，比上年同期增加了30万人。在就业基本稳定、扶贫帮困效果日益显现的支持下，全国居民收入保持了大体平稳的增长态势。前三季度全国居民人均可支配收入按可比价格同比增长7.5%，收入增速高于GDP增速。受收入平稳增长的支持，居民生活水平继续平稳提高，恩格尔系数持续降低，消费结构升级步伐加快，网购、旅游、餐饮等各类消费活动较为活跃。综合来看，消费平稳增长的基础已较巩固。

（四）供给侧结构性改革取得明显进展

基于对发展环境已发生阶段性重大变化的判断，2012年以来党和政府对发展思路和政策重点进行了重大调整。宏观调控改变了传统的"逆周期"施策的思路，把更多的力量放到调结构、转方式、深化改革方面，努力增强对发展环境变化的适应能力。特别是提出了推进供给侧结构性改革的系统任务，明确部署了"三去一降一补"等五大任务。近年来，市场和政府共同发力，去产能加快推进；以推进新型城镇化为主线，多措并举去库存，成效突出，2017年9月末商品房待售面积同比下降12.2%；去杠杆和降成本效果明显，到2017年8月末，规模以上工业企业资产负债率比上年同期下降0.7个百分点，规模以上工业企业每百元主营业务收入中的成本比上年同期减少0.12元。在市场竞争压力下，工业企业科技研发活动明显增多，从2011年到2014年，研究与开发支出占 GDP 的比重由 1.79% 提高到 2.05%。2017 年前三季度，高技术制造业投资同比增长 18.4%，快于全部投资增速 10.9 个百分点；9 月高技术产业增加值同比增长 13.4%，较工业增速快 6.7 个百分点。通过控制成本、改善产品和服务质量、兼并重组提升集中度等方式，企业对增速放缓的适应性不断增强。总体来看，供给侧结构性改革使供大于求的矛盾有所缓解，企业对新发展环境的适应性增强。

国内外市场需求企稳，供给侧结构性改革取得进展的综合成效之一就是市场供求关系开始发生积极变化。第一，存在严重过剩的重化工等大宗原材料市场，随着投资需求恢复、去产能取得成效，供大于求的矛盾明显缓解，价格水平持续提高。主要受其推动，自 2016 年 9 月开始，PPI（工业生产者出厂价格指数）涨幅由负转正，并持续提高。2017 年 3 月 PPI 开始有所回落，7 月以来又持续提高。价格水平的这一变化，在很大程度上表明通货紧缩已经得到缓解，宏观经济运行从总量矛盾来看，已经初步摆脱困境。第二，随着转型升级活动的逐步推进，越来越多的企业的创新能力和竞争力明显增强，开始逐步适应新的市场环境。供给对需求变化的适应性逐步增强。供求矛盾的缓解，也综合表现在企业效益好转方面。2017 年 1～8 月，规模以上工业企业实现利润同比增长 21.6%；主营业务收入利润率为 6.13%，比上年同期提高 0.45 个百分点。宏观经济运行中的积极因素不断增加，微观运营状况明显好转，基于这些情况，可以认为经济增长的新基础已初步形成。基于这一分析，观察前三季度主要经济指标的变化，预计 2017 年 GDP 增长率为 6.9% 左右，较上年增长水平略有提高。由此也标志着持续六年左右的经济增速换挡过程基本结束。

二　经济增长新特点将日益明显

基于 2017 年经济形势的分析，结合党的十九大报告精神，可以认为，2018 年中国经济将处于进入高质量发展新时代的起步时期，经济增长将保持大体平稳，供给侧结构性改革成效进一步显现，经济增长新特点将日益明显。

（一）世界经济复苏态势进一步明确，我国外贸出口将保持平稳增长

2017 年以来，20 国集团的 PMI 指数持续回升，达到 2011 年以来的较高水

平，显现全球经济保持回升势头。美国经济景气指数虽然有所减弱，但在就业充分、消费活跃支撑下，2018 年经济保持平稳增长的概率仍然较大。欧盟政局趋稳，离心政治力量带来的风险有所减弱；就业持续恢复，私人投资增速提高，2018 年经济有望延续复苏态势。受出口形势好转、大宗商品价格提高等因素影响，以中国为首的新兴发展中国家经济恢复态势有望加强。受以上因素支持，预计全球贸易改善态势将延续。同时也要注意，仍然存在一些不确定性因素，包括美国可能启动贸易保护；美联储进一步加息，开始缩表行动；欧洲一体化也仍然面临挑战，从近期西班牙加泰罗尼亚的独立公投可见一斑。综合积极因素和不确定性因素，预计 2018 年世界经济总体将呈现进一步复苏、平稳增长的特点。依据这一条件，同时考虑我国外向型经济转型升级的效果，预计 2018 年我国出口将保持平稳增长态势，水平与 2017 年大体相当。

（二）城镇化推进不平衡的矛盾逐步缓解，投资将保持平稳增长

依靠一批热点二线城市崛起以及新型城镇化取得的初步成效，2016 年以来房地产投资增速出现回升，结束了持续下降的态势，成为投资增速由降转稳的重要支撑。2017 年房地产投资继续保持平稳增长态势，随着新型城镇化成效的进一步显现，预计当前房地产投资增长的趋势会继续保持。进一步分析，支持房地产投资增长的积极因素主要是：城镇化持续推进，城市人口持续增加，这将推动居住型买房需求持续增长；按照新型城镇化要求，城市规划工作加强，发展的系统性、科学性提高；城市发展与产业发展的协调受到重视，产城融合水平差异大的问题逐步得到解决。在此基础上，已经崭露头角的热点二线城市的城镇化将取得更多积极进展；新型城镇化推动的城市群发展，也将取得更多成效，补短板等促进一体化、同城化发展的措施将带动中心城市周边的三、四线城市和中小城市人气度较快提高。这些都会为房地产销售市场扩大、开发建设空间扩大提供积极支持。从制约因素看，城市人口布局的变化趋势仍未根本改变偏向超大城市、特大城市的倾向，城镇化推进不平衡的问题仍需通过持续不懈的努力才能解决。因此，大城市人气度高、房地产市场成长性好的特点会加强，而土地资源不足的矛盾也会继续有所激化。由此，人多地少、住房需求大而房地产有效供给不足的矛盾仍将比较突出。这会形成热点地区房价持续上涨的根源，使房地产市场调控难度始终较大，也会使房地产发展空间不

足，影响到房地产领域的投资活动。综合研判，2018 年房地产投资将保持平稳增长，增速较 2017 年略有降低。同时，大中小城市一体化发展的财政等制度基础尚不完善，城市综合、长远规划工作体系仍在建设过程中，这些都会从项目准备方面影响到基础设施投资增速；地方隐性债务发展、金融去杠杆持续推进等，预计对基础设施投资资金会形成一定约束。综合研判，2018 年基础设施投资增长总体活跃，但增速较 2017 年将略有降低。受市场销售形势好转、价格上涨、利润增加，以及促进企业创业创新环境改善的改革力度加大等因素推动，预计制造业投资、民间投资增速将逐步提高。2018 年制造业投资增速较 2017 年将有一定提高。综合以上分析，预计 2018 年投资增速与 2017 年大体相当。

（三）就业和收入增长比较稳定，消费将保持平稳增长

2012 年以来，党和政府坚持社会政策托底的原则，全力保障基本民生，着力抓好精准就业、精准扶贫等重点关键环节的工作，取得了明显效果。2012 年以来，就业形势总体平稳，稳中向好。随着经济增长企稳和企业效益改善，预计 2018 年就业形势将进一步向好。在此基础上，考虑精准扶贫工作力度进一步加大等因素，预计居民收入增速将稳中趋升。受其支持，再考虑房地产市场、汽车市场平稳增长等因素，预计 2018 年消费将保持平稳增长，增速与2017 年大体相当。消费结构升级态势将更趋明显。

（四）供求关系总体平衡，价格涨幅比较平稳

基于以上分析，2018 年国内外市场需求增长将比较平稳；市场化、法制化去产能活动趋于规范，主要产品生产能力较为充裕，供给增长潜力较大。在此基础上，预计 2018 年市场总供求总体平衡，不会产生大的缺口。受市场供求特点影响，预计 2018 年价格增长平稳，PPI 同比涨幅较 2017 年有明显下降，CPI 同比涨幅在 2% 左右。

综上，2018 年经济将保持平稳增长，市场供求总体平衡，价格小幅上涨。这将为我国经济转入高质量发展阶段提供较好的宏观环境。随着供给侧结构性改革的进一步深入推进，十九大精神的全面落实，预计以提质增效、减排降耗为主线的新经济增长特点将日益明显。

三 政策建议

就经济增长企稳的基础而言，从市场需求方面看，主要是世界经济复苏态势明朗，国内城镇化矛盾逐步缓解，新型城镇化对国内市场需求的推动力增强。稳定市场需求是缓解供求失衡矛盾的重要着力点之一。必须继续保持财政货币政策稳定，保证必要的货币资金需要；加快解决制约新型城镇化进程的诸多问题，注重与新型城镇化进程紧密结合，引导房地产市场逐步进入平稳健康发展轨道；综合施策促进市场需求平稳增长。依托较为稳定的宏观经济环境，要全面深化供给侧结构性改革，全面落实十九大提出的建设现代化经济体系的各项任务，全力推进发展理念、发展方式转变，着力完善体制机制和制度环境，依靠市场竞争和政府监管执法工作水平提高，坚忍不拔、持之以恒地推动经济提质增效、减排降耗水平不断提高。

B.6
2017年前三季度工业经济
运行分析及趋势预测

黄群慧　江飞涛　张航燕*

摘　要：　2017年前三季度，中国工业呈现趋稳向好的总体特征。工业
行业结构继续呈现高端迈进态势，东北地区工业明显改善，
工业投资增速小幅回升，结构持续优化，工业出口增速为
2012年以来最好水平，工业企业利润保持较高增速。工业经
济趋稳向好是由供给侧结构性改革、市场复苏等多因素耦合
形成的。但也要看到，国际环境不稳定、不确定因素仍然存
在，中国经济正处在结构调整过关期，仍面临不少隐忧和挑
战。短期内工业企业成本攀升态势值得注意。模型预测结果
显示，2017年规模以上工业增加值增速为6%～6.5%的概率
很大。

关键词：　工业　投资增长　消费结构　工业增速

在供给侧结构性改革、市场复苏等多因素推动下，2017年前三季度，中
国工业呈现出趋稳向好的总体特征，规模以上工业企业增加值增长6.7%。当
前，我国工业经济形势依然较为复杂，变数较多，2017年规模以上工业增加
值增速为6%～6.5%的概率很大。

---

* 黄群慧，任职于中国社会科学院工业经济研究所；江飞涛，任职于中国社会科学院工业经济
研究所；张航燕，任职于中国社会科学院工业经济研究所。

一　2017年前三季度工业经济运行分析

前三季度，我国工业经济呈现趋稳并向高端迈进的发展态势。制造业呈现平稳发展态势，东北地区工业明显改善，工业投资增速小幅回升，结构持续优化，工业出口增速为2012年以来最好水平，工业企业利润保持较高增速，但成本上浮问题凸显。

（一）中国工业经济呈现趋稳并向高端迈进的态势

1~9月，规模以上工业增加值同比增长6.7%，增速较一季度和上半年分别减少0.1个和0.2个百分点，但是较上年同期加快0.7个百分点。从累计增速来看，2017年工业经济向好企稳的特征明显，2016年工业经济增速大致在6%上浮动，2017年前三季度在6.5%徘徊，2017年工业增速整体将比上年提升0.5个百分点。技术含量高、资源消耗少、符合转型升级方向的新产业新产品快速增长。1~9月，装备制造业和高技术产业增加值同比分别增长11.6%和13.4%，增速分别高于全部规模以上工业4.9个和6.7个百分点，较上年同

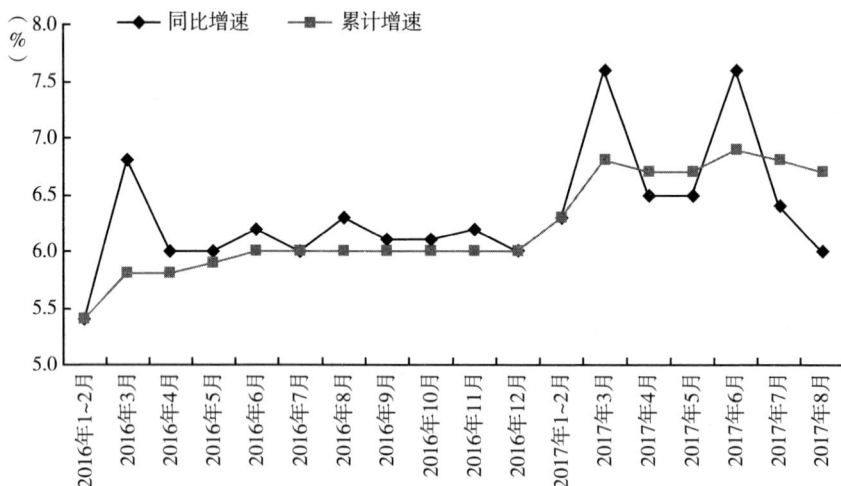

图1　规模以上工业增加值同比增速和累计增速

资料来源：国家统计局网站。

期分别加快 2.5 个和 2.8 个百分点，较上半年分别加快 0.1 个和 0.3 个百分点。战略性新兴产业增加值同比增长 11.3%，增速高于全部规模以上工业 4.6 个百分点，较上年同期加快 0.5 个百分点，较上半年加快 0.5 个百分点。新兴工业产品产量高速增长。1～9 月，锂离子电池、太阳能电池、民用无人机、集成电路、工业机器人、城市轨道车辆、新能源汽车等新兴工业产品产量分别增长 36.5%、24.6%、102.8%、22.1%、69.4%、45.5%、30.8%，呈现高速增长态势。六大高耗能行业增加值同比增长 3.1%，增速低于全部规模以上工业 3.6 个百分点，较上年同期回落 2.7 个百分点。高耗能、高污染行业结构调整进程加快。

分三大门类看，制造业工业增加值走势相对平稳，采矿业与电力、热力、燃气及水的生产和供应业工业增加值增速呈现"背反"走势（见图2）。1～9 月，采矿业增加值同比下降 1.6%，降幅比 2017 年一季度收窄 0.8 个百分点，比 2017 年上半年和上年同期分别扩大 0.6 个和 1.2 个百分点；制造业增加值同比增长 7.3%，增速比 2017 年一季度和上半年均减少 0.1 个百分点；电力、热力、燃气及水的生产和供应业增加值同比增长 8.4%，增速比 2017 年一季度减少 0.5 个百分点，比上半年加快 0.3 个百分点。分行业看，2017 年前三季度，排名前五的行业分别是通信设备、计算机及其他电子设备制造业，仪器仪

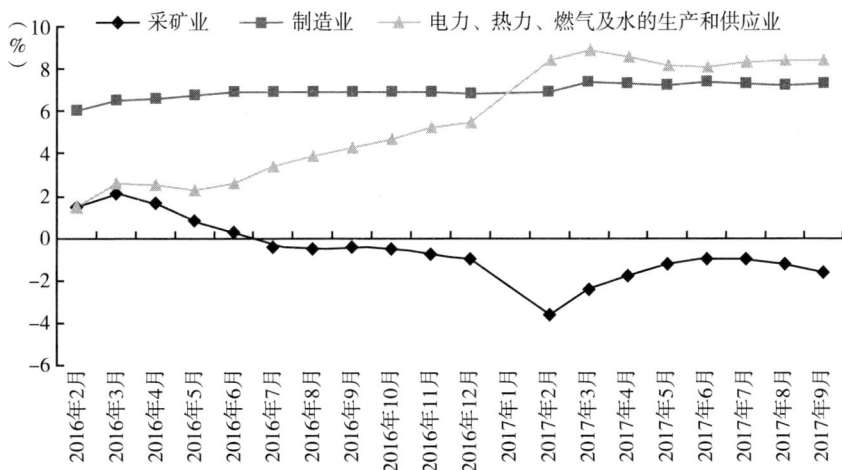

图2　三大门类规模以上工业增加值累计增速

资料来源：国家统计局网站。

表制造业，汽车制造业，专用设备制造业，医药制造业，工业增加值累计分别增长13.9%、13.3%、13.2%、12.0%和11.8%，增速较上半年分别加快0个、0.8个、0.1个、0个和0.2个百分点，较一季度分别加快 –1.0个、0.7个、–2.2个、–0.3个和0.7个百分点；排名靠后的五个行业中，除黑色金属冶炼及压延加工业增加值实现增长（0.6%）外，煤炭开采和洗选业、石油和天然气开采业、黑色金属矿采选业、有色金属矿采选业四个行业工业增加值是负增长，分别是 –2%、–2.4%、–3.2%和–4.9%，这四个行业的降幅较上半年分别扩大0.5个、0.6个、0.8个和1.6个百分点，较一季度分别扩大 –2.1个、0.3个、0.4个和2.7个百分点。

（二）地区工业增长存在差异

分地区看，东部和西部地区工业出现较大波动，中部地区工业相对稳定，东北地区工业明显改善。8月，东部地区工业增加值同比增长5.4%，比6月最高点减少了2.8个百分点，9月较8月加快2.4个百分点。8月，西部地区工业增加值同比增长4.0%，比3月的高点减少了4.8个百分点。2017年以来，中部地区工业增加值维持在7.4%~8.5%，较为稳定。东部地区工业改善较为显著，特别是近两个月。9月，东北地区工业增加值同比增长5.2%，较8月更是加快3.0个百分点。分省份来看，辽宁省工业连续两个月正增长，9月辽宁省工业增加值同比增长4.0%，增速较8月扩大2.1个百分点，这也是自2014年9月以来辽宁省工业增加值连续两个月实现正增长；吉林工业增速大幅提升，9月吉林省工业增加值同比增长7.2%，较8月加快4.4个百分点；黑龙江省工业增加值同比增长3.6%，较8月加快0.8个百分点。

京津冀地区工业增速走势分化[①]，北京工业增加值增速大致呈现"M"形态势，河北工业增加值增速呈现倒"U"形走势，天津工业增加值增速呈现走低态势（见图5）。北京工业增加值累计增速在2017年2月快速增加至9.5%，之后不断下滑至5月的5.5%，随后小幅上升，9月升至6.0%；天津工业增加

---

① 由于京津冀地区工业增加值月度同比增速出现较大的波动，这里分析累计同比增速能更好地看出其走势。

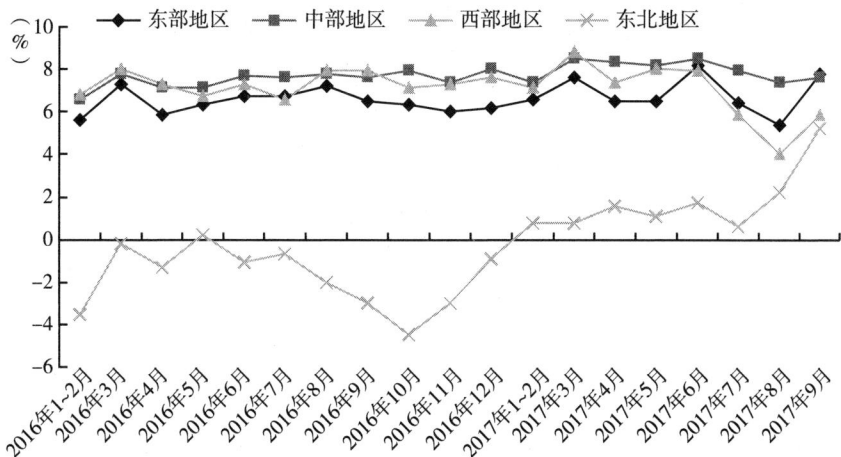

图3　全国各地区工业增加值同比增速

资料来源：国家统计局网站。

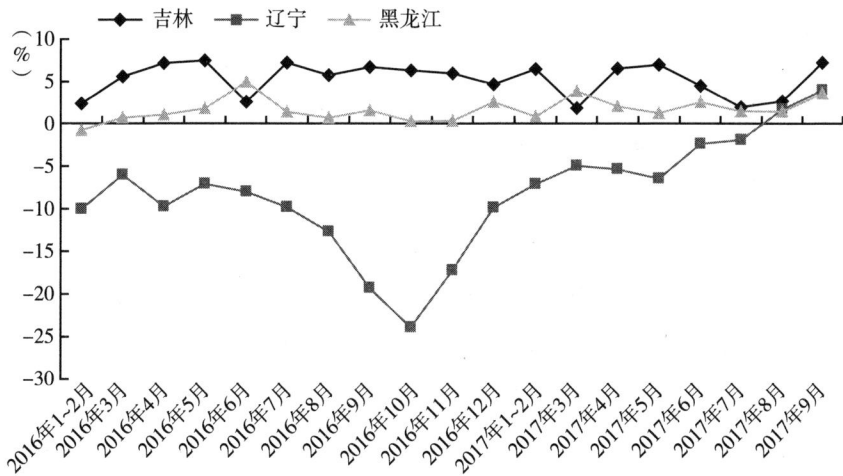

图4　东北三省工业增加值同比增速

资料来源：国家统计局网站。

值累计增速由年初的6.7%逐步降至9月的3.2%；河北工业增加值累计增速则由年初的3.0%逐步上升至6月的5.0%，随后降至9月的3.7%。2017年1~9月，北京、天津和河北工业增加值累计增速比上年同期分别加快2.1个、

－5.6 个和 －1.9 个百分点，比 2017 年上半年分别加快 0.2 个、－2.4 个和
－1.3 个百分点。

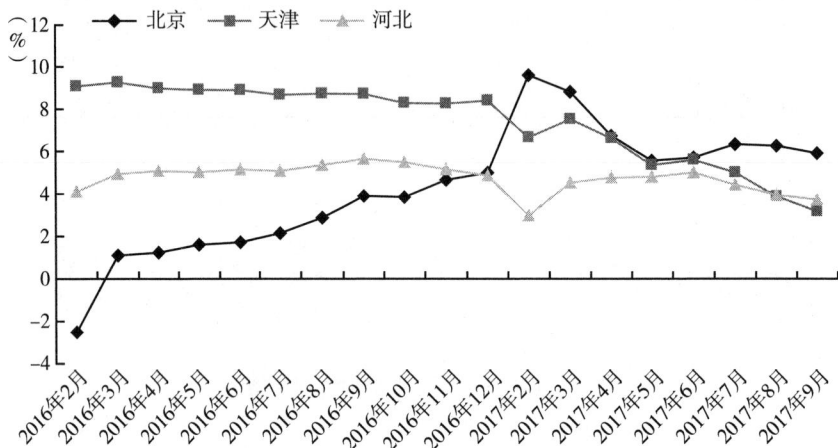

图 5　京津冀工业增加值累计同比增速

资料来源：国家统计局网站。

（三）工业投资增速小幅回升，投资结构持续优化

2017 年 1～9 月，工业投资 169526 亿元，同比增长 3.3%，增速比 2017 年
上半年回落 1.3 个百分点，但比上年同期加快 0.1 个百分点。其中，采矿业投
资 6692 亿元，同比下降 9.2%，降幅比 2017 年上半年扩大 2.8 个百分点，但
比上年同期收窄 11.7 个百分点；制造业投资 140819 亿元，同比增长 4.2%，
增速比 2017 年上半年减少 1.3 个百分点，但比上年同期加快 1.1 个百分点；
电力、热力、燃气及水的生产和供应业投资 22014 亿元，同比增长 1.7%，增
速比 2017 年上半年和上年同期分别减少 0.8 个和 14.4 个百分点。高技术产业
投资快速增长。前三季度，高技术产业投资 30716 亿元，同比增长 16.4%，增
速比上年同期提高 0.8 个百分点。其中，高技术制造业投资 18952 亿元，同比
增长 18.4%，增速比 2017 年同期提高 6.7 个百分点，比全部制造业投资高
14.2 个百分点；对制造业投资增长的贡献率高达 51.7%，拉动制造业投资增
长 2.2 个百分点。装备制造业投资增速加快。前三季度，装备制造业投资

58648 亿元，同比增长 8.3%，增速比 2017 年同期提高 5 个百分点；占全部制造业投资的比重为 41.6%，比 2017 年同期提高 1.5 个百分点。装备制造业中，电子设备制造业、仪器仪表制造业、汽车制造业投资均保持两位数增长，增速分别为 25.3%、19.4% 和 10.2%。

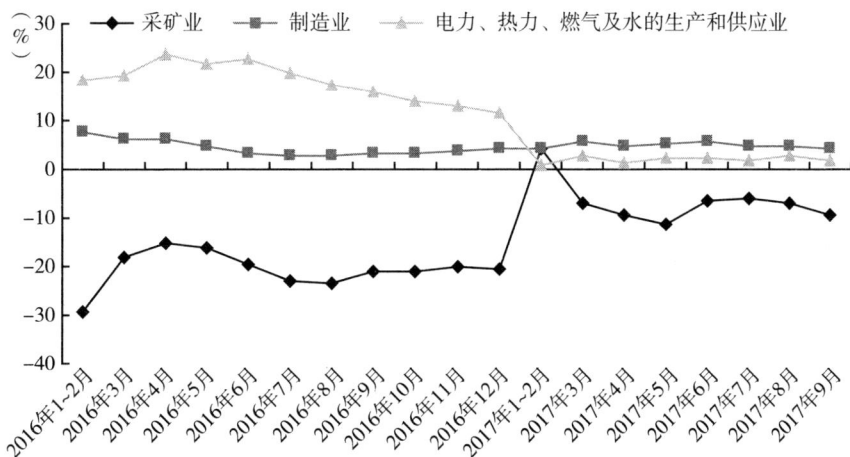

图 6　三大门类固定资产投资累计增速

资料来源：国家统计局网站。

（四）工业品出口增长态势良好

工业出口增长为 2012 年以来最好水平。2017 年 1~9 月，规模以上工业企业实现出口交货值 94270 亿元，同比增长 10.7%，增速比 2017 年上半年减少 0.2 个百分点，而上年同期出口交货值为 -0.1%。2017 年以来，规模以上工业出口交货值同比增速呈现跳涨的态势，增速已由上年年底的 0.4% 上升至 9 月的 10.7%。分行业来看，石油化工、煤炭、汽车等行业的出口增长较快。1~9 月，石油和天然气开采业，煤炭开采和洗选业，石油加工、炼焦及核燃料加工业，汽车制造业出口增加值同比分别增长 56.9%、50.3%、33.1%、16.3%，比上年同期分别加快 109.2 个、65.9 个、27.8 个、12.7 个百分点。全球经济延续复苏态势，国际市场需求有所增加，助推了我国工业出口的增加。

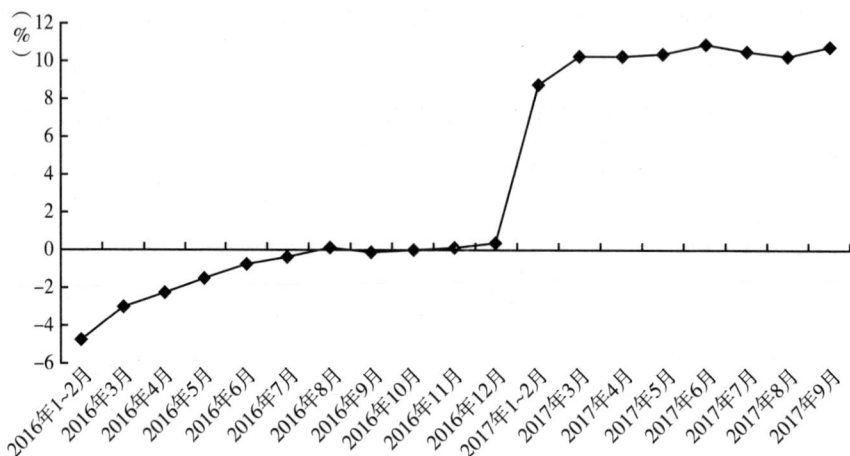

图7 工业出口交货值累计增速

资料来源：国家统计局网站。

（五）工业企业效益显著改善

工业企业利润保持较高增速，呈现回落趋稳态势。2017 年 1~9 月，全国规模以上工业企业实现利润总额 55846 亿元，同比增长 22.8%，增速比 2017 年 2 月的高点回落 8.7 个百分点，比 2017 年上半年加快 0.8 个百分点。分类别看，1~9 月，采矿业实现利润总额 3692 亿元，同比增长 4.7 倍；制造业实现利润总额 48984.3 亿元，同比增长 19.6%，增速较 2017 年上半年和上年同期分别加快 1.1 个和 6.1 个百分点；电力、热力、燃气及水的生产和供应业实现利润总额 3169.7 亿元，同比下降 18.3%，降幅较 2017 年上半年收窄 9.9 个百分点，但比上年同期扩大了 14.7 个百分点。需要说明的是，2017 年工业企业利润保持较高增速特别是年初工业利润跳涨主要归因于产品价格明显上涨。尤其是 2 月，工业生产者出厂价格同比上涨 7.8%，涨幅比上年 12 月提高 2.3 个百分点，创 2008 年以来新高。按照国家统计局初步测算，因工业生产者出厂价格上涨 7.3%，企业主营业务收入增加 11664.3 亿元，因工业生产者购进价格上涨 9.1%，企业主营业务成本增加约 9362 亿元，收支相抵，利润增加约 2302.3 亿元，增量比上年 12 月明显扩大。而价格的上涨又较多地依靠煤炭、钢材和原油等价格的快速上涨。

表1　三大门类利润累计增速

单位：%

时间	采矿业	制造业	电力、热力、燃气及水的生产和供应业	时间	采矿业	制造业	电力、热力、燃气及水的生产和供应业
2016 年 2 月	−121.1	12.9	2.0	2016 年 12 月	−27.5	12.3	−14.3
2016 年 3 月	−108.5	14.6	4.6	2017 年 2 月	上年亏损	26.7	−33.5
2016 年 4 月	−104.8	13.3	1.7	2017 年 3 月	上年亏损	23.4	−29.4
2016 年 5 月	−93.8	12.5	1.3	2017 年 4 月	上年亏损	19.9	−31.3
2016 年 6 月	−83.6	12.1	−2.3	2017 年 5 月	7936.0	18.6	−29.7
2016 年 7 月	−77.0	12.8	−3.0	2017 年 6 月	1338.0	18.5	−28.2
2016 年 8 月	−70.9	14.1	−2.0	2017 年 7 月	788.9	18.1	−25.3
2016 年 9 月	−62.1	13.5	−3.6	2017 年 8 月	587.5	18.6	−22.6
2016 年 10 月	−48.5	13.2	−6.2	2017 年 9 月	473.8	19.6	−18.3
2016 年 11 月	−36.2	13.7	−10.1				

资料来源：国家统计局网站。

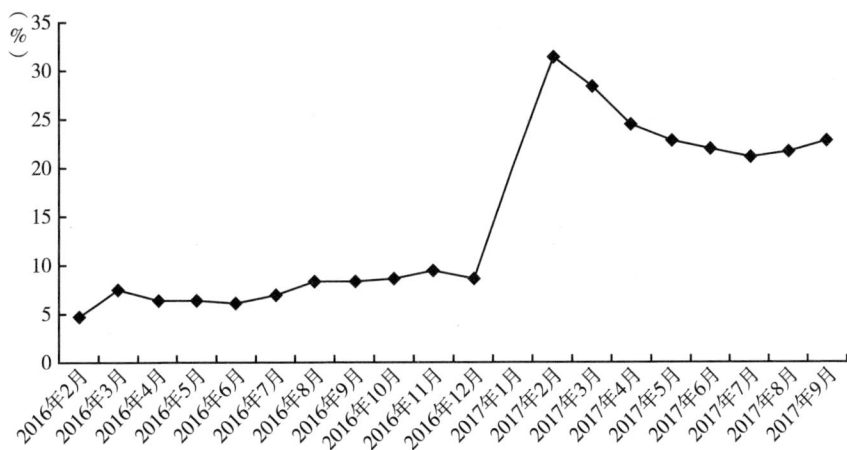

图8　工业企业利润累计增速

数据来源：国家统计局网站。

（六）工业生产者出厂价格呈现回落态势

前三季度，全国工业生产者出厂价格同比上涨6.5%，涨幅比一季度和上半年分别回落 0.9 个和 0.1 个百分点；工业生产者购进价格同比上涨 8.4%，涨幅比一季度和上半年分别回落 1.0 个和 0.3 个百分点。前三季度，工业生产者出厂价格涨幅较大的行业分别是煤炭开采和洗选业，石油和天然气开采业，黑色金属矿采选业，石油加工、炼焦和核燃料加工业，黑色金属冶炼和压延加工业，有色金属冶炼和压延加工业，有色金属矿采选业，涨幅分别为 35.6%、33.0%、29.4%、21.2%、18.5%、16.3%、14.1%。但是从单月来看，工业生产者出厂价格和购进价格呈现波浪式增长的态势，二者均在 2017 年 2 月或 3 月达到高点，随后下降，6 月或者 7 月触底反弹。9 月，全国工业生产者出厂价格同比上涨 6.9%，比上月扩大 0.6 个百分点，但比 2017 年 2 月的高点减少了 0.9 个百分点。9 月，工业生产者购进价格同比上涨 8.5%，涨幅较上月加快 0.8 个百分点，比 3 月的高点回落了 2.5 个百分点。在主要行业中，同比涨幅扩大的有黑色金属冶炼和压延加工业、有色金属冶炼和压延加工业、化学原料和化学制品制造业、非金属矿物制品业，分别上涨 31.5%、20.2%、10.0%、9.8%；同比涨幅回落的有煤炭开采和洗选业、石油加工业、石油和天然气开采业，分别上涨 28.6%、16.4%、14.2%。按照国家统计局的测算，上述七大行业合计影响 PPI 同比上涨约 5.6 个百分点，占总涨幅的 81.2%。

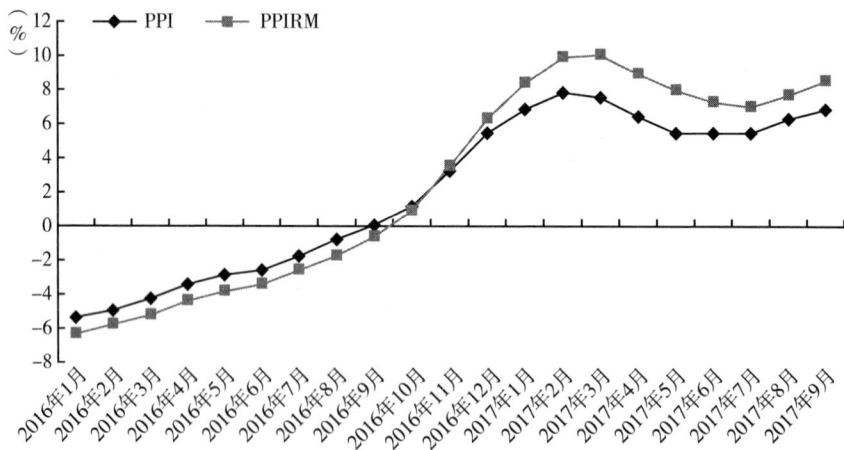

图 9　PPI 同比增速

资料来源：国家统计局网站。

"三去一降"成效显著，供给侧结构性改革稳步推进。钢铁去产能进展顺利，"地条钢"依法取缔。截至7月末，煤炭去产能1.28亿吨，完成全年目标任务的85%。企业资产负债率、生产成本继续下降。9月末，规模以上工业企业资产负债率为55.7%，比上年同期下降0.6个百分点，规模以上工业企业每百元主营业务收入中的成本为85.56元，比上年同期减少0.23元。

当前，中国工业经济总体呈现积极向好态势，但也要看到，国际环境中不稳定、不确定因素仍然存在，国内经济正处在结构调整的过关期，仍面临不少隐忧和挑战，短期内工业企业成本攀升态势值得注意。1~7月，我国工业企业每百元主营业务收入中的成本为85.72元，较2017年1~2月的84.91元上涨了0.81元。究其原因，主要是去产能等因素影响，我国多数基础工业产品的价格出现大幅上涨的态势。1~9月，工业生产者出厂价格同比增长6.9%，工业生产者购进价格同比增长8.5%（而2016年工业生产者出厂价格增速高于工业生产者购进价格增速），购进价格增长快于出厂价格增长导致（"高进低出"的价格格局）的直接结果是我国工业企业的主营业务成本呈现不断上升趋势。

二 当前国内外经济环境分析

从内外部经济环境看，外部需求趋于好转但仍处于相对萎缩态势，内部需求有所增长但支撑经济持续向好仍有较大压力，我国工业经济形势依然较为复杂，变数较多。

（一）国际经济环境分析

从国际经济环境看，世界经济形势依然面临诸多变数，彻底摆脱低谷仍需较长时期，我国工业经济外部环境在一定时期内仍然较为严峻。

首先，世界经济继续复苏，但不确定因素较多，基础仍不牢固。当前世界经济延续复苏态势，市场预期有所改善，据世界银行《全球经济展望》的预测，2017年全球经济增速将从2016年的2.4%回升至2.6%。但是，各国经济增长态势出现分化，美国、欧盟、日本等发达经济体同步回暖，俄罗斯、印度等新兴经济体处于扩张态势，中东地区政治日趋不稳定，非洲、拉美地区复苏能力下降。另外，逆全球化思潮抬头，贸易保护主义倾向明显，失业、收入差距扩大、地区冲突加剧等多种不确定因素和风险增强，世界经济复苏依然乏力。

表2　2017年6～9月主要经济体PMI情况

区域	6月	7月	8月	9月
美国	57.8	56.3	58.8	60.8
欧元区	57.4	56.6	57.4	58.1
日本	52.4	52.1	52.2	52.9
俄罗斯	50.3	52.7	51.6	51.9
印度	50.9	47.9	51.2	51.2
巴西	50.5	50.0	50.9	50.9
南非	42.9	39.4	44.1	44.9

资料来源：CEIC。

一方面，主要发达经济体同步回暖。一是美国经济延续金融危机后的温和复苏态势。前三季度，美国GDP同比增长2.3%，高于上年同期0.74个百分点，工业生产温和增长，企业投资摆脱低迷，国内消费需求较为旺盛，进出口增速有所提升，但贸易赤字呈扩大趋势，局部贸易冲突不断。从重要经济政治事件来看，特普朗政府上台后宣布退出TPP、废除奥巴马医疗法案、收紧移民政策等多种举措，而其主张的减税、基建、放松监管等一系列经济刺激政策尚未得到有效落实，财政刺激政策不明朗，以上事件或将对世界经济产生严重的负面影响。二是欧元区经济增长稳健，经济复苏基础趋于稳固，经济下行风险减小。欧洲中央银行预测，2017年欧元区经济增速将达2.2%，为十年来最快增速。PMI平均扩张速度达六年来最高水平，表明企业需求持续扩大。失业率持续下降，9月失业率为8.9%，为2009年以来最低水平。消费者信心指数逐步提高，消费支出基本面支撑良好，居民消费对欧元区经济增长的贡献较为稳定。但是，在一些欧元区成员国中，银行资产负债表薄弱、盈利前景不明朗，或与某些政治风险相互作用，进而影响金融稳定性。三是日本经济持续温和扩张。二季度日本国内生产总值折合年率环比增长4%，工业生产保持良好态势，投资需求增强，消费需求回暖，失业率依然处于历史低位，8月，进出口增长率分别为15.3%、18.1%，为近年来较高水平。但是，日本老龄化问题日益明显，正面临着越来越严重的劳动力短缺问题，这将对日本经济产生负面影响。

另一方面，主要新兴经济体有所分化。一是俄罗斯经济复苏稳步推进。俄罗斯经济运行总体平稳，通货膨胀逐步放缓，消费萎缩态势得到初步控制和扭转。5月，国际货币基金组织预计，由于油价走高，2017年俄罗斯经济增长将达到1.4%。虽然俄罗斯经济实现微弱增长，但其经济结构并未发生明显变化，石油和天然气仍是其最重要的收入来源，未来数年俄罗斯仍然无法摆脱能源经济的既有模式。另外，为应对西方国家因乌克兰危机而对俄罗斯采取的经济制裁，俄罗斯政府积极倡导进口替代政策，政策成效初显，但在西方发达国家制裁的背景下，俄罗斯进口替代的技术起点受到严重制约和限制。二是印度经济保持向好态势。联合国预计2017年印度经济增长7.7%，仍将是全球经济增速最快的国家，这主要归功于印度强劲的内需以及逐步推进的国内各项改革。目前印度通货膨胀率处于3%以下，为近年来的较低水平。为统一税制，印度实施了最大规模的税制改革，即实行商品与服务税法案，短期看，或将为印度经济发展带来一定负面影响，长期看，将有利于印度经济发展。但是，印度面临较大的贸易逆差问题，例如，5月印度进口同比增长33.1%，而出口仅同比增长8.3%。三是巴西经济状况不稳定。巴西经济波动前行，工业生产4月同比下降4.5%，而5月同比增加4.0%。进出口表现良好，上半年，出口累计同比增长19.4%，进口累计同比增长7.4%，贸易顺差同比增长53.1%，为历史最高水平，主要原因为原油、铁矿石、大豆等对外出口实现快速增长，为经济增长提供较大发展动力。但是，受制于巴西政治局势的不稳定性，总统贿赂丑闻事件等对经济发展和改革带来了一定的负面影响，巴西经济发展的不确定性依然较大。四是南非经济不确定性较大。一季度，南非经济环比增长−0.7%，二季度经济摆脱衰退，主要得益于农业、金融业和矿产业的快速发展。一季度失业率上升至27.7%，达到2003年以来最高水平。南非由于政治局势不稳定，经济政策不确定性增加。3月，南非政府改组，政治风险凸显。4~6月，惠誉、标普等评级机构先后将南非主权信用评价下调，使市场投资者信心大滑。

其次，全球金融市场因突发事件偶有波动，但总体运行较为稳健，市场投资者风险偏好增强。外汇市场不断调整。美元指数总体呈下滑态势，欧元逐步回升，全球外汇市场不断调整。受美元贬值影响，其他经济体汇率呈小幅升值态势，如中国人民币、俄罗斯卢布、印度卢比、南非兰特等。但与此同时，部分新兴经济体如巴西、阿根廷等出现小幅贬值情况。股市呈向好态势。美国标普500指数稳步增长，法国、德国、日本、韩国、印度等国家股市均呈连续增长态势，新兴经济体中俄罗斯、中国、巴西等国家则因国内因素，股市并未随大盘向好，出现反复波动甚至大跌情况。货币市场较为稳健。受美联储加息影响，美元LIBOR隔夜拆借利率持续上升，但并未带来较大波动，欧元、日元隔夜拆借利率波动较小，但仍处于负利率水平。另外，美国总统特朗普当选后，美国10年期国债收益率随之攀升至2.3%，全球国债收益率紧随其上涨，但随着特朗普政府施政进程缓慢，主要经济体长期国债收益率总体回调。

最后，国际贸易继续回暖，发达经济体需求增长，为经济复苏奠定了一定基础。世界贸易组织发布的新近世界贸易景气指数（WTOI）为102.6，这是自2011年4月以来的最高水平，显示全球贸易正持续复苏。但是汽车行业生产和销售疲软，这也使得世贸组织对贸易前景持谨慎乐观态度。并且，多边贸易的权威性受到挑战，新一轮谈判成果微弱，一些政客将经济问题政治化，为赢得支持将攻击目标锁定为国际贸易自由化，这给国际贸易的健康发展带来了一定的威胁。由于亚洲国家在地区内部和北美地区的贸易活动激增，世界贸易组织将2017年全球贸易增长预测值由2.4%上调至3.6%，同时考虑到各国贸易政策变化、气候灾难及地缘政治紧张局势等，全球贸易水平仍存在下滑风险。

（二）国内经济环境分析

前三季度，经济运行保持在合理区间，稳中向好态势趋于明显，供给侧结构性改革成效初显，经济增速大幅下降，风险基本解除，国际货币基金组织预计2017年我国经济将增长6.6%。但从影响我国工业增长的"三驾马车"呈现出的特点分析，经济转入持续中高速增长阶段的基础条件尚不稳固，仍面临长期积累的结构性矛盾突出等传统问题，同时，受金融去杠杆和强监管、房地产市场调整等的影响，四季度经济发展回调压力较大。

首先，投资结构继续优化，但增长动力仍不稳固。年初以来，在深化简政放权、放管结合、优化服务改革等相关政策，及"一带一路"建设、"京津冀协同发展"、"北京城市副中心建设"等重大战略的带动下，投资环境不断改善，投资活力得到激发，产业结构持续优化，但尚未出现根本转变，内生性增长动力仍然不稳固。2017年1~9月，全国固定资产投资（不含农户）458478亿元，同比增长7.5%，增速比上半年、一季度和上年同期分别减少1.1个、1.7个和0.7个百分点；全国房地产开发投资80644亿元，同比名义增长8.1%，增速比上半年和一季度分别减少0.4个和1.0个百分点。自2016年9月末一系列房地产调控政策相继出台以来，全国各地限购限贷政策效果逐步释放，但政策调整导致房地产投资及市场出现不振，后期投资特别是民间投资增速将面临一定压力，并在一定程度上对建材、家电、装饰等相关行业产生影响。另外，为有效推进金融去杠杆强监管、服务实体经济，有关部门先后出台多项政策专项治理金融乱象问题，7月中央金融工作会议再次提出明确要求，金融服务实体经济导向明确，但金融机构原有通过政府购买服务等模式介入基础设施及公共服务领域被严格限制，这在短期内会在一定程度上对基础设施及公共服务领域的投资造成影响，经济增速会承受一定压力。

其次，居民消费稳定增长，基础性作用持续增强。在供给侧结构性改革持续推进下，居民消费增长较快，消费升级势能持续释放。前三季度，全国居民人均可支配收入19342元，同比名义增长9.1%；扣除价格因素，实际增长7.5%，增速比上年同期加快1.2个百分点，比上半年加快0.2个百分点，居民收入稳步提高；全国居民人均消费支出13162元，同比名义增长7.5%，扣除价格因素，实际增长5.9%，最终消费支出对经济增长的贡献率为64.5%，远高于资本形成和净出口的贡献率。居民消费结构升级，教育、文化、娱乐、医疗、保健、衣着等领域消费呈现加速增长态势，为经济转型升级注入动力。前三季度，全国居民人均居住、教育文化娱乐支出增长较快，分别增长9.0%和8.9%，占人均消费支出的比重分别为22.1%和11.2%，比上年同期分别上升0.3个和0.2个百分点。前三季度，全国网上零售额48787亿元，同比增长34.2%，比上年同期加快8.1个百分点。物价水平总体稳定，9月，居民消费价格同比上涨1.6%，消费价格涨幅无论与近几年同期相比，还是与国际上一些主要经济体相比，都处于温和水平；8月末，全国城镇新增就业974万人，同比增加26万人，完成全年目标任务的88.5%，国内就业持续升温。另外，扶贫攻坚等战略措施取得明显成效，农村消费后劲持续增强，消费增长潜力得到有效释放。总体上看，综合考虑工资上涨带动的收入持续改善、社会保障制度的完善与扩面以及新消费群体的扩大等因素，未来消费仍有望保持一定程度的增长。

最后，进出口实现较快增长，后续外需下行压力较大。前三季度，我国货物贸易进出口总值20.29万亿元，比上年同期增长16.6%。其中，出口11.16万亿元，比上年同期增长12.4%；进口9.13万亿元，比上年同期增长22.3%；贸易顺差2.03万亿元，比上年同期减少近0.6万亿元。机电产品、传统劳动密集型产品仍为出口主力。前三季度，我国机电产品出口6.41万亿元，同比增长13%，占我国出口总值的57.4%。其中，汽车出口同比增长28.5%，船舶出口同比增长12.2%，手机出口同比增长10%；纺织服装等七大类传统劳动密集型产品合计出口2.31万亿元，同比增长9.4%，占出口总值的20.7%。"一带一路"建设稳步推进，外贸环境逐步改善，中国与沿线国家贸易合作加快推进。前三季度，我国与"一带一路"沿线国家进出口同比增长20.1%，高出同期我国进出口增速3.5个百分点。初步判断，我国出口增速超出预期，表明当前世界经济态势较为良好；进口增速超出预期，表明国内经济增长明显转缓；进口增速超过出口增速，表明国内经济复苏水平好于世界经济复苏水平。但是，后续全球主要大宗商品价格将高位回调，主要经济体经济回暖从而收紧货币政策，外需下行调整面临较大压力。同时，全球贸易保护主义不断加强，对我国贸易的负面影响持续加大，中国已成为一些国家采取贸易保护主义的首要目标，这严重影响了相关行业出口，特别是中美贸易摩擦不断升级，虽然为解决经贸分歧双方达成100天行动计划，但后期实际效果尚难以确定。另外，我国外贸传统竞争优势不断弱化，新的竞争优势尚未形成和巩固。一方面，我国与发展中国家如印度等在劳动密集型产业领域竞争十分激烈；另一方面，我国与发达国家在资本以及技术密集型产业正从互补关系转变为互补与竞争关系。

三 工业经济景气度分析与工业增速预测

（一）工业经济景气度分析

为了直观地了解工业经济发展状况，我们选用包含工业经济发展状况的可得的原始数据进行合成，进而得到反映工业经济形势的综合指标，即合成指数。先行指数和一致指数显示，与2016年呈现的稳定性不足不同，2017年1~9月，工业经济增长趋稳态势显著，但是滞后指数出现较大波动，说明这种走高势头微弱。

先行指数显示，2017年1~9月景气度呈现小幅回升趋稳态势。2017年延续了2016年底先行指数景气度不断回调的态势，2017年2月，先行指数景气度达到0.34，之后的3月，先行指数景气度有所回落，之后的几个月，先行指数景气度则呈现波动中走高的态势，2017年9月先行指数景气度升至0.35。一致指数则呈现走低趋稳的态势。图10中，一致指数景气度一度提高到2月的0.53，随后回落至0.38附近。不过滞后指数（主要包含出口信息和价格信息）则显示这种增长蕴含着风险，2017年前5个月，滞后指数景气度主要徘徊在0以下，6月、7月、8月和9月的滞后指数景气度分别为0.30、0.07、0.19和0.34，波动幅度较大，预示着未来一段时间工业经济增长不确定性增加。

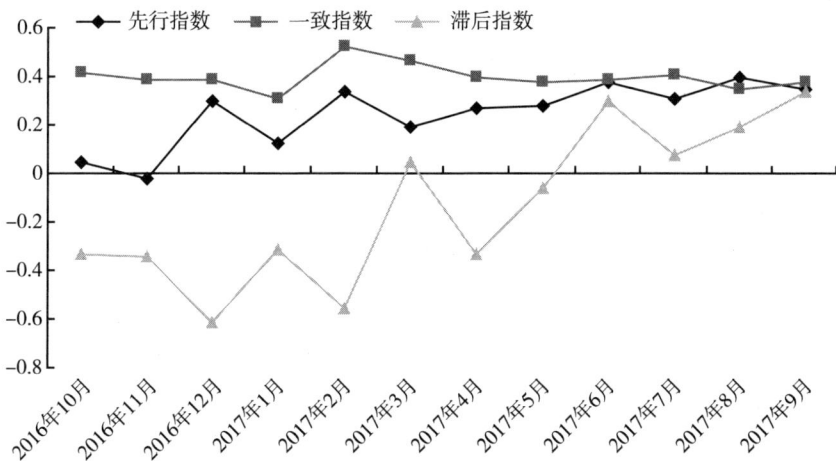

图10　IIE 景气指数合成指数

（二）工业增加值增速趋势预测

我们采用 HP 和 BP 滤波方法对工业增加值增速趋势进行预测。结合时间趋势模型和周期波动模型，我们预测2017年下半年工业增加值同比增速，如表3所示。

表 3 工业增加值同比增速预测值

单位：%

时间	趋势增速预测值	周期波动预测值	工业增加值同比增速预测值
2017 年 7 月	5.64	0.75	6.39
2017 年 8 月	5.56	0.52	6.08
2017 年 9 月	5.48	0.22	5.70
2017 年 10 月	5.39	− 0.14	5.25
2017 年 11 月	5.31	0.57	5.88
2017 年 12 月	5.23	1.05	6.28

资料来源：根据中国社会科学院工业经济研究所建立的模型测算。

依据模型预测结果，加上我们长期跟踪的工业经济运行分析，我们认为 2017 年规模以上工业增加值增速为 6% ~ 6.5% 的概率很大。

B.7
2017年前三季度工业运行情况分析及全年工业增速预测

解三明[*]

摘　要： 2017年以来国民经济整体运行稳定，1～9月我国规模以上工业增加值同比增长6.7%，增速较上年同期加快0.7个百分点；高技术产业增长13.4%，高于规模以上工业6.7个百分点，较上年同期加快2.8个百分点，增长优势更加凸显，高耗能行业增长缓慢，工业结构调整进一步优化；规模以上工业企业利润同比增长22.8%，增速比1～8月加快1.2个百分点；去产能效果突出。1～9月工业产能利用率为76.6%，同比回升3.5个百分点，为近五年来最高水平。预计，四季度规模以上工业增加值同比增长6.5%左右，全年增长6.6%左右。

关键词： 结构优化　投资　增长

　　2017年以来，全球经济呈现持续回暖态势，特别是二、三季度主要经济体实现持续复苏，从而拉动我国对外贸易持续正向增长。从国内看，国民经济运行总体平稳，工业领域政策积极效应不断显现，产业结构调整效果明显，工业生产者价格持续保持在较高水平，企业经营效益得到明显改善。与此同时，外部不确定性因素仍然存在，国内经济增长动力开始减弱，本轮去库存周期尚未完全结束，制造业投资短期难有明显改善，也存在制约消费快速增长的因

---

* 解三明，任职于中国工业与信息化部运行监测协调局监测预测处。

素。总体看，四季度工业增长仍将面临较大下行压力。

从当期消费、外贸和装备制造业的支撑情况来看，四季度工业经济仍将处于平稳区间。结合当前工业运行形势和模型预测结果，我们预计2017年四季度规模以上工业增加值同比增长6.5%左右，预计全年增长6.6%左右。

一　国内外经济形势分析

（一）国内经济运行情况分析

国内宏观环境总体平稳。国民经济整体运行稳定，前三季度GDP同比增长6.9%。国内物价走势基本稳定，连续8个月CPI增速在2%以内。货币政策继续呈现稳健中性的态势，广义货币供应量（M2）受外汇占款改善等的影响，9月同比增长9.2%，是连续7个月下降后的首次回升。财政支出前期进度较快，1~9月累计支出同比增长11.7%，其中，中央和地方预算支出进度均快于上年同期。综合分析，国内宏观环境总体稳定。

（二）世界经济运行情况分析

发达国家制造业复苏态势持续。一是美国制造业复苏形势大好。9月美国ISM制造业指数达60.8，高于预期57.5，创2011年4月以来新高。消费开支与商业投资的稳健增长预计将对10月经济增长产生良好支撑。劳动力市场总体稳定，9月失业率为4.2%，继续维持在历史低位，美国经济增长态势良好。二是日本经济持续回升。9月经季节调整的Markit/日经制造业采购经理人指数终值52.9，连续13个月高于50.0的荣枯线。与此同时，9月新出口订单指数初值从8月的51.3升至53.1，新订单指数初值从8月的51.9升至52.5，预示未来几个月的生产情况向好，企业信心自8月以来也小幅上升。三是英国制造业有所放缓。英国9月Markit制造业采购经理人指数55.9，不及预期的56.2和前值的56.9；新订单指数初值也从8月的51.7跌落至50.1，暗示未来几个月制造业前景黯淡。四是新兴经济体表现良好。俄罗斯经济发展延续上行趋势，9月俄罗斯制造业采购经理人指数51.9，高于前月的51.6，连续13个月高于荣枯线水平，达到近四年最长扩张周期，商业信心急升至8个月新高。巴西经济稳定增长，9月巴西制造业采购经理人指数50.9，与8月持平，企业产出、新订单连升7个月，商业信心8月创16个月以来的低位后有所改善。印度经济增长有所恢复。9月，印度制造业采购经理人指数为51.2，服务业PMI上升至50.7，为3个月以来首次高于枯荣线，正在出现更多积极的动向。

总体来看，美国经济延续复苏态势，日本经济好转，全球经济向好带动需求回暖，为我国出口增长创造了有利的外部条件。

二 我国工业经济运行的主要特点

工业增长有所回升，总体较为平稳。在外需和消费稳定增长的支撑下，随着供给侧结构性改革的不断深化，工业经济发展势头良好。1~9月我国规模以上工业增加值同比增长6.7%，增速较上年同期加快0.7个百分点；9月当月，规模以上工业增加值同比增长6.6%，比上月回升0.6个百分点。其中制造业增长继续加快，9月同比增长8.1%，比8月加快1.2个百分点，是工业增加值增速回升的主要拉动力。

产业结构调整成效持续稳固，装备制造业支撑作用依然突出，加工类原材料行业增长分化，消费品行业有所改善。1~9月，高技术产业增长13.4%，高于规模以上工业6.7个百分点，较上年同期加快2.8个百分点，较上半年加快0.3个百分点，增长优势更加凸显。高耗能行业增长依旧缓慢，1~9月，六大高耗能行业增加值同比增长3.1%，低于全部规模以上工业3.6个百分点，较上年同期回落2.7个百分点，高耗能、高污染行业结构调整进程加快。1~9月，41个大类行业中有36个行业增加值保持增长态势，增长面达87.8%。9月，装备制造业支撑作用依然突出，通用设备、专用设备、汽车、电气机械等行业继续保持两位数的增长态势；计算机、通信和其他电子设备制造业增速继续增大。加工类原材料增速有所分化，石油加工、化学原料保持较快增长，但黑色金属冶炼及压延加工业、有色金属冶炼和压延加工业增速由正转负。随着需求动力的传递，消费品行业增速改善，食品加工、纺织类行业增速扭转持续下滑态势。

重点工业产品生产总体稳定。9月工业产品生产良好，重点原材料工业和新兴领域的产品产量继续保持快速稳定增长态势。596种产品中，有393种产品的产量实现同比增长，增长面为65.9%。主要工业产品产量中，生铁、粗钢、铝材等产品的产量增速继续放缓，水泥、乙烯、化学纤维、原油、能源行业产品的产量增幅则比8月有所提升。汽车产量增速小幅回落，其中，轿车产量增速由正转负。工业机器人产量增速大幅提升至103%，新能源汽车、移动通信手持机等新兴工业产品的产量也保持了快速增长。

四大区域工业增速均较上月明显回升，区域新旧动能转换加快推进。一是东部地区工业增速出现恢复性回升。东部地区工业增速于2016年11月筑底回升，继7月、8月持续放缓后，9月受山东、浙江工业增速回升的影响，同比增长7.8%，较上月加快2.4个百分点。二是中、西部地区加快承接产业转移和技术转移，工业出现不同程度的回升。9月，中部工业增加值同比增长7.6%，快于规模以上工业增速1个百分点，较上月回升0.2个百分点，较上半年回落0.9个百分点；西部地区工业同比增长5.9%，较上月回升1.9个百分点，较上半年回落2个百分点。三是东北地区工业回升势头在延续。东北地区工业增速于2017年3月结束了负增长态势，开始回升，9月工业增加值同比增长5.2%，较上月回升3个百分点。

工业企业利润增速继续提高，原材料先进制造业支撑作用加强。1～9月，规模以上工业企业利润同比增长22.8%，增速比1～8月加快1.2个百分点。其中，9月利润同比增长27.7%，增速比8月加快3.7个百分点，连续两个月保持明显加快势头。工业利润增长继续加快主要是因为在生产和销售加快的情况下工业品价格稳中有升，出厂价格上涨带来企业主营业务收入增加的部分高于购进价格上涨导致成本增加的部分。从行业看，1～9月，41个工业大类行业中，39个行业利润总额同比增加。部分战略性新兴行业利润增长明显较快，1～9月，高端装备制造业、新材料产业利润同比分别增长28.1%、29.9%，均高于规模以上工业利润平均增速。

消费增长略有回升，总体平稳较快增长。9月，全社会消费品零售总额名义增速为10.3%，比8月扩大0.2个百分点，1～9月，全社会消费品零售总额同比增长10.4%，增速与1～8月持平，消费总体呈现稳定向好态势。受收入提高的影响，消费对经济增长的拉动作用一直比较稳定。汽车、家具等耐用品消费增长稳定，部分消费升级类商品继续保持较快增长。前三季度，限额以上单位体育娱乐用品类同比增长17.4%，增速比上年同期加快4.5个百分点；

文化办公用品类同比增长 9.9%，增速比上年同期加快 0.2 个百分点；家用电器和音像器材类同比增长 10.1%，增速比上年同期加快 2.2 个百分点；化妆品类同比增长 12.1%，增速比上年同期加快 3.7 个百分点。

基建投资累计增速保持稳定，房地产投资增速超预期平稳，制造业投资增速回落但结构持续优化。1~9 月，基建投资增长 19.8%，增速与 1~8 月持平。房地产投资超预期平稳，1~9 月，房地产投资增长 8.1%，比 1~8 月提高 0.2 个百分点。制造业投资增速继续放缓，经过前一轮的投资增长，制造业投资动力有所减弱，1~9 月制造业投资增速下滑至 4.2%，比 1~8 月回落 0.3 个百分点，但行业中汽车制造业投资增速回升至 10.2%，计算机、通信和其他电子设备制造业投资增速则保持 25% 以上的高位。

对外贸易形势依然向好。发达经济体的制造业景气度上升拉动我国对其出口的同步上升。9 月我国出口按美元计同比增长 8.1%，比 8 月提高 3 个百分点，相比于 2016 年，总体仍处于稳定增长水平。9 月工业企业实现出口交货值 11906 亿元，同比名义增长 9.8%，比 8 月提高 1.6 个百分点。2017 年 3 月以来出口交货值累计增速始终保持在 10% 以上，对工业生产的拉动作用较强。

三　影响工业运行的因素分析

（一）有利于工业增长的主要因素

先行指标整体向好。9 月制造业 PMI 为 52.4%，为 2017 年以来的最高值，10 月为 51.6%，连续 13 个月高于 51%。其中，生产指数、新订单指数、采购量指数均表现较好，表明工业景气继续企稳。9 月 PPI 仍保持连续两个月的回升态势。工业用电量同比增长较快，全路货运增收势头依然强劲。此外，M2 同比增速结束了年初以来持续放缓的态势，达到 9.2%，比 8 月回升 0.3 个百分点。

内需支撑作用总体较稳。消费能力继续提升，前三季度居民收入增速高于 GDP 增速，房地产市场降温在一定程度上释放了消费能力；消费结构不断优化升级，体育娱乐用品类、文化办公品类、家用电器和音像器材类等消费升级类商品的销量增长较快；消费支柱总体稳固，汽车、家具等耐用品销量增长稳定；新兴消费业态发展较快，实物商品网上零售额增速比上年同期和上半年都有所加快，占社会消费品零售总额的比重也进一步提高。

投资结构在分化中持续优化。一是投资结构由传统产业向新兴产业转移，高技术制造业投资加快。1~9月高技术制造业投资同比增长18.4%，增速比上年同期提高6.7个百分点，比全部制造业投资高14.2个百分点，对制造业投资增长的贡献率高达51.7%，拉动制造业投资增长2.2个百分点。二是技改投资加快，引领工业投资增长。1~9月，工业技改投资74069亿元，同比增长12.8%，增速比全部工业投资高9.5个百分点；占全部工业投资的比重为43.7%，比上年同期提高3.7个百分点。三是制造业投资动能正在装备制造业积聚。当前设备投资集中在电子信息设备和通用、专用设备等工业生产设备领域，今后制造业的设备更新需求将会显现。

供给侧结构性改革取得新成效。去产能效果突出。1~9月工业产能利用率为76.6%，同比回升3.5个百分点，为近五年来最高水平；钢铁和煤炭行业生产者出厂价格水平同比分别上涨29.4%和35.6%，1~9月实现利润成倍增长。去杠杆继续取得成效。9月末规模以上工业企业资产负债率为55.7%，同比降低0.6个百分点，比二季度末降低0.2个百分点。降成本效果持续显现。1~9月规模以上工业企业每百元主营业务收入中的成本费用为85.56元，同比减少0.23元，比二季度减少0.13元。企业盈利水平稳步提高。1~9月，规模以上工业企业实现利润总额55846亿元，同比增长22.8%，2017年以来始终保持在21%以上。供给侧结构性改革深入推进有效提高了供给结构对需求的适应性和灵活性，产业结构加快向中高端迈进，有力地支撑了经济发展。

（二）不利于工业增长的因素分析

经济反弹动力开始减弱。2016年下半年以来依靠房地产、基建投资拉动的短期经济反弹动力开始减弱。房地产投资受政策调控方向的影响在短期内不会改变。基建投资受资金来源紧张的影响较大。由于前三季度中央一般公共预算支出和地方一般公共预算支出进度均快于上年同期，四季度财政支出依然难以实现高速增长，另外地方财政收入未来可能会受房地产销售回落影响而有所减少。

制造业投资短期内难有明显改善。虽然社会融资和信贷超预期回升，企业中长期贷款成为新增主力，但制造业投资短期内难以出现大幅改善。一方面，上中游部分原材料行业因产能压缩而实现利润改善，但更多的是由供给收缩而不是由下游需求引起的，可能不会促进投资扩产；另一方面，其他中游行业和下游行业难以将涨价部分完全转嫁，未来毛利空间预期受到挤压，对中长期投资的吸引力反而有所减弱。投资回报率低迷和环保限产也使民间投资缺乏热情。

消费快速增长存在制约因素。一是受汽车补贴政策退坡、环保排放政策趋紧的影响，2017～2018年两年汽车行业，尤其是乘用车销售走势存在较大不确定性。二是房地产调控政策措施力度不断加大，下半年商品房销售面积与销售额的回落还将持续，这将直接影响家具家电、建筑装潢等居住类消费品的增长。三是短期内适应新消费模式发展的消费软环境建设仍然滞后，我国市场环境部分领域和环节仍存在不适应新消费模式发展的问题。

工业出口对经济的支撑力度减弱。虽然全球经济活动的回升力度在继续增强，为中国出口增长创造了有利的外部条件，但工业出口对经济的支撑力度减弱，出口对经济增长的贡献率较上半年显著下滑，前三季度货物与服务净出口对经济增长的贡献率是2.7%，较上半年下滑1.2个百分点。另外，由于2016年基数因素，工业出口交货值当月增速将更难回到10%以上的增速，其对工业生产的拉动作用也将减弱。

去库存周期尚未完全结束。产成品库存PMI指数连续五个月出现回落，9月降至44.2%。多数工业品库存水平处于历史低位。工业库存回补周期长度一般为3～5个季度，本轮库存回补周期已经接近尾声，但还未结束，在需求总体稳定的情况下制造业企业可能顺势进一步降低产成品库存，对工业增长仍有一些影响。

冬季环保限产可能在很大程度上抵消有利因素。环保部门《京津冀及周边地区2017～2018年秋冬季大气污染综合治理攻坚行动方案》的实施和各地供暖季治霾减产限产方案的启动，将对基建和工业生产产生较大抑制作用，可能在很大程度上抵消促进工业增长的有利因素。

四 模型预测结果与共识预测以及未来趋势判断

2017年以来，在工业供给侧结构性改革的推动下，我国工业增长不断出现企稳回升的积极信号，生产、效益、价格、贸易等多方面指标明显改善，但与此同时，我国仍处于结构调整关键期，支撑工业增长的长期因素有待进一步培育，新旧动能转换速度有待加快，创新投入有待持续加大，工业投资有待持续提升，企业生产经营环境有待进一步改善，另外考虑到当前我国去产能、环保限产的紧迫性，总体经济下行压力仍然较大。

我们认为，2017年四季度宏观环境稳定，工业保持稳定增长的基础稳固，短期内企稳态势不变。同时，在外需和消费增长基本稳定、制造业增长态势良好、工业价格处于高位、投资和需求趋于下滑、去产能和环保督查的背景下，预计四季度工业下行压力较大，但稳定的增长态势不会改变。综合工业生产的有利因素和不利因素，参考我们建立的多种预测模型的预测结果，同时考虑各种外部因素和我们的经验判断对预测结果做一定调整，对2017年10月、11月、12月、四季度及全年规模以上工业增加值增速共识预测如下：2017年四季度规模以上工业增加值同比增长速度为6.5%左右，全年为6.6%左右。

五 工业稳增长的政策建议

持续深化供给侧改革，不断完善去产能机制。一是由国企改革入手，从不同层面加大改革力度，保证供给侧改革在现有领域内持续推进的同时向其他工业行业扩展；二是加快建立落后产能、"僵尸企业"市场化退出机制，对不符合国家能耗、环保、质量、安全标准要求的企业，出台规范化处置细则；三是加强去产能政策与稳增长政策的协调性，引导去产能与行业结构调整、转型升级相结合。

大力激发投资活力，促进工业有效投资。一是优化投资结构，加大对高技术产品研发和传统产业技术改造的投入力度。以智能制造为主攻方向，适当加强对高端装备制造业和高技术行业的投资引导。围绕工业行业的关键领域、薄弱环节、共性问题，引导资金等要素投向重大技术改造项目，加快推进传统产业技术改造项目落地。二是加强国际产能合作，搭建产品、技术"走出去"和"引进来"的双向平台。支持企业通过多种方式建立国际化生产基地、研发设计基地、海外孵化器等，加大对企业参与国际投资并购的资金支持力度，提高境外投资质量和效益，打造具有国际竞争力的本土跨国企业。构建"一带一路"技术转移机制和平台，推动共建技术研发中心、技术转移中心和国际产能合作服务平台等。三是激发民间投资活力，支持民营企业投资创新活动。鼓励民营企业参与《中国制造2025》、现代农业、企业技改等重点项目，加快民间投资项目报建审批进程。

持续激发市场活力，加快形成新动能。一是激发新生产要素流动的活力。促进知识、技术、信息、数据等新生产要素合理流动、有效集聚，完善智力要素集聚流动机制，完善数据资源开放共享机制，健全科技成果加速转化应用机制，为新技术、新产业的发展提供源源不断的动力。二是加快建设制造强国。加快发展先进制造业，推动互联网、大数据、人工智能和实体经济深度融合，在中高端消费、创新引领、绿色低碳、共享经济、现代供应链、人力资本服务等领域培育新增长点，形成新动能。三是多措并举，培育出口竞争新优势。完善出口退税政策，适当提高部分高技术、高附加值装备产品的出口退税率，为装备制造业出口企业提供有利的外贸金融环境。适应国际市场需求变化，促进出口市场多元化。引导出口企业根据用户需求，调整和优化出口产品结构。鼓励企业积极开拓中东、中亚、拉美、非洲、印度、巴西、俄罗斯等市场。

B.8
2017~2018年经济景气形势分析与预测

陈磊 孟勇刚 孙晨童*

摘　要： 我国月度经济景气波动从 2015 年 12 月开始进入新一轮短周期，出现稳中向好态势。本轮短周期的峰顶转折点在 2017 年 3~4 月出现是大概率事件。2017 年 4 月以来的经济景气下滑可能会持续到 2018 年二季度以后，但下降幅度不会太大。经济运行有望在新的景气水平继续保持大体平稳的运行态势。预测 2017 年和 2018 年 GDP 增长率将分别达到 6.8% 和 6.6% 左右，CPI 上涨率分别为 1.6% 和 2% 左右，新常态下经济和物价周期波动的"微波化"特征将更为鲜明。

关键词： 经济周期　景气分析　监测预警　经济预测

2016 年四季度以来，我国季度 GDP 增速止跌回稳，结束了 2014 年以来的连续下滑局面，2017 年前三季度经济增长 6.9%，工业企业效益明显好转，需求结构、产业结构进一步优化，新动能发展迅速，经济运行呈现稳中向好态势。同时，以 CPI 为代表的物价波动仍然处于 2% 附近的温和范围，PPI 在大幅回升后出现趋缓走势。然而，我国经济发展所面临的内外部环境依然复杂、严峻，经济发展长期积累的深层次结构性矛盾尚未得到根本性缓解，部分领域的风险隐患仍然很大，部分行业产能过剩问题依然严重，增长的内生动力尚待增强，世界经济的复苏进程仍很曲折。国民经济继续处于潜在增长率下移、结构调整和深层次改革的叠加阶段，结构性矛盾突出，经济下行压力依然较大。

---

* 陈磊，任职于东北财经大学经济学院；孟勇刚，任职于东北财经大学经济学院；孙晨童，任职于东北财经大学经济学院。

2017～2018年中国经济能否继续保持稳中向好的态势？未来一段时间的经济景气和物价走势如何？政府的宏观政策取向应如何调整？为了对这些人们关注的热点问题做出比较科学和准确的回答，本文基于改进后的"经济景气分析系统"和"宏观经济监测预警信号系统"，对当前的经济周期态势和经济景气状况，以及物价波动形态及其影响因素进行分析和判断，采用先行指标和多种经济计量模型对经济增长、物价等主要经济指标的走势进行分析和预测，在此基础上，对政府下一步的宏观调控提出政策建议。

一 利用景气分析法对经济周期态势的分析和预测

我们仍然采用上年调整后的景气指标。一致指标由工业增加值、累计固定资产投资（不含农户）、社会消费品零售额、财政收入、进口商品总值和国房景气指数6个指标组成；先行指标包括人民币贷款总额、人民币各项存款余额、广义货币M2、房地产开发企业商品房销售额（累计）、固定资产投资新开工项目数（不含农户投资）、固定资产投资本年施工项目计划总投资额（累计）和水泥产量7个指标；滞后指标包括5个变量，即CPI、PPI、出口商品价格指数、工业企业产成品和货运量合计。此外，制造业采购经理人指数（PMI）仍然作为短先行指标单独进行考查。

各景气指标均为同比增长率序列，经季节调整并消除不规则因素。利用美国全国经济研究所（NBER）的方法，分别建立了一致、先行和滞后合成指数（各指数均以2000年平均值为100）与扩散指数。需要说明的是，基于各指标的重要性及统计和周期特征，在构建先行、一致、滞后合成指数时，分别对相关指标赋予了不同的权重。

（一）基于景气合成指数对经济周期态势的分析

根据一致合成指数所反映的宏观经济总体走势（见图1，其中阴影部分为景气收缩阶段，下同）和对经济短周期转折点的测定结果，按谷—谷的周期测算方法，1998年以来我国经济增长第5轮短周期已于2015年11月结束，并创造了1997年以来的最低景气水平。该轮短周期始于2012年9月，其持续时间长度为39个月，其中扩张期为12个月（峰值出现在2013年8月），收缩期为 27 个月，呈现明显的短扩张型的非对称形态。经济运行已经显示出新常态下的结构性减速特征：扩张期较短且幅度较小；收缩期较长，下降幅度中等偏大；周期的平均位势较低。此种周期形态明显有别于以往 4 次短周期。

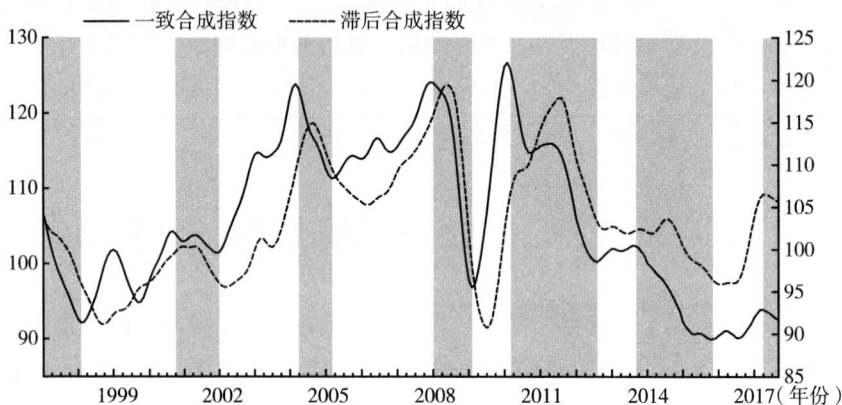

图 1　一致合成指数和滞后合成指数

2015 年 12 月至 2017 年 4 月，主要受进口增速、工业生产增速和房地产景气止跌回暖影响，合成指数在低位出现 16 个月的波浪形小幅回升，显示经济景气进入新一轮短周期的上升期，经济运行呈现稳中向好态势。2017 年 5 月以后，投资、工业生产和进口增速再次出现小幅下滑，受此影响，经济景气出现缓慢回落，本轮短周期的波峰在 3 ~ 4 月已初步显现，但尚须结合其他方法做进一步判断。

主要反映物价和库存变动的滞后合成指数（见图 1 虚线）在 2016 年 1 月到达波谷，较一致合成指数的谷底滞后 2 个月。2016 年 2 月至 2017 年 4 月，该指数出现明显回升，进入新一轮短周期的上升阶段。此后，指数连续微幅回落，波峰形态初步显现，波峰时间（4 ~ 5 月）仅比一致合成指数滞后 1 个月。因该指数的回落时间较短，且回落幅度较小，本轮周期的波峰有待进一步验证，从而只能在一定程度上确认本轮经济景气波峰的出现。

滞后景气指标中，工业企业库存增速（剔除季节和不规则因素）经过连续 22 个月的下降后，从 2016 年 8 月至 2017 年 4 月出现中等幅度的反弹，反映"去库存""去产能"结构调整任务取得阶段性成效后，随着 PPI 的不断攀升，工业企业进入短期补库存阶段。但在继续深化"去库存"和 PPI 回落的影响下，该指标 5 月以来重新转入"去库存"的周期下降阶段，并可能持续到 2018 年下半年。

（二）利用先行合成指数和扩散指数对经济运行走势的预测

由 7 个先行指标构成的先行合成指数变动如图 2 中的虚线。图 2 显示，该指数 2000 年以来具有比较稳定的先行变动特征，经过测算，平均领先一致合成指数 6 个月。该指数在 2015 年 3 月降到 1997 年以来的最低点从而结束前一轮先行景气短周期后，从 2015 年 4 月开始进入新一轮短周期。2015 年 4 月至 2016 年 3 月，先行指数出现连续 12 个月的低位温和回升，提前预示了本轮经济景气的企稳回升，其周期波峰较一致合成指数的波峰提前 1 年出现。此后，该先行指数进入小幅下滑的周期收缩阶段，截至 2017 年 9 月已连续回落 18 个月。

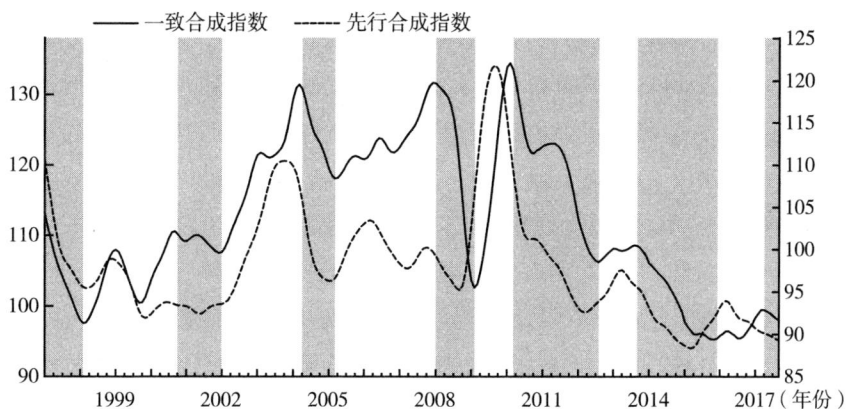

图 2　一致合成指数和先行合成指数

根据该先行指数的走势和平均先行期推测，一致合成指数代表的经济景气经过前期回升后，从 2017 年 4 月开始进入周期收缩阶段的概率很大，但下降速度或比较缓慢，下降幅度不大。经济景气有望在新的水平上继续保持小幅波动但大体平稳的运行态势。

从各先行指标的变化趋势（剔除季节和不规则变动）来看，2016 年二季度以后，货币供应量 M2、人民币各项存款余额增速、人民币贷款余额增速、水泥产量增速先后出现不同程度的小幅回落；商品房销售额增速与新开工项目数增速出现较大幅度的下滑，但后者在 2017 年出现小幅反弹，而前者的下降速度在 7 月后明显趋缓。本年施工项目计划总投资增速经过 7 个季度左右的较大幅度反弹后，下半年出现止升趋降苗头。单独监测的制造业 PMI 从 2016 年初开始呈现缓慢上升态势，2017 年各月指数始终保持在 51% 以上，预示短期内经济运行将继续稳中向好。可见，多数先行指标在 2017 年呈现回落走势，少数指标保持大体平稳或小幅回升。

反映景气指标组中上升指标占比的扩散指数可以从另一个侧面反映景气的扩散和变动过程。由 6 个一致指标构成的移动平均后的一致扩散指数如图 3 所示。该指数在 2015 年 12 月至 2017 年 4 月的大多数时间位于 50% 以上，表明经济景气在此期间虽有短暂下滑（2016 年 6 ~ 9 月），但总体处于回升态势。此后，扩散指数再次回到 50% 荣枯分界线下方，同样显示 5 月以来经济景气出现回落。

由 7 个先行指标构成的先行扩散指数（移动平均后见图 3 虚线）从 2016 年 5 月开始进入 50% 以下的收缩区，同样显示先行景气转入下降局面，且截至 2017 年 8 月一直处于下降期。该指数在 2016 年 12 月已经触底，且谷底水平相对较高，2017 年出现反弹走势，表明先行景气的下降力量有所减弱。根据扩散指数的变动特征初步判断，先行景气的下降局面（扩散指数处于 50% 以下）至少要持续到 2017 年底，很可能会持续到 2018 年一季度，甚至更远。由此推断，经济景气的下降局面可能会持续到 2018 年二季度以后。

综合以上合成指数和扩散指数的分析预测结果，我国月度经济景气波动从 2015 年 12 月开始进入新一轮短周期，出现稳中向好态势。本轮短周期的峰顶转折点出现时间很可能是 2017 年 3 ~ 4 月，但有待进一步确认。2017 年 4 月以来的经济景气下滑可能会持续到 2018 年二季度以后，但下降幅度不会太大。经济运行有望在新的景气水平继续保持大体平稳的态势，新常态下经济周期的"微波化"特征将更为鲜明。

需要说明的是，本轮景气收缩与以往的经济下滑有所不同，一方面，在于其下降幅度不会很大，下降速度也不会很快；另一方面，本轮景气收缩是在供给侧结构性改革的背景下展开的，其根本原因在于"转方式、调结构"，不应

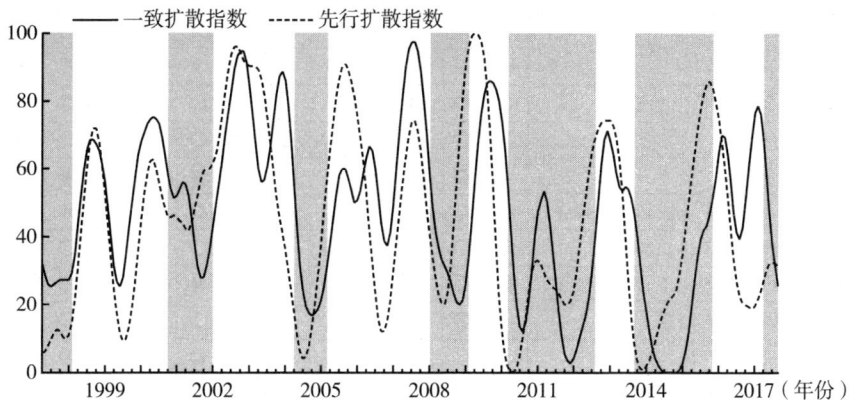

图3　移动平均后的一致扩散指数和先行扩散指数

简单理解为经济衰退。本轮经济景气回落并不是遵循以往"刺激—风险"的周期循环，而是解决深层次结构性问题必然经历的阶段，进而获得将来更高质量和更可持续性的发展，同时反映出政府对深化改革的决心和魄力。

二　基于监测预警信号系统对经济景气状况的监测和分析

下面根据由10个预警指标（见图4）构成的"宏观经济监测预警信号系统"对各预警指标的警情和目前的总体经济景气状况和变动趋势做进一步的考察和判断。由于近两年狭义货币M1增速的走势已经不能真实反映宏观经济形势，我们将原预警指标中的M1增速替换为国房景气指数；同时，将人民币贷款余额增速替换为与之相关但更为重要的广义货币供应量（M2）增速。考虑到我国经济进入新常态后的新变化，结合对预警指标变化情况的统计分析和发展趋势判断，我们再次对工业增加值等部分预警指标在不同景气区间的预警界限进行了适当调整，以便更准确地反映新常态下经济景气的变动情况。

对预警指标近一年的监测结果显示（见图4），2016年9月以来，工业生产等部分指标的景气度呈先升后降态势，工业企业效益等部分指标的景气度呈稳中有升态势；M2、投资等指标的景气度主要呈现下降态势。截至2017年9月，工业企业主营业务收入累计增速处于"偏热"的黄灯区；发电量增速、

指标名称	2016			2017								
	10	11	12	1	2	3	4	5	6	7	8	9
1、工业企业增加值增速	◉	◉	◉	◉	○	○	○	○	○	○	◉	◉
2、发电量增速	○	○	○	○	○	○	○	○	○	○	○	○
3、工业企业主营业务收入累计增速	●	●	●	●	●	●	●	●	●	●	●	●
4、固定资产投资完成额累计增速	◉	◉	◉	◉	◉	◉	◉	◉	◉	◉	⊗	⊗
5、社会消费品零售总额增速	○	○	○	○	○	○	○	○	○	○	○	○
6、进出口总额增速（春节调整）	◉	◉	◉	◉	●	●	●	◉	○	○	○	○
7、全国财政收入增速	⊗	⊗	◉	○	○	○	○	○	○	○	○	○
8、广义货币供应量（M2）增速	○	○	○	○	○	◉	◉	◉	◉	⊗	⊗	⊗
9、居民消费价格指数	○	○	○	○	○	○	○	○	○	○	○	○
10、国房景气指数	◉	◉	◉	○	○	○	○	○	○	○	○	○
综合判断	◉	◉	○	○	○	○	○	○	○	○	○	○
	33	33	38	45	45	48	48	48	45	43	18	40

注：　●<过热>　◉<偏热>　○<正常>　◉<偏冷>　⊗<过冷>

图 4　月度监测预警信号

社会消费品零售总额增速等指标处于"正常"区间；工业企业增加值增速发出"偏冷"信号；固定资产投资完成额累计增速和 M2 增速发出"过冷"信号。

（一）2017年工业生产增速稳中趋缓，企业效益明显回暖

随着"稳增长"和"三去一补"供给侧改革效果的逐步显现，2017 年 1～4 月工业企业增加值增速延续了上年的温和回升走势，返回到 6.5% 以上的"正常"区间。此后，该指标走势趋缓，在"正常"区间运行半年后，8 月以后再次降到"偏冷"区。发电量增速在上年由"过冷"快速回暖到"正常"增长区间后，2017 年各月继续处于"绿灯区"，但走势稳中趋缓。

进入 2017 年，受工业价格回升、减税降费政策和上年基数较低等因素影响，工业利润出现较大幅度回升，工业企业主营业务收入累计增速由上年末的 4.9% 大幅跃升到 12% 以上的"偏热"区间，3 月曾达到 14%，此后增速虽有所减缓，但截至 9 月仍然处于"偏热"区间。

（二）固定资产投资增速下滑到"过冷"区间，投资景气依然低迷

受结构调整和房地产投资减速的影响，2013 年以来，固定资产投资（不

含农户）累计增速出现持续下滑趋势。尽管2016年下半年至2017年一季度投资增速在靠近8%的"偏冷"区下界企稳并有所回暖，但由于传统行业和民间投资增长缓慢，4月以后投资增速再度出现下滑，8月以后降到8%以下，发出"过冷"信号，创造了2001年以来的最低水平。投资增速不断下降是2015年以来经济景气度回落并难以明显回升的重要原因。

（三）2017年名义消费增长稳中略升，继续处于"正常"区间，实际消费止跌回稳

2015年以来，受服务消费、网络消费、智能消费等消费升级热点的支撑，社会消费品零售总额名义增速结束了前些年近似阶梯形的下降态势，走势趋稳，对稳定经济增长起到了关键作用。2017年1～8月，剔除季节和不规则因素后，消费增速在10.6%左右徘徊，处于"正常"区间内的下部，5月以后走势稳中趋缓。

剔除物价及季节和不规则因素后，社会消费品零售总额实际增速在2016年11月创造了2005年以来的最低值8.84%，此后，消费实际增速呈现企稳走势，结束了自2013年以来的缓慢下降趋势。2017年1～8月的平均实际增速接近9.3%，低于2016年9.6%的实际增速。

（四）2017年外贸景气明显回暖后有所回落，但处于"正常"区间

受国内和国际市场需求向好、"一带一路"建设的推进、大宗商品价格上涨以及2016年基数较低等因素影响，我国外贸进出口总额增速（剔除季节和不规则因素）在经过前两年的低迷期后，于2017年出现大幅反弹，快速回到"正常"（3%～12%）甚至"偏热"区间，显示外贸景气明显回暖。5月以后，随着国内经济景气和国外需求的小幅下降，该指标也有所回落，但处于"正常"区间内的上部。

2017年的进口和出口形势均好于2016年。进口增长速度在2016年温和回升的基础上，2017年出现大幅跃升，一季度累计增长23.9%，创造了2012年以来的季度最高值；1～9月累计增长17.3%，增速虽有所回落，但比2016年仍高出22.8个百分点。出口增速经过近两年的低迷后，于2017年同样出现较大幅度的上升，上半年出口累计增速达到8.2%，远超过2016年的－7.7%；1～9月累计增长7.5%，增速略有回落。

（五）2017年财政收入景气转暖，回到"正常"区间

在经济运行稳中向好、价格上涨等因素的带动下，由全国财政收入增速（剔除季节和不规则因素）代表的财政景气在2017年出现显著回升，从2016年的"过冷"区间（5%以下）迅速回到"正常"区间（7.5%~14%），且走势大体平稳。1~9月财政收入累计增长9.7%，高于前三年的同期增速和全年增速，好于预期。

（六）2017年货币供应增速呈下降走势，已发出"过冷"信号

经过前期1年多的大幅攀升，2016年8月以来，受房地产市场调控、"防风险"政策效果逐步显现和基数等因素影响，狭义货币M1增速（剔除季节和不规则因素）出现大幅回落的态势，进入周期下降阶段。

进入2017年，M2增速（剔除季节和不规则因素）延续了上年的持续小幅回落走势，由1月末的11.3%下降至8月末的8.9%，创造了1996年以来的新低，脱离了"正常"区间，7月以来甚至发出"过冷"（低于9.5%）的蓝灯信号，显示货币供应趋紧，应引起央行的高度关注。

此外，2017年金融机构人民币贷款增速在13%左右的低位呈现触底企稳迹象，反映出信贷景气同样偏紧。

由调整后的10个预警指标构成的景气动向综合指数（见图5）与景气一致合成指数的走势很接近。图5显示，进入2015年，景气动向综合指数开始发出"偏冷"信号，并于当年5~6月降到1997年以来的最低水平（25），此后开始企稳。经过5个季度的低位徘徊，从2016年四季度开始，随着房地产、外贸、工业生产、财政收入等景气指标的回暖，景气动向综合指数出现明显回升，2016年12月以来回到"正常"的绿灯区，显示经济运行呈现稳中向好的态势。2017年7月以来，受工业增加值、投资、货币供应、外贸等景气指标回落的影响，景气动向综合指数再次出现下滑，9月指数为40。

通过对10个预警指标走势的分析并结合目前的政策取向，预计2017年四季度至2018年，景气动向综合指数可能向"正常"区间下界（35）靠近，然后在此位置附近保持小幅波动的平稳走势。

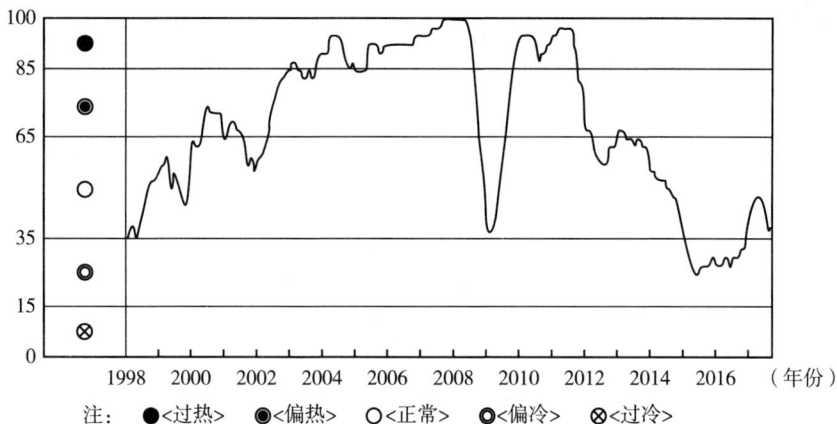

注：●<过热> ◉<偏热> ○<正常> ◎<偏冷> ⊗<过冷>

图 5　景气动向综合指数

三　物价波动特征、影响因素及走势分析

（一）物价周期测定与波动特征分析

历史经验表明，物价通常会随着经济周期的阶段性变化而呈现上涨或下降的循环波动，但已有文献较少论及物价周期的测量问题，至今尚无公认的物价周期判别准则。鉴于我国物价周期波动相对经济周期波动始终有较稳定的滞后关系，结合对我国物价变动特征的分析，我们提出与经济周期类似的物价周期转折点的判别准则，具体如下。

物价短周期的判别准则：①转折点一般为两个相邻的不同阶段间的极值点；②物价处于上涨或下降状态的持续时间至少为 12 个月或 4 个季度；③一个物价周期的持续时间至少为 30 个月或 10 个季度；④物价上涨或下降的幅度均不低于 1 个百分点。

物价中周期（或主周期）的判别准则：①转折点为两个相邻的不同阶段间的极值点；②物价上涨或下降的局面持续时间不少于 15 个月或 5 个季度；③整个物价中周期的持续时间至少为 7 年，即 84 个月或 28 个季度；④物价上涨或下降的幅度均不低于 3 个百分点。

此外，在确定最终转折点时，对不满足相应准则要求的局部极值点，舍弃较高的峰和较低的谷。

根据以上物价周期的识别准则，我们对 Artis 等（2004）提出的非参数周期转折点识别算法进行拓展，从概率角度探讨以 CPI 为代表的物价周期波动的测量，进而详细考察我国物价周期的波动特征。1997 年以来 CPI（同比）上涨率历次短周期的波峰和波谷的具体测定时点如表 1 所示。其中，1999 年 5 月的波谷时间可以由更早的 CPI 数据得到确定。

表 1 我国物价周期转折点的测量结果

峰	—	2001 年 5 月	2004 年 8 月	**2008 年 3 月**	2011 年 7 月	2013 年 10 月	2016 年 3 月
谷	**1999 年 5 月**	2002 年 5 月	2006 年 3 月	**2009 年 6 月**	2012 年 9 月	2015 年 1 月	—

注：粗体显示的转折点为根据前述的物价中周期判别准则确定的中周期转折点时间。

按谷—谷的周期测算方法，1999 年 1 月至 2017 年 9 月，我国物价变动经历了 5 轮完整的短周期波动。在此期间，CPI 的平均周期长度为 37.6 个月（约 3.1 年），其中，上涨阶段的平均持续时间为 22.6 个月，下降阶段的平均持续时间为 15 个月，仅为上涨期的 66%。总体来看，上涨概率（0.6）大于下降概率（0.4），但上涨速度（每月 0.22 个百分点）小于下降速度（每月 0.31 个百分点），呈现出以上涨为主的"慢涨快降"型非对称周期形态。

表 2 给出了每一轮短周期波动的相关特征指标，测算结果显示，1999 年 6 月至 2012 年 9 月，物价的 4 轮短周期上涨概率均高于下降概率，表现出以扩张为主的非对称变化特点；第 1 轮和第 3 轮短周期的物价上涨速度小于下降速度，呈现"慢涨快降"型非对称周期形态；第 2 轮和第 4 轮的上涨速度与下降速度大体相当，呈现"慢涨慢降"型对称周期形态。

表 2 我国物价周期测定的相关特征指标

测量指标	1999 年 6 月至 2002 年 5 月	2002 年 6 月至 2006 年 3 月	2006 年 4 月至 2009 年 6 月	2009 年 7 月至 2012 年 9 月	2012 年 10 月至 2015 年 1 月
上涨概率	0.67	0.59	0.62	0.64	0.46
上涨阶段持续期（月）	24	27	24	25	13
上涨阶段振幅	3.67	6.24	7.23	8.05	1.2
上涨速度（百分点/月）	0.15	0.23	0.5	0.32	0.09

续表

测量指标	1999年6月至 2002年5月	2002年6月至 2006年3月	2006年4月至 2009年6月	2009年7月至 2012年9月	2012年10月至 2015年1月
下降概率	0.34	0.41	0.38	0.36	0.54
下降阶段持续期(月)	12	19	15	14	15
下降阶段振幅	2.63	4.13	10.1	4.56	1.68
下降速度(百分点/月)	0.22	0.22	0.67	0.33	0.11

注：上涨（下降）概率是上涨（下降）阶段持续期与相应的周期长度之比，上涨（下降）速度是上涨（下降）阶段振幅与相应的持续期之比。

按照物价中（主）周期的判别准则，1999年6月至2009年6月的3轮短周期构成了一个长度为10年的中周期，波峰为2008年3月的8.3%，其上涨和下降幅度分别为10.3个和10.1个百分点，比较接近，但上升期长达106个月，接近9年，下降期只有15个月，远小于上升期，形成了一个以上涨为主的"缓升急降"型非对称型中周期形态。从2009年7月开始，通胀率进入新一轮中周期波动，并已经完成其中的前两个短周期。

值得注意的是，始于2012年10月的第4轮物价短周期的上涨持续期缩短至13个月，只有前3轮短周期上涨期的一半左右，而下降期与前3轮短周期相当；周期波动的振幅和变化速度明显减小，上涨速度和下降速度分别为0.09和0.11，约为前一轮短周期的1/4和1/3。这些特点反映出我国物价周期呈现缓升缓降、振幅减小的"微波化"新形态。

始于2015年2月的最近一轮（第5轮）短周期在样本期内尚未结束，上涨持续期（2015年2月至2016年3月）为13个月，上涨振幅约为0.97，上涨速度进一步趋缓，约为0.07，继续延续"微波化"波动特征。至2017年9月，此轮短周期下降期已有17个月，超过前两轮短周期的任何一轮，呈现短扩张型的非对称形态。

剔除季节和不规则因素后的居民消费价格指数（CPI）和工业品出厂价格指数（PPI）的走势如图6所示。可以看出，2012年以来，我国物价周期波动继续呈现新常态下的"微波化"波动态势。林建浩等（2016）的研究表明，我国物价周期得以延续"微波化"特征的主要原因在于需求冲击、供给冲击波动的弱化，以及物价波动对于两种冲击的响应力度不断下降。

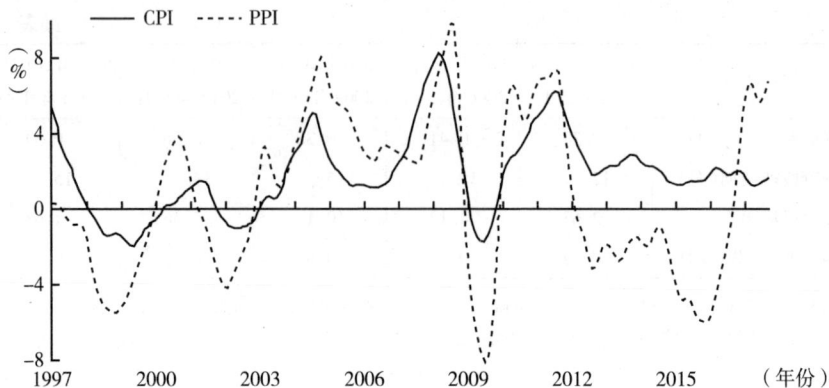

图 6　季节调整后的 CPI 和 PPI

（二）CPI 与 PPI 近期走势分析

2017 年 CPI 经历了先跌后涨的波动过程。受"春节错位"和 2016 年同期基数较高的综合影响，CPI 在 2 月下跌至 0.8% 的低位，处于近两年历史同期的最低点。此后，非食品价格尤其是服务类项目价格大幅上涨，CPI 逐月小幅回升，加之受高温多雨和强对流天气影响，2017 年 8 月进一步升至 1.8% 的年内高点。

受供给端的"去产能"及需求端的"稳增长"政策影响，PPI 从 2016 年开始出现较快回升，在结束了长达 55 个月的负增长状态后，于 2016 年 9 月转负为正，并于 2017 年 2 月达到 7.8% 的历史高点。此后，受周期性力量及翘尾因素持续走弱的影响，PPI 同比涨幅连续 5 个月小幅回落，周期波峰初步显现，但有待于样本扩充后进一步确认。

从 CPI 的构成分项来看（见图 7），2017 年 1 月以来，CPI 的食品分项和非食品分项出现了明显的结构性分化特征。从图 7 可以看出，食品分项同比增速首次在 2016 年 12 月低于非食品分项同比增速，并在此后一直维持此种态势；非食品项同比增速始终高于 CPI 和食品分项同比增速。尽管非食品分项权重远高于食品分项，但其波动非常平缓，CPI 变动趋势与 CPI 食品分项保持高度一致。这表明，2017 年以来，CPI 的波动主要是由 CPI 食品价格的变动推动的，而非食品价格的持续走高在一定程度上抵消了食品价格下跌对 CPI 总指数的负向影响。

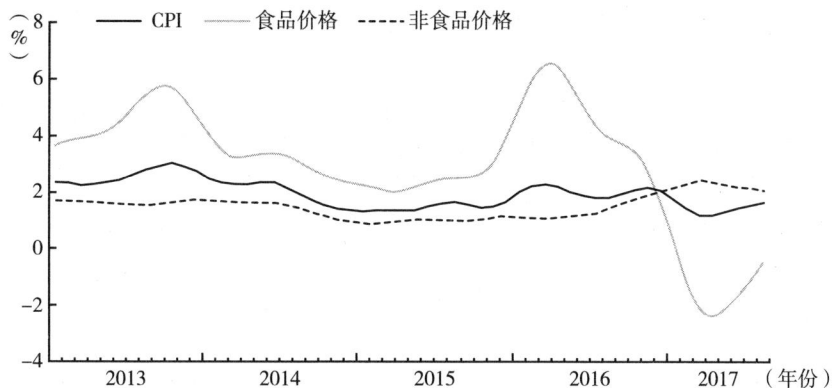

图7 CPI、食品价格与非食品价格

从PPI构成分项来看（见图8），生产资料分项始终与PPI变化特征保持高度一致，而生活资料分项波动较为平缓。2016年8月之后，生产资料分项由负转正，此后一路飙升，带动了整体PPI的回升。生产资料分项大幅回升的主要原因是供给端的去产能措施和需求端的稳增长政策叠加。供给侧改革是2016年以来宏观经济政策的主轴，主要经济任务均是围绕"三去一降一补"展开。2016年和2017年，我国均提前完成钢铁、煤炭行业年度去产能目标，供给的减少间接推动了其他行业产品价格上涨。2016年全年和2017年1～8月，国有固定资产投资增速分别为18.7%和11.2%，而民间投资增速仅分别为3.2%和6.4%。可见，固定资产投资主要是政府部门在财政政策刺激下实施的。为此，一大批PPP项目纷纷推出，叠加"一带一路"建设的推进，需求端的诉求极大地刺激了对水泥、钢铁、有色金属、石油化工等行业产品的需求，进而推动了基建原材料价格的大幅上涨。PPI大幅回升表明，目前工业原材料部门的供需情况正在稳步好转，折射出我国工业企业的生产经营状况正在好转的现状。数据显示，2017年以来，工业企业利润月度累计值均保持在20%以上的同比增速。

（三）物价波动的影响因素及物价走势分析

考虑到物价影响因素的复杂性，某些因素可能一直影响物价变动，而另一些因素可能只在特定时期内才会对物价产生影响。即使某些因素一直影响

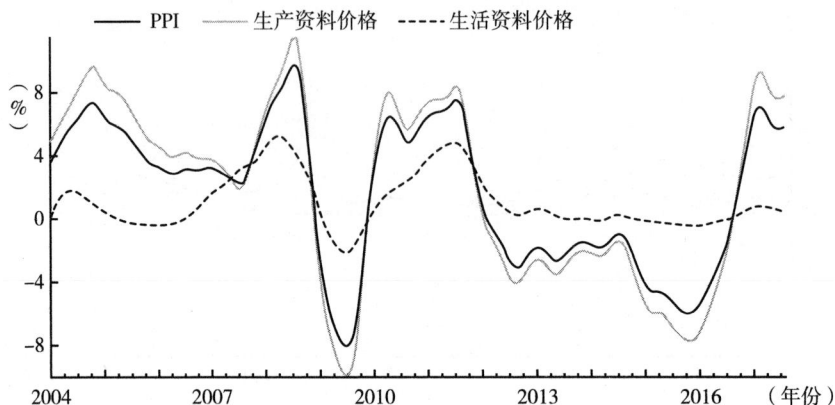

图8　PPI、生产资料价格和生活资料价格

物价变动，其影响程度也并非固定不变的。Raftery 等（2010）开发了一个被称为动态模型平均的状态空间模型，状态空间模型中每个方程的参数通过马尔科夫链与正确的模型相结合，不仅能反映参数的时变特性，还可以通过遗忘因子法确定每一时刻进入模型的变量个数。为此，我们借鉴 Raftery 等（2010）和 Dangl 等（2012）文献的研究思路，采用具有时变参数特征及模型随时变动的动态模型平均方法，深入考察我国物价影响因素的时变轨迹。我们选取货币供应量（M2）、工业品出厂价格指数（PPI）、工业增加值和社会消费品零售额四个月度指标，分别代表影响物价的货币因素、成本因素、宏观因素和需求因素。以上指标均为同比增长率，样本区间为 2000 年 1 月至 2017 年 9 月。

　　图9、图10 分别给出了这四个指标的时变回归系数。图9 显示，2000 年 1 月至 2007 年 8 月，我国 CPI 的变化趋势基本上可以由 PPI 的变动解释，而其他因素的影响可以忽略不计。PPI 中大部分的工业部门属于 CPI 分项部门的上游行业，因此，M2、工业增加值、社会消费品零售额可以通过对上游行业产品价格的影响进而影响 CPI 的变动。2007 年 9 月至 2008 年 9 月，随着以社会消费品零售额为代表的需求的大幅攀升，物价于 2008 年 3 月达到 8.25% 的历史高点。随后，受全球金融危机冲击影响，CPI 大幅下跌，但社会消费品零售额的高位增长在一定程度上抵消了 PPI 和工业增加值大幅下滑对 CPI 的影响，使得 CPI 没有出现类似 PPI 的断崖式下降。

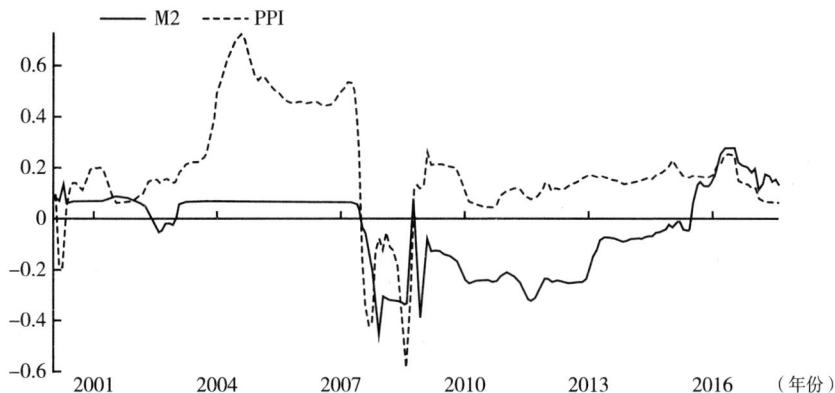

图9　M2 与 PPI 的时变回归系数

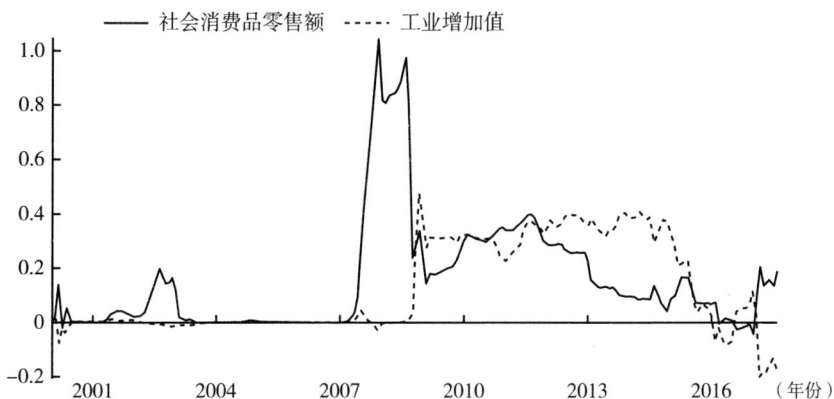

图10　社会消费品零售额与工业增加值的时变回归系数

2009～2015 年，货币供应量、工业增加值和社会消费品零售额对 CPI 的影响相对较大，而 PPI 的影响逐步弱化，基本处于0.1 左右的水平。这从侧面反映出 2009 之后的物价变化主要受国内宏观经济形势、国内有效需求和货币供应量的影响。值得注意的是，2012 年 11 月至 2015 年 7 月，M2 的回归系数逐步上升，这暗含着货币因素对我国物价波动的负向影响力越来越弱；工业增加值的回归系数自 2014 年底开始也大幅下滑，这意味着我国经济周期与物价周期之间的联动关系较以往有所弱化；社会消费品零售额的回归系数自 2012 年也呈现下滑趋势，折射出国内需求趋弱。

近两年，影响 CPI 的因素逐渐趋于复杂化。M2 对 CPI 的影响逐步由负转正，这反映了货币供应量与 CPI 之间的先行滞后关系较以往有所变化，二者的变化趋势趋于一致；工业增加值对 CPI 的影响正负交叠，CPI 表现出一定的"逆周期性"，折射出现阶段我国"三去一补"的供给侧改革所引起的供给冲击仍不稳定；虽然以社会消费品零售总额为代表的需求因素对 CPI 有正向影响，但其影响力度有限，反映出国内需求仍然偏弱。

宏观来看，受国内需求偏弱的制约，以社会消费品零售额为代表的需求因素在短期内基本保持平稳，不会出现大起大落；供给侧改革下的 PPI 变动对 CPI 的传导有限，不会引起 CPI 的大幅上涨。微观来看，CPI 总体变动趋势与 CPI 食品分项的变动趋势保持较高的一致性，受天气变冷和基数等因素影响，CPI 短期内可能会缓慢回升，但上涨幅度有限，仍将在"正常"区间内保持平稳运行。

四 2017~2018年主要宏观经济指标预测

下面利用多种经济计量模型对主要宏观经济指标的变动趋势进行预测，以便进一步把握经济增长的未来走势，为政府的宏观调控提供参考信息。各指标的具体预测结果列于表3。

（一）2017年和2018年的经济增长速度将分别达到6.8%和6.6%左右

在供给侧结构性改革效果不断显现和国际经济缓慢复苏的背景下，2017年上半年 GDP 增速达到 6.9%，实现了超预期增长，我国成为世界经济增长的主要推动者。随着改革进入攻坚阶段，且受全球经济复苏和地缘政治的不确定性影响，结合前面的监测和分析，2017 年四季度至 2018 年，预计经济增速将出现小幅回落，2017 年全年 GDP 增长率为 6.8% 左右，比上年增加 0.1 个百分点，超过政府工作报告提出的预期目标。2018 年的 GDP 增长率或小幅下降至 6.6% 左右，各季度经济增长有望在 6.5%~6.8% 区间大体保持平稳运行，经济增长周期继续呈现"微波化"的新常态。

（二）物价走势保持平稳，预计CPI 2017年和2018年分别上涨1.6%和2%左右

2016年以来，CPI走势与PPI等其他价格指数出现一定程度的背离，且相对经济景气的滞后稳定性也明显减弱。根据前面对物价波动特征和走势的分析，结合模型外推结果，预计2017年四季度物价上涨1.8%左右，全年CPI上涨1.6%左右，涨幅比上年下降0.4个百分点。考虑到PPI可能渐进传导至CPI，服务类价格的涨幅可能会持续上行，预计2018年CPI可能保持小幅上升的走势，全年涨幅在2%左右。总体来看，2017～2018年物价会继续在"正常"区间小幅波动，走势大体平稳，通胀压力不大。

PPI在去产能和环保高压的共同作用下比前期预想的更加坚挺，但受翘尾因素明显变小影响将有所回落。预计2017年四季度PPI上涨5.1%左右，全年上涨6.1%左右，比上年大幅增加7.4个百分点。预计2018年PPI将先降后稳，全年上涨2.9%左右，涨幅明显回落。

（三）工业生产增速或在6%附近的"偏冷"区小幅波动，走势大体平稳

虽然工业生产中的积极因素有所增加，但短期内工业领域相对过剩的局面难以得到根本性改变，投资需求不旺，加上工业主营业务收入增速已出现回落，表明由工业补库存引发的工业需求扩张阶段已经结束，工业进入去库存阶段，受去产能、去杠杆和环保限产力度增加等因素的影响，工业增加值增速仍将处于低位运行，在"偏冷"区间（5.5%～6.5%）小幅波动。预计2017年四季度规模以上工业增加值增长率约为6.3%，全年增长6.5%左右，较上年提高0.5个百分点。预计2018年规模以上工业增加值增长率为6%左右，增速有所回落，但有望继续保持2015年以来的大体平稳走势。

（四）固定资产投资增速可能在"过冷"区继续缓慢下滑

受财政支出放缓影响，基建投资难以维持高速；随着房地产调控政策的进一步执行，房地产开发投资增速在反弹后可能出现回落；而制造业总体投资和民间投资的动力依然不足。受此影响，2017年四季度至2018年，固定资产投

资（不含农户）等的增长率可能继续出现小幅下滑，预计2017全年为7.1%左右，比2016年下降1个百分点，处于8%以下的"过冷"区间，创造21世纪以来的最低水平。但投资结构将继续得到改善，高新技术产业和服务业投资有望保持高位运行，对过剩行业的投资减少，这符合结构转型的要求。预计2018年我国固定资产投资结构将继续深化调整，不断升级，增速趋稳，全年增速约为6.8%，政府应继续采取必要措施防止其过快下滑，以保持经济增长的基本稳定。

（五）消费有望在10%的"正常"区间下界附近继续保持稳定增长

2016年以来，在网上零售等消费升级的带动下，社会消费品零售额继续保持平稳增长态势。考虑到2017年城镇居民收入增速低于GDP增速，对消费加快增长形成制约，加上随着房地产市场调控的深入，房地产相关消费品的零售增速将回落，消费增速的走势或略有回落。预计2017年名义社会消费品零售额增长率为10.4%左右，与上年持平，继续位于"正常"区内下部。剔除物价因素后的实际消费增长9.2%左右，比上年低0.4个百分点。预计2018年社会消费品零售额名义增长率为10.2%左右，实际消费增长8.7%左右，均有所下降，但总体上消费增长仍将保持以稳为主的态势。

（六）进出口景气将有所回落，但仍然处于"正常"的绿灯区

受国际经济环境、贸易保护主义和地缘政治的不确定性增加以及人民币升值等因素影响，外贸出口增长可能呈现回落态势。预计2017年四季度出口总额增长率为6.2%左右，全年出口总值约22500亿美元，增长率为7.3%，增速较上年大幅增加15个百分点，远超预期。预计2018年出口总额增长率为4%左右，增速有所回落。

受国内经济景气度小幅下滑和进口大宗商品价格回落影响，进口景气或将继续回落。预计2017年四季度进口总额增长率为10.4%左右，全年进口总值18300亿美元左右，增长率为15.2%，增速较上年大幅提高20.7个百分点。初步估计2018年进口总额增长率为7%左右，增速有所回落。

按此预测，2017年进出口总额增长总体将继续处于"正常"区间，全年进出口总额约为40800亿美元，同比增长10.7%，远超预期。全年贸易

顺差4200亿美元，比2016年下降17.6%。初步预计2018年进出口总额增长率约为5%，仍然保持在"正常"区间，外贸顺差或比2017年减少8%左右。

表3　主要宏观经济指标预测结果

单位：%

指标名称	2017年四季度	2017年全年	2018年一季度	2018年全年
GDP增长率(可比价)	6.7	6.8	6.6	6.6
规模以上工业增加值增长率(可比价)	6.3	6.5	6.1	6.0
固定资产投资(不含农户)累计增长率	7.1	7.1	6.9	6.8
社会消费品零售额增长率	10.5	10.4	10.0	10.2
出口总额增长率	6.2	7.3	4.5	4.0
进口总额增长率	10.4	15.2	9.0	7.0
广义货币供应量(M2)增长率	9.2	9.2	9.3	9.5
金融机构人民币贷款总额增长率	13.0	13.0	12.9	12.7
CPI上涨率	1.8	1.6	1.8	2.0
PPI上涨率	5.1	6.1	4.1	2.9

注：数据均为同比增长率，预测的样本数据截至2016年9月。

（七）货币供应量继续在"过冷"区徘徊，贷款保持平稳增长

2016年四季度以来，金融去杠杆政策使非金融企业股权及其他投资下降，地方债发行放慢，从而非金融企业存款和政府存款两项增速出现明显下滑，带动M2增速出现持续下滑走势，出现了历史上首次跌破10%的情况，致使该指标从7月开始发出"过冷"信号。预计M2的低速增长状态还将持续一段时间。预计2017年末M2增长率为9.2%左右，比上年下降2.1个百分点，远低于年初制定的12%的增长目标。估计2018年M2增速有望温和回升到9.5%左右，处于"过冷"区的上界附近。虽然M2在货币政策中介目标中的地位将有所弱化，但作为重要的信用创造观察指标，其过快下滑不利于经济平稳运行。央行对此应给予高度关注，做好政策预案。

在稳健货币政策的基调下，预计信贷增长仍将保持2016年四季度以来的平稳增长态势，2017年末增速约为13%，增速较上年下降0.5个百分点，处

于"偏冷"区。全年新增贷款约 13.86 万亿元。预计 2018 年金融机构人民币贷款总额增长率为 12.7% 左右,全年新增贷款约 15.3 万亿元。

五 结论和相关政策建议

综合以上分析和预测结果,我国月度经济景气波动从 2015 年 12 月开始进入新一轮短周期,出现稳中向好态势。本轮短周期的峰顶转折点在 2017 年 3~4 月出现是大概率事件。2017 年 4 月以来的经济景气下滑可能会持续到 2018 年二季度,但下降幅度不会太大。经济运行有望在新的景气水平继续保持大体平稳的态势。预计 2017 年和 2018 年 GDP 增长率将分别达到 6.8% 和 6.6% 左右,CPI 上涨率分别为 1.6% 和 2% 左右,新常态下经济和物价周期波动的"微波化"特征将更为鲜明。

在经济下行压力依然较大的情况下,2018 年,宏观经济调控应该继续坚持"稳中求进"的主基调,政策调控需要更加精准,处理好"去杠杆"、"调结构"与"稳增长"之间的矛盾,保持三者间的平衡。在稳步推进全面深化改革的同时,努力保持经济 6.5% 以上的中高速增长。

(一)坚持积极的财政政策和稳健的货币政策,保持经济稳定增长

货币政策需要在"控通胀"、"去杠杆"与"稳增长"目标间进行取舍权衡。在以"稳增长"为首要目标的前提下,一方面,应适当容忍温和的通货膨胀;另一方面,应设定最优的货币信贷规模,以调节"去杠杆"与"稳增长"之间的矛盾关系。在总体保持稳健性的同时,应灵活适度。积极通过公开市场操作,保持合理的货币供给与社会融资规模;灵活使用存款准备金率这一货币政策工具,发挥货币政策的结构效应,优化信贷结构,激发小微企业的经济活力,改善小微企业的融资环境。

投资增速的持续低迷是经济下行的重要原因之一,而积极的财政政策是调节改善投资环境的重要手段。为了稳定经济增长,可以进一步加大企业减税力度,增加企业利润,增强其投资能力,提高其投资需求;实施土地优惠政策,激发企业投资热情,提高企业投资的积极性;继续适度增加政府投资,带动社会资金流入投资项目,提高全社会投资规模。

（二）强化政策协调，推动平稳化"去杠杆"

2017年3月以来，"一行三会"集中出台措施强化金融"去杠杆"。在此政策的推动下，M2占GDP比重从2016年一季度达到200%的顶峰之后持续下降，截至2017年三季度，已降至137%，"去杠杆"效果显著，但也带来了货币流动性偏紧和市场利率过快上升等问题。当前要防止货币供应低速增长和监管强化形成的叠加效应导致过快"去杠杆"对经济产生负向影响。因此，在宏观政策坚持"去杠杆、防风险"的主基调下，要把握好政策的实施尺度，左右平衡，灵活运用。注意适时适度微调流动性投放力度，通过"锁短放长"的公开市场操作逐步注入长期流动性，缓解市场流动性紧张情绪，引导金融机构合理安排长期投资。同时，要进一步防范债务风险，规范地方政府举债融资行为，严格控制地方政府隐性债务增量。

政府应在继续完善宏观审慎监管的同时，进一步健全宏观经济政策协调机制，加大积极财政政策的落实力度，避免财政政策和货币政策同时收紧造成经济下行幅度超过预期，以实现维护金融稳定、保持经济平稳增长的目标。

（三）继续实施"环保限产"，推进供给侧改革进程

2017年以来，在供给侧改革去产能方面，政府采取了加强环保监督、推进限产的方式来淘汰落后产能。"环保限产"政策的实施，从供需角度来看，随着排污受罚成本的提高，周期性行业供给端将受限，同时导致下游行业供给减少，进而引起周期产品价格上涨，而行业中环保措施相对完善的企业利润得到提高。从产业结构角度来看，采取加强环保监督、推进限产的方式来淘汰落后产能，对传统高污染、高能耗的资源密集型产业进行严格管制，可有效实现产业结构优化，推进供给侧改革进程。

在推行"环保限产"过程中，地方政府不可避免地会遇到因"去产能"而带来的经济增速下降的压力，因此，地方政府都有保留过剩产能的动机。面对这种情况，中央政府应进行顶层设计，统筹安排：一方面要将经济发展方式从追求速度转为追求质量，考核指标从单一的GDP考核指标转变为可量化的综合性指标；另一方面要制定具有约束力的过剩产能淘汰规划，同时要确定

"去产能"工作的监管主体，从中央到地方的各个环节，监管主体要监督"去产能"工作的顺利推进。

（四）加快新型城镇化建设步伐，为经济增长提供动能

加快新型城镇化建设不仅可以改善农民收入的方式、提高农民收入的水平，而且有助于扩大消费、拉动投资、催生新兴产业，为我国经济平稳增长和持续发展增加动能。由于我国各地区经济发展水平不一，城镇化的发展阶段不同，在制定政策时，应因地施策。东部地区城镇化水平较高，应更加注重城市化的发展质量，大力推进生态结构建设、产业结构升级，提高居民的公共生活质量；中、西部地区城市化水平较低，应加大政策支持力度，加快推进城镇化，提高当地居民收入水平。同时，要注重各地区之间的协调发展，重视高铁、高速公路等交通基础设施的建设，促进人才和资本的自由流动；加快"互联网＋"平台的建设，实现区域间的信息交流与资源共享，提升运营效率，最终实现产业和社会的转型升级。

参考文献

陈磊、孔宪丽：《转折点判别与经济周期波动态势分析》，《数量经济技术经济研究》2007 年第 6 期。

陈磊、孟勇刚、孙晨童：《2016～2017 年经济景气形势分析与预测》，载《经济蓝皮书：2017 年中国经济形势分析与预测》，社会科学文献出版社，2017。

东北财经大学经济运行与财政政策研究基地：《预测专报：2017 年 4 季度宏观经济形势分析预测报告》，2017 年 9 月 28 日。

高铁梅、陈磊、王金明、张同斌：《经济周期波动分析与预测方法》，清华大学出版社，2015。

Artis M., M. Marcellino and T. Proietti, "Dating Business Cycles: A Methodological Contribution with an Application to the Euro Area", *Oxford Bulletin of Economics and Statistics*, 2004, 66 (4).

Raftery AE., Karny M., Ettler P., "Online Prediction under Model Uncertainty via Dynamic Model Averaging: Application to a Cold Rolling Mill", *Technometrics*, 2010, 52 (1).

Dangl T., Halling M., "Predictive Regressions with Time Varying Coefficients", *Journal of Financial Economics*, 2012, 106（1）.

中国银行国际金融研究所:《中国经济金融展望报告》, 2017 年 9 月 28 日。

范兆媛、周少甫:《新型城镇化对经济增长影响的研究——基于空间动态误差面板模型》,《数理统计与管理》2017 年第 4 期。

林建浩、王美金:《新常态下经济波动的强度与驱动因素识别研究》,《经济研究》2016 年第 5 期。

胡志鹏:《"稳增长"与"控杠杆"双重目标下的货币当局最优政策设定》,《经济研究》2014 年第 12 期。

宏观政策与供给侧改革篇

Policies Analysis and Supply-side Reform

B.9

当前的经济形势和政策取向

祝宝良*

摘　要： 2017 年我国国民经济稳中有进，预计全年经济增长 6.8% 左右。经济结构优化，服务业的主导作用进一步增强，工业向中高端迈进，高技术制造业、装备制造业呈现加快增长态势。新旧动能加快转换，质量效益提升。2018 年，我国经济面临向下回调的压力，但经济下行的空间明显收窄，可以继续实施稳健中性的货币政策，强化金融监管，激活民间活力，推进供给侧结构性改革以推动经济发展。

关键词： 增长　结构优化　动能转换　供给侧

2017 年以来，我国坚持稳中求进工作总基调，以供给侧结构性改革为主线，

---

* 祝宝良，供职于国家信息中心预测部。

适度扩大总需求，深化改革创新，振兴实体经济，防范化解风险，强化预期引导，国民经济运行总体平稳，结构不断优化，新兴动能加快成长，质量效益明显提高，稳中向好态势持续发展。预计全年经济增长 6.8% 左右。但我国经济结构性问题依然突出，产能过剩问题依然存在，区域和企业分化严重，金融风险依然较大。建议继续坚持稳中求进工作总基调，坚持质量第一效益优先，以供给侧改革为主线，激发微观主体的活力，继续实施积极的财政政策和稳健中性的货币政策，强化金融监管，化解金融风险，不断夯实稳中有进的经济发展基础。

一　当前的经济形势

2017 年以来，国民经济稳中有进、稳中向好的态势持续发展，支撑经济保持中高速增长和迈向中高端水平的有利条件不断积累增多，为实现全年经济发展预期目标奠定了扎实基础，也为做好 2018 年的经济工作提供了有利条件。

一是经济运行在合理区间。我国经济运行呈现增长平稳、就业扩大、物价稳定、国际收支改善的良好态势。一、二、三季度 GDP 增速分别为 6.9%、6.9% 和 6.8%，前三季度同比增长 6.9%，比上年同期加快 0.2 个百分点。2012 年以来首次出现经济增速高于上年的情况，这对稳定经济信心至关重要。就业形势持续向好，前三季度全国城镇新增就业 1097 万人，比上年同期增加了 30 万人。31 个大城市的城镇调查失业率已经连续七个月保持在 5% 以下，9 月 31 个大城市城镇调查失业率仅为 4.83%，是 2012 年以来的最低值。外出务工农村劳动力总量 17969 万人，比上年同期增加 320 万人。物价比较稳定，前三季度居民消费价格同比上涨 1.5%，涨幅比上年同期回落了 0.5 个百分点，扣除食品和能源以后的核心 CPI 的同比涨幅是 2.1%，属于温和上涨。国际收支改善，进出口保持了快速增长，贸易顺差和经常项目占 GDP 的比重有所降低。

二是经济结构优化。从产业结构来看，服务业的主导作用进一步增强，前三季度服务业增加值同比增长 7.8%，对经济增长的贡献率达到 58.8%，比上年同期提高 0.3 个百分点。工业向中高端迈进，高技术制造业、装备制造业呈现加快增长的态势，高技术制造业增加值占规模以上工业的比重达到 12% 以上，装备制造业占比达到 32% 以上。从需求结构来看，消费的贡献更加突出，前三季度最终消费支出对经济增长的贡献率达到 64.5%，比上年同期提高 2.8 个百分点，比资本形成的贡献率高出 31.7 个百分点。

三是新旧动能加快转换。新产业、新产品在快速成长，前三季度战略性新兴产业同比增长 11.3%，增速快于规模以上工业 4.6 个百分点。一些新的产品，如民用无人机、工业机器人、新能源汽车、集成电路、太阳能电池等实现快速增长。信息服务业和商务服务业指数增长速度分别达到了 29.4% 和 11.4%。新业态和新商业模式也在蓬勃发展，前三季度，实物商品网上零售额同比增长 29.1%，继续保持了强劲的增势，增速比上年同期加快了 4 个百分点，实物商品网上零售额占社会消费品零售总额的比重已经达到 14%，比上年同期提高了 2.3 个百分点。数字经济、平台经济、共享经济广泛渗透，新的服务不断涌现。

四是质量效益提升。前三季度居民收入同比增长 7.5%，增幅比上年同期加快了 1.2 个百分点，继续快于 GDP 和人均 GDP 的增长速度。企业利润快速增长，规模以上工业企业利润增长了 21.6%，增速比上年同期加快了 13.2 个百分点。规模以上服务业企业的利润增长达到了 22.8%，比上半年加快了 6.8 个百分点。财政收入的增长态势也好于上年，前三季度全国一般预算收入增长了 9.7%，比上年同期加快了 3.8 个百分点。

五是金融风险得到局部释放。我国的宏观杠杆率增速减慢，9 月末广义货币供应量（M2）增长 9.2%，增速低于名义经济增长速度 2.1 个百分点。银行业同业、理财、表外业务全面收缩，资金在金融系统内部空转减少。工业企业资产负债率有所降低，8 月末规模以上工业企业资产负债率为 55.7%，比上年同期下降 0.7 个百分点。资本外逃得到遏制，人民币贬值预期改变，汇率基本稳定，外汇储备连续八个月出现增加。

经济稳中有进的好成绩得益于以下几个原因。一是前期稳健的货币政策和积极的财政政策对投资形成了支撑。2015 年初到 2016 年 8 月，我国货币政策稳健偏松，推动了房地产市场繁荣，商品房销售面积和房地产投资超预期增长。2015 年 7 月到 2016 年推出的 2 万多亿元的专项建设基金以及政府购买服务、政府投资基金等对基建投资的推动效应明显。二是供给侧结构性改革取得成效。无论是 2016 年依靠行政手段去产能，还是 2017 年以来依靠"环保、能耗、技术、质量、安全生产"等法制手段去产能，都提高了部分行业的产能利用率，限制了部分企业的生产，前三季度全国工业产能利用率为76.6%，比上年同期提高3.5个百分点。降成本效果继续显现，1~8月规模以上工业企业每百元主营业务收入中的成本为85.68元，比上年同期减少0.12元，企业特别是上游企业经济效益明显改善。三是"放管服"和"双创"不断催生新动能。前三季度，我国新登记的企业达到了451万家，同比增长了12.5%，日均登记企业达到了1.65万家，超过上年日均登记企业1.5万家的水平，新登记企业的活跃度保持为70%的水平。我国的专利申请量达到了248万件，在世界知识产权组织2017年发布的全球创新排名中，中国排在第22位，比2012年上升了12个位次，居于中等收入经济体的首位。四是库存周期拉动经济增长。叠加去产能引发工业品价格回升，我国进入加库存周期，工业产成品库存增加拉动2017年一、二季度GDP分别增长0.8个和0.3个百分点。五是出口需求回暖。2016年下半年以来，美、日、欧盟等国家或地区经济复苏动能增强，全球金融市场稳定，大宗商品价格上涨，国际贸易逐步恢复，国际投资日趋活跃。全球市场需求好转带动我国出口由负转正，这也是中下游企业利润稳定的重要原因。2017年前三季度净出口对GDP增长的贡献率由上年的负拉动0.4个百分点转为向上拉0.2个百分点。如果考虑我国的进出口结构和产业（产品）的关联度，出口对我国经济的贡献更大。

二 经济领域的问题依然不容忽视

在经济运行稳定性有所增强的同时，经济领域存在的产能过剩与供给不足的结构性矛盾、宏观杠杆率高企、房地产泡沫、地方政府隐性债务无序扩张等问题仍在不断积累，并且出现了一些新的矛盾和问题。

一是民间企业投资活力不足。目前，我国民间投资增速仍然低于全国固定资产投资增速。民间投资滑落是民间资本应对经济转型、需求偏弱、产能出清的理性反映，但也反映出更深层次的问题：首先，企业税费、房租、物流等成本依然较高；其次，加强金融去杠杆过程中流动性不时出现紧张状况，企业融资难、融资贵问题再次凸显；最后，产权保护、法治建设等制度方面存在的问题仍比较严重，甄别纠正侵害企业产权的错案冤案进展缓慢，民间企业投资信心不足。

二是产能过剩问题仍然制约经济回升步伐。国企改革相对滞后,化解过剩产能任重道远。目前国内市场仍处于供大于求状况,钢铁、煤炭、煤电、石化、造船、水泥等行业产能过剩问题仍未得到解决。伴随着化解产能过剩的不断深入,政府和企业需要安置的职工数量、处置的债务规模持续增加,这都会抑制经济的稳定增长。

三是房地产存在泡沫现象。在实体经济盈利下降和货币超发的情况下,投资机会和投资渠道缺乏,加上土地、财税、金融、公共服务等政策不配套,城镇化有关政策不到位,致使大量资金涌入房地产市场,投机需求旺盛,带动部分城市房地产价格大幅飙升。房地产投资收益进一步诱发资金脱实向虚,导致我国经济增长对房地产的依赖度不断提高,并推高实体经济的生产经营成本。

四是地方政府隐性债务反弹不容小觑。在人大和财政部门的监管下,地方政府的显性债务得到有效控制。但由于中央地方事权财权不匹配,地方政府特别是市县政府提供公共服务和基础设施的事权不断扩大,而财政收入能力有限,在"稳增长"和"惠民生"的驱使下,不少地方政府依托地方政府融资平台,以及政府与社会资本合作(PPP)、产业投资基金等渠道,通过明股实债、购买服务、担保等手段,大规模融资用于建设项目投资,积累了大量隐性债务。

三　2018年经济展望

2018年,我国经济面临向下回调的压力,尚未出现由制造业投资回升带动出现周期上升的情况,但经济下行的空间在明显收窄。预计2018年我国经济增长6.5%左右。

一是基础设施投资将高位回落。改革开放以来,我国存在政治周期,表现在党政换届当年和第二年出现投资特别是基建投资增长加快的现象,但这一情况自2012年以来并没有再现,其原因在于过去基建投资集中在铁路、公路、机场和大型全国性项目上,在财力相对集中在中央和省两级政府的背景下,容易集中力量办大事,现在,基础设施投资的增量主要来自水利、环境、公共设施等领域,这些投资的主体是市县两级政府,受财政收入和2017年以来控制地方政府隐性债务不断扩张的约束,资金来源和基础设施投资冲动受到了制约。同时，经过长时间、大规模投资后，基础设施大为改善，投资收益高的项目不多，未来基建投资将处于减速状态。

二是房地产投资将有所回调。我国房地产销量和价格有一个 3 年左右的周期，涨落各 18 个月左右，房地产投资往往滞后价格半年后也出现相应的起落。随着房地产调控升级和货币政策收紧，房地产销售额和销售量在 2017 年一季度见顶后开始回落，并有可能一直持续到 2018 年下半年，受到房地产销售的影响，投资也会出现相应的回落。同时，房地产土地购置面积在连续 3 年出现下降后，2017 年以来持续增长，房地产开发投资增速也不会出现大降。

三是企业进入去库存阶段。我国存在"两年去库存、一年加库存"的库存周期。2016 年 7 月开始的加库存周期在 2017 年 6 月前后结束并进入缓慢降库存阶段且会持续至 2019 年年中。

四是制造业投资尚不会大幅回升。从基建投资、房地产投资、消费、出口、库存等拉动工业生产的终端需求看，制造业投资回升缺乏动力。从制造业的生产能力看，2017 年三季度产能利用率仅为 76.6% 左右，比上年同期提高 3.5 个百分点，但仍低于 83% 左右的合理水平。我们测算的制造业资本存量，虽然 2012 年以来其增长幅度逐年下降，但 2016 年仍高达 9%，对应的工业增长速度在 7.5% 左右。反观 1997 年亚洲金融危机期间那一轮去产能，经过 1997～1999 年连续三年的制造业投资负增长，制造业资本存量增速大幅减缓，制造业产品市场很快出清。此后随着我国加入世界贸易组织和国内一系列改革，制造业投资开始回升，2000～2007 年经济进入快速上升的新周期。

五是消费需求基本稳定。就业形势良好和居民收入水平提高为稳定消费需求打下了坚实的基础。2017 年前三季度，全国居民人均可支配收入实际增长 7.5%，增速比上年同期加快 1.2 个百分点。同时，居民消费结构升级步伐仍在加快，养老、医疗、健康、教育、旅游等服务消费不断加速，网络购物、共享单车等新型消费模式带动新兴消费发展。房地产限购政策会影响与房地产有互补关系的商品如家电、装修等的消费。

六是出口增长速度和世界经济增速趋向同步。第二次世界大战以来，随着产业分工不断深化和贸易投资自由化，全球的贸易增长和经济增长关系密切，全球贸易增速一般是 GDP 增速的 1.5 倍。但是 2012 年以来，连续五年世界贸易增速低于 GDP 增速。这一变化与全球价值链分工边际深化难度加大甚至停滞不前、全球经济持续低迷、贸易保护主义等有关。美国次贷危机后，主要国家依靠生存型消费、基础设施投资、房地产投资等来拉动经济，制造业和生产性服务业投资、享受型和发展型消费增长缓慢。而食品、建材等产品是"贸易倾向"相对较弱的产品，经济复苏对贸易的带动作用极其有限。自 2016 年四季度以来，全球出现了投资增长带动经济温和复苏的局面，全球贸易增长开始上升。美国自 2012 年起经济持续复苏，2017 年一、二季度私人投资分别增长 3.2% 和 3.4%。欧元区自 2015 年开始经济出现复苏，2017 年上半年固定资产投资增长 4% 左右，进口增加 5% 左右。日本经济已经连续五个季度实现增长，2017 年一、二季度 GDP 同比分别增长 1.5% 和 2%，投资和进口增速明显高于经济增速。与此同时，中国大力推进的供给侧结构性改革，推动了大宗商品价格上升、原材料进口增加，也带动了资源出口国出口的上升。发达国家经济好转主要依靠投资拉动，说明发达国家经过七八年的调整，市场已基本出清，经济增长前景审慎乐观。但世界各国生产率仍处于较低水平，世界经济复苏的力度和贸易回升速度并不会很强。同时，世界价值链分工基本停滞，也显示世界贸易和世界经济增速趋向一致。预计我国出口增速将回落至与世界经济同步，即 3%~5% 的水平，世界经济对中国出口的拉动作用具有一定持续性。

七是物价走势稳中有升，工业品价格消费品价格的剪刀差缩小。依靠"环保、能耗、技术、质量、安全生产"等法制手段去产能，煤炭、钢铁、有色和石化等能源原材料供需关系的扭曲问题得到一定缓解，价格上涨势头有所减弱。2016 年初以来大宗初级产品价格的持续上涨，使得国际上铁矿石供应增加、美国页岩油气复产，国际大宗初级产品价格震荡走稳。考虑到基数因素，2018 年工业品价格将稳中有降。利用环保手段去产能也会对部分工业消费品生产带来影响，工业消费品和食品价格企稳回升，服务业价格也有上升空间。但工业品市场仍然供过于求，粮食库存居高不下，居民消费价格不会大涨。

四 宏观调控政策

近几年，我国就业形势较为稳定，物价温和，说明实际经济增长与潜在增长水平是基本一致的。经济增速下降和内需减少是潜在经济增速放缓和需求结构变化的结果，并不是由有效需求不足引发的，不能依靠货币政策和财政政策来持续刺激。要改变趋势性经济下滑，关键是通过供给侧结构性改革来提高全要素生产率和潜在经济增长水平。党的十九大指出，我国经济已由高速增长阶段转向高质量增长阶段，必须坚持质量第一、效率优先。建议2018年不要追求过高的增长速度，把经济增长目标定为6.5%左右，物价控制在3%以内。为此，要继续坚持稳中求进的工作总基调，保持积极的财政政策和稳健中性的货币政策，坚定不移地深化供给侧结构性改革，努力激发民间投资活力，不断化解金融风险，夯实经济可持续发展基础。

（一）实施稳健中性的货币政策，强化金融监管

一是货币政策坚守稳健中性，保持流动性稳定，把银行间市场拆借利率稳定在目前的水平，广义货币供应量（M2）增速控制在10%左右，社会融资总量维持在12%左右。高度关注重要时点金融市场的流动性状况，在金融监管趋严或关键考核时点适时微调政策，补充流动性，平滑可能出现的金融市场大幅波动。二是重点对表外业务和同业业务实施"穿透式"监管，在将表外业务纳入MPA评估的基础上进一步打破对资管业务、代客理财等业务的刚性兑付。进一步健全监管政策协调机制。金融机构集团化、金融业务混业化的趋势愈加明显，许多金融产品经过层层包装和通道转移进行监管规避和套利，单一机构的监管难免存在疏漏，必须加强"一行三会"的信息共享，开展联合监管，消除监管真空。

（二）适度扩大地方政府举债规模

2018年中央财政赤字率可继续按3%安排。在严格清理变相为融资平台提供担保或承诺、政府购买服务异化为政府债务、基金融资脱变为明股实债等问题的同时，适度加大地方政府专项债规模。地方政府负有直接偿还责任的债务总量不大，风险总体可控，而基础设施建设、城镇化建设、民生和社会事业发展等都需要大量资金，依然需要政府投资。明确细化政府购买服务的范围和内容，对存量融资在政策允许的范围内进行新老划断。对地方政府已完成政府购买服务流程、已开工建设的项目，按照购买服务合同继续执行，保障项目完

工，防止造成一些在建项目后续融资资金链断裂，出现"半拉子"工程等问题。

（三）激发民间投资活力

一是大力推动民间投资。贯彻落实促进民间投资 26 条等政策，开展民间投资督察。研究鼓励民间资本参与 PPP 项目的政策措施，稳定基础设施投资。二是推进投融资体制改革，拓宽中小企业直接融资渠道，降低企业融资成本。督促银行业金融机构严格落实支持实体经济发展的各项政策措施，取消不合理的涉企收费项目，支持符合条件的中小企业发行债券融资、首次公开发行上市和再融资，积极推动私募股权投资机构和创业投资机构规范发展。三是推进"放管服"改革纵深化，落实企业投资自主权，继续清理规范投资项目报建审批事项，简化民间投资上报流程和手续。

（四）建立房地产调控的长效机制

房地产调控的长效机制应包括土地、财税、金融、租赁、公共服务等方面的体制机制。建立人地挂钩机制，人口净流入的城市增加土地供给，提高住宅用地比例。加快房地产税立法，明确房地产税出台方案和时间表。固定首套房的首付比例，对二套及以上的住房的首付比例可相机调整。研究成立政策性住宅银行，改革公积金制度，支持低收入群体的首套房购房需求。发展专业化的住宅租赁机构，鼓励社会资本进入住房租赁市场，提供长期稳定的租赁住房和相应的公共服务。

（五）继续推进供给侧结构性改革

运用市场机制、经济手段、法制办法，实行严格的环保、能耗、安全、技术、质量标准，继续化解过剩产能。加快国企改革，在电力、电信、民航、军工、石化等领域推出混合所有制改革的试点示范，选择几家央企，在母公司或者上市的二级公司进行以管理层和员工持股为主的混合所有制改革，可以明确公开地给出股票价格方面的优惠，管理层和员工购股资金可用于补充社会养老保险。分类推进企业兼并重组、债务和解、破产重整乃至破产清算。着力降低制度性交易成本、融资成本、物流成本等。

表1 2018年主要宏观经济指标预测

指标	2017年前三季度		2017年预测		2018年预测	
	指标（亿元）	同比增长（%）	指标（亿元）	同比增长（%）	指标（亿元）	同比增长（%）
GDP	593288	6.9	825000	6.8	899250	6.5
第一产业	41229	3.7	64450	3.5	66300	3.3
第二产业	238189	6.3	333700	6.3	360400	5.9
第三产业	313951	7.8	426850	7.8	472550	7.5
规模以上工业增加值	—	6.7	—	6.6	—	6.0
城镇固定资产投资	458478	7.5	640050	7.3	684800	7.0
房地产投资	80644	8.1	110700	8.0	117300	6.0
社会消费品零售总额	263178	10.4	365550	10.4	402100	10.0
出口（美元）	16325	7.5	22440	7.0	23340	4.0
进口（美元）	13369	17.3	18200	15.0	19500	7.0
居民消费价格指数	—	1.5	—	1.6	101.4	2.0
工业生产者价格指数	—	6.5	—	6.0		2.5

B.10
2018年中国经济发展的政策选择

李泊溪*

摘 要： 2017年我国经济稳中向好，经济发展主要指标总体好于预期。本文建议，要以长远发展要求分析积极因素，去除不利因素，让经济增速反映的是持续发展的需要；培育经济发展新动能；要解决去产能、地方债、金融乱象、稳定房地产、稳定外资和民间投资等综合性问题；要以新发展战略和新发展理念贯穿中国经济发展的各个领域；要谋划中国参与经济全球化的国家战略，包括如何让更多的中国人享受到参与经济全球化的益处；要继续推进绿色发展。

关键词： 全球化 经济增长 绿色发展

2017年是全面落实"十三五"规划的重要一年，是供给侧结构性改革的关键一年。2017年，我国经济稳中向好，结构调整深化，经济发展主要指标总体好于预期，国际权威机构调高2017年我国经济发展增速预期。在国际经济因素复杂多变的形势下，我国经济取得了来之不易的成绩。这是党中央、国务院审时度势、战略引领、科学决策、狠抓落实，推动2017年和"十三五"规划各项任务实施的结果。

现将2018年中国经济发展政策选择的若干问题说明如下。

一 新常态下经济增长速度区间

国民经济增速是综合性指标，其影响因素很多，在经济新常态下，经济结

---

* 李泊溪，供职于国务院发展研究中心。

构优化升级，增长动力更为多元。结构转换和体制转轨都有一个过程，创新通过实践才有可能产生速度，去除过剩产能在一定程度上会影响速度。这就是说，在经济新常态下每个时间区段，影响速度的综合结果会有差异，会造成速度的波动，形成经济发展增速的变动区间。

通过对我国新常态下经济发展阶段特点、发展潜力、发展动力、综合国力以及其间关系的全面考量，一些权威机构的结论是我国经济发展仍处在战略机遇期，而且这个时间相当长，譬如几十年。如在创造上和战略上有更大的突破，可能形成新的发展长周期，这对实现"中国梦"是很有利的。从我国特点和国际经验看，在战略机遇期的新常态下经济增速是中高速，譬如6% ~ 7%（有不同方案），明确区间，便于对经济发展进行调控。

对于经济增速的变化，即使在区间内的变化，都要分析其原因，以发挥有利因素，克服不利因素，找出偶然因素，弄清形成经济增长的实质性要点，把握经济发展进程。

经济增速是衡量一国发展的综合性指标，尽管它不能反映经济发展的质量和效益，甚至有局限性，但是至今没有更好的指标可以代替它。因此，GDP增速是各国发展、国际对比乃至国际组织衡量各国经济发展的关键指标，这是各国领导关注它的原因。当前，世界各国都在赞扬我国经济发展取得的成就，经济增速表明了我国在世界经济中的引领地位。我国关注经济增速是必要的，需要特别注意的是需要从发展速度区间看增速，要从小幅波动中看增速，要从深入分析各种影响因素中管理增速。要以长远发展要求分析积极因素，去除不利因素，让经济增速反映的是持续发展的需要。

二　培育经济发展新动能

中国经济要持续保持稳中向好、稳中有进的良好发展势头，取决于经济发展动能转换取得的进展。这是新经济不断壮大、新旧动能逐步转换带来的效果给予我们的启示。新旧动能转换，更多的是要支持创新驱动和效率驱动在经济增长中的作用。

从国务院发展研究中心的研究来看，"培育新动能要更多地依靠创新，需要有一套真正能够激励、引导、保护创新的体制机制"。要有序安排，把对创新最重要的体制改革、制度建设和政策设计放在前面，关键是把人的创新动能激发出来。这样才可能从根本上解决问题。当前对创新成功案例的宣传较多，亟待在体制改革和机制形成上下大力气，这具有战略意义，是经济发展新动能转换的基础。

我国经济进入新常态，新常态包括了对经济增长动力的新要求，或者说，引领经济新常态从本质上是实现经济新旧动能转换。党的十八届五中全会提出了"创新、协调、绿色、开放、共享"五大新发展理念，对新旧动能转换提出了要求，并奠定了转换的理念基础。我国处于迈向高收入国家行列的进程，这将是历史性跨越，需要解决一系列问题，其中最根本的是发展动能转换，这是最根本的问题之一。

要把握好机遇，推进发展动能转换。要把动能转换与创新驱动战略结合起来，要在各种新技术、新产品、新服务的出现中推进新动能的建立。其中最重要的是发挥市场在配置资源中的决定性作用，政府的作用要恰当，只有这样才能更好地发挥政府的作用，实现新旧动能转换的体制改革和机制建设。

三 重视解决前进中的问题

党中央和国务院在肯定经济发展取得很大成绩时指出，要看到我国经济运行中还存在不少问题，必须保持清醒头脑，加强工作，妥善应对。

我国经济发展在得益于新经济的不断壮大的同时，在相当程度上还是依靠投资，特别是基础设施投资和房地产投资等来推动的，要维持良好的发展形势，得解决经济发展中出现的问题，平衡消费、投资、出口对经济发展的作用。在现实工作中，往往会对存在的问题分析得不够深入，解决得不够彻底，有些不利因素长期存在，这对经济发展来说是一大隐患。

我国经济运行的问题很复杂，有全国性的，有地方性的，不同区域、不同时间段，问题都不同，而且有些问题与国内外形势的变化有关。对于这些问题，各级政府和相关机构要深入研究，向决策部门提出建议，从而有益于改革、开放、发展的全面安排。对我国经济发展中存在的综合性问题，各方面都要有所分析，可对有些问题存在不同的看法，表明问题的复杂性和难度。

要解决的综合性问题涉及去产能、化解累积的地方政府债务风险、整治金融乱象、稳定房地产市场、稳定外资和民间投资等。有些问题是有相互关系的，在国内外经济发展中还会有新的问题出现。要根据党的十九大确定的战略要求，把这些问题解决好，以稳定经济发展的大好局面。

四 对经济的把握要考虑战略因素

2017年经济增长情况好于有关政府部门和多个权威机构的预期，其中有多方面的原因。在复杂的国内外形势下，预测值应给出个区间，不是定数也许更好。对经济增长的预测方式在不断改进，政策分析的内容也应深化，以发挥预测应有的作用。

从我们对国家战略的研究工作看，国家战略对我国经济发展的影响力在增大。以"一带一路"建设为例，从"一带一路"国际高峰论坛发布的资料看，2014～2016年，中国同"一带一路"沿线国家的贸易总额超过3万亿美元。中国对"一带一路"沿线国家投资累计超过500亿美元。中国企业已经在20多个国家建设了56个经贸合作区，为有关国家创造了近11亿美元的税收收入和18万个就业岗位。可见，这体现了战略的引导作用，要把握经济发展就需要考虑并体现战略的作用。

党的十八大以来，党中央科学把握当今世界和当代中国的发展大势，准确研判中国经济发展所处的历史新阶段，做出了经济发展进入新常态的重大判断，确立了"创新、协调、绿色、开放、共享"的新发展理念。要把握经济总体态势，必须对经济新常态的特点做深入分析，研究"新常态"下，经济发展的速度、质量、效益变化规律，在预测工作中体现这些规律，对于全国和地方而言都应这样。

从实践来看，新的发展理念有力地推动着我国发展不断朝着更高质量、更有效率、更加公平、更可持续的方向前进。国际金融危机后，我国面临着错综复杂的国内外形势，正是国家战略和新发展理论的强有力的战略定力作用，成为我国取得胜利的关键，我国提出稳中求进的工作总基调，成为制定宏观政策要稳、改革政策要实、社会政策要托底的政策思路的战略基础。新发展战略和新发展理念贯穿于中国经济发展的各个领域，我们要研究它的影响，以把握中国经济的今天与明天。

五 谋划全球化

经济全球化以来，世界经济出现了重大变化。由于经济全球化和经济自由化是并行的，全球化促使全球资源配置水平和能力提升，推动相关国家的经济发展达到新的水平。

在经济全球化发展中出现了值得重视的情况。各国参与全球化所获利益不同，一国参与全球化的初期和后期所获利益不同，参与全球化的国家各阶层获利不均，甚至有的阶层利益相对受损，引导全球化的国家可能感受到全球化对其他国家比对本国更有利，而且全球化利益分配具有动态特征。各国对全球化的态度我们是要面对的。发展中国家特别希望能进入或参与搭建享受全球化利益的平台，这也是全球自由贸易区发展的原因。

有的国家表示出逆全球化的态度，这对经济全球化是不利的，但这是各国的选择，我们在对其非议时，应理性分析其中原因，衡量其参与全球化或逆全球化的利弊，分析总结其态度转变的原因。对我国参与经济全球化近期和远期影响的利益评估，以及以"命运共同体"的思路评价共享结果等都很重要。要谋划中国参与经济全球化的国家战略，包括如何让更多的中国人享受到参与经济全球化所带来的益处。建议将此列入 2018 年的谋划日程。谋划全球化有助于我们参与全球治理和向世界贡献中国智慧。

六 进一步推进绿色发展

十八大以来，党中央把生态文明建设摆在全局工作的突出位置，以对国家和人民高度负责的态度，加强生态文明建设，强调生态文明建设，这关乎中华民族的永续发展。改善生态环境就是发展生产力的实例，丰富多彩，振奋人心，是党中央、国务院决定开展环保督察和推进生态文明建设的重要抓手，为落实地方政府环境保护主体责任、优化环保体制，提供了制度保障，这是非常必要的。

在我国经济发展取得成绩的同时，环境污染问题不容忽视，绿色发展任务很重。从总量上看，我国单位 GDP 能耗物耗比发达国家高出约 1 倍。我国参加了巴黎协定，并对协定的达成做出了贡献。我国的环境友好目标，得到世人称赞。

我国对绿色发展提出了更高的要求，从战略上谋划，提出了目标、路径、步骤和举措。绿水青山只有通过新的发展理念、发展思路和发展举措，以及奋斗拼搏，才能成为金山银山。

许多国家对传统工业化道路进行了反思，随着科技进步，新的产业革命和互联网、云计算、大数据的出现，推动了新型工业化。我们要特别重视世界和中国所出现的新的绿色发展理念和新型现代化战略。

全新的绿色发展理念和战略，以及整套方案的设计实施，按照工业化的思维来看是无用之物，但按照绿色发展思维来看就是有用的资源。绿色发展把资源变成财富，把传统的农村发展成现代的乡村，用先进技术、文化综合发展理念，把人们带向现代化的发展道路。作为工业化的大国一定要重视新的绿色发展道路。中国已有相关试点，国发中心有专门团队研究并推广新型绿色发展案例。

对我国来讲，有很多的空间来实现新型绿色发展，这对全国的绿色发展将是新推动。我国要制定绿色发展战略规划，推动各种模式的绿色发展，将中央播种在祖国大地上的绿色变成美好的未来。

2018年是党的十九大召开之后的第一年，要维持2017年经济发展的良好局面，坚持稳中求进工作总基调，以推进供给侧结构性改革为主线，以提高发展质量和效益为中心，深化创新驱动发展。加强国家总体战略的引导作用，在经济全球化和绿色发展等方面做进一步的战略谋划提升，以此作为制度安排和政策选择的基础，促使全面建成小康社会。

党的十九大的召开，有重要的战略意义，对我国改革开放和经济发展会产生深远影响，它对2018年的制度建设和政策选择提出了更高要求。因此，对2018年经济发展的预测具有动态性。

B.11
中国宏观经济形势与政策：
2017~2018年

郑超愚[*]

摘　要： 2017年，中国经济稳定增长且进入新一轮经济周期的扩张阶段，已经结束2002~2016年的完整波谷—波谷经济周期。2018年，中国经济应该实行更加积极的财政政策和货币政策，通过反周期需求管理的扩张操作，进一步促进经济复苏从而实现总体经济景气的正常化，努力恢复中国经济发展的高储蓄—高投资—高增长模式，以重新启动中国经济快速赶超进程。

关键词： 中国经济　增长、波动与通货膨胀　需求管理

一　中国宏观经济指标预测

中国经济在经历了1982~1990年和1991~2001年的完整波谷—波谷经济周期后，从2002年起逐年加速扩张且在2007年达到波峰，受次贷危机冲击而在2008年进入经济周期的收缩阶段。实际GDP增长速度在2007~2008年大幅下降且在2009年首次触底，在2010年短暂反弹且出现补偿性高速增长。然而，随着需求刺激政策的提前退出，中国经济的自主扩张势能难以维持进而不断衰减，实际GDP增长速度在2011~2016年持续回落。

2017年，中国经济实行积极的财政政策和稳健的货币政策，在深化供

---

* 郑超愚，供职于中国人民大学经济学研究所。

给侧结构性改革的同时扩大有效需求，保持了工业生产、基础设施投资和货币信贷规模的适度快速增长。全年实际 GDP 增长速度高于 2016 年并且开始转折上行，基本结束较长时期的通货紧缩趋势。中国经济增长速度在 2016 年再次触底进而形成经济周期波谷，中国经济相应地经历了 2002～2016 年的完整波谷—波谷经济周期，并从 2017 年起进入新一轮经济周期的扩张阶段。

2018 年，中国需求管理应该适应总体经济景气的正常化需要，实行更加积极的财政政策和货币政策，进一步加速经济复苏进程，及时实现从萧条到繁荣的经济周期形态转换。通过反周期需求管理的常规扩张操作，充分耦合主要发达国家稳步复苏和率先正常化的国际经济周期条件，全面发挥国内需求与国外需求、投资需求与消费需求以及直接生产性投资需求与基础设施投资需求的积极拉动作用，以有效弥合实际国民收入与其潜在水平的相对缺口，并且提升潜在国民收入的长期增长能力。

依据中国人民大学的中国宏观经济分析与预测模型——CMAFM 模型，分年度预测 2017 年与 2018 年中国宏观经济形势，具体如表 1 所示。其中，2018 年主要宏观经济政策假设包括：（a）2018 年中央财政预算赤字为 17750 亿元；（b）2018 年人民币与美元平均兑换率为 6.487∶1。

表 1　中国宏观经济指标

预测指标	2017 年	2018 年
国内生产总值(GDP)增长率(%)	6.97	7.42
第一产业增加值	3.6	3.5
第二产业增加值	6.5	7.1
第三产业增加值	7.9	8.3
全社会固定资产投资总额(亿元)	656800	745470
社会消费品零售总额(亿元)	367210	411640
出口(亿美元)	22530	24890
进口(亿美元)	18020	19750
狭义货币供应(M1)增长率(%)	14.9	14.4
广义货币供应(M2)增长率(%)	10.7	13.2
居民消费价格指数(CPI)上涨率(%)	1.6	2.1
GDP 平减指数上涨率(%)	4.0	3.3

注：预测日期为 2017 年 10 月。

二 中国宏观经济形势分析

（一）潜在国民收入与经济周期相位

二元结构条件下，中国经济采取准 AK 型总量生产函数 $Y = \Phi(t) \cdot K$，其（中期）潜在国民收入 $Y_t^* = \prod_{i=1}^{k} \{ [Y_{t-i} \cdot (1+\delta)^i]^{w(i)} \}$ 能够容纳实际国民收入的滞后效应。选取朱格拉周期时滞阶数 $k = 5$，分别在几何级数 $w(i) = q^i$ 与余弦函数 $w(i) = \cos[(i-1) \cdot (\pi/2k)]$ 的代表性分布概率情形下，使用 OLS 方法在 1978~2016 年拟合中国实际 GDP 指数时间序列的对数线性方程 $\log Y_t = \sum_{i=1}^{k} \{ w(i) \cdot [\log Y_{t-i} + i \cdot \log(1+\delta)] \}$，具体如表 2 所示。

表 2 中国潜在国民收入计量方程

$\log Y_t = \sum_{i=1}^{5} \{ w(i) \cdot [\log Y_{t-i} + i \cdot \log(1+\delta)] \}$		
$w(i)$	q^i	$\cos[(i-1) \cdot (\pi/2k)]$
δ	0. 098601	0. 098642
	(28. 45695)	(31. 34535)
R^2	0. 998676	0. 997988
SE	0. 034188	0. 042135

同时静态预测和动态预测 1983~2016 年中国实际 GDP 指数，且分情形建立中国潜在 GDP 指数时间序列，以计算 1983~2016 年中国国民收入相对缺口指标 $(Y - Y^*)/Y^*$，具体如图 1 所示。中国国民收入的自然增长率，在几何级数权数情形下 $\delta = 9.860\%$，而在余弦函数权数情形下 $\delta = 9.8642\%$，呈现统计显著的历时减缓趋势。2016 年中国国民收入的通货紧缩缺口超过 1991~2001 年经济周期波谷水平，已经接近 1982~1990 年经济周期波谷水平。静态预测的中国经济周期相位是与古典型的波谷—波谷经济周期相位基本一致的，而动态预测仅记忆预测期前的历史数据而不反映预测期内的实际数据。由于次贷危机前的超高速增长，中国经济周期的动态预测相位在 2008 年以来的收缩阶段明显滞后于其静态预测相位。

作为增长型周期的总体经济景气，从萧条到繁荣的充分正常化过程应该依

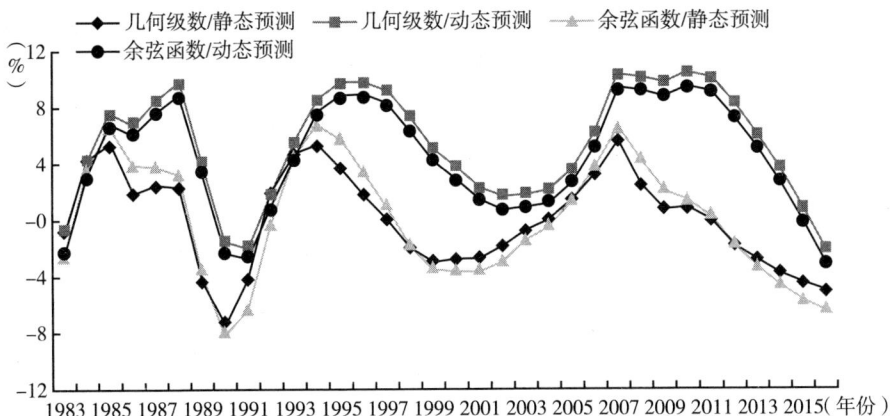

图1 中国国民收入缺口

次通过第一转折点tp1：d（ΔlnY）/dt、第二转折点tp2：d［ln（Y/Y*）］/dt = 0和第三转折点tp3：ln（Y/Y*）=0，分别标志国民收入的实际增长速度触底、实际增长速度恢复潜在增长速度以及通货紧缩缺口弥合的临界状态。中国经济在2017年仅跨越总体经济复苏第一转折点，需要进一步完成加速增长和弥合通货紧缩缺口的后续复苏任务。若需求刺激政策在第三转折点前退出，经济萧条将永久性而不是暂时性地改变长期经济增长趋势。对于国民收入时间序列lnY(t) = C + t·δ，若需求刺激政策分别在转折点tp1、tp2和tp3退出，实际国民收入将分别形成经济复苏以及后续经济增长轨迹Ⅰ、Ⅱ和Ⅲ，如图2所示。仅轨迹Ⅲ回归衰退前国民收入潜在水平的外插趋势，轨迹Ⅱ回归衰退前潜在国民收入增长速度，但截距C向下永久漂移，而轨迹Ⅰ在衰退后，其实际国民收入的截距C和速度δ均向下永久漂移。

（二）经济波动的国际耦合和再耦合

净出口与国民收入的周期相关性cov（nx，y），能够识别实际经济波动的需求驱动类型：若净出口与国民收入反相波动，即cov（nx，y）<0，实际经济波动主要是由内部需求驱动的；若净出口与国民收入同相波动，即cov（nx，y）>0，实际经济波动主要是由外部需求驱动的。图3以美国GDP缺口指示美国国民收入周期，并且HP滤波中国实际GDP增长速度、中国GDP净

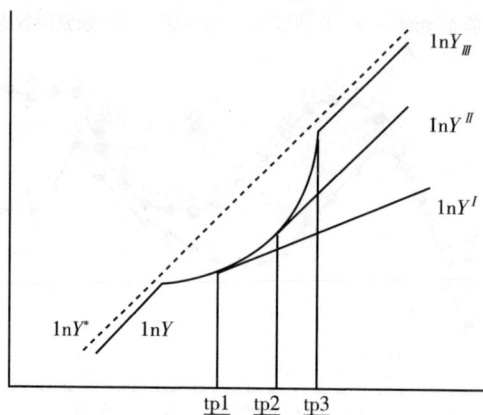

图2　中国经济复苏前景和增长趋势

出口比率和美国 GDP 净出口比率，以分离中国国民收入、中国贸易顺差和美国贸易顺差的周期成分，从而分别构造 1978～2016 年美国经济与中国经济的国民收入和国际贸易周期联动时间路径。如图 3（a）所示，中国贸易顺差顺国民收入周期波动，中国实际经济波动因而主要是由外部需求驱动的；如图 3（b）所示，美国贸易顺差逆国民收入周期波动，美国实际经济波动因而主要是由内部需求驱动的。在内部需求驱动的美国经济波动模式与外部需求驱动的中国经济波动模式的国际经济结构基础上，美国经济景气通过国际贸易途径向中国经济景气传播，使得中国经济周期耦合美国经济周期。

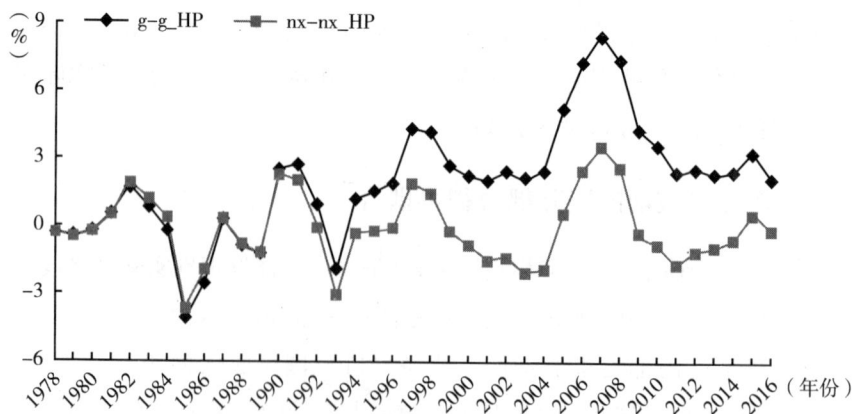

图3（a）　中国国民收入周期和国际贸易波动

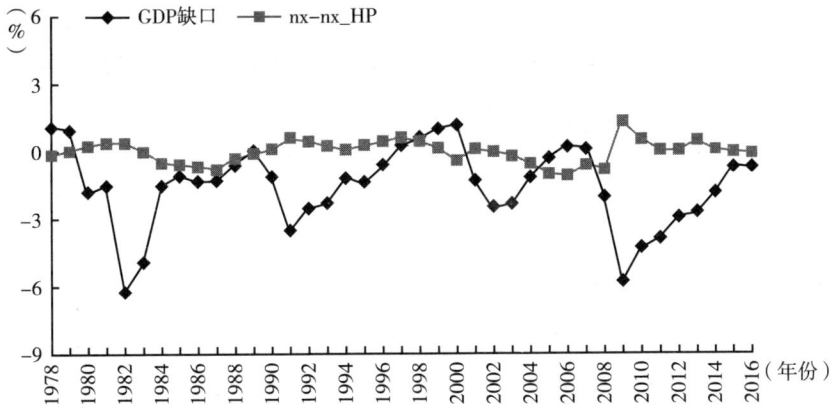

图3（b）　美国国民收入周期和国际贸易波动

以时间差分的累计季度 GDP 增长率和年化季度 GDP 增长率，分别指示中国经济增长加速度与美国经济增长加速度，并且计算经季节调整的美国季度 GDP 相对缺口，如图4所示。次贷危机发生后，中国经济周期紧密耦合美国经济周期，共同经历了 2008 年剧烈收缩和 2009 年触底反弹，中国经济与美国经济在 2008～2010 年是高度同相波动的。2011～2013 年，中国经济与美国经济缓慢复苏。从 2014 年起，中国经济复苏停滞，而美国经济稳健复苏且国民收

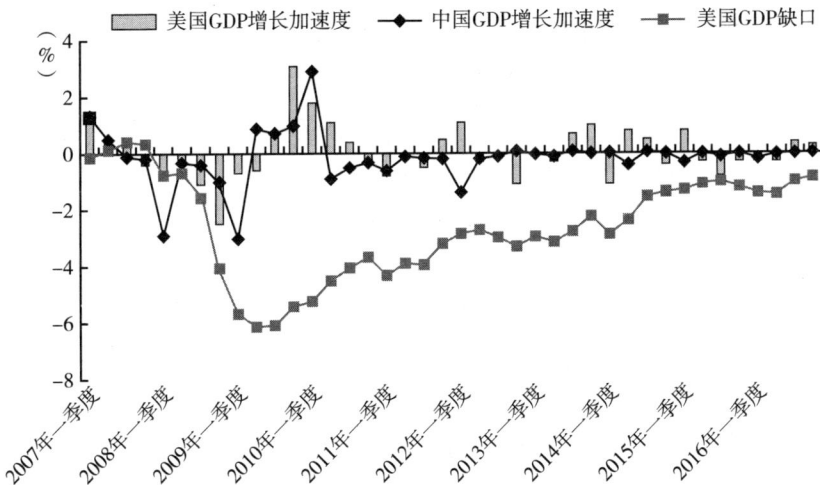

图4　中国经济增长加速度与美国国民收入缺口

入缺口显著收缩。2006～2007 年中国经济周期连续扩张而与美国经济周期暂时分离，在脱耦假说误导下忽视次贷危机的严重外部冲击，迟缓中国需求管理政策取向的宽松调整。2010 年和 2011 年中国经济快速增长是恢复性的，却误以为中国经济周期再次脱耦美国经济周期，在率先复苏判断支持下提前退出需求刺激政策而导致总体经济景气二次触底。

次贷危机时期，美国经济未出现存货化现象，也不支持劳动窖藏（Labor Hoarding）假说。当悲观经济预期逆转时，由于无产品市场和劳动力市场的去存货化阻隔，市场需求增长迅速映射至生产增长和就业增长，美国经济景气的正常化进程因而较历史记录更为迅猛。亚洲金融危机后和次贷危机后的中国经济萧条均是输入型的，而邓小平同志南方讲话后的外向经济发展和加入 WTO 后的对外开放深化，促进中国经济强劲复苏且及时完成从萧条到繁荣的周期形态转换。2017 年美国经济率先复苏和加速增长的国际经济形势，对中国经济的负面影响包括正在进行的中国投资收益和资产价值的重估和调整，对中国经济的正面影响已经反映在净出口需求增加，仍然提供由外部需求拉动经济复苏乃至输入经济繁荣的现实可能性。

（三）经济发展模式及其投资周期

依据成长经济的生命周期模型，国民收入储蓄倾向 $S/Y = s \cdot (\eta + \delta - r)$。在由时间偏好和谨慎动机决定的个体储蓄率 s 以及年轻人口增长率 η 的基础上，国民收入增长速度与利率差距 $(\delta - r)$ 决定总体储蓄率。同时，二元结构条件下，总量生产函数 $Y = \Phi(t) \cdot K$，非递减的资本积累边际收益驱动内生经济增长。依据哈罗德－多马模型，$\delta = \Delta Y/Y = \Phi(t) \cdot (S/Y)$。因此，中国国民收入储蓄倾向正向依存于经济增长速度与利率差距，而经济增长速度正向依存于总体储蓄率，从而国民收入的增长速度与储蓄倾向间存在闭合的正反馈作用机制"$\Delta Y/Y\uparrow \rightarrow S/Y\uparrow \rightarrow \Delta Y/Y\uparrow$"。中国经济发展同时蕴含高水平均衡和低水平均衡的状态可能性，其实际路径依赖于宏观经济政策选择而在高储蓄—高投资—高增长模式与低储蓄—低投资—低增长模式间相机分布。

依据总量生产函数 $Y = \Phi(t) \cdot K$，最优资本存量 $K^* = Y^*/\Phi$，投资加速数 $\Delta K/\Delta Y = 1/\Phi$。在部分调整机制下，实际投资 $I(t) = \alpha \cdot [K^*(t) - K(t -$

1）] ＝（α/Φ）· ［Y^*（t）－ Y（t－1）］，从而 I（t）/Y（t－1）＝（α/Φ）·
［Y^*（t）/Y（t－1）－1］＝（αδ）/Φ。定义固定投资增长速度 i（t）＝
I（t）/I（t－1）－1，从而 I（t）/Y（t－1）＝［1＋i（t）］·［I（t－1）/Y
（t－1）］。这样，固定投资增长速度 i 与前期国民收入投资比率 I/Y 间存在参数
约束条件（1＋i_t）·（I_{t-1}/Y_{t-1}）＝（αδ）/Φ，其协同演进关系（I_{t-1}/Y_{t-1}，i_t）
能够反映潜在国民收入增长速度 δ 与资本生产率 Φ 配合的周期性和结构性历
时变迁。图 5 采取 GDP 资本形成率指标和经固定资产投资价格指数平减的全
社会固定资产投资实际增长率指标，描绘 1991～2001 年和 2002～2016 年完整
波谷—波谷国民收入周期内的中国固定投资周期。

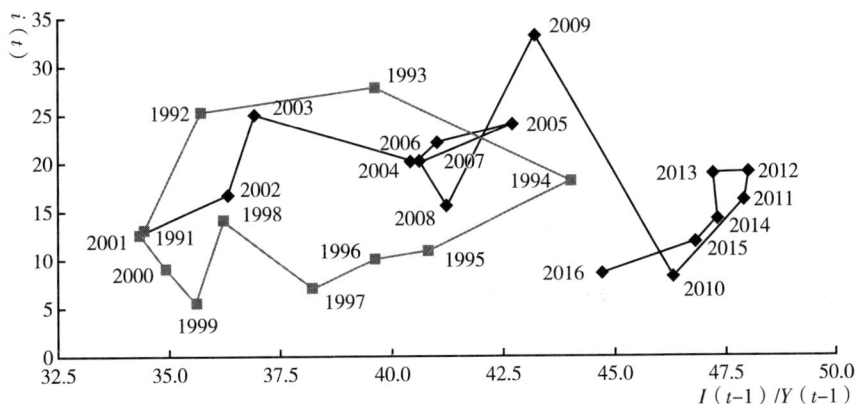

图 5　中国固定投资周期

中国固定资本形成率与固定投资增长速度组合（I_{t-1}/Y_{t-1}，i_t），在 1991～
2001 年形成顺时针旋转的闭环轨迹，特别是 1991 年与 2001 年数据点几乎重
合，不仅表明那期间潜在国民收入增长速度与资本生产率是基本稳定的，而且
体现投资需求对投资周期和总体经济周期的先导作用。中国经济向发达国家趋
同而不同于黄金律理论比较和选择储蓄率的增长稳态，高储蓄—高投资—高增
长的经济发展模式不存在所谓过度储蓄和过度投资的动态无效问题。中国固定
资本形成率与固定投资增长速度组合（I_{t-1}/Y_{t-1}，i_t）在 2002～2010 年仍然顺
时针旋转，然而从 2011 年起开始逆时针旋转，使得 2016 年数据点大幅度向右
水平偏离 2002 年数据点，未在 2002～2016 年形成闭环轨迹。如图 6 所示，

在2001年以来的总体经济景气紧缩阶段，投资需求仅被动跟随总体经济周期，固定投资加速数连续攀升而不是像以前经济周期那样迅速降低，从而恶化投资效益，弱化投资乘数。在参数配合（$\alpha\delta$）$/\Phi$ 的历时缩小过程中，Φ 上升而避免 δ 大幅度下降。虽然中国经济潜在增长速度的乐观预期仍然未受到显著损害，但是长期低速经济增长正在加大低储蓄—低投资—低增长均衡陷阱危险。

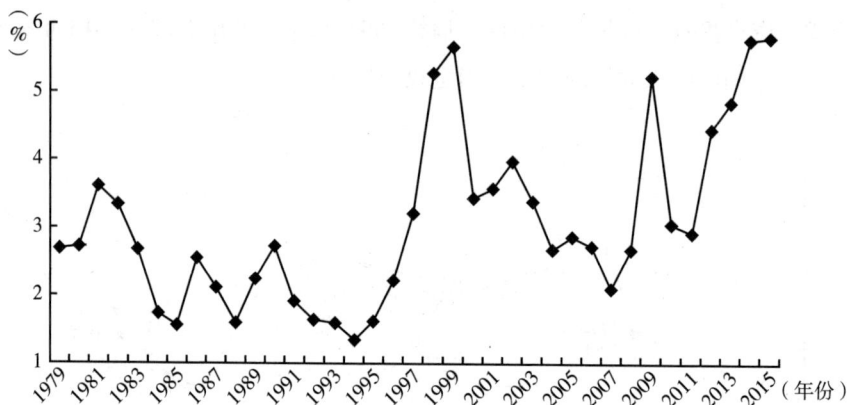

图6　中国固定投资加速数

三　中国宏观经济政策建议

（一）凯恩斯主义研究路线

关于旧周期（Old Cycle）与新常态（New Normal）的争论超越是周期性因素还是趋势性因素主导次贷危机的单纯经验认识和实证检验研究范畴。凯恩斯主义回归直接体现在超常规的反周期货币政策和财政政策，更深层次的是恢复宏观经济学的修正主义和进步主义精神实质。特朗普政府的美国宏观经济政策，与里根经济学类似，在供给学派名义下实行凯恩斯主义的扩张性财政政策和货币政策。由于拉弗曲线预测减税增加税收收入，在巨额政府债务负担和财政预算赤字背景下能够出台减税政策；在全球金融市场一体化条件下，常规紧缩性的升息货币政策将吸引国际资本流入，反而具有需求扩张效应。

奥地利学派、货币主义和供给学派的教条主义倾向导致宏观经济理论和政策的无实际操作意义。将正确价格（Correct Price）假说从微观领域推广至宏观领域而从实际利率与自然利率关系视角建立金融周期理论，清算主义（Liquiditionism）盲目信任自由市场机制的资源再配置能力而缺乏对资本不可逆性和市场过度调整机制的客观认识。现代市场经济国家有责任稳定宏观经济，能够在现行制度框架下通过需求管理政策克服经济危机，避免自我挫败的破产、失业和通货紧缩恶性循环，并未在次贷危机后进入所谓高失业和低增长的新常态。

以中国与美国名义 GDP 比率度量的中国经济对美国经济的赶超进程，能够分解为中国与美国的经济增长速度差异和通货膨胀率差异以及人民币对美元的名义汇率升值率三重贡献因素。人民币在 1994 年实行有管理的单一浮动汇率制度，对 1995 年以来中国经济赶超进程的贡献因素分解结果如图 7 所示。由于高经济增长速度、高通货膨胀率和人民币名义汇率升值的叠加效应，2002～2013 年中国经济赶超进程取得长足进步。从 2014 年起，中国经济发展向中速增长阶段过渡的新常态认识被逐渐接受，中国与美国经济复苏的快车道与慢车道角色完全转换，相应发生的低经济增长速度、低通货膨胀

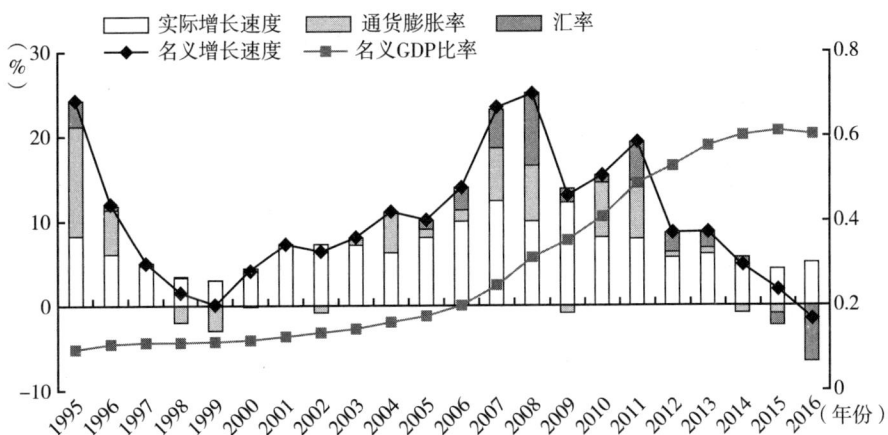

图 7　中国经济赶超因素核算

率和人民币名义汇率停止升值甚至贬值现象，导致中国经济赶超进程停滞甚至退步。似乎由美元利率加息周期触发的人民币汇率贬值倾向，主要来自美国经济复苏领先于中国以及美国经济增长优于中国这样分化的国际经济前景预期。

（二）积极需求管理的微撞操作

中国总供给函数采取附加实际总需求的通用理论结构 $Y^S = S\,(P/P^E, Y^D)$，即 $Y^S = f\,(P/P^E)\cdot Y^*$ 并且 $Y^* = \psi\,(Y^D)$，以体现实际总需求对潜在总供给的瞬时结构效应、中期滞后效应和长期储蓄效应，使得凯恩斯定理能够在全部时间维度成立。特别是弥合国民收入缺口的均衡调整机制同时包含传统均值回归过程 $dY/dt = -\lambda\cdot(Y - Y^*)$ 和非传统趋势漂移过程 $dY^*/dt = k\cdot(Y - Y^*)$，中国经济均衡状态因而是经济增长速度预期和需求管理政策取向依存的，必须警惕依据人口老龄化趋势而悲观预测中国经济增长前景的马尔萨斯主义教条，并且防范反危机需求管理政策规模有限或者提前推出的"小而不成"（too small to succeed）的操作危险。

中国宏观经济分析的传统研究纲领，逐渐形成经济增长问题的马尔萨斯主义、通货膨胀问题的货币主义和经济结构问题的准菲利普斯曲线。对于中国经济增长的历史原因和未来趋势，马尔萨斯主义的人口红利解释和悲观预测失之偏颇。在人口红利的资源因素以外，市场经济制度、全球经济一体化以及经济政策的发展主义目标导向和实用主义工具理性，能够充分解释中国经济高速增长奇迹。中国通货膨胀是综合性的，超越单一需求拉动类型以及货币供应单一决定有效需求的货币主义理论。在经济结构和经济景气转折时期，货币乘数和货币流通速度极其不稳定，难以有效预测从基础货币到货币供应再到总需求的货币政策传导机制，无法满足微调和预调的需求管理要求。假设经济增长速度与经济结构调整间的置换关系，以经济结构调整的潜在收益平衡经济增长减速的现实成本，相当于在经济萧条背景下实行清算主义政策。

由于实际总需求的潜在总供给效应，二次型损失函数 $V = \theta\cdot(y - y^T)^2 + (\pi - \pi^T)^2$ 的传统需求管理是自我实现性质的，形成依存于初始经济增长目标 y^T 的多重国民收入均衡状态。积极需求管理依据抛物线型损失函数 $V = -\theta\cdot y +$

$(\pi - \pi^T)^2$，追求与潜在国民收入技术上限一致的最大可持续增长率目标（HSGR），其稳定均衡位置是唯一和确定的。面临后危机时代持续扩张而实时未知的中国经济潜在总供给能力，积极需求管理应该采取微撞（fine-tapping）而不是微调的操作模式，通过间歇性扩张总需求而探索潜在总供给前沿，努力避免低水平国民收入均衡陷阱。

B.12
中国经济增长质量分析与展望[*]

师 博　任保平[**]

摘　要：　本文利用新方法测算了基于经济增长基本面和社会成果两个
　　　　维度的经济增长质量指标。1992～2016年中国省际经济增长
　　　　质量在波动中上升，其中在1992～2014年经历了4个完整的
　　　　周期，2015年开始新一轮周期波动。近年来中国省际经济增
　　　　长质量波动周期的时间跨度逐渐拉大，结合2012年以来经济
　　　　增长质量指数变动趋势，以及2017年前三季度的宏观数据可
　　　　以预测，未来中国经济增长质量将进入较长时期的上升通道。
　　　　预计2020～2022年，我国平均经济增长质量指数将由2016
　　　　年的0.49上升至0.55，经济增长质量最高的上海将超过
　　　　0.85。但东、中、西部地区经济增长质量分布非均衡的态势
　　　　在短期内难以弥合。

关键词：　宏观经济　经济增长质量　非均衡发展

习近平同志在十九大报告中指出新时代中国特色社会主义思想，明确坚持和发展中国特色社会主义，总任务是实现社会主义现代化和中华民族伟大复兴，在全面建成小康社会的基础上，分两步走在本世纪中叶建成富强、民主、文明、和谐、美丽的社会主义现代化强国；明确新时代我国社会主要矛盾是人民日益增长的美好生活需要和不平衡不充分的发展之间的矛盾，必须

---

[*] 本项研究得到国家社科基金重大项目"新常态下地方经济增长质量和效益的监测预警系统和政策支撑体系构建研究"（项目编号为15ZDA012）的资助。

[**] 师博，任职于西北大学经济管理学院；任保平，任职于西北大学经济管理学院。

坚持以人民为中心的发展思想，不断促进人的全面发展、全体人民共同富裕。毫无疑问，建成富强、民主、文明、和谐、美丽的社会主义现代化强国，解决好人民日益增长的美好生活需要和不平衡不充分的发展之间的矛盾，不仅需要经济数量型的增长，还要保持经济增长质量的稳健提升，坚定不移地贯彻创新、协调、绿色、开放、共享的发展理念。中国作为全球最大的发展中国家，"中国特色社会主义道路、理论、制度、文化不断发展，拓展了发展中国家走向现代化的途径，给世界上那些既希望加快发展又希望保持自身独立性的国家和民族提供了全新选择，为解决人类问题贡献了中国智慧和中国方案"。这也表明从全球视角来看，研究中国经济增长质量问题具有重要意义和时代紧迫性。

经济持续稳定增长是各国政府追求的核心目标。经过 30 多年的快速发展，中国已成为全球第二大经济体，然而在高投入、高消耗和高增长的背后，能源过度耗费、环境质量恶化、经济结构失衡、收入差距拉大、创新驱动不足等增长质量问题逐渐凸显。缺乏质量的中高速增长正在侵蚀中国经济发展潜力已逐渐成为共识，那么如何准确评估中国经济增长质量？未来中国经济增长质量将呈现怎样的变动趋势？

一　经济增长质量的内涵及评价体系

近年来随着全球气候变化加剧、生态环境破坏以及收入分配的不平衡，对于经济增长的研究开始更多地关注质量问题。Barro（2002）从预期寿命、生育率、环境条件、收入公平性、政治制度以及宗教信仰等角度对经济增长质量进行了探讨。温诺·托马斯（2001）认为经济增长质量应该在发展速度的基础上涵盖机会分配、环境可持续性以及全球性风险管理等因素。钞小静和任保平（2011）则从经济增长的结构、稳定性、收入分配以及生态环境代价四个维度研究了中国经济增长质量。Mlachila 等（2014）认为对发展中国家而言，增长率更高、更持久的社会友好型增长是高质量的增长。

我们在 Mlachila 等（2014）的基础上，构建了包括增长的基本面和社会成果两个维度的中国省际经济增长质量指标体系。其中基本面分解为增长的强度、稳定性、合理化、外向性四个方面，社会成果则分解为人力资本和生态资本。

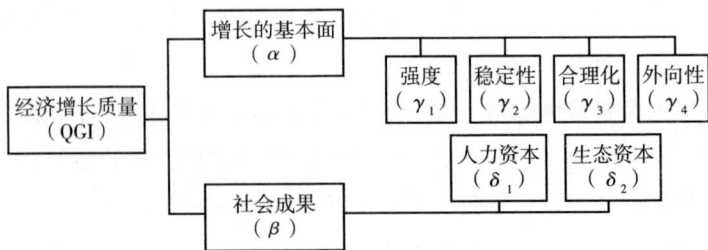

图1　经济增长质量构成

具体而言，增长的基本面的测算如下。①经济增长的强度用以衡量产出水平，较高的产出水平表明国家和地区更为富足、居民生活水平更为丰裕，相应的经济增长更为强劲，本文采用地区实际人均 GDP 测算经济增长的强度。②经济增长的稳定性由增长率变异系数的倒数换算得到。变异系数反映了对平均值的偏离程度，为了得到更为稳健的结果，我们使用 5 年期滚动窗口测度增长率的变异系数。变异系数越高，相应的经济增长越不稳定，进而导致较高贫困率和发展的不公平程度。③经济增长的合理化用以衡量产出结构和就业结构的耦合程度，产业结构越合理意味着劳动力投入和产出水平越契合，劳动力资源得到了充分有效利用，经济结构越趋于均衡。我们借鉴了干春晖等（2011）提出的产业结构泰尔指数，用 1 与泰尔指数的差值表征经济增长合理化指标。在实证层面，干春晖等（2011）的研究发现产业结构的合理化有助于抑制经济波动，对经济增长的贡献较高①。④经济增长的外向性，本文用净出口占GDP 比重测度。大量研究发现经济增长的外向性有助于通过干中学、引进技术、竞争以及外商直接投资增进生产效率，然而外向性也会增大外部冲击对经济增长的不确定性。

社会成果的测度如下。①人力资本，在内生增长理论中与创新和技术进步紧密相关的人力资本是驱动经济持续增长的关键，并且人力资本水平越高也代表劳动力要素对于经济增长的贡献越高，居民的发展机会和要素收入分配的公平程度更高。本文采用人均受教育年限作为人力资本的代理变量。②生态资本

---

① 由于未获得 2016 年各地区分行业就业数据，我们观察发现产业结构合理化指标变动较为微弱，用 2015 年的产业结构合理化指标暂时替代 2016 年数据。

方面，污染作为工业化的非期望产出是经济增长的生态环境代价。高质量的经济增长反映出绿色发展程度越高，对生态环境的破坏越小，经济发展的生态资本越高。我们以单位碳排放产出（即实际 GDP 与二氧化碳排放量的比值）表征生态资本，其中省际二氧化碳排放量取自师博和任保平（2017）的研究。值得注意的是，资本是存量概念而单位碳排放产出是按照流量测算，观察实际数据不难发现省际单位碳排放产出逐年下降，本文认为其主要原因在于节能减排技术和能源管理经验的积累，因此单位碳排放产出具有间接的存量性质①。

由于上述 6 个指标具有不同的性质，直接加总后无法反映不同作用力的综合结果，故本文使用"最小—最大标准化"方法将各指标原始数据转换为无量纲化指标测评值，进而赋予一定的权重加总以获得经济增长质量指数。钞小静和任保平（2011）采用主成分分析法来确定经济增长质量各维度指标的权重，然而主成分分析法不仅由于降维会损失原始变量的经济含义，而且当变量超过 3 个时其应用也存在一定困难。我们借鉴联合国人类发展指数（Human Development Index）和经济脆弱度指数（Economic Vulnerability Index），采用简单而透明的均等权重法赋值，不可否认其缺点在于权重赋值具有一定的随意性。我们令增长的基本面和社会成果（α 和 β）的权重均为 0.5，增长的基本面 4 个指标（γ）权重都是 0.25，人力资本和生态资本（δ）的权重各为 0.5，则经济增长质量的测算方程为：

$$经济增长质量 = \alpha\, 增长的基本面 + \beta\, 社会成果 \tag{1}$$

$$增长的基本面 = \gamma_1 强度 + \gamma_2 稳定性 + \gamma_3 合理化 + \gamma_4 外向性 \tag{2}$$

$$社会成果 = \delta_1 人力资本 + \delta_2 生态资本 \tag{3}$$

由于数据的可得性，以及考虑到 1992 年中国开始建立社会主义市场经济体制，本文测度了 1992~2016 年中国省际经济增长质量指数。上述变量数据均来自《新中国六十年统计资料汇编》及历年《中国统计年鉴》和《中国能源统计年鉴》。

---

① 由于无法获得 2016 年各地区分品种能源消费量，我们按照近 5 年能源消费产生 CO_2 排放量平均增长率，估计 2016 年各地区能源消费碳排放量，进而与水泥碳排放量加总测算 30 个省份的总碳排放量。

二 1992~2016年中国地区经济增长质量评价与分析

（一）中国经济增长质量在波动中上升

图2给出了全国及东、中、西部地区1992~2016年平均经济增长质量指数。总体而言，全国平均增长质量指数在波动中由1992年的0.37上升至2016年的0.48。在研究样本期内，中国经济增长质量指数大致经历了4个完整的周期，以及1个初步显现出上升趋势的新周期。第一个周期（1992~1994年），中国经济增长质量指数渡过一个短暂的小幅波动，可能的原因在于社会主义市场经济建立初期存在一定的不确定性。第二个周期（1995~1997年），增长质量指数攀升幅度显著，1994年中国实施了财政分权体制改革，地方发展经济的积极性被充分调动，并在1997年亚洲金融危机爆发前经济增长质量指数达到历史最高0.51。第三个周期（1998~2002年），中国通过积极的需求管理政策成功克服亚洲金融危机的不利影响，加之入世的正面效应使得经济增长质量指数在2000~2002年显著上升。第四个周期（2003~2014年），中国经济增长质量指数经历了漫长而相对平缓的波动周期，这一时期投资成为驱动经济增长的主因，导致了环境污染、收入分配不公平、创新乏力等问题，造成经济增长质量指数上升较为缓慢。2008年即便面临全球金融危机，科学发展观的提出使得中国经济增长质量指数逐步上升。2012年以来中国经济进入了"增长速度换挡期、结构调整阵痛期和前期刺激政策消化期"的新常态，经济增长质量指数小幅下滑。2015年以来，中国经济增长质量指数显示出进入新一轮周期的迹象。宏观层面在创新驱动的引领下供给侧结构性改革不断深入，跨国合作层面共建"一带一路"倡议被提出，微观层面"营改增"为企业减负发挥了作用，2015年中国经济增长质量指数表现企稳特征，2016年开始攀升。结合前四轮经济增长质量指数周期的变化特征，不难发现每一轮周期时间跨度逐渐拉长。可以预见的是，2015年开始的新一轮周期意味着，中国经济增长质量指数将呈现出长期向上攀升的趋势性特征。

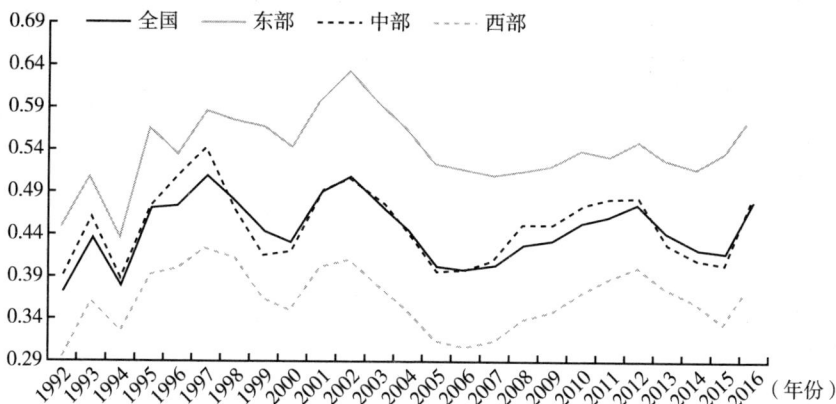

图2 1992～2016年中国经济增长质量

（二）地区间经济增长质量分布不均衡

从分地区经济增长质量指数来看，东部经济增长质量指数最高、中部次之、西部最低，与经济增长的数量排名一致，并且地区间增长质量指数分布态势在整个样本期内都未发生改变。从周期性特征来看，东、中、西部地区经济增长质量指数波动与全国整体水平类似。1992年，东、中、西部地区平均经济增长质量指数分别为0.45、0.39和0.29，2015年分别上升为0.58、0.48和0.39，东部地区经济增长质量指数上升幅度最大，西部次之，中部地区最小。虽然东部地区经济增长质量指数远高于中、西部地区，但1997年亚洲金融危机爆发前中部地区经济增长质量指数一度较为接近东部地区。伴随2002年中国加入WTO与全球经济的融合程度进一步提升，东部地区不仅在地理位置方面拥有更为明显的对外开放优势，而且市场环境更为成熟，进而拉大了与中、西部地区之间的差距。值得注意的是，从发展态势来看，东部地区经济增长质量指数对趋势性的反应往往早于中、西部地区。2015年中、西地区经济增长质量指数仅表现出企稳态势，而东部地区已表现出上升的趋势，2016年中、西部地区才有相应的表现。西部地区经济增长质量指数在整个样本区内均处于最低水平，从简单的数据分析来看，2000年开始的西部大开发也没有改变这一状况。其中可能的原因在于，西部地区的经济发展水平、产业结构合理化水平以及对外开放程度都低于中部和东部地区，人力资本向中、东部地区流动趋势的加剧，以及脆弱的生态环境，造成了西部地区经济增长质量指数较低，使得西部大开发政策的影响相对被抵消。为了检验西部大开发是否对中国省际经济增长质量指数产生了影响，我们分析了西部大开发对经济增长质量指数的局部平均效应，发现在 2000 年实施西部大开发政策后，中国经济增长质量指数出现了明显的断点（见图3）。

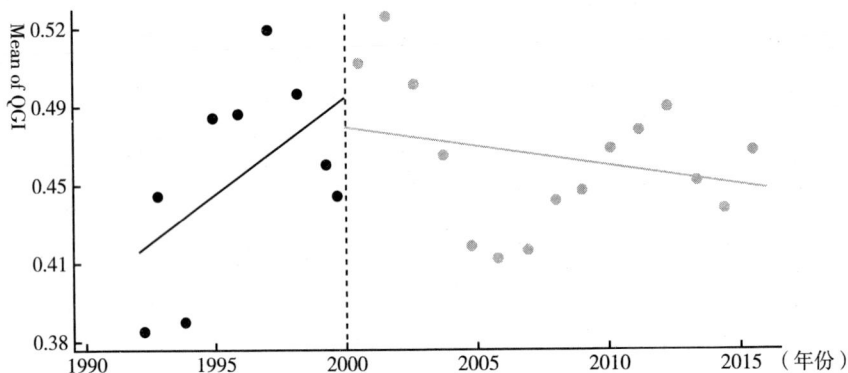

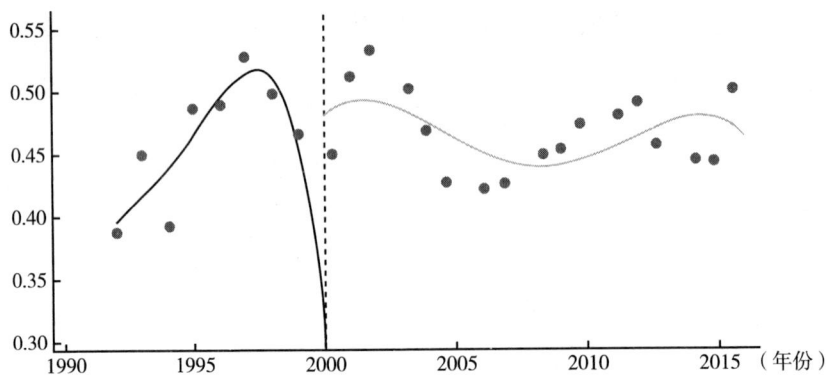

图3　西部大开发对经济增长的断点

表1　代表性年份各省份经济增长质量指数

年份	1992	1997	2002	2007	2012	2016
北京	0.45	0.59	0.64	0.57	0.64	0.73
天津	0.49	0.67	0.66	0.60	0.67	0.64
河北	0.36	0.53	0.47	0.39	0.44	0.46
山西	0.39	0.53	0.42	0.34	0.35	0.38

年份	1992	1997	2002	2007	2012	2016
内蒙古	0.41	0.49	0.48	0.39	0.38	0.39
辽宁	0.45	0.53	0.52	0.44	0.49	0.38
吉林	0.43	0.52	0.54	0.43	0.49	0.46
黑龙江	0.52	0.54	0.47	0.40	0.49	0.48
上海	0.56	0.79	0.83	0.72	0.70	0.81
江苏	0.40	0.58	0.70	0.58	0.62	0.63
浙江	0.40	0.55	0.65	0.52	0.55	0.72
安徽	0.29	0.49	0.46	0.37	0.53	0.48
福建	0.43	0.63	0.64	0.49	0.59	0.55
江西	0.40	0.56	0.52	0.50	0.54	0.55
山东	0.34	0.47	0.61	0.42	0.47	0.49
河南	0.35	0.50	0.51	0.39	0.48	0.50
湖北	0.39	0.62	0.50	0.44	0.51	0.53
湖南	0.39	0.59	0.64	0.42	0.49	0.51
广东	0.48	0.56	0.69	0.62	0.58	0.69
广西	0.37	0.43	0.51	0.39	0.43	0.40
海南	0.66	0.61	0.64	0.39	0.40	0.48
重庆	0.34	0.49	0.50	0.40	0.53	0.54
四川	0.34	0.54	0.51	0.42	0.49	0.46
贵州	0.22	0.37	0.32	0.17	0.29	0.36
云南	0.29	0.38	0.27	0.19	0.40	0.28
陕西	0.30	0.49	0.49	0.38	0.48	0.38
甘肃	0.23	0.37	0.46	0.25	0.39	0.37
青海	0.18	0.36	0.32	0.36	0.32	0.38
宁夏	0.27	0.37	0.35	0.28	0.38	0.36
新疆	0.40	0.43	0.40	0.35	0.39	0.40

从省际经济增长质量指数来看，1992年，海南、上海、黑龙江、天津、广东和北京经济增长质量指数最高，依次为0.66、0.56、0.52、0.49、0.48和0.45；排名最低的是青海、贵州、甘肃、宁夏和安徽，分别为0.18、0.22、0.23、0.27和0.29。2016年，排名靠前的省份上海、北京、浙江、广东、天津和江苏均为东部省份，其指数分别为0.81、0.73、0.72、0.69、0.64和0.63，上海是唯一一个经济增长质量指数超过0.8的地区；排名靠后的省份有云南、宁夏、贵州、甘肃和青海，均来自西部地区，相应的经济增长质量指数是0.28、0.36、0.36、0.37和0.38。1992~2016年，经济增长质量指数改进

幅度最大的省份为浙江、北京、上海、江苏和广东,分别增长了0.32、0.28、0.25、0.23和0.21;经济增长质量倒退的省份为海南、辽宁、黑龙江、内蒙古和山西,分别下降了0.18、0.07、0.04、0.02和0.01。1992年中国省际经济增长质量指数的变异系数是26.35,经过反复波动,2016年降至26,中国经济增长质量指数的地区分布差异略有缩小。中国省际经济增长质量指数的变异系数最低值出现在1996年,为18.45。

(三)经济增长质量与数量不一致

经济增长质量和数量作为经济增长这枚硬币的两面,二者具有一定的相关性,但也存在差异,经济增长质量内涵相对更为广泛。1992~2016年省际经济增长质量和数量的相关系数为0.42。通过观察二者间的散点图,不难发现,经济增长质量与数量间存在"U"形变动关系,如图4所示。经济增长质量随以人均GDP表征的数量型增长而先下降后上升。当人均GDP处于较低水平时,经济体在一定程度上以牺牲经济增长质量为代价实现数量型经济增长,选择粗放型的要素投入驱动型增长模式。当人均GDP达到一定高度时,产业结构趋于合理、居民收入水平上升带动了人力资本积累和对保护资源环境的重视,实现了经济增长质量的攀升,创新驱动型增长模式逐渐占据主导地位。

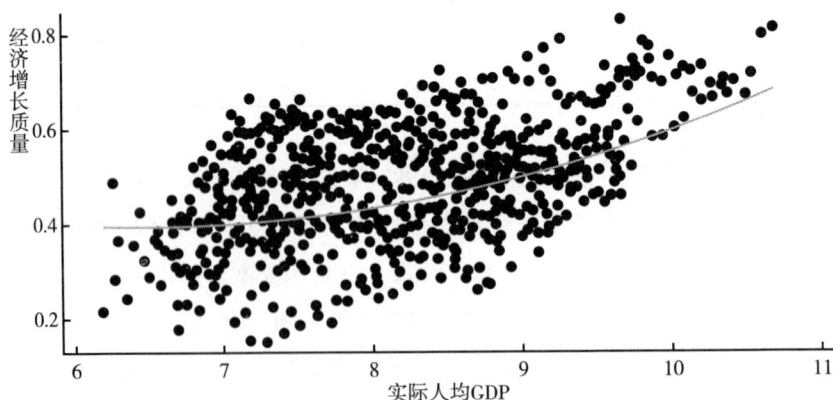

图4 省际经济增长质量和数量的散点图

从具体省份经济增长质量和数量对比来看，1992 年，经济增长质量排前 5 位的省份分别是海南、上海、黑龙江、天津和广东，经济增长数量排前 5 位的省份分别为上海、北京、天津、辽宁和江苏，上海和天津经济增长质量和数量的排名均很高。2016 年，经济增长质量排前 5 位的省份分别是上海、北京、浙江、广东和天津，经济增长数量排前 5 位的省份分别为上海、天津、江苏、北京和浙江，江苏经济增长质量排第 6 位，广东人均 GDP 排第 7 位，从排名较前的省份来看经济增长质量和数量的排名较为一致。但更多的省份的经济增长质量与数量的排名差异较大，2016 年江西、重庆、河南和安徽的经济增长质量的排名分别为第 7、第 9、第 12 和第 14 位，相应的经济增长数量排名则分别为第 22、第 14、第 19 和第 20 位。内蒙古、辽宁和吉林经济增长质量的排名不高，分别为第 22、第 24 和第 18 位，但经济增长数量的排名较高，分别为第 6、第 8 和第 11 位。东部地区已基本实现了经济增长质量和数量的协同、同步提升，而中、西部地区增长质量和数量差异较大。尤其需要注意的是，位于东北老工业基地的辽宁和吉林的人均 GDP 较高，内蒙古凭借煤炭资源优势实现了数量型增长，但其经济增长质量排名靠后，并且这两类地区未来经济增长潜力令人担忧。

三　中国经济增长质量展望

（一）经济增长质量将持续攀升

中国 GDP 自 2014 年开始回落，告别了持续近 30 多年的年均 10% 的高速增长。中国经济进入新常态，从高速增长转为中高速增长，经济结构优化升级，从要素驱动、投资驱动转向创新驱动。过去 5 年，中国经济增长速度有所下滑，我们需要考察 2012 年中国经济增长质量的变动趋势，以研判未来宏观经济发展形势。我们的测算体系包含了经济增长强度和稳定性（见图 2），2012 年中国经济增长速度下滑，不可避免地导致中国经济增长质量的下降。2012～2013 年中国平均经济增长的基本面显著下降，社会成果也有微弱波动，使得经济增长质量指数有所降低。在供给侧结构性改革的作用下，2013～2014 年增长的基本面和社会成果受经济增速下降带来的不利影响逐渐减弱，2015 年社会成果开始逐渐复苏，2016 年增长的基本面和社会成果都表现出上升趋势。

根据过去 5 年中国经济增长指数的变动及其分解结果分析，2017 年中国经济增长质量指数将保持上升趋势。并且从较长时期的发展趋势来看，未来决定中国经济增长质量的因素将由增长的基本面逐渐转变为社会成果。因而在进入高质量发展阶段后，我国应进一步强化对人力资本的培育和引进，依靠人才战略推动创新型国家建设，贯彻绿色发展理念，大力保护生态环境，践行绿水青山就是金山银山。

表 2　2012～2016 年经济增长质量指数及其分解

年份	2012	2013	2014	2015	2016
增长的基本面	0.632	0.571	0.546	0.542	0.560
社会成果	0.337	0.332	0.331	0.332	0.427
经济增长质量指数	0.484	0.452	0.439	0.437	0.493

2015 年开始中国经济增长质量指数开始进入新的上升周期，东部省份的经济增长质量指数率先启动，中、西部省份的经济增长质量指数企稳并于 2016 年依次攀升，并且 2016 年全国平均经济增长质量指数上升势头显著。从以往经济增长质量指数波动周期来看，中国经济增长质量指数周期时间跨度逐渐拉长，意味着未来较长时间内将进入稳定上升通道。近 3 年中国经济增长率分别为 8.3%、6.4% 和 6.7%，2017 年前三季度 GDP 累计增长率为 6.9%，可以预计 2017 年全年经济增长率大致保持在 6.9%，超过 2016 年 6.7% 的经济增长率。分行业来看，对实体经济贡献更大的第二产业 2017 年前三季度累计增长率为 6.3%，也略高于 2016 年的 6.1%。2017 年 10 月工业增加值累计增长率为 6.7%，高于上年同期的 6%。第三产业目前累计增长率为 7.8%，与 2016 年大致相当。从宏观经济监测指标来看，2017 年 10 月制造业采购经理指数和非制造业商务活动指数分别为 51.6 与 54.3，分别高于 2016 年同期的 51.2 与 54，宏观经济处于上升通道。因此，经济增长相对稳定并且更高的速度，能够为经济增长质量的强度、稳定性与合理性奠定数量基础。

在未来发展的政策引领方面，习近平同志在党的十九大报告中指出，中国特色社会主义进入了新时代，我国将进一步贯彻新发展理念，建设现代化发展体系，深化供给侧结构性改革，加快建设创新型国家，实施乡村振兴战略，实施区域协调发展战略，加快完善社会主义市场经济体制，推动形成全面开放新格局。因此，今后较长时间内，创新驱动以及全方位的对外开放新格局的形成，加之"一带一路"建设的深入推进，一系列有利政策的实施必然使得经济增长的强度、稳定性和外向性得以提升。截至 2017 年 9 月我国进出口总值累计增长 11.7%，2016 年全年则下降了 6.8%，前 9 个月累计下降 7.8%。2017 年 9 月出口累计增长 7.5%，2016 年同期累计下降 7.5%，全年下降 7.7%。简单的数据分析表明，全球金融危机对中国对外贸易的不利影响正在逐渐减弱，随着高铁、核电、大飞机及新能源等一批技术逼近全球前沿面，中国经济对外开放程度无论是数量还是质量都必然处于上升趋势。

从经济增长质量的社会成果维度来看，近年来随着中国义务教育的普及以及高等教育的快速发展，人力资本积累得愈加丰富。本文所测算的 30 个省份人均受教育年限大都保持了相对较大幅度的增长，此外中国综合国力以及微观企业国际竞争力的不断增强，也必然强化我国对国际一流人才的吸引力。可以预计，中国未来人力资本的上升速度甚至可能超过经济增速。就经济增长质量社会成果维度的生态资本而言，我国自 2006 年将"节能减排"首次纳入五年发展规划纲要。在 2009 年哥本哈根世界气候大会上，我国对碳减排又做出了更进一步的承诺，绿色发展理念得以不断深化，未来生态资本的积累水平也将提升。

综上，结合中国省际经济增长质量发展趋势，我们预计 2020 ~ 2022 年，我国平均经济增长质量指数将由 2016 年的 0.49 上升至 0.55，上海将超过 0.85，北京和浙江接近 0.8，而广东、天津和江苏将在 0.75 附近。

（二）地区间经济增长质量维持不平衡态势

中国地区间经济增长质量指数也保持着与经济增长数量相似的地理分布态势，东部最高、中部次之、西部最低。图 5 描绘了 1992 ~ 2016 年中国地区间经济增长质量指数的差异化程度，从 2012 年开始省际变异系数显著上升，虽然 2016 年有所下降，但我们预计短期内省际经济增长质量指数不平衡的态势将在较长时期内维持下去。

从 GDP 速度和规模以及人均 GDP 发展水平来看，东部地区均大幅领先于中、西部地区，并且东部地区产业体系的发达程度以及技术水平也远超中、西部地区。因此，东部地区在经济增长质量指标的强度、稳定性以及合理化方面，均具有较大优势。虽然"一带一路"建设得到了丝绸之路沿线国家的大

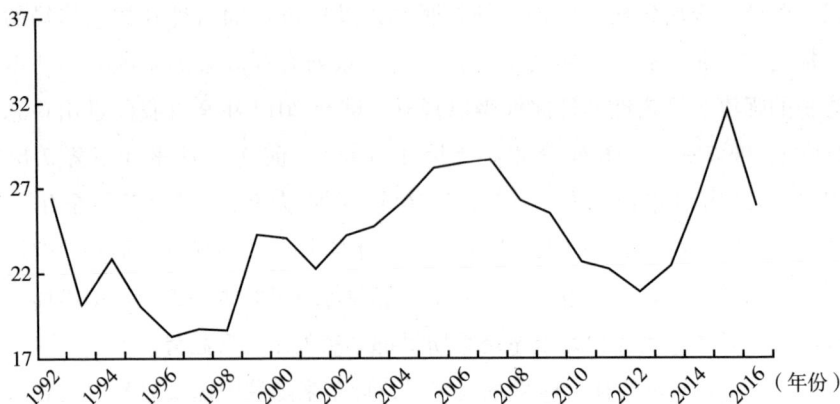

图5　1992～2016年省际经济增长质量变异系数

力支持，但东部地区在对外开放的地理位置优势方面仍然远超中、西部地区。在经济增长质量的社会成果层面，中、西部地区人才向东部地区流动的大趋势目前还未改观，西部地区资源型产业比重较大，东部地区在人力资本和生态资本方面也依然会保持对中、西部地区的领先。因此，我们判断未来中国经济增长质量将持续上升，但地区间不平衡的格局在短期内难以打破。值得注意的是，东北老工业基地以及西部资源密集区，虽然经济增长数量表现较好，但经济增长质量堪忧，这类地区也是我国缩小地区间经济增长质量差距过大的重点目标。

四　提升中国经济增长质量的政策建议

当前，我国宏观经济发展需要进入"以经济增长质量促进经济增长数量，进而培育新增长模式、动力和空间"的阶段，政策设计需要多管齐下才能由追求单一数量目标向追求均衡发展的多元化质量目标转变。

第一，要着力形成三支人才队伍。一是企业家人才队伍。满足现代企业管理需要，培养一批视野开阔、能力突出、社会责任感强的优秀企业家队伍。培养和造就具有战略眼光、开拓精神和管理能力的企业经营管理者队伍。二是高科技人才队伍。围绕我国重大发展战略和产业布局，加强创新链与产业链双向互动，大力发展能源化工、电子信息、航空航天、生物医药、3D打印、新能源汽车等重点行业，石墨烯、量子通信、第五代移动通信等前沿领域，以及现代金融、现代服务业、社会建设等方面的高科技创新型人才。三是党政管理人才队伍。能不能顺利推进经济增长质量的提升，关键要靠培养和建设一支高素质干部队伍。引导干部面对新形势、新任务、新要求，不仅要有敢于担当的勇气、善做善成的能力，还要有谋事干事的智慧，把想干事的劲头、能干事的本领更好地运用到推动经济增长质量持续攀升的具体实践中。

第二，完善考核评价体系。当下亟须形成地方政府间"为增长质量而竞争"的激励机制。地方政府在发展过程中需要"既看经济指标，又看人文环境指标"，从单纯追求经济增长数量转向综合考量经济增长、环境质量、城乡收入差距、全要素生产率，构筑"为增长质量而竞争"的新格局，实现经济增长数量和质量的协调发展。进而在新常态的阵痛期坚持创新驱动、优化经济结构，通过提升经济增长质量和效益助推经济发展，在"腾笼换鸟"中实现"凤凰涅槃"。

第三，积极推动组织创新。推进管理组织创新，推进组织管理进行变革，调整组织结构和管理流程以适应追赶超越形势的需要。产业组织创新，依据全球化和信息化推动的一系列产业组织创新，革新制造模式、创新产业形态、重建生产组织方式。企业组织创新，改变企业原有的财产组织形式或法律形式使其更适合经济发展形势。引导企业进行资源重组与重置，采用新的管理方式和方法，使企业发挥更大效益的创新活动。

第四，综合应用激励型政策、引导型政策、协调型政策，推进创新驱动。在激励型政策方面，制定与实施具有激励性质的金融政策、财政政策、税收政策、分配政策、价格政策、信息政策、专利政策等，激发企业主动创新的欲望，为企业创造良好的创新外部环境。引导型政策应当包括以下两个方面：一方面是产业政策，包括科技产业优先发展政策、科技产业开发政策、高新技术产业政策、产业结构调整政策；另一方面是科技政策，包括技术进步政策、技术市场政策、技术改造政策、技术中介政策、技术转让政策、技术合作与交流政策、技术引进政策、技术改造政策、技术人才政策、研发机构支持政策，引导型政策着眼于全国各省份的产业结构调整，使企业明确追赶超越的技术领域。在协调型政策方面，包括：协调自主创新与技术引进、技术转让关系的政策，协调跨地区、行业、企业的技术创新矛盾的政策，促进产、学、研合作政策，其目的在于协调技术创新与其他方面的关系。

参考文献

Barro，R. J.，"Quality and Quantity of Economic Growth"，Working Paper from Central Bank of Chile，2002.

Mlachila，M.，Tapsoba，R.，Tapsoba，S. J. A.，"A Quality of Growth Index for Developing Countries：A Proposal"，IMF Working Paper，No. 172，2014.

钞小静、任保平：《中国地区经济增长质量的时序变化与地区差异分析》，《经济研究》2011 年第 4 期。

干春晖、郑若谷、余典范：《中国产业结构变迁对经济增长和波动的影响》，《经济研究》2011 年第 5 期。

师博、任保平：《策略性竞争、空间效应与中国经济增长收敛性》，工作论文，2017。

温诺·托马斯等：《增长的质量》，增长的质量翻译组译，中国财经出版社，2001。

财政与金融篇

Financial and Economy

B.13
中国财政再分配效应测算

娄 峰[*]

摘 要： 本文拓展了财政再分配的传统分析方法，将间接税纳入研究框架，从而构建一个可以综合测算包括各项税收、社会保障和转移支付在内的财政工具的再分配效应的分析框架。本文综合采用财政预算归宿法、居民收入核算框架法和 MT 指数测量与分解法，以中国 2012 年投入产出表和城乡居民调查数据为基础，构建了社会核算矩阵和可计算一般均衡模型，测算结果表明，我国的财政再分配从整体上对收入分配为逆向调节。Gini 系数由财政作用前的 0.4129 上升为财政作用后的 0.4316，上升幅度为 4.5%；其中，来源端间接税的贡献为 −37%，社会保障收入的贡献为 −28%，转移支付的贡献为 69%，社保缴费的贡献为 9%，个人所得税的贡献为 15%，使用端间接税的贡献为 −126%。财政再分配还拉大了城乡收

---

* 娄峰，任职于中国社会科学院数量经济与技术经济研究所。

入分配差距。这一现象在中等收入国家和高收入国家中均不多见，主要原因在于，我国转移支付、社会保障支出、个人所得税和社会保障缴费在财政支出和收入中所占比重过低，对收入分配的正向调节力度过小，间接税在财政收入中占比过高，对收入分配的负向调节力度过大。

关键词： 收入差距 财政再分配 基尼系数 可计算一般均衡（CGE）

财政是国家进行收入再分配的主要手段，财政再分配（Fiscal redistribution）对于促进社会公平正义具有重要意义。中共十八届三中全会明确提出要"加快健全以税收、社会保障、转移支付为主要手段的再分配调节机制"[1]。税收、社会保障和转移支付是财政再分配调节的主要工具，共同发挥调节功能[2]。综合研究各项财政工具的收入再分配效应，对健全我国财政再分配调节机制具有重要意义。

---

[1] 《中共中央关于全面深化改革若干重大问题的决定》，人民出版社，2013。

[2] 从国外文献来看，"财政再分配"（Fiscal redistribution）、"税收和转移支付再分配"（Redistribution of taxes and transfers）或"税收和社会保障再分配"（Redistribution through taxes and social security benefits）在研究对象上相近，均研究税收和养老金、失业保险、社会救济等政府对居民的支出项目，如 Edwin 等（2008）、Nora（2015）、Stefan 等（2015）、Wang 等（2011）、Caminada 等（2012）、Gale 等（2007）、Bach 等（2015）。从我国来看，转移支付通常指财政资金单方面的无偿转移，包括政府对居民的转移支付、对企业的转移支付和政府间转移支付，其中政府对居民的转移支付通常包括社会保险福利津贴、抚恤金、养老金、失业补助、救济金以及各种补助费等，如国家统计局在《中国城市居民生活与价格年鉴》中在统计上将居民的养老金、失业保险金、提取住房公积金、赡养收入、社会救济收入均列为居民的转移性收入。社会保障通常是指各种社会保险、社会救助、社会福利、军人保障、医疗保健、福利服务以及各种政府或企业补助、社会互助保障等社会措施的总称。由此可见，从广义上讲，政府对居民的转移支付和对居民的社会保障支出在内容上差别不大，然而，二者又存在不同，转移支付具有无偿性，而社会保障的收入与其缴费相关，具有明显的有偿性。因此，从狭义上讲，我国居民缴纳的各项社会保险费及其取得的相应的社保收入均归为社会保障项目，而政府单方转移给居民的支出，如社会救济性收入、捐赠收入则属于转移支付项目，本文采用这一狭义的界定。

一　财政再分配效应测算的原理

文献研究表明，财政再分配效应的测算原理由三部分组成：一是财政预算归宿分析，二是居民收入核算框架，三是 MT 指数测算及分解。三者分别解决测算中的不同问题，并共同实现对财政再分配效应的测算。

财政预算归宿分析有两层含义：一是强调要把财政收支作为一个整体，综合考查其对收入分配的影响（Dalton，1955）；二是在考查财政收支影响时，应考查其经济归宿。其中直接税（如个人所得税）和政府转移支付归宿直观，由个人负担（受益），间接税（如商品税、企业所得税、流转环节的财产税等）税收归宿复杂，居民负担的数量无法直接获知（Musgrave 等，1974）①。根据税收归宿原理，企业缴纳间接税后，一方面可以通过提高商品价格将税负向前转嫁给消费者，形成居民收入使用端的税收负担，另一方面可以通过压低劳动或（和）资本要素的价格，将税负向后转嫁给要素所有者，形成居民收入来源端的税收负担。分析和测算间接税归宿由居民收入的来源端税收和使用端税收两部分组成（Musgrave，1959）。然而，在实证研究中，有两种不同的处理方法，一种是以 Pechman 和 Okner（1974）为代表，假设间接税全部转嫁给消费者；另一种是以 Browning（1978）、Browning 和 Johson（1979）为代表，假设间接税部分前转给消费者，部分后转给要素所有者。在现实经济活动中，税收无论是向前转嫁还是向后转嫁，转嫁的程度要取决于许多经济因素和经济条件，具体转嫁数量，必须根据具体的情况作具体的分析（王传纶、高培勇，2002）。

居民收入核算框架，从居民收入核算角度分析财政的各项收支工具对居民收入的影响。居民的收入核算框架由两部分组成，一部分是居民收入概念的界定，通常使用真实收入、市场收入、初始收入、总收入、税前（后）收入、财政前（后）收入、转移支付前（后）收入、可支配收入等概念，如

---

① Musgrave 等（1974）认为，预算归宿分析法考查的范围，不仅应包括政府税收对居民收入分配的影响，还应包括政府的转移支付的影响，但没有考查政府公共服务支出的影响。他们还认为，在一定的税收归宿假设下，企业税、财产税、工薪税被看作间接税。

Reynolds 和 Smolensky（1977）、Kakwani（1977，1986）、Wang（2012）、Huesca 和 Araar（2014）、Lustig（2015）等不同学者间存在差异，因此，在使用时需要对其加以界定；另一部分是财政收支对居民收入的影响，各项财政收支工具按一定顺序对居民收入产生影响，据此可以得出各项财政工具作用前后居民收入的变化。需要强调的是，在现有的居民收入核算框架中，未能很好地将间接税这一重要财政工具纳入。Kakwani（1977）指出，其测算方法适用于直接税、间接税和各项政府支出，然而他并没有直接测算间接税的再分配效应。Lustig（2015）的核算框架中虽然包含了间接税，但是将其作为可支配收入的一个减项，假设间接税全部向前转嫁给消费者。这一假设不能准确体现间接税归宿原理，也不能准确体现间接税对居民收入分配的影响机制。本文根据间接税归宿的原理，将间接税分为居民来源端间接税和使用端间接税，并通过使用差别税收归宿方法，在一般均衡模型中，使用一次性总付税代替间接税，测算出在没有间接税状态下居民的真实收入和支出，并将其分别纳入居民收入核算框架中，这也是对现有居民收入核算框架的拓展（见表1）。

MT 指数测算及分解，是在居民收入核算框架的基础上，通过对基于 Gini 系数计算的 MT 指数测算得出财政的再分配效应（Musgrave 和 Thin，1948；Kakwani，1977）。学者还通过对 MT 指数的分解①来测算各财政工具的再分配效应，并形成"顺序核算分解法"（sequential accounting decomposition approach）。该方法强调财政工具对居民收入分配的影响"可分解"和"按顺序"。其中"可分解"是指财政再分配总效应是各项财政工具效应的综合结果，总效应可以分解为各项财政工具的分效应。"按顺序"是指不同财政工具对居民核算的影响遵循一定的顺序和过程。二者综合后，"按顺序分解"则要求在测算每一项财政工具再分配效应时，政策作用前后的收入是按顺序计算的，而不是某一固定的收入（如市场收入或财政前收入），并据此测算政策作用前后的 Gini 系数及 MT 指数，从而在分析某一政策工具再分配效应时有效地排除了其他政策

---

① 根据研究目的不同，有多种 MT 指数分解方法，如 Kakwani（1977）通过对 MT 指数的分解来测算税收累进性；Kakwani（1986）通过 MT 分解来测算横向公平与纵向公平；Wilhelm（1990）通过对 MT 指数的分解来测算不同税制要素的对收入分配效应。

工具的效应（Kakwani，1986；Immervoll 等，2005；Whiteford，2008）。由于各国财政政策存在差别，加之研究者的理解不同，对不同国家展开研究时，其各项财政工具的作用顺序通常不同。如 Wang 等（2012）对 OECD 中的 28 个国家研究时和 Lustig（2015）对 7 个中等收入国家研究时根据不同国家财政政策特点明确其作用顺序。因此，我国财政工具对居民收入分配的作用过程和机制，需要根据我国的财政制度的特点具体加以规定，而不能照搬其他文献，中国的具体顺序和机制（见表 1）。

表 1 财政再分配效应分析与测算框架

序号	财政归宿及对居民收入的调节	表达式	收入差距与财政再分配效应	表达式
1	市场收入	Y_i^m	财政作用前的收入差距	G_m
2	减：来源端间接税（增值税、营业税、消费税、城市维护建设税、进口税收、企业所得税、企业缴纳的房产税、城镇土地使用税、土地增值税等 14 项）	$-\sum_{c=1}^{14} T_{sc}^i$	来源端间接税的再分配效应	$\mathrm{MT}_{Ts} = G_m - G_p$
3	= 初始收入	$= Y_i^p$	间接税后的收入差距	G_p
4	加：社会保障收入（养老金或离退休金、失业保险金、提取住房公积金 3 项）	$+\sum_{k=1}^{3} B_k^i$	社会保障收入的再分配效应	$\mathrm{MT}_B = G_p - G_b$
5	= 社保收入后收入	$= Y_i^b$	社会保障收入后收入差距	G_b
6	加：转移支付（社会救济收入、赡养收入、捐赠收入、其他转移性收入 4 项）	$+\sum_{z=1}^{4} B_z^i$	转移支付的再分配效应	$\mathrm{MT}_{TR} = G_b - G_g$
7	= 总收入	$= Y_i^g$	直接税（费）前的收入差距	G_g
8	减：社会保障缴费（个人缴纳的养老基金、医疗基金、失业基金、住房公积金及其他社会保障支出 5 项）	$-\sum_{m=1}^{5} F_{fm}^i$	社会保障缴费的再分配效应	$\mathrm{MT}_F = G_g - G_f$

续表

序号	财政归宿及 对居民收入的调节	表达式	收入差距与 财政再分配效应	表达式
9	社会保障缴费后可支配收入	$= Y_i^f$	社会保障缴费后的收入差距	G_f
10	减:个人所得税	$- T^i$	个人所得税的再分配效应	$MT_T = G_f - G_t$
11	个人所得税后可支配收入	$= Y_i^t$	直接税后的收入差距	G_t
12	减:支出端间接税(增值税、营业税、消费税、城市维护建设税、进口税收、企业所得税、企业缴纳的房产税、城镇土地使用税、土地增值税等14项)	$- \sum_{c=1}^{14} T_{uc}^i$	支出端间接税的再分配效应	$MT_{Tu} = G_t - G_r$
13	= 真实收入	Y_i^r	财政作用后的收入差距	G_r

根据本文数据特点，我们采用由 Mookherjee 和 Shorrocks（1982）、Aronson 和 Lambert（1994）、李实（2002）、金成武（2007）等给出的离散分布收入数据的基尼系数计算公式:

$$G = \sum_i \sum_j |Y_i - Y_j|/2n^2\mu$$

其中, n 为个体数, μ 为所有个体的平均收入, Y_i 为个体 i 的收入水平, $|Y_i - Y_j|$ 为任意两个个体收入水平之差的绝对值。

在测算财政再分配效应时，最常用的指标是由 Musgrave 和 Thin（1948）提出的 MT 指数。该指数为财政工具作用前与作用后的基尼系数之差，其计算公式如下:

$$MT = G - G_F$$

其中, G 为财政工具作用前的基尼系数, G_F 为财政工具作用后的基尼系数, 如果财政工具有利于收入分配，则其作用后，基尼系数下降，MT 为正，反之亦然，即 MT 为正值表示财政工具有利于缩小收入差距，反之，MT 为负值，则导致收入差距拉大。

社长致辞

蓦然回首，皮书的专业化历程已经走过了二十年。20年来从一个出版社的学术产品名称到媒体热词再到智库成果研创及传播平台，皮书以专业化为主线，进行了系列化、市场化、品牌化、数字化、国际化、平台化的运作，实现了跨越式的发展。特别是在党的十八大以后，以习近平总书记为核心的党中央高度重视新型智库建设，皮书也迎来了长足的发展，总品种达到600余种，经过专业评审机制、淘汰机制遴选，目前，每年稳定出版近400个品种。"皮书"已经成为中国新型智库建设的抓手，成为国际国内社会各界快速、便捷地了解真实中国的最佳窗口。

20年孜孜以求，"皮书"始终将自己的研究视野与经济社会发展中的前沿热点问题紧密相连。600个研究领域，3万多位分布于800余个研究机构的专家学者参与了研创写作。皮书数据库中共收录了15万篇专业报告，50余万张数据图表，合计30亿字，每年报告下载量近80万次。皮书为中国学术与社会发展实践的结合提供了一个激荡智力、传播思想的入口，皮书作者们用学术的话语、客观翔实的数据谱写出了中国故事壮丽的篇章。

20年跬步千里，"皮书"始终将自己的发展与时代赋予的使命与责任紧紧相连。每年百余场新闻发布会，10万余次中外媒体报道，中、英、俄、日、韩等12个语种共同出版。皮书所具有的凝聚力正在形成一种无形的力量，吸引着社会各界关注中国的发展，参与中国的发展，它是我们向世界传递中国声音、总结中国经验、争取中国国际话语权最主要的平台。

皮书这一系列成就的取得，得益于中国改革开放的伟大时代，离不开来自中国社会科学院、新闻出版广电总局、全国哲学社会科学规划办公室等主管部门的大力支持和帮助，也离不开皮书研创者和出版者的共同努力。他们与皮书的故事创造了皮书的历史，他们对皮书的拳拳之心将继续谱写皮书的未来！

现在，"皮书"品牌已经进入了快速成长的青壮年时期。全方位进行规范化管理，树立中国的学术出版标准；不断提升皮书的内容质量和影响力，搭建起中国智库产品和智库建设的交流服务平台和国际传播平台；发布各类皮书指数，并使之成为中国指数，让中国智库的声音响彻世界舞台，为人类的发展做出中国的贡献——这是皮书未来发展的图景。作为"皮书"这个概念的提出者，"皮书"从一般图书到系列图书和品牌图书，最终成为智库研究和社会科学应用对策研究的知识服务和成果推广平台这整个过程的操盘者，我相信，这也是每一位皮书人执着追求的目标。

"当代中国正经历着我国历史上最为广泛而深刻的社会变革，也正在进行着人类历史上最为宏大而独特的实践创新。这种前无古人的伟大实践，必将给理论创造、学术繁荣提供强大动力和广阔空间。"

在这个需要思想而且一定能够产生思想的时代，皮书的研创出版一定能创造出新的更大的辉煌！

社会科学文献出版社社长
中国社会学会秘书长

2017年11月

社会科学文献出版社简介

社会科学文献出版社（以下简称"社科文献出版社"）成立于1985年，是直属于中国社会科学院的人文社会科学学术出版机构。成立至今，社科文献出版社始终依托中国社会科学院和国内外人文社会科学界丰厚的学术出版和专家学者资源，坚持"创社科经典，出传世文献"的出版理念、"权威、前沿、原创"的产品定位以及学术成果和智库成果出版的专业化、数字化、国际化、市场化的经营道路。

社科文献出版社是中国新闻出版业转型与文化体制改革的先行者。积极探索文化体制改革的先进方向和现代企业经营决策机制，社科文献出版社先后荣获"全国文化体制改革工作先进单位"、中国出版政府奖·先进出版单位奖，中国社会科学院先进集体、全国科普工作先进集体等荣誉称号。多人次荣获"第十届韬奋出版奖""全国新闻出版行业领军人才""数字出版先进人物""北京市新闻出版广电行业领军人才"等称号。

社科文献出版社是中国人文社会科学学术出版的大社名社，也是以皮书为代表的智库成果出版的专业强社。年出版图书2000余种，其中皮书400余种，出版新书字数5.5亿字，承印与发行中国社科院院属期刊72种，先后创立了皮书系列、列国志、中国史话、社科文献学术译库、社科文献学术文库、甲骨文书系等一大批既有学术影响又有市场价值的品牌，确立了在社会学、近代史、苏东问题研究等专业学科及领域出版的领先地位。图书多次荣获中国出版政府奖、"三个一百"原创图书出版工程、"五个'一'工程奖"、"大众喜爱的50种图书"等奖项，在中央国家机关"强素质·做表率"读书活动中，入选图书品种数位居各大出版社之首。

社科文献出版社是中国学术出版规范与标准的倡议者与制定者，代表全国50多家出版社发起实施学术著作出版规范的倡议，承担学术著作规范国家标准的起草工作，率先编撰完成《皮书手册》对皮书品牌进行规范化管理，并在此基础上推出中国版芝加哥手册——《社科文献出版社学术出版手册》。

社科文献出版社是中国数字出版的引领者，拥有皮书数据库、列国志数据库、"一带一路"数据库、减贫数据库、集刊数据库等4大产品线11个数据库产品，机构用户达1300余家，海外用户百余家，荣获"数字出版转型示范单位""新闻出版标准化先进单位""专业数字内容资源知识服务模式试点企业标准化示范单位"等称号。

社科文献出版社是中国学术出版走出去的践行者。社科文献出版社海外图书出版与学术合作业务遍及全球40余个国家和地区，并于2016年成立俄罗斯分社，累计输出图书500余种，涉及近20个语种，累计获得国家社科基金中华学术外译项目资助76种、"丝路书香工程"项目资助60种、中国图书对外推广计划项目资助71种以及经典中国国际出版工程资助28种，被五部委联合认定为"2015-2016年度国家文化出口重点企业"。

如今，社科文献出版社完全靠自身积累拥有固定资产3.6亿元，年收入3亿元，设置了七大出版分社、六大专业部门，成立了皮书研究院和博士后科研工作站，培养了一支近400人的高素质与高效率的编辑、出版、营销和国际推广队伍，为未来成为学术出版的大社、名社、强社，成为文化体制改革与文化企业转型发展的排头兵奠定了坚实的基础。

宏 观 经 济 类

经济蓝皮书

2018 年中国经济形势分析与预测

李平 / 主编　2017 年 12 月出版　定价：89.00 元

◆　本书为总理基金项目，由著名经济学家李扬领衔，联合中国社会科学院等数十家科研机构、国家部委和高等院校的专家共同撰写，系统分析了 2017 年的中国经济形势并预测 2018 年中国经济运行情况。

城市蓝皮书

中国城市发展报告 No.11

潘家华　单菁菁 / 主编　2018 年 9 月出版　估价：99.00 元

◆　本书是由中国社会科学院城市发展与环境研究中心编著的，多角度、全方位地立体展示了中国城市的发展状况，并对中国城市的未来发展提出了许多建议。该书有强烈的时代感，对中国城市发展实践有重要的参考价值。

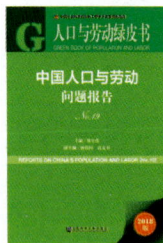

人口与劳动绿皮书

中国人口与劳动问题报告 No.19

张车伟 / 主编　2018 年 10 月出版　估价：99.00 元

◆　本书为中国社会科学院人口与劳动经济研究所主编的年度报告，对当前中国人口与劳动形势做了比较全面和系统的深入讨论，为研究中国人口与劳动问题提供了一个专业性的视角。

中国省域竞争力蓝皮书

中国省域经济综合竞争力发展报告（2017～2018）

李建平　李闽榕　高燕京／主编　2018年5月出版　估价：198.00元

◆　本书融多学科的理论为一体，深入追踪研究了省域经济发展与中国国家竞争力的内在关系，为提升中国省域经济综合竞争力提供有价值的决策依据。

金融蓝皮书

中国金融发展报告（2018）

王国刚／主编　2018年2月出版　估价：99.00元

◆　本书由中国社会科学院金融研究所组织编写，概括和分析了2017年中国金融发展和运行中的各方面情况，研讨和评论了2017年发生的主要金融事件，有利于读者了解掌握2017年中国的金融状况，把握2018年中国金融的走势。

区 域 经 济 类

京津冀蓝皮书

京津冀发展报告（2018）

祝合良　叶堂林　张贵祥／等著　2018年6月出版　估价：99.00元

◆　本书遵循问题导向与目标导向相结合、统计数据分析与大数据分析相结合、纵向分析和长期监测与结构分析和综合监测相结合等原则，对京津冀协同发展新形势与新进展进行测度与评价。

社会政法类

社会蓝皮书

2018 年中国社会形势分析与预测

李培林　陈光金　张翼 / 主编　2017 年 12 月出版　定价：89.00 元

◆　本书由中国社会科学院社会学研究所组织研究机构专家、高校学者和政府研究人员撰写，聚焦当下社会热点，对 2017 年中国社会发展的各个方面内容进行了权威解读，同时对 2018 年社会形势发展趋势进行了预测。

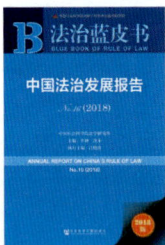

法治蓝皮书

中国法治发展报告 No.16（2018）

李林　田禾 / 主编　2018 年 3 月出版　估价：118.00 元

◆　本年度法治蓝皮书回顾总结了 2017 年度中国法治发展取得的成就和存在的不足，对中国政府、司法、检务透明度进行了跟踪调研，并对 2018 年中国法治发展形势进行了预测和展望。

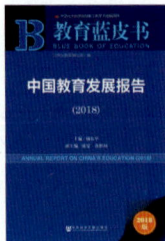

教育蓝皮书

中国教育发展报告（2018）

杨东平 / 主编　2018 年 4 月出版　估价：99.00 元

◆　本书重点关注了 2017 年教育领域的热点，资料翔实，分析有据，既有专题研究，又有实践案例，从多角度对 2017 年教育改革和实践进行了分析和研究。

社会体制蓝皮书

中国社会体制改革报告 No.6（2018）

龚维斌 / 主编　2018 年 3 月出版　估价：99.00 元

◆ 本书由国家行政学院社会治理研究中心和北京师范大学中国社会管理研究院共同组织编写，主要对 2017 年社会体制改革情况进行回顾和总结，对 2018 年的改革走向进行分析，提出相关政策建议。

社会心态蓝皮书

中国社会心态研究报告（2018）

王俊秀　杨宜音 / 主编　2018 年 12 月出版　估价：99.00 元

◆ 本书是中国社会科学院社会学研究所社会心理研究中心"社会心态蓝皮书课题组"的年度研究成果，运用社会心理学、社会学、经济学、传播学等多种学科的方法进行了调查和研究，对于目前中国社会心态状况有较广泛和深入的揭示。

华侨华人蓝皮书

华侨华人研究报告（2018）

贾益民 / 主编　2018 年 1 月出版　估价：139.00 元

◆ 本书关注华侨华人生产与生活的方方面面。华侨华人是中国建设 21 世纪海上丝绸之路的重要中介者、推动者和参与者。本书旨在全面调研华侨华人，提供最新涉侨动态、理论研究成果和政策建议。

民族发展蓝皮书

中国民族发展报告（2018）

王延中 / 主编　2018 年 10 月出版　估价：188.00 元

◆ 本书从民族学人类学视角，研究近年来少数民族和民族地区的发展情况，展示民族地区经济、政治、文化、社会和生态文明"五位一体"建设取得的辉煌成就和面临的困难挑战，为深刻理解中央民族工作会议精神、加快民族地区全面建成小康社会进程提供了实证材料。

产业经济类

房地产蓝皮书

中国房地产发展报告 No.15（2018）

李春华　王业强 / 主编　2018 年 5 月出版　估价：99.00 元

◆　2018 年《房地产蓝皮书》持续追踪中国房地产市场最新动态，深度剖析市场热点，展望 2018 年发展趋势，积极谋划应对策略。对 2017 年房地产市场的发展态势进行全面、综合的分析。

新能源汽车蓝皮书

中国新能源汽车产业发展报告（2018）

中国汽车技术研究中心　　日产（中国）投资有限公司

东风汽车有限公司 / 编著　　2018 年 8 月出版　　估价：99.00 元

◆　本书对中国 2017 年新能源汽车产业发展进行了全面系统的分析，并介绍了国外的发展经验。有助于相关机构、行业和社会公众等了解中国新能源汽车产业发展的最新动态，为政府部门出台新能源汽车产业相关政策法规、企业制定相关战略规划，提供必要的借鉴和参考。

行业及其他类

旅游绿皮书

2017 ~ 2018 年中国旅游发展分析与预测

中国社会科学院旅游研究中心 / 编　2018 年 2 月出版　估价：99.00 元

◆　本书从政策、产业、市场、社会等多个角度勾画出 2017 年中国旅游发展全貌，剖析了其中的热点和核心问题，并就未来发展作出预测。

民营医院蓝皮书

中国民营医院发展报告（2018）

薛晓林／主编　2018年1月出版　估价：99.00元

◆　本书在梳理国家对社会办医的各种利好政策的前提下，对我国民营医疗发展现状、我国民营医院竞争力进行了分析，并结合我国医疗体制改革对民营医院的发展趋势、发展策略、战略规划等方面进行了预估。

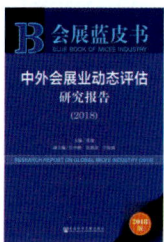

会展蓝皮书

中外会展业动态评估研究报告（2018）

张敏／主编　2018年12月出版　估价：99.00元

◆　本书回顾了2017年的会展业发展动态，结合"供给侧改革"、"互联网＋"、"绿色经济"的新形势分析了我国展会的行业现状，并介绍了国外的发展经验，有助于行业和社会了解最新的展会业动态。

中国上市公司蓝皮书

中国上市公司发展报告（2018）

张平　王宏淼／主编　2018年9月出版　估价：99.00元

◆　本书由中国社会科学院上市公司研究中心组织编写的，着力于全面、真实、客观反映当前中国上市公司财务状况和价值评估的综合性年度报告。本书详尽分析了2017年中国上市公司情况，特别是现实中暴露出的制度性、基础性问题，并对资本市场改革进行了探讨。

工业和信息化蓝皮书

人工智能发展报告（2017～2018）

尹丽波／主编　2018年6月出版　估价：99.00元

◆　本书国家工业信息安全发展研究中心在对2017年全球人工智能技术和产业进行全面跟踪研究基础上形成的研究报告。该报告内容翔实、视角独特，具有较强的产业发展前瞻性和预测性，可为相关主管部门、行业协会、企业等全面了解人工智能发展形势以及进行科学决策提供参考。

国际问题与全球治理类

世界经济黄皮书

2018年世界经济形势分析与预测

张宇燕 / 主编   2018年1月出版   估价：99.00元

◆ 本书由中国社会科学院世界经济与政治研究所的研究团队撰写，分总论、国别与地区、专题、热点、世界经济统计与预测等五个部分，对2018年世界经济形势进行了分析。

国际城市蓝皮书

国际城市发展报告（2018）

屠启宇 / 主编   2018年2月出版   估价：99.00元

◆ 本书作者以上海社会科学院从事国际城市研究的学者团队为核心，汇集同济大学、华东师范大学、复旦大学、上海交通大学、南京大学、浙江大学相关城市研究专业学者。立足动态跟踪介绍国际城市发展时间中，最新出现的重大战略、重大理念、重大项目、重大报告和最佳案例。

非洲黄皮书

非洲发展报告 No.20（2017～2018）

张宏明 / 主编   2018年7月出版   估价：99.00元

◆ 本书是由中国社会科学院西亚非洲研究所组织编撰的非洲形势年度报告，比较全面、系统地分析了2017年非洲政治形势和热点问题，探讨了非洲经济形势和市场走向，剖析了大国对非洲关系的新动向；此外，还介绍了国内非洲研究的新成果。

国别类

美国蓝皮书

美国研究报告（2018）

郑秉文 黄平 / 主编 2018 年 5 月出版 估价：99.00 元

◆ 本书是由中国社会科学院美国研究所主持完成的研究成果，它回顾了美国 2017 年的经济、政治形势与外交战略，对美国内政外交发生的重大事件及重要政策进行了较为全面的回顾和梳理。

德国蓝皮书

德国发展报告（2018）

郑春荣 / 主编 2018 年 6 月出版 估价：99.00 元

◆ 本报告由同济大学德国研究所组织编撰，由该领域的专家学者对德国的政治、经济、社会文化、外交等方面的形势发展情况，进行全面的阐述与分析。

俄罗斯黄皮书

俄罗斯发展报告（2018）

李永全 / 编著 2018 年 6 月出版 估价：99.00 元

◆ 本书系统介绍了 2017 年俄罗斯经济政治情况，并对 2016 年该地区发生的焦点、热点问题进行了分析与回顾；在此基础上，对该地区 2018 年的发展前景进行了预测。

文 化 传 媒 类

新媒体蓝皮书

中国新媒体发展报告 No.9（2018）

唐绪军 / 主编　2018 年 6 月出版　估价：99.00 元

◆　本书是由中国社会科学院新闻与传播研究所组织编写的关于新媒体发展的最新年度报告，旨在全面分析中国新媒体的发展现状，解读新媒体的发展趋势，探析新媒体的深刻影响。

移动互联网蓝皮书

中国移动互联网发展报告（2018）

余清楚 / 主编　　2018 年 6 月出版　估价：99.00 元

◆　本书着眼于对 2017 年度中国移动互联网的发展情况做深入解析，对未来发展趋势进行预测，力求从不同视角、不同层面全面剖析中国移动互联网发展的现状、年度突破及热点趋势等。

文化蓝皮书

中国文化消费需求景气评价报告（2018）

王亚南 / 主编　2018 年 2 月出版　估价：99.00 元

◆　本书首创全国文化发展量化检测评价体系，也是至今全国唯一的文化民生量化检测评价体系，对于检验全国及各地 " 以人民为中心 " 的文化发展具有首创意义。

地方发展类

北京蓝皮书

北京经济发展报告（2017～2018）

杨松 / 主编　2018 年 6 月出版　估价：99.00 元

◆　本书对 2017 年北京市经济发展的整体形势进行了系统性的分析与回顾，并对 2018 年经济形势走势进行了预测与研判，聚焦北京市经济社会发展中的全局性、战略性和关键领域的重点问题，运用定量和定性分析相结合的方法，对北京市经济社会发展的现状、问题、成因进行了深入分析，提出了可操作性的对策建议。

温州蓝皮书

2018 年温州经济社会形势分析与预测

蒋儒标　王春光　金浩 / 主编　2018 年 4 月出版　估价：99.00 元

◆　本书是中共温州市委党校和中国社会科学院社会学研究所合作推出的第十一本温州蓝皮书，由来自党校、政府部门、科研机构、高校的专家、学者共同撰写的 2017 年温州区域发展形势的最新研究成果。

黑龙江蓝皮书

黑龙江社会发展报告（2018）

王爱丽 / 主编　2018 年 6 月出版　估价：99.00 元

◆　本书以千份随机抽样问卷调查和专题研究为依据，运用社会学理论框架和分析方法，从专家和学者的独特视角，对 2017 年黑龙江省关系民生的问题进行广泛的调研与分析，并对 2017 年黑龙江省诸多社会热点和焦点问题进行了有益的探索。这些研究不仅可以为政府部门更加全面深入了解省情、科学制定决策提供智力支持，同时也可以为广大读者认识、了解、关注黑龙江社会发展提供理性思考。

宏观经济类

城市蓝皮书
中国城市发展报告（No.11）
著(编)者：潘家华　单菁菁
2018年9月出版 / 估价：99.00元
PSN B-2007-091-1/1

城乡一体化蓝皮书
中国城乡一体化发展报告（2018）
著(编)者：付崇兰
2018年9月出版 / 估价：99.00元
PSN B-2011-226-1/2

城镇化蓝皮书
中国新型城镇化健康发展报告（2018）
著(编)者：张占斌
2018年8月出版 / 估价：99.00元
PSN B-2014-396-1/1

创新蓝皮书
创新型国家建设报告（2018~2019）
著(编)者：詹正茂
2018年12月出版 / 估价：99.00元
PSN B-2009-140-1/1

低碳发展蓝皮书
中国低碳发展报告（2018）
著(编)者：张希良　齐晔
2018年6月出版 / 估价：99.00元
PSN B-2011-223-1/1

低碳经济蓝皮书
中国低碳经济发展报告（2018）
著(编)者：薛进军　赵忠秀
2018年11月出版 / 估价：99.00元
PSN B-2011-194-1/1

发展和改革蓝皮书
中国经济发展和体制改革报告No.9
著(编)者：邹东涛　王再文
2018年1月出版 / 估价：99.00元
PSN B-2008-122-1/1

国家创新蓝皮书
中国创新发展报告（2017）
著(编)者：陈劲　2018年3月出版 / 估价：99.00元
PSN B-2014-370-1/1

金融蓝皮书
中国金融发展报告（2018）
著(编)者：王国刚
2018年2月出版 / 估价：99.00元
PSN B-2004-031-1/7

经济蓝皮书
2018年中国经济形势分析与预测
著(编)者：李平　2017年12月出版 / 定价：89.00元
PSN B-1996-001-1/1

经济蓝皮书春季号
2018年中国经济前景分析
著(编)者：李扬　2018年5月出版 / 估价：99.00元
PSN B-1999-008-1/1

经济蓝皮书夏季号
中国经济增长报告（2017~2018）
著(编)者：李扬　2018年9月出版 / 估价：99.00元
PSN B-2010-176-1/1

经济信息绿皮书
中国与世界经济发展报告（2018）
著(编)者：杜平
2017年12月出版 / 估价：99.00元
PSN G-2003-023-1/1

农村绿皮书
中国农村经济形势分析与预测（2017~2018）
著(编)者：魏后凯　黄秉信
2018年4月出版 / 估价：99.00元
PSN G-1998-003-1/1

人口与劳动绿皮书
中国人口与劳动问题报告No.19
著(编)者：张车伟　2018年11月出版 / 估价：99.00元
PSN G-2000-012-1/1

新型城镇化蓝皮书
新型城镇化发展报告（2017）
著(编)者：李伟　宋敏　沈体雁
2018年3月出版 / 估价：99.00元
PSN B-2005-038-1/1

中国省域竞争力蓝皮书
中国省域经济综合竞争力发展报告（2016~2017）
著(编)者：李建平　李闽榕　高燕京
2018年2月出版 / 估价：198.00元
PSN B-2007-088-1/1

中小城市绿皮书
中国中小城市发展报告（2018）
著(编)者：中国城市经济学会中小城市经济发展委员会
中国城镇化促进会中小城市发展委员会
《中国中小城市发展报告》编纂委员会
中小城市发展战略研究院
2018年11月出版 / 估价：128.00元
PSN G-2010-161-1/1

区域经济类

东北蓝皮书
中国东北地区发展报告（2018）
著(编)者：姜晓秋　2018年11月出版 / 估价：99.00元
PSN B-2006-067-1/1

金融蓝皮书
中国金融中心发展报告（2017~2018）
著(编)者：王力 黄育华　2018年11月出版 / 估价：99.00元
PSN B-2011-186-6/7

京津冀蓝皮书
京津冀发展报告（2018）
著(编)者：祝合良 叶堂林 张贵祥
2018年6月出版 / 估价：99.00元
PSN B-2012-262-1/1

西北蓝皮书
中国西北发展报告（2018）
著(编)者：任宗哲 白宽犁 王建康
2018年4月出版 / 估价：99.00元
PSN B-2012-261-1/1

西部蓝皮书
中国西部发展报告（2018）
著(编)者：璋勇 任保平　2018年8月出版 / 估价：99.00元
PSN B-2005-039-1/1

长江经济带产业蓝皮书
长江经济带产业发展报告（2018）
著(编)者：吴传清　2018年11月出版 / 估价：128.00元
PSN B-2017-666-1/1

长江经济带蓝皮书
长江经济带发展报告（2017~2018）
著(编)者：王振　2018年11月出版 / 估价：99.00元
PSN B-2016-575-1/1

长江中游城市群蓝皮书
长江中游城市群新型城镇化与产业协同发展报告（2018）
著(编)者：杨刚强　2018年11月出版 / 估价：99.00元
PSN B-2016-578-1/1

长三角蓝皮书
2017年创新融合发展的长三角
著(编)者：刘飞跃　2018年3月出版 / 估价：99.00元
PSN B-2005-038-1/1

长株潭城市群蓝皮书
长株潭城市群发展报告（2017）
著(编)者：张萍 朱有志　2018年1月出版 / 估价：99.00元
PSN B-2008-109-1/1

中部竞争力蓝皮书
中国中部经济社会竞争力报告（2018）
著(编)者：教育部人文社会科学重点研究基地南昌大学中国
　　　　　中部经济社会发展研究中心
2018年12月出版 / 估价：99.00元
PSN B-2012-276-1/1

中部蓝皮书
中国中部地区发展报告（2018）
著(编)者：宋亚平　2018年12月出版 / 估价：99.00元
PSN B-2007-089-1/1

区域蓝皮书
中国区域经济发展报告（2017~2018）
著(编)者：赵弘　2018年5月出版 / 估价：99.00元
PSN B-2004-034-1/1

中三角蓝皮书
长江中游城市群发展报告（2018）
著(编)者：秦尊文　2018年9月出版 / 估价：99.00元
PSN B-2014-417-1/1

中原蓝皮书
中原经济区发展报告（2018）
著(编)者：李英杰　2018年6月出版 / 估价：99.00元
PSN B-2011-192-1/1

珠三角流通蓝皮书
珠三角商圈发展研究报告（2018）
著(编)者：王先庆 林至颖　2018年7月出版 / 估价：99.00元
PSN B-2012-292-1/1

社会政法类

北京蓝皮书
中国社区发展报告（2017~2018）
著(编)者：于燕燕　2018年9月出版 / 估价：99.00元
PSN B-2007-083-5/8

殡葬绿皮书
中国殡葬事业发展报告（2017~2018）
著(编)者：李伯森　2018年4月出版 / 估价：158.00元
PSN G-2010-180-1/1

城市管理蓝皮书
中国城市管理报告（2017-2018）
著(编)者：刘林 刘承水　2018年5月出版 / 估价：158.00元
PSN B-2013-336-1/1

城市生活质量蓝皮书
中国城市生活质量报告（2017）
著(编)者：张连城 张平 杨春半 郎丽华
2018年2月出版 / 估价：99.00元
PSN B-2013-326-1/1

城市政府能力蓝皮书
中国城市政府公共服务能力评估报告（2018）
著(编)者：何艳玲　2018年4月出版 / 估价：99.00元
PSN B-2013-338-1/1

创业蓝皮书
中国创业发展研究报告（2017～2018）
著(编)者：黄群慧 赵卫星 钟宏武
2018年11月出版 / 估价：99.00元
PSN B-2016-577-1/1

慈善蓝皮书
中国慈善发展报告（2018）
著(编)者：杨团　2018年6月出版 / 估价：99.00元
PSN B-2009-142-1/1

党建蓝皮书
党的建设研究报告No.2（2018）
著(编)者：崔建民 陈东平　2018年1月出版 / 估价：99.00元
PSN B-2016-523-1/1

地方法治蓝皮书
中国地方法治发展报告No.3（2018）
著(编)者：李林 田禾　2018年3月出版 / 估价：118.00元
PSN B-2015-442-1/1

电子政务蓝皮书
中国电子政务发展报告（2018）
著(编)者：李季　2018年8月出版 / 估价：99.00元
PSN B-2003-022-1/1

法治蓝皮书
中国法治发展报告No.16（2018）
著(编)者：吕艳滨　2018年3月出版 / 估价：118.00元
PSN B-2004-027-1/3

法治蓝皮书
中国法院信息化发展报告 No.2（2018）
著(编)者：李林 田禾　2018年2月出版 / 估价：108.00元
PSN B-2017-604-3/3

法治政府蓝皮书
中国法治政府发展报告（2018）
著(编)者：中国政法大学法治政府研究院
2018年4月出版 / 估价：99.00元
PSN B-2015-502-1/2

法治政府蓝皮书
中国法治政府评估报告（2018）
著(编)者：中国政法大学法治政府研究院
2018年9月出版 / 估价：168.00元
PSN B-2016-576-2/2

反腐倡廉蓝皮书
中国反腐倡廉建设报告 No.8
著(编)者：张英伟　2018年12月出版 / 估价：99.00元
PSN B-2012-259-1/1

扶贫蓝皮书
中国扶贫开发报告（2018）
著(编)者：李培林 魏后凯　2018年12月出版 / 估价：128.00元
PSN B-2016-599-1/1

妇女发展蓝皮书
中国妇女发展报告 No.6
著(编)者：王金玲　2018年9月出版 / 估价：158.00元
PSN B-2006-069-1/1

妇女教育蓝皮书
中国妇女教育发展报告 No.3
著(编)者：张李玺　2018年10月出版 / 估价：99.00元
PSN B-2008-121-1/1

妇女绿皮书
2018年：中国性别平等与妇女发展报告
著(编)者：谭琳　2018年12月出版 / 估价：99.00元
PSN G-2006-073-1/1

公共安全蓝皮书
中国城市公共安全发展报告（2017～2018）
著(编)者：黄育华 杨文明 赵建辉
2018年6月出版 / 估价：99.00元
PSN B-2017-628-1/1

公共服务蓝皮书
中国城市基本公共服务力评价（2018）
著(编)者：钟君 刘志昌 吴正杲
2018年12月出版 / 估价：99.00元
PSN B-2011-214-1/1

公民科学素质蓝皮书
中国公民科学素质报告（2017～2018）
著(编)者：李群 陈雄 马宗文
2018年1月出版 / 估价：99.00元
PSN B-2014-379-1/1

公益蓝皮书
中国公益慈善发展报告（2016）
著(编)者：朱健刚 胡小军　2018年2月出版 / 估价：99.00元
PSN B-2012-283-1/1

国际人才蓝皮书
中国国际移民报告（2018）
著(编)者：王辉耀　2018年2月出版 / 估价：99.00元
PSN B-2012-304-3/4

国际人才蓝皮书
中国留学发展报告（2018）No.7
著(编)者：王辉耀 苗绿　2018年12月出版 / 估价：99.00元
PSN B-2012-244-2/4

海洋社会蓝皮书
中国海洋社会发展报告（2017）
著(编)者：崔凤 宋宁而　2018年3月出版 / 估价：99.00元
PSN B-2015-478-1/1

行政改革蓝皮书
中国行政体制改革报告No.7（2018）
著(编)者：魏礼群　2018年6月出版 / 估价：99.00元
PSN B-2011-231-1/1

华侨华人蓝皮书
华侨华人研究报告（2017）
著(编)者：贾益民　2018年1月出版 / 估价：139.00元
PSN B-2011-204-1/1

环境竞争力绿皮书
中国省域环境竞争力发展报告（2018）
著(编)者: 李建平 李闽榕 王金南
2018年11月出版 / 估价: 198.00元
PSN G-2010-165-1/1

环境绿皮书
中国环境发展报告（2017~2018）
著(编)者: 李波　2018年4月出版 / 估价: 99.00元
PSN G-2006-048-1/1

家庭蓝皮书
中国"创建幸福家庭活动"评估报告（2018）
著(编)者: 国务院发展研究中心"创建幸福家庭活动评估"课题组
2018年12月出版 / 估价: 99.00元
PSN B-2015-508-1/1

健康城市蓝皮书
中国健康城市建设研究报告（2018）
著(编)者: 王鸿春 盛继洪　2018年12月出版 / 估价: 99.00元
PSN B-2016-564-2/2

健康中国蓝皮书
社区首诊与健康中国分析报告（2018）
著(编)者: 高和荣 杨叔禹 姜杰
2018年4月出版 / 估价: 99.00元
PSN B-2017-611-1/1

教师蓝皮书
中国中小学教师发展报告（2017）
著(编)者: 曾晓东 鱼霞　2018年6月出版 / 估价: 99.00元
PSN B-2012-289-1/1

教育扶贫蓝皮书
中国教育扶贫报告（2018）
著(编)者: 司树杰 王文静 李兴洲
2018年12月出版 / 估价: 99.00元
PSN B-2016-590-1/1

教育蓝皮书
中国教育发展报告（2018）
著(编)者: 杨东平　2018年4月出版 / 估价: 99.00元
PSN B-2006-047-1/1

金融法治建设蓝皮书
中国金融法治建设年度报告（2015~2016）
著(编)者: 朱小黄　2018年6月出版 / 估价: 99.00元
PSN B-2017-633-1/1

京津冀教育蓝皮书
京津冀教育发展研究报告（2017~2018）
著(编)者: 方中雄　2018年4月出版 / 估价: 99.00元
PSN B-2017-608-1/1

就业蓝皮书
2018年中国本科生就业报告
著(编)者: 麦可思研究院　2018年6月出版 / 估价: 99.00元
PSN B-2009-146-1/2

就业蓝皮书
2018年中国高职高专生就业报告
著(编)者: 麦可思研究院　2018年6月出版 / 估价: 99.00元
PSN B-2015-472-2/2

科学教育蓝皮书
中国科学教育发展报告（2018）
著(编)者: 王康友　2018年10月出版 / 估价: 99.00元
PSN B-2015-487-1/1

劳动保障蓝皮书
中国劳动保障发展报告（2018）
著(编)者: 刘燕斌　2018年9月出版 / 估价: 158.00元
PSN B-2014-415-1/1

老龄蓝皮书
中国老年宜居环境发展报告（2017）
著(编)者: 党俊武 周燕珉　2018年1月出版 / 估价: 99.00元
PSN B-2013-320-1/1

连片特困区蓝皮书
中国连片特困区发展报告（2017~2018）
著(编)者: 游俊 冷志明 丁建军
2018年4月出版 / 估价: 99.00元
PSN B-2013-321-1/1

流动儿童蓝皮书
中国流动儿童教育发展报告（2017）
著(编)者: 杨东平　2018年1月出版 / 估价: 99.00元
PSN B-2017-600-1/1

民调蓝皮书
中国民生调查报告（2018）
著(编)者: 谢耘耕　2018年12月出版 / 估价: 99.00元
PSN B-2014-398-1/1

民族发展蓝皮书
中国民族发展报告（2018）
著(编)者: 王延中　2018年10月出版 / 估价: 188.00元
PSN B-2006-070-1/1

女性生活蓝皮书
中国女性生活状况报告No.12（2018）
著(编)者: 韩湘景　2018年7月出版 / 估价: 99.00元
PSN B-2006-071-1/1

汽车社会蓝皮书
中国汽车社会发展报告（2017~2018）
著(编)者: 王俊秀　2018年1月出版 / 估价: 99.00元
PSN B-2011-224-1/1

青年蓝皮书
中国青年发展报告（2018）No.3
著(编)者: 廉思　2018年4月出版 / 估价: 99.00元
PSN B-2013-333-1/1

青少年蓝皮书
中国未成年人互联网运用报告（2017~2018）
著(编)者: 季为民 李文革 沈杰
2018年11月出版 / 估价: 99.00元
PSN B-2010-156-1/1

人权蓝皮书
中国人权事业发展报告No.8（2018）
著（编）者：李君如　2018年9月出版／估价：99.00元
PSN B-2011-215-1/1

社会保障绿皮书
中国社会保障发展报告No.9（2018）
著（编）者：王延中　2018年1月出版／估价：99.00元
PSN G-2001-014-1/1

社会风险评估蓝皮书
风险评估与危机预警报告（2017～2018）
著（编）者：唐钧　2018年8月出版／估价：99.00元
PSN B-2012-293-1/1

社会工作蓝皮书
中国社会工作发展报告（2016~2017）
著（编）者：民政部社会工作研究中心
2018年8月出版／估价：99.00元
PSN B-2009-141-1/1

社会管理蓝皮书
中国社会管理创新报告No.6
著（编）者：连玉明　2018年11月出版／估价：99.00元
PSN B-2012-300-1/1

社会蓝皮书
2018年中国社会形势分析与预测
著（编）者：李培林　陈光金　张翼
2017年12月出版／定价：89.00元
PSN B-1998-002-1/1

社会体制蓝皮书
中国社会体制改革报告No.6（2018）
著（编）者：龚维斌　2018年3月出版／估价：99.00元
PSN B-2013-330-1/1

社会心态蓝皮书
中国社会心态研究报告（2018）
著（编）者：王俊秀　2018年12月出版／估价：99.00元
PSN B-2011-199-1/1

社会组织蓝皮书
中国社会组织报告（2017-2018）
著（编）者：黄晓勇　2018年1月出版／估价：99.00元
PSN B-2008-118-1/2

社会组织蓝皮书
中国社会组织评估发展报告（2018）
著（编）者：徐家良　2018年12月出版／估价：99.00元
PSN B-2013-366-2/2

生态城市绿皮书
中国生态城市建设发展报告（2018）
著（编）者：刘举科　孙伟平　胡文臻
2018年9月出版／估价：158.00元
PSN G-2012-269-1/1

生态文明绿皮书
中国省域生态文明建设评价报告（ECI 2018）
著（编）者：严耕　2018年12月出版／估价：99.00元
PSN G-2010-170-1/1

退休生活蓝皮书
中国城市居民退休生活质量指数报告（2017）
著（编）者：杨一帆　2018年5月出版／估价：99.00元
PSN B-2017-618-1/1

危机管理蓝皮书
中国危机管理报告（2018）
著（编）者：文学国　范正青
2018年8月出版／估价：99.00元
PSN B-2010-171-1/1

学会蓝皮书
2018年中国学会发展报告
著（编）者：麦可思研究院
2018年12月出版／估价：99.00元
PSN B-2016-597-1/1

医改蓝皮书
中国医药卫生体制改革报告（2017～2018）
著（编）者：文学国　房志武
2018年11月出版／估价：99.00元
PSN B-2014-432-1/1

应急管理蓝皮书
中国应急管理报告（2018）
著（编）者：宋英华　2018年9月出版／估价：99.00元
PSN B-2016-562-1/1

政府绩效评估蓝皮书
中国地方政府绩效评估报告 No.2
著（编）者：贠杰　2018年12月出版／估价：99.00元
PSN B-2017-672-1/1

政治参与蓝皮书
中国政治参与报告（2018）
著（编）者：房宁　2018年8月出版／估价：128.00元
PSN B-2011-200-1/1

政治文化蓝皮书
中国政治文化报告（2018）
著（编）者：邢元敏　魏大鹏　龚克
2018年8月出版／估价：128.00元
PSN B-2017-615-1/1

中国传统村落蓝皮书
中国传统村落保护现状报告（2018）
著（编）者：胡彬彬　李向军　王晓波
2018年12月出版／估价：99.00元
PSN B-2017-663-1/1

中国农村妇女发展蓝皮书
农村流动女性城市生活发展报告（2018）
著（编）者：谢丽华　2018年12月出版／估价：99.00元
PSN B-2014-434-1/1

宗教蓝皮书
中国宗教报告（2017）
著（编）者：邱永辉　2018年8月出版／估价：99.00元
PSN B-2008-117-1/1

产业经济类

保健蓝皮书
中国保健服务产业发展报告 No.2
著(编)者：中国保健协会　中共中央党校
2018年7月出版 / 估价：198.00元
PSN B-2012-272-3/3

保健蓝皮书
中国保健食品产业发展报告 No.2
著(编)者：中国保健协会
　　　　中国社会科学院食品药品产业发展与监管研究中心
2018年8月出版 / 估价：198.00元
PSN B-2012-271-2/3

保健蓝皮书
中国保健用品产业发展报告 No.2
著(编)者：中国保健协会
　　　　国务院国有资产监督管理委员会研究中心
2018年3月出版 / 估价：198.00元
PSN B-2012-270-1/3

保险蓝皮书
中国保险业竞争力报告（2018）
著(编)者：保监会　2018年12月出版 / 估价：99.00元
PSN B-2013-311-1/1

冰雪蓝皮书
中国冰上运动产业发展报告（2018）
著(编)者：孙承华 杨占武 刘戈 张鸿俊
2018年9月出版 / 估价：99.00元
PSN B-2017-648-3/3

冰雪蓝皮书
中国滑雪产业发展报告（2018）
著(编)者：孙承华 伍斌 魏庆华 张鸿俊
2018年9月出版 / 估价：99.00元
PSN B-2016-559-1/3

餐饮产业蓝皮书
中国餐饮产业发展报告（2018）
著(编)者：邢颖
2018年6月出版 / 估价：99.00元
PSN B-2009-151-1/1

茶业蓝皮书
中国茶产业发展报告（2018）
著(编)者：杨江帆 李闽榕
2018年10月出版 / 估价：99.00元
PSN B-2010-164-1/1

产业安全蓝皮书
中国文化产业安全报告（2018）
著(编)者：北京印刷学院文化产业安全研究院
2018年12月出版 / 估价：99.00元
PSN B-2014-378-12/14

产业安全蓝皮书
中国新媒体产业安全报告（2016~2017）
著(编)者：肖丽　2018年6月出版 / 估价：99.00元
PSN B-2015-500-14/14

产业安全蓝皮书
中国出版传媒产业安全报告（2017~2018）
著(编)者：北京印刷学院文化产业安全研究院
2018年3月出版 / 估价：99.00元
PSN B-2014-384-13/14

产业蓝皮书
中国产业竞争力报告（2018）No.8
著(编)者：张其仔　2018年12月出版 / 估价：168.00元
PSN B-2010-175-1/1

动力电池蓝皮书
中国新能源汽车动力电池产业发展报告（2018）
著(编)者：中国汽车技术研究中心
2018年8月出版 / 估价：99.00元
PSN B-2017-639-1/1

杜仲产业绿皮书
中国杜仲橡胶资源与产业发展报告（2017~2018）
著(编)者：杜红岩 胡文臻 俞锐
2018年1月出版 / 估价：99.00元
PSN G-2013-350-1/1

房地产蓝皮书
中国房地产发展报告No.15（2018）
著(编)者：李春华 王业强
2018年5月出版 / 估价：99.00元
PSN B-2004-028-1/1

服务外包蓝皮书
中国服务外包产业发展报告（2017~2018）
著(编)者：王晓红 刘德军
2018年6月出版 / 估价：99.00元
PSN B-2013-331-2/2

服务外包蓝皮书
中国服务外包竞争力报告（2017~2018）
著(编)者：刘春生 王力 黄育华
2018年12月出版 / 估价：99.00元
PSN B-2011-216-1/2

工业和信息化蓝皮书
世界信息技术产业发展报告（2017~2018）
著(编)者：尹丽波　2018年6月出版 / 估价：99.00元
PSN B-2015-449-2/6

工业和信息化蓝皮书
战略性新兴产业发展报告（2017~2018）
著(编)者：尹丽波　2018年6月出版 / 估价：99.00元
PSN B-2015-450-3/6

客车蓝皮书
中国客车产业发展报告（2017～2018）
著(编)者：姚蔚　2018年10月出版 / 估价：99.00元
PSN B-2013-361-1/1

流通蓝皮书
中国商业发展报告（2018～2019）
著(编)者：王雪峰 林诗慧
2018年7月出版 / 估价：99.00元
PSN B-2009-152-1/2

能源蓝皮书
中国能源发展报告（2018）
著(编)者：崔民选 王军生 陈义和
2018年12月出版 / 估价：99.00元
PSN B-2006-049-1/1

农产品流通蓝皮书
中国农产品流通产业发展报告（2017）
著(编)者：贾敬敦 张东科 张玉玺 张鹏毅 周伟
2018年1月出版 / 估价：99.00元
PSN B-2012-288-1/1

汽车工业蓝皮书
中国汽车工业发展年度报告（2018）
著(编)者：中国汽车工业协会
　　　　　中国汽车技术研究中心
　　　　　丰田汽车公司
2018年5月出版 / 估价：168.00元
PSN B-2015-463-1/2

汽车工业蓝皮书
中国汽车零部件产业发展报告（2017～2018）
著(编)者：中国汽车工业协会
　　　　　中国汽车工程研究院深圳市沃特玛电池有限公司
2018年9月出版 / 估价：99.00元
PSN B-2016-515-2/2

汽车蓝皮书
中国汽车产业发展报告（2018）
著(编)者：中国汽车工程学会
　　　　　大众汽车集团（中国）
2018年11月出版 / 估价：99.00元
PSN B-2008-124-1/1

世界茶业蓝皮书
世界茶业发展报告（2018）
著(编)者：李闽榕 冯廷佺
2018年5月出版 / 估价：168.00元
PSN B-2017-619-1/1

世界能源蓝皮书
世界能源发展报告（2018）
著(编)者：黄晓勇　2018年6月出版 / 估价：168.00元
PSN B-2013-349-1/1

体育蓝皮书
国家体育产业基地发展报告（2016～2017）
著(编)者：李颖川　2018年4月出版 / 估价：168.00元
PSN B-2017-609-5/5

体育蓝皮书
中国体育产业发展报告（2018）
著(编)者：阮伟 钟秉枢
2018年12月出版 / 估价：99.00元
PSN B-2010-179-1/5

文化金融蓝皮书
中国文化金融发展报告（2018）
著(编)者：杨涛 金巍
2018年5月出版 / 估价：99.00元
PSN B-2017-610-1/1

新能源汽车蓝皮书
中国新能源汽车产业发展报告（2018）
著(编)者：中国汽车技术研究中心
　　　　　日产（中国）投资有限公司
　　　　　东风汽车有限公司
2018年8月出版 / 估价：99.00元
PSN B-2013-347-1/1

薏仁米产业蓝皮书
中国薏仁米产业发展报告No.2（2018）
著(编)者：李发耀 石明 秦礼康
2018年8月出版 / 估价：99.00元
PSN B-2017-645-1/1

邮轮绿皮书
中国邮轮产业发展报告（2018）
著(编)者：汪泓　2018年10月出版 / 估价：99.00元
PSN G-2014-419-1/1

智能养老蓝皮书
中国智能养老产业发展报告（2018）
著(编)者：朱勇　2018年10月出版 / 估价：99.00元
PSN B-2015-488-1/1

中国节能汽车蓝皮书
中国节能汽车发展报告（2017～2018）
著(编)者：中国汽车工程研究院股份有限公司
2018年9月出版 / 估价：99.00元
PSN B-2016-565-1/1

中国陶瓷产业蓝皮书
中国陶瓷产业发展报告（2018）
著(编)者：左和平 黄速建
2018年10月出版 / 估价：99.00元
PSN B-2016-573-1/1

装备制造业蓝皮书
中国装备制造业发展报告（2018）
著(编)者：徐东华　2018年12月出版 / 估价：118.00元
PSN B-2015-505-1/1

行业及其他类

"三农"互联网金融蓝皮书
中国"三农"互联网金融发展报告（2018）
著（编）者：李勇坚 王弢
2018年8月出版 / 估价：99.00元
PSN B-2016-560-1/1

SUV蓝皮书
中国SUV市场发展报告（2017~2018）
著（编）者：靳军 2018年9月出版 / 估价：99.00元
PSN B-2016-571-1/1

冰雪蓝皮书
中国冬季奥运会发展报告（2018）
著（编）者：孙承华 伍斌 魏庆华 张鸿俊
2018年9月出版 / 估价：99.00元
PSN B-2017-647-2/3

彩票蓝皮书
中国彩票发展报告（2018）
著（编）者：益彩基金 2018年4月出版 / 估价：99.00元
PSN B-2015-462-1/1

测绘地理信息蓝皮书
测绘地理信息供给侧结构性改革研究报告（2018）
著（编）者：库热西·买合苏提
2018年12月出版 / 估价：168.00元
PSN B-2009-145-1/1

产权市场蓝皮书
中国产权市场发展报告（2017）
著（编）者：曹和平 2018年5月出版 / 估价：99.00元
PSN B-2009-147-1/1

城投蓝皮书
中国城投行业发展报告（2018）
著（编）者：华景斌
2018年11月出版 / 估价：300.00元
PSN B-2016-514-1/1

大数据蓝皮书
中国大数据发展报告（No.2）
著（编）者：连玉明 2018年5月出版 / 估价：99.00元
PSN B-2017-620-1/1

大数据应用蓝皮书
中国大数据应用发展报告No.2（2018）
著（编）者：陈军君 2018年8月出版 / 估价：99.00元
PSN B-2017-644-1/1

对外投资与风险蓝皮书
中国对外直接投资与国家风险报告（2018）
著（编）者：中债资信评估有限责任公司
　　　　　　中国社会科学院世界经济与政治研究所
2018年4月出版 / 估价：189.00元
PSN B-2017-606-1/1

工业和信息化蓝皮书
人工智能发展报告（2017~2018）
著（编）者：尹丽波 2018年6月出版 / 估价：99.00元
PSN B-2015-448-1/6

工业和信息化蓝皮书
世界智慧城市发展报告（2017~2018）
著（编）者：尹丽波 2018年6月出版 / 估价：99.00元
PSN B-2017-624-6/6

工业和信息化蓝皮书
世界网络安全发展报告（2017~2018）
著（编）者：尹丽波 2018年6月出版 / 估价：99.00元
PSN B-2015-452-5/6

工业和信息化蓝皮书
世界信息化发展报告（2017~2018）
著（编）者：尹丽波 2018年6月出版 / 估价：99.00元
PSN B-2015-451-4/6

工业设计蓝皮书
中国工业设计发展报告（2018）
著（编）者：王晓红 于炜 张立群 2018年9月出版 / 估价：168.00元
PSN B-2014-420-1/1

公共关系蓝皮书
中国公共关系发展报告（2018）
著（编）者：柳斌杰 2018年11月出版 / 估价：99.00元
PSN B-2016-579-1/1

管理蓝皮书
中国管理发展报告（2018）
著（编）者：张晓东 2018年10月出版 / 估价：99.00元
PSN B-2014-416-1/1

海关发展蓝皮书
中国海关发展前沿报告（2018）
著（编）者：十春晖 2018年6月出版 / 估价：99.00元
PSN B-2017-616-1/1

互联网医疗蓝皮书
中国互联网健康医疗发展报告（2018）
著（编）者：芮晓武 2018年6月出版 / 估价：99.00元
PSN B-2016-567-1/1

黄金市场蓝皮书
中国商业银行黄金业务发展报告（2017~2018）
著（编）者：平安银行 2018年3月出版 / 估价：99.00元
PSN B-2016-524-1/1

会展蓝皮书
中外会展业动态评估研究报告（2018）
著（编）者：张敏 任中峰 聂鑫焱 牛盼强
2018年12月出版 / 估价：99.00元
PSN B-2013-327-1/1

基金会蓝皮书
中国基金会发展报告（2017~2018）
著（编）者：中国基金会发展报告课题组
2018年4月出版 / 估价：99.00元
PSN B-2013-368-1/1

基金会绿皮书
中国基金会发展独立研究报告（2018）
著（编）者：基金会中心网 中央民族大学基金会研究中心
2018年6月出版 / 估价：99.00元
PSN G-2011-213-1/1

基金会透明度蓝皮书
中国基金会透明度发展研究报告（2018）
著(编)者：基金会中心网
　　　　　清华大学廉政与治理研究中心
2018年9月出版 / 估价：99.00元
PSN B-2013-339-1/1

建筑装饰蓝皮书
中国建筑装饰行业发展报告（2018）
著(编)者：葛道顺 刘晓一
2018年10月出版 / 估价：198.00元
PSN B-2016-553-1/1

金融监管蓝皮书
中国金融监管报告（2018）
著(编)者：胡滨　2018年5月出版 / 估价：99.00元
PSN B-2012-281-1/1

金融蓝皮书
中国互联网金融行业分析与评估（2018～2019）
著(编)者：黄国平 伍旭川　2018年12月出版 / 估价：99.00元
PSN B-2016-585-7/7

金融科技蓝皮书
中国金融科技发展报告（2018）
著(编)者：李扬 孙国峰　2018年10月出版 / 估价：99.00元
PSN B-2014-374-1/1

金融信息服务蓝皮书
中国金融信息服务发展报告（2018）
著(编)者：李平　2018年5月出版 / 估价：99.00元
PSN B-2017-621-1/1

京津冀金融蓝皮书
京津冀金融发展报告（2018）
著(编)者：王爱俭 王璟怡　2018年10月出版 / 估价：99.00元
PSN B-2016-527-1/1

科普蓝皮书
国家科普能力发展报告（2018）
著(编)者：王康友　2018年5月出版 / 估价：138.00元
PSN B-2017-632-4/4

科普蓝皮书
中国基层科普发展报告（2017～2018）
著(编)者：赵立新 陈玲　2018年9月出版 / 估价：99.00元
PSN B-2016-568-3/4

科普蓝皮书
中国科普基础设施发展报告（2017～2018）
著(编)者：任福君　2018年6月出版 / 估价：99.00元
PSN B-2010-174-1/3

科普蓝皮书
中国科普人才发展报告（2017～2018）
著(编)者：郑念 任嵘嵘　2018年7月出版 / 估价：99.00元
PSN B-2016-512-2/4

科普能力蓝皮书
中国科普能力评价报告（2018～2019）
著(编)者：李富强 李群　2018年8月出版 / 估价：99.00元
PSN B-2016-555-1/1

临空经济蓝皮书
中国临空经济发展报告（2018）
著(编)者：连玉明　2018年9月出版 / 估价：99.00元
PSN B-2014-421-1/1

旅游安全蓝皮书
中国旅游安全报告（2018）
著(编)者：郑向敏 谢朝武　2018年5月出版 / 估价：158.00元
PSN B-2012-280-1/1

旅游绿皮书
2017～2018年中国旅游发展分析与预测
著(编)者：宋瑞　2018年2月出版 / 估价：99.00元
PSN G-2002-018-1/1

煤炭蓝皮书
中国煤炭工业发展报告（2018）
著(编)者：岳福斌　2018年12月出版 / 估价：99.00元
PSN B-2008-123-1/1

民营企业社会责任蓝皮书
中国民营企业社会责任报告（2018）
著(编)者：中华全国工商业联合会
2018年12月出版 / 估价：99.00元
PSN B-2015-510-1/1

民营医院蓝皮书
中国民营医院发展报告（2017）
著(编)者：薛晓林　2018年1月出版 / 估价：99.00元
PSN B-2012-299-1/1

闽商蓝皮书
闽商发展报告（2018）
著(编)者：李闽榕 王日根 林琛
2018年12月出版 / 估价：99.00元
PSN B-2012-298-1/1

农业应对气候变化蓝皮书
中国农业气象灾害及其灾损评估报告（No.3）
著(编)者：矫梅燕　2018年1月出版 / 估价：118.00元
PSN B-2014-413-1/1

品牌蓝皮书
中国品牌战略发展报告（2018）
著(编)者：汪同三　2018年10月出版 / 估价：99.00元
PSN B-2016-580-1/1

企业扶贫蓝皮书
中国企业扶贫研究报告（2018）
著(编)者：钟宏武　2018年12月出版 / 估价：99.00元
PSN B-2016-593-1/1

企业公益蓝皮书
中国企业公益研究报告（2018）
著(编)者：钟宏武 汪杰 黄晓娟
2018年12月出版 / 估价：99.00元
PSN B-2015-501-1/1

企业国际化蓝皮书
中国企业全球化报告（2018）
著(编)者：王辉耀 苗绿　2018年11月出版 / 估价：99.00元
PSN B-2014-427-1/1

企业蓝皮书
中国企业绿色发展报告No.2（2018）
著(编)者：李红玉 朱光辉
2018年8月出版 / 估价：99.00元
PSN B-2015-481-2/2

企业社会责任蓝皮书
中资企业海外社会责任研究报告（2017～2018）
著(编)者：钟宏武 叶柳红 张蒽
2018年1月出版 / 估价：99.00元
PSN B-2017-603-2/2

企业社会责任蓝皮书
中国企业社会责任研究报告（2018）
著(编)者：黄群慧 钟宏武 张蒽 汪杰
2018年11月出版 / 估价：99.00元
PSN B-2009-149-1/2

汽车安全蓝皮书
中国汽车安全发展报告（2018）
著(编)者：中国汽车技术研究中心
2018年8月出版 / 估价：99.00元
PSN B-2014-385-1/1

汽车电子商务蓝皮书
中国汽车电子商务发展报告（2018）
著(编)者：中华全国工商业联合会汽车经销商商会
　　　　　北方工业大学
　　　　　北京易观智库网络科技有限公司
2018年10月出版 / 估价：158.00元
PSN B-2015-485-1/1

汽车知识产权蓝皮书
中国汽车产业知识产权发展报告（2018）
著(编)者：中国汽车工程研究院股份有限公司
　　　　　中国汽车工程学会
　　　　　重庆长安汽车股份有限公司
2018年12月出版 / 估价：99.00元
PSN B-2016-594-1/1

青少年体育蓝皮书
中国青少年体育发展报告（2017）
著(编)者：刘扶民 杨桦　2018年1月出版 / 估价：99.00元
PSN B-2015-482-1/1

区块链蓝皮书
中国区块链发展报告（2018）
著(编)者：李伟　2018年9月出版 / 估价：99.00元
PSN B-2017-649-1/1

群众体育蓝皮书
中国群众体育发展报告（2017）
著(编)者：刘国永 戴健　2018年5月出版 / 估价：99.00元
PSN B-2014-411-1/3

群众体育蓝皮书
中国社会体育指导员发展报告（2018）
著(编)者：刘国永 王欢　2018年4月出版 / 估价：99.00元
PSN B-2016-520-3/3

人力资源蓝皮书
中国人力资源发展报告（2018）
著(编)者：余兴安　2018年11月出版 / 估价：99.00元
PSN B-2012-287-1/1

融资租赁蓝皮书
中国融资租赁业发展报告（2017～2018）
著(编)者：李光荣 王力　2018年8月出版 / 估价：99.00元
PSN B-2015-443-1/1

商会蓝皮书
中国商会发展报告No.5（2017）
著(编)者：王钦敏　2018年7月出版 / 估价：99.00元
PSN B-2008-125-1/1

商务中心区蓝皮书
中国商务中心区发展报告No.4（2017～2018）
著(编)者：李国红 单菁菁　2018年9月出版 / 估价：99.00元
PSN B-2015-444-1/1

设计产业蓝皮书
中国创新设计发展报告（2018）
著(编)者：王晓红 张立群 于炜
2018年11月出版 / 估价：99.00元
PSN B-2016-581-2/2

社会责任管理蓝皮书
中国上市公司社会责任能力成熟度报告No.4（2018）
著(编)者：肖红军 王晓光 李伟阳
2018年12月出版 / 估价：99.00元
PSN B-2015-507-2/2

社会责任管理蓝皮书
中国企业公众透明度报告No.4（2017～2018）
著(编)者：黄速建 熊梦 王晓光 肖红军
2018年4月出版 / 估价：99.00元
PSN B-2015-440-1/2

食品药品蓝皮书
食品药品安全与监管政策研究报告（2016～2017）
著(编)者：唐民皓　2018年6月出版 / 估价：99.00元
PSN B-2009-129-1/1

输血服务蓝皮书
中国输血行业发展报告（2018）
著(编)者：孙俊　2018年12月出版 / 估价：99.00元
PSN B-2016-582-1/1

水利风景区蓝皮书
中国水利风景区发展报告（2018）
著(编)者：董建文 兰思仁
2018年10月出版 / 估价：99.00元
PSN B-2015-480-1/1

私募市场蓝皮书
中国私募股权市场发展报告（2017～2018）
著(编)者：曹和平　2018年12月出版 / 估价：99.00元
PSN B-2010-162-1/1

碳排放权交易蓝皮书
中国碳排放权交易报告（2018）
著(编)者：孙永平　2018年11月出版 / 估价：99.00元
PSN B-2017-652-1/1

碳市场蓝皮书
中国碳市场报告（2018）
著(编)者：定金彪　2018年11月出版 / 估价：99.00元
PSN B-2014-430-1/1

体育蓝皮书
中国公共体育服务发展报告（2018）
著(编)者：戴健　2018年12月出版 / 估价：99.00元
PSN B-2013-367-2/5

土地市场蓝皮书
中国农村土地市场发展报告（2017～2018）
著(编)者：李光荣　2018年3月出版 / 估价：99.00元
PSN B-2016-526-1/1

土地整治蓝皮书
中国土地整治发展研究报告（No.5）
著(编)者：国土资源部土地整治中心
2018年7月出版 / 估价：99.00元
PSN B-2014-401-1/1

土地政策蓝皮书
中国土地政策研究报告（2018）
著(编)者：高延利　李宪文　2017年12月出版 / 估价：99.00元
PSN B-2015-506-1/1

网络空间安全蓝皮书
中国网络空间安全发展报告（2018）
著(编)者：惠志斌　覃庆玲
2018年11月出版 / 估价：99.00元
PSN B-2015-466-1/1

文化志愿服务蓝皮书
中国文化志愿服务发展报告（2018）
著(编)者：张永新　良警宇　2018年11月出版 / 估价：128.00元
PSN B-2016-596-1/1

西部金融蓝皮书
中国西部金融发展报告（2017～2018）
著(编)者：李忠民　2018年8月出版 / 估价：99.00元
PSN B-2010-160-1/1

协会商会蓝皮书
中国行业协会商会发展报告（2017）
著(编)者：景朝阳　李勇　2018年4月出版 / 估价：99.00元
PSN B-2015-461-1/1

新三板蓝皮书
中国新三板市场发展报告（2018）
著(编)者：王力　2018年8月出版 / 估价：99.00元
PSN B-2016-533-1/1

信托市场蓝皮书
中国信托业市场报告（2017～2018）
著(编)者：用益金融信托研究院
2018年1月出版 / 估价：198.00元
PSN B-2014-371-1/1

信息化蓝皮书
中国信息化形势分析与预测（2017～2018）
著(编)者：周宏仁　2018年8月出版 / 估价：99.00元
PSN B-2010-168-1/1

信用蓝皮书
中国信用发展报告（2017～2018）
著(编)者：章政　田侃　2018年4月出版 / 估价：99.00元
PSN B-2013-328-1/1

休闲绿皮书
2017～2018年中国休闲发展报告
著(编)者：宋瑞　2018年7月出版 / 估价：99.00元
PSN G-2010-158-1/1

休闲体育蓝皮书
中国休闲体育发展报告（2017～2018）
著(编)者：李相如　钟秉枢
2018年10月出版 / 估价：99.00元
PSN B-2016-516-1/1

养老金融蓝皮书
中国养老金融发展报告（2018）
著(编)者：董克用　姚余栋
2018年9月出版 / 估价：99.00元
PSN B-2016-583-1/1

遥感监测绿皮书
中国可持续发展遥感监测报告（2017）
著(编)者：顾行发　汪克强　潘教峰　李闽榕　徐东华　王琦安
2018年6月出版 / 估价：298.00元
PSN B-2017-629-1/1

药品流通蓝皮书
中国药品流通行业发展报告（2018）
著(编)者：佘鲁林　温再兴
2018年7月出版 / 估价：198.00元
PSN B-2014-429-1/1

医疗器械蓝皮书
中国医疗器械行业发展报告（2018）
著(编)者：王宝亭　耿鸿武
2018年10月出版 / 估价：99.00元
PSN B-2017-661-1/1

医院蓝皮书
中国医院竞争力报告（2018）
著(编)者：庄一强　曾益新　2018年3月出版 / 估价：118.00元
PSN B-2016-528-1/1

瑜伽蓝皮书
中国瑜伽业发展报告（2017~2018）
著(编)者：张永建　徐华锋　朱泰余
2018年6月出版 / 估价：198.00元
PSN B-2017-625-1/1

债券市场蓝皮书
中国债券市场发展报告（2017～2018）
著(编)者：杨农　2018年10月出版 / 估价：99.00元
PSN B-2016-572-1/1

志愿服务蓝皮书
中国志愿服务发展报告（2018）
著(编)者：中国志愿服务联合会
2018年11月出版 / 估价：99.00元
PSN B-2017-664-1/1

中国上市公司蓝皮书
中国上市公司发展报告（2018）
著(编)者：张鹏　张平　黄胤英
2018年9月出版 / 估价：99.00元
PSN B-2014-414-1/1

中国新三板蓝皮书
中国新三板创新与发展报告（2018）
著(编)者：刘平安 闻召林
2018年8月出版 / 估价：158.00元
PSN B-2017-638-1/1

中医文化蓝皮书
北京中医药文化传播发展报告（2018）
著(编)者：毛嘉陵 2018年5月出版 / 估价：99.00元
PSN B-2015-468-1/2

中医文化蓝皮书
中国中医药文化传播发展报告（2018）
著(编)者：毛嘉陵 2018年7月出版 / 估价：99.00元
PSN B-2016-584-2/2

中医药蓝皮书
北京中医药知识产权发展报告No.2
著(编)者：汪洪 屠志涛 2018年4月出版 / 估价：168.00元
PSN B-2017-602-1/1

资本市场蓝皮书
中国场外交易市场发展报告（2016~2017）
著(编)者：高峦 2018年3月出版 / 估价：99.00元
PSN B-2009-153-1/1

资产管理蓝皮书
中国资产管理行业发展报告（2018）
著(编)者：郑智 2018年7月出版 / 估价：99.00元
PSN B-2014-407-2/2

资产证券化蓝皮书
中国资产证券化发展报告（2018）
著(编)者：纪志宏 2018年11月出版 / 估价：99.00元
PSN B-2017-660-1/1

自贸区蓝皮书
中国自贸区发展报告（2018）
著(编)者：王力 黄育华 2018年6月出版 / 估价：99.00元
PSN B-2016-558-1/1

国际问题与全球治理类

"一带一路"跨境通道蓝皮书
"一带一路"跨境通道建设研究报告（2018）
著(编)者：郭业洲 2018年8月出版 / 估价：99.00元
PSN B-2016-557-1/1

"一带一路"蓝皮书
"一带一路"建设发展报告（2018）
著(编)者：王晓泉 2018年6月出版 / 估价：99.00元
PSN B-2016-552-1/1

"一带一路"投资安全蓝皮书
中国"一带一路"投资与安全研究报告（2017~2018）
著(编)者：邹统钎 梁昊光 2018年4月出版 / 估价：99.00元
PSN B-2017-612-1/1

"一带一路"文化交流蓝皮书
中阿文化交流发展报告（2017）
著(编)者：王辉 2018年9月出版 / 估价：99.00元
PSN B-2017-655-1/1

G20国家创新竞争力黄皮书
二十国集团（G20）国家创新竞争力发展报告（2017~2018）
著(编)者：李建平 李闽榕 赵新力 周天勇
2018年7月出版 / 估价：168.00元
PSN Y-2011-229-1/1

阿拉伯黄皮书
阿拉伯发展报告（2016~2017）
著(编)者：罗林 2018年3月出版 / 估价：99.00元
PSN Y-2014-381-1/1

北部湾蓝皮书
泛北部湾合作发展报告（2017~2018）
著(编)者：吕余生 2018年12月出版 / 估价：99.00元
PSN B-2008-114-1/1

北极蓝皮书
北极地区发展报告（2017）
著(编)者：刘惠荣 2018年7月出版 / 估价：99.00元
PSN B-2017-634-1/1

大洋洲蓝皮书
大洋洲发展报告（2017~2018）
著(编)者：喻常森 2018年10月出版 / 估价：99.00元
PSN B-2013-341-1/1

东北亚区域合作蓝皮书
2017年"一带一路"倡议与东北亚区域合作
著(编)者：刘亚政 金美花
2018年5月出版 / 估价：99.00元
PSN B-2017-631-1/1

东盟黄皮书
东盟发展报告（2017）
著(编)者：杨晓强 庄国土
2018年3月出版 / 估价：99.00元
PSN Y-2012-303-1/1

东南亚蓝皮书
东南亚地区发展报告（2017~2018）
著(编)者：王勤 2018年12月出版 / 估价：99.00元
PSN B-2012-240-1/1

非洲黄皮书
非洲发展报告No.20（2017~2018）
著(编)者：张宏明 2018年7月出版 / 估价：99.00元
PSN Y-2012-239-1/1

非传统安全蓝皮书
中国非传统安全研究报告（2017~2018）
著(编)者：潇枫 罗中枢 2018年8月出版 / 估价：99.00元
PSN B-2012-273-1/1

国际安全蓝皮书
中国国际安全研究报告（2018）
著(编)者: 刘慧　2018年7月出版 / 估价: 99.00元
PSN B-2016-521-1/1

国际城市蓝皮书
国际城市发展报告（2018）
著(编)者: 屠启宇　2018年2月出版 / 估价: 99.00元
PSN B-2012-260-1/1

国际形势黄皮书
全球政治与安全报告（2018）
著(编)者: 张宇燕　2018年1月出版 / 估价: 99.00元
PSN Y-2001-016-1/1

公共外交蓝皮书
中国公共外交发展报告（2018）
著(编)者: 赵启正 雷蔚真　2018年4月出版 / 估价: 99.00元
PSN B-2015-457-1/1

金砖国家黄皮书
金砖国家综合创新竞争力发展报告（2018）
著(编)者: 赵新力 李闽榕 黄茂兴
2018年8月出版 / 估价: 128.00元
PSN Y-2017-643-1/1

拉美黄皮书
拉丁美洲和加勒比发展报告（2017～2018）
著(编)者: 袁东振　2018年6月出版 / 估价: 99.00元
PSN Y-1999-007-1/1

澜湄合作蓝皮书
澜沧江-湄公河合作发展报告（2018）
著(编)者: 刘稚　2018年9月出版 / 估价: 99.00元
PSN B-2011-196-1/1

欧洲蓝皮书
欧洲发展报告（2017～2018）
著(编)者: 黄平 周弘 程卫东
2018年6月出版 / 估价: 99.00元
PSN B-1999-009-1/1

葡语国家蓝皮书
葡语国家发展报告（2016～2017）
著(编)者: 王成安 张敏 刘金兰
2018年4月出版 / 估价: 99.00元
PSN B-2015-503-1/2

葡语国家蓝皮书
中国与葡语国家关系发展报告·巴西（2016）
著(编)者: 张曙光　2018年8月出版 / 估价: 99.00元
PSN B-2016-563-2/2

气候变化绿皮书
应对气候变化报告（2018）
著(编)者: 王伟光 郑国光　2018年11月出版 / 估价: 99.00元
PSN G-2009-144-1/1

全球环境竞争力绿皮书
全球环境竞争力报告（2018）
著(编)者: 李建平 李闽榕 王金南
2018年12月出版 / 估价: 198.00元
PSN G-2013-363-1/1

全球信息社会蓝皮书
全球信息社会发展报告（2018）
著(编)者: 丁波涛 唐涛　2018年10月出版 / 估价: 99.00元
PSN B-2017-665-1/1

日本经济蓝皮书
日本经济与中日经贸关系研究报告（2018）
著(编)者: 张季风　2018年6月出版 / 估价: 99.00元
PSN B-2008-102-1/1

上海合作组织黄皮书
上海合作组织发展报告（2018）
著(编)者: 李进峰　2018年6月出版 / 估价: 99.00元
PSN Y-2009-130-1/1

世界创新竞争力黄皮书
世界创新竞争力发展报告（2017）
著(编)者: 李建平 李闽榕 赵新力
2018年1月出版 / 估价: 168.00元
PSN Y-2013-318-1/1

世界经济黄皮书
2018年世界经济形势分析与预测
著(编)者: 张宇燕　2018年1月出版 / 估价: 99.00元
PSN Y-1999-006-1/1

丝绸之路蓝皮书
丝绸之路经济带发展报告（2018）
著(编)者: 任宗哲 白宽犁 谷孟宾
2018年1月出版 / 估价: 99.00元
PSN B-2014-410-1/1

新兴经济体蓝皮书
金砖国家发展报告（2018）
著(编)者: 林跃勤 周文　2018年8月出版 / 估价: 99.00元
PSN B-2011-195-1/1

亚太蓝皮书
亚太地区发展报告（2018）
著(编)者: 李向阳　2018年5月出版 / 估价: 99.00元
PSN B-2001-015-1/1

印度洋地区蓝皮书
印度洋地区发展报告（2018）
著(编)者: 汪戎　2018年6月出版 / 估价: 99.00元
PSN B-2013-334-1/1

渝新欧蓝皮书
渝新欧沿线国家发展报告（2018）
著(编)者: 杨柏 黄森　2018年6月出版 / 估价: 99.00元
PSN B-2017-626-1/1

中阿蓝皮书
中国-阿拉伯国家经贸发展报告（2018）
著(编)者: 张廉 段庆林 王林聪 杨巧红
2018年12月出版 / 估价: 99.00元
PSN B-2016-598-1/1

中东黄皮书
中东发展报告No.20（2017～2018）
著(编)者: 杨光　2018年10月出版 / 估价: 99.00元
PSN Y-1998-004-1/1

中亚黄皮书
中亚国家发展报告（2018）
著(编)者: 孙力　2018年6月出版 / 估价: 99.00元
PSN Y-2012-238-1/1

国别类

澳大利亚蓝皮书
澳大利亚发展报告（2017-2018）
著(编)者：孙有中 韩锋　2018年12月出版 / 估价：99.00元
PSN B-2016-587-1/1

巴西黄皮书
巴西发展报告（2017）
著(编)者：刘国枝　2018年5月出版 / 估价：99.00元
PSN Y-2017-614-1/1

德国蓝皮书
德国发展报告（2018）
著(编)者：郑春荣　2018年6月出版 / 估价：99.00元
PSN B-2012-278-1/1

俄罗斯黄皮书
俄罗斯发展报告（2018）
著(编)者：李永全　2018年6月出版 / 估价：99.00元
PSN Y-2006-061-1/1

韩国蓝皮书
韩国发展报告（2017）
著(编)者：牛林杰 刘宝全　2018年5月出版 / 估价：99.00元
PSN B-2010-155-1/1

加拿大蓝皮书
加拿大发展报告（2018）
著(编)者：唐小松　2018年9月出版 / 估价：99.00元
PSN B-2014-389-1/1

美国蓝皮书
美国研究报告（2018）
著(编)者：郑秉文 黄平　2018年5月出版 / 估价：99.00元
PSN B-2011-210-1/1

缅甸蓝皮书
缅甸国情报告（2017）
著(编)者：孔鹏 杨祥章　2018年1月出版 / 估价：99.00元
PSN B-2013-343-1/1

日本蓝皮书
日本研究报告（2018）
著(编)者：杨伯江　2018年6月出版 / 估价：99.00元
PSN B-2002-020-1/1

土耳其蓝皮书
土耳其发展报告（2018）
著(编)者：郭长刚 刘义　2018年9月出版 / 估价：99.00元
PSN B-2014-412-1/1

伊朗蓝皮书
伊朗发展报告（2017~2018）
著(编)者：冀开运　2018年10月 / 估价：99.00元
PSN B-2016-574-1/1

以色列蓝皮书
以色列发展报告（2018）
著(编)者：张倩红　2018年8月出版 / 估价：99.00元
PSN B-2015-483-1/1

印度蓝皮书
印度国情报告（2017）
著(编)者：吕昭义　2018年4月出版 / 估价：99.00元
PSN B-2012-241-1/1

英国蓝皮书
英国发展报告（2017~2018）
著(编)者：王展鹏　2018年12月出版 / 估价：99.00元
PSN B-2015-486-1/1

越南蓝皮书
越南国情报告（2018）
著(编)者：谢林城　2018年1月出版 / 估价：99.00元
PSN B-2006-056-1/1

泰国蓝皮书
泰国研究报告（2018）
著(编)者：庄国土 张禹东 刘文正
2018年10月出版 / 估价：99.00元
PSN B-2016-556-1/1

文化传媒类

"三农"舆情蓝皮书
中国"三农"网络舆情报告（2017~2018）
著(编)者：农业部信息中心
2018年6月出版 / 估价：99.00元
PSN B-2017-640-1/1

传媒竞争力蓝皮书
中国传媒国际竞争力研究报告（2018）
著(编)者：李本乾 刘强 王大可
2018年8月出版 / 估价：99.00元
PSN B-2013-356-1/1

传媒蓝皮书
中国传媒产业发展报告（2018）
著(编)者：崔保国　2018年5月出版 / 估价：99.00元
PSN B-2005-035-1/1

传媒投资蓝皮书
中国传媒投资发展报告（2018）
著(编)者：张向东 谭云明
2018年6月出版 / 估价：148.00元
PSN B-2015-474-1/1

非物质文化遗产蓝皮书
中国非物质文化遗产发展报告（2018）
著(编)者：陈平　2018年5月出版 / 估价：128.00元
PSN B-2015-469-1/2

非物质文化遗产蓝皮书
中国非物质文化遗产保护发展报告（2018）
著(编)者：宋俊华　2018年10月出版 / 估价：128.00元
PSN B-2016-586-2/2

广电蓝皮书
中国广播电影电视发展报告（2018）
著(编)者：国家新闻出版广电总局发展研究中心
2018年7月出版 / 估价：99.00元
PSN B-2006-072-1/1

广告主蓝皮书
中国广告主营销传播趋势报告No.9
著(编)者：黄升民 杜国清 邵华冬 等
2018年10月出版 / 估价：158.00元
PSN B-2005-041-1/1

国际传播蓝皮书
中国国际传播发展报告（2018）
著(编)者：胡正荣 李继东 姬德强
2018年12月出版 / 估价：99.00元
PSN B-2014-408-1/1

国家形象蓝皮书
中国国家形象传播报告（2017）
著(编)者：张昆　2018年3月出版 / 估价：128.00元
PSN B-2017-605-1/1

互联网治理蓝皮书
中国网络社会治理研究报告（2018）
著(编)者：罗昕 支庭荣
2018年9月出版 / 估价：118.00元
PSN B-2017-653-1/1

纪录片蓝皮书
中国纪录片发展报告（2018）
著(编)者：何苏六　2018年10月出版 / 估价：99.00元
PSN B-2011-222-1/1

科学传播蓝皮书
中国科学传播报告（2016~2017）
著(编)者：詹正茂　2018年6月出版 / 估价：99.00元
PSN B-2008-120-1/1

两岸创意经济蓝皮书
两岸创意经济研究报告（2018）
著(编)者：罗昌智 董泽平
2018年10月出版 / 估价：99.00元
PSN B-2014-437-1/1

媒介与女性蓝皮书
中国媒介与女性发展报告（2017~2018）
著(编)者：刘利群　2018年5月出版 / 估价：99.00元
PSN B-2013-345-1/1

媒体融合蓝皮书
中国媒体融合发展报告（2017）
著(编)者：梅宁华 支庭荣　2018年1月出版 / 估价：99.00元
PSN B-2015-479-1/1

全球传媒蓝皮书
全球传媒发展报告（2017~2018）
著(编)者：胡正荣 李继东　2018年6月出版 / 估价：99.00元
PSN B-2012-237-1/1

少数民族非遗蓝皮书
中国少数民族非物质文化遗产发展报告（2018）
著(编)者：肖远平（彝）柴立（满）
2018年10月出版 / 估价：118.00元
PSN B-2015-467-1/1

视听新媒体蓝皮书
中国视听新媒体发展报告（2018）
著(编)者：国家新闻出版广电总局发展研究中心
2018年7月出版 / 估价：118.00元
PSN B-2011-184-1/1

数字娱乐产业蓝皮书
中国动画产业发展报告（2018）
著(编)者：孙立军 孙平 牛兴侦
2018年10月出版 / 估价：99.00元
PSN B-2011-198-1/2

数字娱乐产业蓝皮书
中国游戏产业发展报告（2018）
著(编)者：孙立军 刘跃军
2018年10月出版 / 估价：99.00元
PSN B-2011-662-2/2

文化创新蓝皮书
中国文化创新报告（2017·No.8）
著(编)者：傅才武　2018年4月出版 / 估价：99.00元
PSN B-2009-143-1/1

文化建设蓝皮书
中国文化发展报告（2018）
著(编)者：江畅 孙伟平 戴茂堂
2018年5月出版 / 估价：99.00元
PSN B-2014-392-1/1

文化科技蓝皮书
文化科技创新发展报告（2018）
著(编)者：于平 李凤亮　2018年10月出版 / 估价：99.00元
PSN B-2013-342-1/1

文化蓝皮书
中国公共文化服务发展报告（2017~2018）
著(编)者：刘新成 张永新 张旭
2018年12月出版 / 估价：99.00元
PSN B-2007-093-2/10

文化蓝皮书
中国少数民族文化发展报告（2017~2018）
著(编)者：武翠英 张晓明 任乌晶
2018年9月出版 / 估价：99.00元
PSN B-2013-369-9/10

文化蓝皮书
中国文化产业供需协调检测报告（2018）
著(编)者：王亚南　2018年2月出版 / 估价：99.00元
PSN B-2013-323-8/10

文化蓝皮书
中国文化消费需求景气评价报告（2018）
著(编)者：王亚南　2018年2月出版 / 估价：99.00元
PSN B-2011-236-4/10

文化蓝皮书
中国公共文化投入增长测评报告（2018）
著(编)者：王亚南　2018年2月出版 / 估价：99.00元
PSN B-2014-435-10/10

文化品牌蓝皮书
中国文化品牌发展报告（2018）
著(编)者：欧阳友权　2018年5月出版 / 估价：99.00元
PSN B-2012-277-1/1

文化遗产蓝皮书
中国文化遗产事业发展报告（2017～2018）
著(编)者：苏杨 张颖岚 卓杰 白海峰 陈晨 陈叙图
2018年8月出版 / 估价：99.00元
PSN B-2008-119-1/1

文学蓝皮书
中国文情报告（2017～2018）
著(编)者：白烨　2018年5月出版 / 估价：99.00元
PSN B-2011-221-1/1

新媒体蓝皮书
中国新媒体发展报告No.9（2018）
著(编)者：唐绪军　2018年7月出版 / 估价：99.00元
PSN B-2010-169-1/1

新媒体社会责任蓝皮书
中国新媒体社会责任研究报告（2018）
著(编)者：钟瑛　2018年12月出版 / 估价：99.00元
PSN B-2014-423-1/1

移动互联网蓝皮书
中国移动互联网发展报告（2018）
著(编)者：余清楚　2018年6月出版 / 估价：99.00元
PSN B-2012-282-1/1

影视蓝皮书
中国影视产业发展报告（2018）
著(编)者：司若 陈鹏 陈锐　2018年4月出版 / 估价：99.00元
PSN B-2016-529-1/1

舆情蓝皮书
中国社会舆情与危机管理报告（2018）
著(编)者：谢耘耕　2018年9月出版 / 估价：138.00元
PSN B-2011-235-1/1

地方发展类-经济

澳门蓝皮书
澳门经济社会发展报告（2017～2018）
著(编)者：吴志良 郝雨凡　2018年7月出版 / 估价：99.00元
PSN B-2009-138-1/1

澳门绿皮书
澳门旅游休闲发展报告（2017～2018）
著(编)者：郝雨凡 林广志　2018年5月出版 / 估价：99.00元
PSN G-2012-617-1/1

北京蓝皮书
北京经济发展报告（2017～2018）
著(编)者：杨松　2018年6月出版 / 估价：99.00元
PSN B-2006-054-2/8

北京旅游绿皮书
北京旅游发展报告（2018）
著(编)者：北京旅游学会
2018年7月出版 / 估价：99.00元
PSN G-2012-301-1/1

北京体育蓝皮书
北京体育产业发展报告（2017～2018）
著(编)者：钟秉枢 陈杰 杨铁黎
2018年9月出版 / 估价：99.00元
PSN B-2015-475-1/1

滨海金融蓝皮书
滨海新区金融发展报告（2017）
著(编)者：王爱俭 李向前　2018年4月出版 / 估价：99.00元
PSN B-2014-424-1/1

城乡一体化蓝皮书
北京城乡一体化发展报告（2017～2018）
著(编)者：吴宝新 张宝秀 黄序
2018年5月出版 / 估价：99.00元
PSN B-2012-258-2/2

非公有制企业社会责任蓝皮书
北京非公有制企业社会责任报告（2018）
著(编)者：宋贵伦 冯培　2018年6月出版 / 估价：99.00元
PSN B-2017-613-1/1

福建旅游蓝皮书
福建省旅游产业发展现状研究（2017~2018）
著(编)者：陈敏华 黄远水
2018年12月出版 / 估价：128.00元
PSN B-2016-591-1/1

福建自贸区蓝皮书
中国(福建)自由贸易试验区发展报告(2017~2018)
著(编)者：黄茂兴　2018年4月出版 / 估价：118.00元
PSN B-2016-531-1/1

甘肃蓝皮书
甘肃经济发展分析与预测（2018）
著(编)者：安文华 罗哲　2018年1月出版 / 估价：99.00元
PSN B-2013-312-1/6

甘肃蓝皮书
甘肃商贸流通发展报告（2018）
著(编)者：张应华 王福生 王晓芳
2018年1月出版 / 估价：99.00元
PSN B-2016-522-6/6

甘肃蓝皮书
甘肃县域和农村发展报告（2018）
著(编)者：朱智文 包东红 王建兵
2018年1月出版 / 估价：99.00元
PSN B-2013-316-5/6

甘肃农业科技绿皮书
甘肃农业科技发展研究报告（2018）
著(编)者：魏胜文 乔德华 张东伟
2018年12月出版 / 估价：198.00元
PSN B-2016-592-1/1

巩义蓝皮书
巩义经济社会发展报告（2018）
著(编)者：丁同民 朱军 2018年4月出版 / 估价：99.00元
PSN B-2016-532-1/1

广东外经贸蓝皮书
广东对外经济贸易发展研究报告（2017~2018）
著(编)者：陈万灵 2018年6月出版 / 估价：99.00元
PSN B-2012-286-1/1

广西北部湾经济区蓝皮书
广西北部湾经济区开放开发报告（2017~2018）
著(编)者：广西壮族自治区北部湾经济区和东盟开放合作办公室
　　　　　广西社会科学院
　　　　　广西北部湾发展研究院
2018年2月出版 / 估价：99.00元
PSN B-2010-181-1/1

广州蓝皮书
广州城市国际化发展报告（2018）
著(编)者：张跃国 2018年8月出版 / 估价：99.00元
PSN B-2012-246-11/14

广州蓝皮书
中国广州城市建设与管理发展报告（2018）
著(编)者：张其学 陈小钢 王宏伟 2018年8月出版 / 估价：99.00元
PSN B-2007-087-4/14

广州蓝皮书
广州创新型城市发展报告（2018）
著(编)者：尹涛 2018年6月出版 / 估价：99.00元
PSN B-2012-247-12/14

广州蓝皮书
广州经济发展报告（2018）
著(编)者：张跃国 尹涛 2018年7月出版 / 估价：99.00元
PSN B-2005-040-1/14

广州蓝皮书
2018年中国广州经济形势分析与预测
著(编)者：魏明海 谢博能 李华
2018年6月出版 / 估价：99.00元
PSN B-2011-185-9/14

广州蓝皮书
中国广州科技创新发展报告（2018）
著(编)者：于欣伟 陈爽 邓佑满 2018年8月出版 / 估价：99.00元
PSN B-2006-065-2/14

广州蓝皮书
广州农村发展报告（2018）
著(编)者：朱名宏 2018年7月出版 / 估价：99.00元
PSN B-2010-167-8/14

广州蓝皮书
广州汽车产业发展报告（2018）
著(编)者：杨再高 冯兴亚 2018年7月出版 / 估价：99.00元
PSN B-2006-066-3/14

广州蓝皮书
广州商贸业发展报告（2018）
著(编)者：张跃国 陈杰 荀振英
2018年7月出版 / 估价：99.00元
PSN B-2012-245-10/14

贵阳蓝皮书
贵阳城市创新发展报告No.3（白云篇）
著(编)者：连玉明 2018年5月出版 / 估价：99.00元
PSN B-2015-491-3/10

贵阳蓝皮书
贵阳城市创新发展报告No.3（观山湖篇）
著(编)者：连玉明 2018年5月出版 / 估价：99.00元
PSN B-2015-497-9/10

贵阳蓝皮书
贵阳城市创新发展报告No.3（花溪篇）
著(编)者：连玉明 2018年5月出版 / 估价：99.00元
PSN B-2015-490-2/10

贵阳蓝皮书
贵阳城市创新发展报告No.3（开阳篇）
著(编)者：连玉明 2018年5月出版 / 估价：99.00元
PSN B-2015-492-4/10

贵阳蓝皮书
贵阳城市创新发展报告No.3（南明篇）
著(编)者：连玉明 2018年5月出版 / 估价：99.00元
PSN B-2015-496-8/10

贵阳蓝皮书
贵阳城市创新发展报告No.3（清镇篇）
著(编)者：连玉明 2018年5月出版 / 估价：99.00元
PSN B-2015-489-1/10

贵阳蓝皮书
贵阳城市创新发展报告No.3（乌当篇）
著(编)者：连玉明 2018年5月出版 / 估价：99.00元
PSN B-2015-495-7/10

贵阳蓝皮书
贵阳城市创新发展报告No.3（息烽篇）
著(编)者：连玉明 2018年5月出版 / 估价：99.00元
PSN B-2015-493-5/10

贵阳蓝皮书
贵阳城市创新发展报告No.3（修文篇）
著(编)者：连玉明 2018年5月出版 / 估价：99.00元
PSN B-2015-494-6/10

贵阳蓝皮书
贵阳城市创新发展报告No.3（云岩篇）
著(编)者：连玉明 2018年5月出版 / 估价：99.00元
PSN B-2015-498-10/10

贵州房地产蓝皮书
贵州房地产发展报告No.5（2018）
著(编)者：武廷方 2018年7月出版 / 估价：99.00元
PSN B-2014-426-1/1

贵州蓝皮书
贵州册亨经济社会发展报告（2018）
著(编)者：黄德林　2018年3月出版 / 估价：99.00元
PSN B-2016-525-8/9

贵州蓝皮书
贵州地理标志产业发展报告（2018）
著(编)者：李发耀 黄其松　2018年8月出版 / 估价：99.00元
PSN B-2017-646-10/10

贵安蓝皮书
贵安新区发展报告（2017～2018）
著(编)者：马长青 吴大华　2018年6月出版 / 估价：99.00元
PSN B-2015-459-4/10

贵州蓝皮书
贵州国家级开放创新平台发展报告（2017～2018）
著(编)者：申晓庆 吴大华 季泓
2018年11月出版 / 估价：99.00元
PSN B-2016-518-7/10

贵州蓝皮书
贵州国有企业社会责任发展报告（2017～2018）
著(编)者：郭丽　2018年12月出版 / 估价：99.00元
PSN B-2015-511-6/10

贵州蓝皮书
贵州民航业发展报告（2017）
著(编)者：申振东 吴大华　2018年1月出版 / 估价：99.00元
PSN B-2015-471-5/10

贵州蓝皮书
贵州民营经济发展报告（2017）
著(编)者：杨静 吴大华　2018年3月出版 / 估价：99.00元
PSN B-2016-530-9/9

杭州都市圈蓝皮书
杭州都市圈发展报告（2018）
著(编)者：沈翔 戚建国　2018年5月出版 / 估价：128.00元
PSN B-2012-302-1/1

河北经济蓝皮书
河北省经济发展报告（2018）
著(编)者：马树强 金浩 张贵　2018年4月出版 / 估价：99.00元
PSN B-2014-380-1/1

河北蓝皮书
河北经济社会发展报告（2018）
著(编)者：康振海　2018年1月出版 / 估价：99.00元
PSN B-2014-372-1/3

河北蓝皮书
京津冀协同发展报告（2018）
著(编)者：陈璐　2018年1月出版 / 估价：99.00元
PSN B-2017-601-2/3

河南经济蓝皮书
2018年河南经济形势分析与预测
著(编)者：王世炎　2018年3月出版 / 估价：99.00元
PSN B-2007-086-1/1

河南蓝皮书
河南城市发展报告（2018）
著(编)者：张占仓 王建国　2018年5月出版 / 估价：99.00元
PSN B-2009-131-3/9

河南蓝皮书
河南工业发展报告（2018）
著(编)者：张占仓　2018年5月出版 / 估价：99.00元
PSN B-2013-317-5/9

河南蓝皮书
河南金融发展报告（2018）
著(编)者：喻新安 谷建全
2018年6月出版 / 估价：99.00元
PSN B-2014-390-7/9

河南蓝皮书
河南经济发展报告（2018）
著(编)者：张占仓 完世伟
2018年4月出版 / 估价：99.00元
PSN B-2010-157-4/9

河南蓝皮书
河南能源发展报告（2018）
著(编)者：国网河南省电力公司经济技术研究院
　　　　　河南省社会科学院
2018年3月出版 / 估价：99.00元
PSN B-2017-607-9/9

河南商务蓝皮书
河南商务发展报告（2018）
著(编)者：焦锦淼 穆荣国　2018年5月出版 / 估价：99.00元
PSN B-2014-399-1/1

河南双创蓝皮书
河南创新创业发展报告（2018）
著(编)者：喻新安 杨雪梅　2018年8月出版 / 估价：99.00元
PSN B-2017-641-1/1

黑龙江蓝皮书
黑龙江经济发展报告（2018）
著(编)者：朱宇　2018年1月出版 / 估价：99.00元
PSN B-2011-190-2/2

湖南城市蓝皮书
区域城市群整合
著(编)者：童中贤 韩未名　2018年12月出版 / 估价：99.00元
PSN B-2006-064-1/1

湖南蓝皮书
湖南城乡一体化发展报告（2018）
著(编)者：陈文胜 王文强 陆福兴
2018年8月出版 / 估价：99.00元
PSN B-2015-477-8/8

湖南蓝皮书
2018年湖南电子政务发展报告
著(编)者：梁志峰　2018年5月出版 / 估价：128.00元
PSN B-2014-394-6/8

湖南蓝皮书
2018年湖南经济发展报告
著(编)者：卞鹰　2018年5月出版 / 估价：128.00元
PSN B-2011-207-2/8

湖南蓝皮书
2016年湖南经济展望
著(编)者：梁志峰　2018年5月出版 / 估价：128.00元
PSN B-2011-206-1/8

湖南蓝皮书
2018年湖南县域经济社会发展报告
著(编)者: 梁志峰　　2018年5月出版 / 估价: 128.00元
PSN B-2014-395-7/8

湖南县域绿皮书
湖南县域发展报告（No.5）
著(编)者: 袁准 周小毛 黎仁寅
2018年3月出版 / 估价: 99.00元
PSN G-2012-274-1/1

沪港蓝皮书
沪港发展报告（2018）
著(编)者: 尤安山　　2018年9月出版 / 估价: 99.00元
PSN B-2013-362-1/1

吉林蓝皮书
2018年吉林经济社会形势分析与预测
著(编)者: 邵汉明　　2017年12月出版 / 估价: 99.00元
PSN B-2013-319-1/1

吉林省城市竞争力蓝皮书
吉林省城市竞争力报告（2018~2019）
著(编)者: 崔岳春 张磊　　2018年12月出版 / 估价: 99.00元
PSN B-2016-513-1/1

济源蓝皮书
济源经济社会发展报告（2018）
著(编)者: 喻新安　　2018年4月出版 / 估价: 99.00元
PSN B-2014-387-1/1

江苏蓝皮书
2018年江苏经济发展分析与展望
著(编)者: 王庆五 吴先满　　2018年7月出版 / 估价: 128.00元
PSN B-2017-635-1/3

江西蓝皮书
江西经济社会发展报告（2018）
著(编)者: 陈石俊 龚建文　　2018年10月出版 / 估价: 128.00元
PSN B-2015-484-1/2

江西蓝皮书
江西设区市发展报告（2018）
著(编)者: 姜玮 梁勇　　2018年10月出版 / 估价: 99.00元
PSN B-2016-517-2/2

经济特区蓝皮书
中国经济特区发展报告（2017）
著(编)者: 陶一桃　　2018年1月出版 / 估价: 99.00元
PSN B-2009-139-1/1

辽宁蓝皮书
2018年辽宁经济社会形势分析与预测
著(编)者: 梁启东 魏红江　　2018年6月出版 / 估价: 99.00元
PSN B-2006-053-1/1

民族经济蓝皮书
中国民族地区经济发展报告（2018）
著(编)者: 李曦辉　　2018年7月出版 / 估价: 99.00元
PSN B-2017-630-1/1

南宁蓝皮书
南宁经济发展报告（2018）
著(编)者: 胡建华　　2018年9月出版 / 估价: 99.00元
PSN B-2016-569-2/3

浦东新区蓝皮书
上海浦东经济发展报告（2018）
著(编)者: 沈开艳 周奇　　2018年2月出版 / 估价: 99.00元
PSN B-2011-225-1/1

青海蓝皮书
2018年青海经济社会形势分析与预测
著(编)者: 陈玮　　2017年12月出版 / 估价: 99.00元
PSN B-2012-275-1/2

山东蓝皮书
山东经济形势分析与预测（2018）
著(编)者: 李广杰　　2018年7月出版 / 估价: 99.00元
PSN B-2014-404-1/5

山东蓝皮书
山东省普惠金融发展报告（2018）
著(编)者: 齐鲁财富网
2018年9月出版 / 估价: 99.00元
PSN B2017-676-5/5

山西蓝皮书
山西资源型经济转型发展报告（2018）
著(编)者: 李志强　　2018年7月出版 / 估价: 99.00元
PSN B-2011-197-1/1

陕西蓝皮书
陕西经济发展报告（2018）
著(编)者: 任宗哲 白宽犁 裴成荣
2018年1月出版 / 估价: 99.00元
PSN B-2009-135-1/6

陕西蓝皮书
陕西精准脱贫研究报告（2018）
著(编)者: 任宗哲 白宽犁 王建康
2018年6月出版 / 估价: 99.00元
PSN B-2017-623-6/6

上海蓝皮书
上海经济发展报告（2018）
著(编)者: 沈开艳
2018年2月出版 / 估价: 99.00元
PSN B-2006-057-1/7

上海蓝皮书
上海资源环境发展报告（2018）
著(编)者: 周冯琦 汤庆合
2018年2月出版 / 估价: 99.00元
PSN B-2006-060-4/7

上饶蓝皮书
上饶发展报告（2016~2017）
著(编)者: 廖其志　　2018年3月出版 / 估价: 128.00元
PSN B-2014-377-1/1

深圳蓝皮书
深圳经济发展报告（2018）
著(编)者: 张骁儒　　2018年6月出版 / 估价: 99.00元
PSN B-2008-112-3/7

四川蓝皮书
四川城镇化发展报告（2018）
著(编)者: 侯水平 陈炜
2018年4月出版 / 估价: 99.00元
PSN B-2015-456-7/7

四川蓝皮书
2018年四川经济形势分析与预测
著(编)者：杨钢　2018年1月出版 / 估价：99.00元
PSN B-2007-098-2/7

四川蓝皮书
四川企业社会责任研究报告（2017～2018）
著(编)者：侯水平 盛毅　2018年5月出版 / 估价：99.00元
PSN B-2014-386-4/7

四川蓝皮书
四川生态建设报告（2018）
著(编)者：李晟之　2018年5月出版 / 估价：99.00元
PSN B-2015-455-6/7

体育蓝皮书
上海体育产业发展报告（2017～2018）
著(编)者：张林 黄海燕　2018年10月出版 / 估价：99.00元
PSN B-2015-454-4/5

体育蓝皮书
长三角地区体育产业发展报告（2017～2018）
著(编)者：张林　2018年4月出版 / 估价：99.00元
PSN B-2015-453-3/5

天津金融蓝皮书
天津金融发展报告（2018）
著(编)者：王爱俭 孔德昌　2018年3月出版 / 估价：99.00元
PSN B-2014-418-1/1

图们江区域合作蓝皮书
图们江区域合作发展报告（2018）
著(编)者：李铁　2018年6月出版 / 估价：99.00元
PSN B-2015-464-1/1

温州蓝皮书
2018年温州经济社会形势分析与预测
著(编)者：蒋儒标 王春光 金浩
2018年4月出版 / 估价：99.00元
PSN B-2008-105-1/1

西咸新区蓝皮书
西咸新区发展报告（2018）
著(编)者：李扬 王军
2018年6月出版 / 估价：99.00元
PSN B-2016-534-1/1

修武蓝皮书
修武经济社会发展报告（2018）
著(编)者：张占仓 袁凯声
2018年10月出版 / 估价：99.00元
PSN B-2017-651-1/1

偃师蓝皮书
偃师经济社会发展报告（2018）
著(编)者：张占仓 袁凯声 何武周
2018年7月出版 / 估价：99.00元
PSN B-2017-627-1/1

扬州蓝皮书
扬州经济社会发展报告（2018）
著(编)者：陈扬
2018年12月出版 / 估价：108.00元
PSN B-2011-191-1/1

长垣蓝皮书
长垣经济社会发展报告（2018）
著(编)者：张占仓 袁凯声 秦保建
2018年10月出版 / 估价：99.00元
PSN B-2017-654-1/1

遵义蓝皮书
遵义发展报告（2018）
著(编)者：邓彦 曾征 龚永育
2018年9月出版 / 估价：99.00元
PSN B-2014-433-1/1

地方发展类-社会

安徽蓝皮书
安徽社会发展报告（2018）
著(编)者：程桦　2018年4月出版 / 估价：99.00元
PSN B-2013-325-1/1

安徽社会建设蓝皮书
安徽社会建设分析报告（2017～2018）
著(编)者：黄家海 蔡宪
2018年11月出版 / 估价：99.00元
PSN B-2013-322-1/1

北京蓝皮书
北京公共服务发展报告（2017～2018）
著(编)者：施昌奎　2018年3月出版 / 估价：99.00元
PSN B-2008-103-7/8

北京蓝皮书
北京社会发展报告（2017～2018）
著(编)者：李伟东
2018年7月出版 / 估价：99.00元
PSN B-2006-055-3/8

北京蓝皮书
北京社会治理发展报告（2017～2018）
著(编)者：殷星辰　2018年7月出版 / 估价：99.00元
PSN B-2014-391-8/8

北京律师蓝皮书
北京律师发展报告No.3（2018）
著(编)者：王隽　2018年12月出版 / 估价：99.00元
PSN B-2011-217-1/1

北京人才蓝皮书
北京人才发展报告（2018）
著(编)者：敏华　2018年12月出版 / 估价：128.00元
PSN B-2011-201-1/1

北京社会心态蓝皮书
北京社会心态分析报告（2017～2018）
北京市社会心理服务促进中心
2018年10月出版 / 估价：99.00元
PSN B-2014-422-1/1

北京社会组织管理蓝皮书
北京社会组织发展与管理（2018）
著(编)者：黄江松
2018年4月出版 / 估价：99.00元
PSN B-2015-446-1/1

北京养老产业蓝皮书
北京居家养老发展报告（2018）
著(编)者：陆杰华　周明明
2018年8月出版 / 估价：99.00元
PSN B-2015-465-1/1

法治蓝皮书
四川依法治省年度报告No.4（2018）
著(编)者：李林　杨天宗　田禾
2018年3月出版 / 估价：118.00元
PSN B-2015-447-2/3

福建妇女发展蓝皮书
福建省妇女发展报告（2018）
著(编)者：刘群英　2018年11月出版 / 估价：99.00元
PSN B-2011-220-1/1

甘肃蓝皮书
甘肃社会发展分析与预测（2018）
著(编)者：安文华　包晓霞　谢增虎
2018年1月出版 / 估价：99.00元
PSN B-2013-313-2/6

广东蓝皮书
广东全面深化改革研究报告（2018）
著(编)者：周林生　涂成林
2018年12月出版 / 估价：99.00元
PSN B-2015-504-3/3

广东蓝皮书
广东社会工作发展报告（2018）
著(编)者：罗观翠　2018年6月出版 / 估价：99.00元
PSN B-2014-402-2/3

广州蓝皮书
广州青年发展报告（2018）
著(编)者：徐柳　张强
2018年8月出版 / 估价：99.00元
PSN B-2013-352-13/14

广州蓝皮书
广州社会保障发展报告（2018）
著(编)者：张跃国　2018年8月出版 / 估价：99.00元
PSN B-2014-425-14/14

广州蓝皮书
2018年中国广州社会形势分析与预测
著(编)者：张强　郭志勇　何镜清
2018年6月出版 / 估价：99.00元
PSN B-2008-110-5/14

贵州蓝皮书
贵州法治发展报告（2018）
著(编)者：吴大华　2018年5月出版 / 估价：99.00元
PSN B-2012-254-2/10

贵州蓝皮书
贵州人才发展报告（2017）
著(编)者：于杰　吴大华
2018年9月出版 / 估价：99.00元
PSN B-2014-382-3/10

贵州蓝皮书
贵州社会发展报告（2018）
著(编)者：王兴骥　2018年4月出版 / 估价：99.00元
PSN B-2010-166-1/10

杭州蓝皮书
杭州妇女发展报告（2018）
著(编)者：魏颖　2018年10月出版 / 估价：99.00元
PSN B-2014-403-1/1

河北蓝皮书
河北法治发展报告（2018）
著(编)者：康振海　2018年6月出版 / 估价：99.00元
PSN B-2017-622-3/3

河北食品药品安全蓝皮书
河北食品药品安全研究报告（2018）
著(编)者：丁锦霞　2018年10月出版 / 估价：99.00元
PSN B-2015-473-1/1

河南蓝皮书
河南法治发展报告（2018）
著(编)者：张林海　2018年7月出版 / 估价：99.00元
PSN B-2014-376-6/9

河南蓝皮书
2018年河南社会形势分析与预测
著(编)者：牛苏林　2018年5月出版 / 估价：99.00元
PSN B-2005-043-1/9

河南民办教育蓝皮书
河南民办教育发展报告（2018）
著(编)者：胡大白　2018年9月出版 / 估价：99.00元
PSN B-2017-642-1/1

黑龙江蓝皮书
黑龙江社会发展报告（2018）
著(编)者：谢宝禄　2018年1月出版 / 估价：99.00元
PSN B-2011-189-1/2

湖南蓝皮书
2018年湖南两型社会与生态文明建设报告
著(编)者：卞鹰　2018年5月出版 / 估价：128.00元
PSN B-2011-208-3/8

湖南蓝皮书
2018年湖南社会发展报告
著(编)者：卞鹰　2018年5月出版 / 估价：128.00元
PSN B-2014-393-5/8

健康城市蓝皮书
北京健康城市建设研究报告（2018）
著(编)者：王鸿春　盛继洪　2018年9月出版 / 估价：99.00元
PSN B-2015-460-1/2

33

江苏法治蓝皮书
江苏法治发展报告No.6（2017）
著(编)者：蔡道通 龚廷泰　2018年8月出版 / 估价：99.00元
PSN B-2012-290-1/1

江苏蓝皮书
2018年江苏社会发展分析与展望
著(编)者：王庆五 刘旺洪　2018年8月出版 / 估价：128.00元
PSN B-2017-636-2/3

南宁蓝皮书
南宁法治发展报告（2018）
著(编)者：杨维超　2018年12月出版 / 估价：99.00元
PSN B-2015-509-1/3

南宁蓝皮书
南宁社会发展报告（2018）
著(编)者：胡建华　2018年10月出版 / 估价：99.00元
PSN B-2016-570-3/3

内蒙古蓝皮书
内蒙古反腐倡廉建设报告 No.2
著(编)者：张志华　2018年6月出版 / 估价：99.00元
PSN B-2013-365-1/1

青海蓝皮书
2018年青海人才发展报告
著(编)者：王宇燕　2018年9月出版 / 估价：99.00元
PSN B-2017-650-2/2

青海生态文明建设蓝皮书
青海生态文明建设报告（2018）
著(编)者：张西明 高华　2018年12月出版 / 估价：99.00元
PSN B-2016-595-1/1

人口与健康蓝皮书
深圳人口与健康发展报告（2018）
著(编)者：陆杰华 傅崇辉　2018年11月出版 / 估价：99.00元
PSN B-2011-228-1/1

山东蓝皮书
山东社会形势分析与预测（2018）
著(编)者：李善峰　2018年6月出版 / 估价：99.00元
PSN B-2014-405-2/5

陕西蓝皮书
陕西社会发展报告（2018）
著(编)者：任宗哲 白宽犁 牛昉　2018年1月出版 / 估价：99.00元
PSN B-2009-136-2/6

上海蓝皮书
上海法治发展报告（2018）
著(编)者：叶必丰　2018年9月出版 / 估价：99.00元
PSN B-2012-296-6/7

上海蓝皮书
上海社会发展报告（2018）
著(编)者：杨雄 周海旺　2018年2月出版 / 估价：99.00元
PSN B-2006-058-2/7

社会建设蓝皮书
2018年北京社会建设分析报告
著(编)者：宋贵伦 冯虹　2018年9月出版 / 估价：99.00元
PSN B-2010-173-1/1

深圳蓝皮书
深圳法治发展报告（2018）
著(编)者：张骁儒　2018年6月出版 / 估价：99.00元
PSN B-2015-470-6/7

深圳蓝皮书
深圳劳动关系发展报告（2018）
著(编)者：汤庭芬　2018年8月出版 / 估价：99.00元
PSN B-2007-097-2/7

深圳蓝皮书
深圳社会治理与发展报告（2018）
著(编)者：张骁儒　2018年6月出版 / 估价：99.00元
PSN B-2008-113-4/7

生态安全绿皮书
甘肃国家生态安全屏障建设发展报告（2018）
著(编)者：刘举科 喜文华
2018年10月出版 / 估价：99.00元
PSN G-2017-659-1/1

顺义社会建设蓝皮书
北京市顺义区社会建设发展报告（2018）
著(编)者：王学武　2018年9月出版 / 估价：99.00元
PSN B-2017-658-1/1

四川蓝皮书
四川法治发展报告（2018）
著(编)者：郑泰安　2018年1月出版 / 估价：99.00元
PSN B-2015-441-5/7

四川蓝皮书
四川社会发展报告（2018）
著(编)者：李羚　2018年6月出版 / 估价：99.00元
PSN B-2008-127-3/7

云南社会治理蓝皮书
云南社会治理年度报告（2017）
著(编)者：晏雄 韩全芳
2018年5月出版 / 估价：99.00元
PSN B-2017-667-1/1

地方发展类-文化

北京传媒蓝皮书
北京新闻出版广电发展报告（2017~2018）
著(编)者：王志　2018年11月出版 / 估价：99.00元
PSN B-2016-588-1/1

北京蓝皮书
北京文化发展报告（2017~2018）
著(编)者：李建盛　2018年5月出版 / 估价：99.00元
PSN B-2007-082-4/8

创意城市蓝皮书
北京文化创意产业发展报告（2018）
著(编)者：郭万超 张京成　2018年12月出版 / 估价：99.00元
PSN B-2012-263-1/7

创意城市蓝皮书
天津文化创意产业发展报告（2017～2018）
著(编)者：谢思全　2018年6月出版 / 估价：99.00元
PSN B-2016-536-7/7

创意城市蓝皮书
武汉文化创意产业发展报告（2018）
著(编)者：黄永林 陈汉桥　2018年12月出版 / 估价：99.00元
PSN B-2013-354-4/7

创意上海蓝皮书
上海文化创意产业发展报告（2017～2018）
著(编)者：王慧敏 王兴全　2018年8月出版 / 估价：99.00元
PSN B-2016-561-1/1

非物质文化遗产蓝皮书
广州市非物质文化遗产保护发展报告（2018）
著(编)者：宋俊华　2018年12月出版 / 估价：99.00元
PSN B-2016-589-1/1

甘肃蓝皮书
甘肃文化发展分析与预测（2018）
著(编)者：王俊莲 周小华　2018年1月出版 / 估价：99.00元
PSN B-2013-314-3/6

甘肃蓝皮书
甘肃舆情分析与预测（2018）
著(编)者：陈双梅 张谦元　2018年1月出版 / 估价：99.00元
PSN B-2013-315-4/6

广州蓝皮书
中国广州文化发展报告（2018）
著(编)者：屈哨兵 陆志强　2018年6月出版 / 估价：99.00元
PSN B-2009-134-7/14

广州蓝皮书
广州文化创意产业发展报告（2018）
著(编)者：徐咏虹　2018年7月出版 / 估价：99.00元
PSN B-2008-111-6/14

海淀蓝皮书
海淀区文化和科技融合发展报告（2018）
著(编)者：陈名杰 孟景伟　2018年5月出版 / 估价：99.00元
PSN B-2013-329-1/1

河南蓝皮书
河南文化发展报告（2018）
著(编)者：卫绍生　2018年7月出版 / 估价：99.00元
PSN B-2008-106-2/9

湖北文化产业蓝皮书
湖北省文化产业发展报告（2018）
著(编)者：黄晓华　2018年9月出版 / 估价：99.00元
PSN B-2017-656-1/1

湖北文化蓝皮书
湖北文化发展报告（2017~2018）
著(编)者：湖北大学高等人文研究院
　　　　　中华文化发展湖北省协同创新中心
2018年10月出版 / 估价：99.00元
PSN B-2016-566-1/1

江苏蓝皮书
2018年江苏文化发展分析与展望
著(编)者：王庆五 樊和平　2018年9月出版 / 估价：128.00元
PSN B-2017-637-3/3

江西文化蓝皮书
江西非物质文化遗产发展报告（2018）
著(编)者：张圣才 傅安平　2018年12月出版 / 估价：128.00元
PSN B-2015-499-1/1

洛阳蓝皮书
洛阳文化发展报告（2018）
著(编)者：刘福兴 陈启明　2018年7月出版 / 估价：99.00元
PSN B-2015-476-1/1

南京蓝皮书
南京文化发展报告（2018）
著(编)者：中共南京市委宣传部
2018年12月出版 / 估价：99.00元
PSN B-2014-439-1/1

宁波文化蓝皮书
宁波"一人一艺"全民艺术普及发展报告（2017）
著(编)者：张爱琴　2018年11月出版 / 估价：128.00元
PSN B-2017-668-1/1

山东蓝皮书
山东文化发展报告（2018）
著(编)者：涂可国　2018年5月出版 / 估价：99.00元
PSN B-2014-406-3/5

陕西蓝皮书
陕西文化发展报告（2018）
著(编)者：任宗哲 白宽犁 王长寿
2018年1月出版 / 估价：99.00元
PSN B-2009-137-3/6

上海蓝皮书
上海传媒发展报告（2018）
著(编)者：强荧 焦雨虹　2018年2月出版 / 估价：99.00元
PSN B-2012-295-5/7

上海蓝皮书
上海文学发展报告（2018）
著(编)者：陈圣来　2018年6月出版 / 估价：99.00元
PSN B-2012-297-7/7

上海蓝皮书
上海文化发展报告（2018）
著(编)者：荣跃明　2018年2月出版 / 估价：99.00元
PSN B-2006-059-3/7

深圳蓝皮书
深圳文化发展报告（2018）
著(编)者：张骁儒　2018年7月出版 / 估价：99.00元
PSN B-2016-554-7/7

四川蓝皮书
四川文化产业发展报告（2018）
著(编)者：向宝云 张立伟　2018年4月出版 / 估价：99.00元
PSN B-2006-074-1/7

郑州蓝皮书
2018年郑州文化发展报告
著(编)者：王哲　2018年9月出版 / 估价：99.00元
PSN B-2008-107-1/1

❖ 皮书起源 ❖

"皮书"起源于十七、十八世纪的英国，主要指官方或社会组织正式发表的重要文件或报告，多以"白皮书"命名。在中国，"皮书"这一概念被社会广泛接受，并被成功运作、发展成为一种全新的出版形态，则源于中国社会科学院社会科学文献出版社。

❖ 皮书定义 ❖

皮书是对中国与世界发展状况和热点问题进行年度监测，以专业的角度、专家的视野和实证研究方法，针对某一领域或区域现状与发展态势展开分析和预测，具备原创性、实证性、专业性、连续性、前沿性、时效性等特点的公开出版物，由一系列权威研究报告组成。

❖ 皮书作者 ❖

皮书系列的作者以中国社会科学院、著名高校、地方社会科学院的研究人员为主，多为国内一流研究机构的权威专家学者，他们的看法和观点代表了学界对中国与世界的现实和未来最高水平的解读与分析。

❖ 皮书荣誉 ❖

皮书系列已成为社会科学文献出版社的著名图书品牌和中国社会科学院的知名学术品牌。2016年，皮书系列正式列入"十三五"国家重点出版规划项目；2013~2018年，重点皮书列入中国社会科学院承担的国家哲学社会科学创新工程项目；2018年，59种院外皮书使用"中国社会科学院创新工程学术出版项目"标识。

中国皮书网

（网址：www.pishu.cn）

发布皮书研创资讯，传播皮书精彩内容
引领皮书出版潮流，打造皮书服务平台

栏目设置

关于皮书：何谓皮书、皮书分类、皮书大事记、皮书荣誉、
皮书出版第一人、皮书编辑部

最新资讯：通知公告、新闻动态、媒体聚焦、网站专题、视频直播、下载专区

皮书研创：皮书规范、皮书选题、皮书出版、皮书研究、研创团队

皮书评奖评价：指标体系、皮书评价、皮书评奖

互动专区：皮书说、社科数托邦、皮书微博、留言板

所获荣誉

2008 年、2011 年，中国皮书网均在全
国新闻出版业网站荣誉评选中获得"最具商
业价值网站"称号；

2012 年，获得"出版业网站百强"称号。

网库合一

2014 年，中国皮书网与皮书数据库端
口合一，实现资源共享。

权威报告·一手数据·特色资源

皮书数据库
ANNUAL REPORT(YEARBOOK)
DATABASE

当代中国经济与社会发展高端智库平台

所获荣誉

● 2016年，入选"'十三五'国家重点电子出版物出版规划骨干工程"

● 2015年，荣获"搜索中国正能量 点赞2015""创新中国科技创新奖"

● 2013年，荣获"中国出版政府奖·网络出版物奖"提名奖

● 连续多年荣获中国数字出版博览会"数字出版·优秀品牌"奖

成为会员

通过网址www.pishu.com.cn或使用手机扫描二维码进入皮书数据库网站，进行手机号码验证或邮箱验证即可成为皮书数据库会员（建议通过手机号码快速验证注册）。

会员福利

● 使用手机号码首次注册的会员，账号自动充值100元体验金，可直接购买和查看数据库内容（仅限使用手机号码快速注册）。

● 已注册用户购书后可免费获赠100元皮书数据库充值卡。刮开充值卡涂层获取充值密码，登录并进入"会员中心"—"在线充值"—"充值卡充值"，充值成功后即可购买和查看数据库内容。

数据库服务热线：400-008-6695　　　　图书销售热线：010-59367070/7028
数据库服务QQ：2475522410　　　　　　图书服务QQ：1265056568
数据库服务邮箱：database@ssap.cn　　　图书服务邮箱：duzhe@ssap.cn

表 1 是本文给出财政再分配效应的测算原理，该原理将预算归宿分析、居民收入核算框架和 MT 指数测算相结合，形成一个统一完整的分析框架。表 1 是对以 Wang 等（2012）为代表的居民收入核算框架的进一步完善，特别是将间接税根据归宿机制纳入分析框架，这体现在表 1 第 1、第 2 和第 12、第 13 行。其中，第 2 行为居民收入来源端间接税，在其基础上可以计算出居民间接税前的市场收入（第 1 行）；第 12 行为居民支出端间接税，在此基础上可以计算出居民消费时扣除商品中间接税后的真实收入（第 13 行）。

表 1 中第二列为各项财政工具对居民收入的再分配过程，其公式表达如下：

$$Y_i^r = Y_i^m - \sum_{c=1}^{14} T_{sc}^i + \sum_{k=1}^{3} B_k^i + \sum_{z=1}^{4} B_z^i - \sum_{m=1}^{5} F_{fm}^i - T^i - \sum_{c=1}^{14} T_{uc}^i$$

等式左边 Y_i^r 表示居民 i 在经历所有财政工具作用后的"真实收入"，等式右边共有七项。这七项的顺序体现了各项再分配政策的作用过程和机制。其中，第一项 Y_i^m 表示居民 i 劳动和资本要素的"市场收入"，该收入假定在没有间接税而在纯市场情况下的收入；第二项 $\sum_{c=1}^{14} T_{sc}^i$ 表示居民 i 缴纳的各项来源端间接税之和，本文中共有 14 项间接税，居民 i 缴纳的来源端间接税 c 为 T_{sc}^i；第三项 $\sum_{k=1}^{3} B_k^i$ 表示居民 i 收到的各项社会保障收入之和，本文中共有 3 项社会保障收入项目，居民 i 收到的社会保障收入项目 k 为 B_k^i；第四项 $\sum_{z=1}^{4} B_z^i$ 表示居民 i 收到的各项转移支付之和，本文中共有 4 项转移支付项目，居民 i 收到的转移支付项目 z 为 B_z^i；第五项 $\sum_{m=1}^{5} F_{fm}^i$ 表示居民 i 缴纳的各项社会保障费之和，本文中共有 5 项社会保障费，居民 i 缴纳的社会保障费 m 为 F_{fm}^i；第六项 T^i 为居民 i 缴纳的个人所得税；第七项 $\sum_{c=1}^{14} T_{uc}^i$ 表示居民 i 缴纳的各项使用端间接税之和，本文中共有 14 项间接税，居民 i 缴纳的使用端间接税 c 为 T_{uc}^i。在计算某一类项目对收入的影响时，均是在其前项基础之上。而计算每一类项目中的各子项目对收入的影响，则假定此类项目中其他子项目均未发生，仅计算该子项目对收入的影响。

表 1 中第 4 列为各项财政工具对居民收入的再分配效应，其表达公式如下：

$$MT = \alpha \sum_{c=1}^{14} (G_m - G_{pc}) + \beta \sum_{k=1}^{3} (G_p - G_{bk}) + \chi \sum_{z=1}^{4} (G_b - G_{gz}) +$$
$$\delta \sum_{m=1}^{5} (G_g - G_{fm}) + (G_f - G_t) + \phi \sum_{c=1}^{14} (G_t - G_{rc})$$

等式左边 MT 表示各项财政工具总的收入分配效应，等式右边的六项，按顺序影响收入再分配，分别表示来源端间接税、社会保障收入、转移支付、社会保障费、个人所得税和使用端间接税的再分配效应。其中，每一项内部又由多个项目组成，每一项目的再分配效应公式亦包含在上式中，如使用端间接税 c 的再分配效应为（$G_m - G_{pc}$），社会保障收入 k 的再分配效应为（$G_p - G_{bk}$），转移支付 z 的再分配效应为（$G_b - G_{gz}$），社会保障费 f 的再分配效应为（$G_g - G_{fm}$），个人所得税的再分配效应为（$G_f - G_t$），使用端间接税 c 的再分配效应为（$G_d - G_{rc}$）。需要强调的是，由于在每一大项财政工具内的各小项之间，并无顺序规定，在计算每一小项财政工具的收入再分配效应时，均直接测算只征收该财政工具而无同类其他财政工具时的再分配效应。由于在分别计算各小项财政工具的再分配效应后再相加的结果，大于将各小类财政工具统一计算的数值，需要使用调整系数对各小项再分配效应的加总值进行调整，其调整系数分别为上式中的 α、β、χ、δ、ϕ。

二　模型与数据

（一）CGE 模型设置

根据上述财政再分配效应的测算原理，在 2012 年投入产出表和社会核算矩阵编制的基础上，本文构建了一个可计算一般均衡（CGE）模型。该模型具有如下特点：①包含了企业、居民和政府三个重要部门，其中，企业细分为 62 个行业，居民包括 5 组城市居民和 5 组农村居民；②包含了税收、社会保障和转移支付等重要的财政再分配工具，并具体细分为 14 项间接税、个人所得税、5 项社保缴费、3 项社保收入和 4 项转移支付；③根据财政工具归宿原理设置各项财政工具，其中，增值税直接影响企业劳动与资本的要素收入，营业税等商品税直接影响企业商品销售价格，企业所得税直接影响资本所有者收入，企业缴纳的房产税等各项财产行为税直接影响商品生产成本，这些税收影响商品和要素价格，最终归宿为各组城乡居民，而个人所得税、社保缴费、社保收入和转移支付直接作用于居民收入，以各组城乡居民为归宿；④可实现对各项财政工具作用前后居民收入、Gini 系数和 MT 指数的计算。该模型的具体设置如下。

1. 生产与间接税

根据我国投入产出表的分类，并考虑各行业税收数据的可得性，模型将生产细分为 62 个部门。假设每个生产部门有一个竞争性企业，每个企业生产一种商品。生产者按利润最大化的原则根据市场价格来决定其要素投入与产出的数量。生产的投入包括中间投入、劳动和资本，产品的产出根据利润最大化原则按常弹性转换（CET）函数在出口和国内市场间分配，产品的供给由国内生产国内消费的商品和进口商品组成 Armington 复合商品。

生产过程由两层嵌套的 CES 生产函数描述。假定资本和劳动完全流动，生产的规模报酬不变。第一层 CES 生产函数，总产出 QX 由增加值 QKL 和中间投入组合 QINT 决定。该 CES 函数是非线性的，各投入部分之间的比例随着相对价格的变化而变化，即不同投入部分之间存在替代性。PX、$PINT$、PKL 分别为总产出、中间投入和增加值的价格。λ_i^{qx} 为函数的规模参数，β_i^{kl}、β_i^{nd} 为份额参数，ρ_i^{qx} 为替代弹性参数。$rvat_i$ 为增值税实际有效税率。根据课税原理，增值税以增加值为课税对象，直接影响 PKL。该层 CES 生产函数最优条件下的价格和数量表达式如下。

$$QX_i = \lambda_i^{qx} \cdot \left(\beta_i^{kl} \cdot QKL_i^{-\rho_i qx} + \beta_i^{nd} \cdot QINT_i^{-\rho_i qx} \right)^{-\frac{1}{\rho_i qx}}$$

$$QKL_i = \left(\frac{1}{\lambda_i^{qx}} \right)^{\frac{\rho_i qx}{1+\rho_i qx}} \cdot \left[\beta_i^{kl} \cdot \frac{PX_i}{(1+rvat_i)PKL_i} \right]^{\frac{1}{1+\rho_i qx}} \cdot QX_i$$

$$QINT_i = \left(\frac{1}{\lambda_i^{qx}} \right)^{\frac{\rho_i qx}{1+\rho_i qx}} \cdot \left(\beta_i^{nd} \cdot \frac{PX_i}{PINT_i} \right)^{\frac{1}{1+\rho_i qx}} \cdot QX_i$$

第二层增加值部分的生产函数也为 CES 函数表达，其投入为劳动量 QL 和资本量 QK，假定经济中统一的劳动价格和资本价格分别为 WL、WK，λ_i^{kl} 为函数的规模参数，β_i^k、β_i^l 为份额参数，ρ_i^{kl} 为替代弹性参数。$rcit_i$ 为企业所得税有效税率。根据企业所得税原理，企业所得税是对税后利润的课征，直接影响资本所有者的回报率 WK。该层的 CES 生产函数最优条件下的数量和价格表达式如下。

$$QKL_i = \lambda_i^{kl} \cdot \left(\beta_i^k \cdot QK_i^{-\rho_i^{kl}} + \beta_i^l \cdot QL_i^{-\rho_i^{kl}} \right)^{-\frac{1}{\rho_i^{kl}}}$$

$$QK_i = \left(\frac{1}{\lambda_i^{kl}}\right)^{\frac{\rho_i^{kl}}{1+\rho_i^{kl}}} \cdot \left[\beta_i^k \cdot \frac{PKL_i}{(1+\mathrm{rcit}_i)WK}\right]^{\frac{1}{1+\rho_i^{kl}}} \cdot QKL_i$$

$$QL_i = \left(\frac{1}{\lambda_i^{kl}}\right)^{\frac{\rho_i^{kl}}{1+\rho_i^{kl}}} \cdot \left(\beta_i^l \cdot \frac{PKL_i}{WL}\right)^{\frac{1}{1+\rho_i^{kl}}} \cdot QKL_i$$

中间投入部分的生产函数是列昂惕夫生产函数。该函数为线性，各投入部分之间的比例固定，相对价格的变化不会影响各部分投入比例，不同投入部分之间不存在替代关系。ca_{ij} 为中间投入部分的投入产出直接消费系数，指要生产一个单位 i 部门的总中间投入，需要使用多少 j 部门的商品。PQ 为中间投入品价格，其表达式如下。

$$QINTA_{ij} = ca_{ij} \cdot QINT_j$$

$$PINT_j = \sum_i ca_{ij} \cdot PQ_i$$

在开放经济下，中间投入使用 Armington 复合商品 QQ，该商品由国内生产国内消费商品 QD 和进口商品 QM 组成，其价格为 PQ。λ_i^m 为函数的规模参数，δ_i^d 为份额参数，ρ_i^m 为替代弹性参数。$rimpt$ 为进口税收的有效税率。根据进口税收原理，进口税收以进口商品为课税对象，直接影响进口商品价格 PM。其表达式如下。

$$QQ_i = \lambda_i^m \cdot \left(\delta_i^d \cdot QD_i^{-\rho_i^m} + \delta_i^d \cdot QM_i^{-\rho_i^m}\right)^{-\frac{1}{\rho_i^m}}$$

$$QD_i = \left(\frac{1}{\lambda_i^m}\right)^{\frac{\rho_i^m}{1+\rho_i^m}} \cdot \left(\delta_i^d \cdot \frac{PQ_i}{PD_i}\right)^{\frac{1}{1+\rho_i^m}} \cdot QQ_i$$

$$QM_i = \left(\frac{1}{\lambda_i^m}\right)^{\frac{\rho_i^m}{1+\rho_i^m}} \cdot \left[\delta_i^d \cdot \frac{PQ_i}{(1+rimpt_i)PM_i}\right]^{\frac{1}{1+\rho_i^m}} \cdot QQ_i$$

国内商品 QX 分为国内销售 QD 和出口 QE 两部分，λ_i^e 为函数的规模参数，ε_i^d 为份额参数，ρ_i^e 为替代弹性参数。$\sum_{c=1}^{12} rint_i^c$ 为营业税、消费税、城市维护建设税、房产税、城镇土地使用税等间接税的实际有效税率之和。这些间接税分为两类：一类是营业税和消费税等直接以商品为课税对象的间接税，直接影响国内商品价格 PX；另一类是房产税、城镇土地使用税等间接税，以企业的财产为课税对象，这些税收在企业会计核算中作为成本列支，并影响国内商品价格 PX。其替代关系由 CET 函数代表。

$$QX_i = \lambda_i^e \cdot (\varepsilon_i^d \cdot QD_i^{-\rho_i^e} + \varepsilon_i^d \cdot QE_i^{-\rho_i^e})^{-\frac{1}{\rho_i^e}}$$

$$QD_i = \left(\frac{1}{\lambda_i^e}\right)^{\frac{\rho_i^e}{\rho_i^e-1}} \cdot \left[\varepsilon_i^d \cdot \frac{(1 + \sum_{c=1}^{12} rint_i^c)PX_i}{PD_i}\right]^{\frac{-1}{\rho_i^e-1}} \cdot QX_i$$

$$QE_i = \left(\frac{1}{\lambda_i^e}\right)^{\frac{\rho_i^e}{\rho_i^e-1}} \cdot \left[\varepsilon_i^d \cdot \frac{(1 + \sum_{c=1}^{12} rint_i^c)PX_i}{PE_i}\right]^{\frac{-1}{\rho_i^e-1}} \cdot QX_i$$

上述公式中，包含了我国各项间接税，并根据其课税原理进行了设置。这些间接税对要素和商品价格产生影响，企业在利润最大化目标下，将税收负担转嫁给居民。

2. 居民与直接税、社会保障和转移支付

居民在效用最大化目标和收入约束下安排支出。居民的收入包括劳动收入 YHL、资本收入 YHK、社会保障收入 $RSSR^K$、转移支付收入 $RSSR^Z$。居民的支出包括各项社会保障缴费 $RSSF^m$、个人所得税 $GIHTAX$、各项商品服务支出 HD_i，其表达公式如下。

$$TYH_h = YHL_h + YHK_h + \sum_{k=1}^3 RSSR_h^k + \sum_{z=1}^4 RSSR_h^z$$

$$SH_h = rsh_h \cdot (1 - \sum_{m=1}^5 rssf_h^m - rihtax_h) \cdot TYH_h$$

$$PQ_i \cdot HD_{ih} = conh_{ih} \cdot (TYH_h - \sum_{m=1}^5 RSSF_h^m - GIHTAX_h - SH_h)$$

根据居民收入核算框架和顺序分解法，其真实收入 RY 为"初始收入"（$YHL_h + YHK_h$）、"社保收入" $\sum_{k=1}^3 RSSR_h^k$、"转移支付收入" $\sum_{z=1}^4 RSSR_h^z$、"社会保障费" $\sum_{m=1}^5 RSSF_h^m$、"个人所得税" $GIHTAX_h$ 和"消费支出" $\sum_i PQ_i \cdot HD_{ih}$ 按顺序相加减得到。需要指出的是，各项直接税费和收入均已包含在公式中，间接税并未出现在公式中，而是内含于公式中。其中，（$YHL_h + YHK_h$）为包含居民收入来源端间接税的收入，$\sum_i PQ_i \cdot HD_{ih}$ 为包含居民收入使用端间接税的消费支出。通过使用一次性总付税代替间接税，可以测得不含来源端间接税的"初始收入"和不含使用端间接税的"真实收入"。

$$RY_h = (YHL_h + YHK_h) + \sum_{k=1}^{3} RSSR_h^k + \sum_{z=1}^{4} RSSR_h^z -$$

$$\sum_{m=1}^{5} RSSF_h^m - GIHTAX_h - \sum_i PQ_i \cdot HD_{ih}$$

3. 政府与财政收支

政府行为也以实现效用最大化为目标来安排其各项财政收支。其收入 TYG 来源包括个人所得税 $\sum_h GIHTAX_h$，各项间接税 $\sum_i \sum_{c=1}^{14} GINT_i^c$，各项社保缴费 $\sum_h \sum_{m=1}^{5} RSSF_h^m$；其支出包括社会保障支出 $\sum_{k=1}^{3} RSSR_h^k$，对居民转移支付 $\sum_{z=1}^{4} RSSR_h^z$，对企业转移支付 $TRANSGTE$，一般性支出 $PQ_i \cdot GD_i$，政府储蓄 SG。其表达公式如下。

$$TYG = \sum_h GIHTAX_h + \sum_i \sum_{c=1}^{14} GINT_i^c + \sum_h \sum_{m=1}^{5} RSSF_h^m$$

$$PQ_i \cdot GD_i = cong_i \cdot \left[TYG - \sum_h \left(\sum_{k=1}^{3} RSSR_h^k + \sum_{z=1}^{4} RSSR_h^z \right) - TRANSGTE - SG \right]$$

（二）数据与参数

社会核算矩阵（Social Accountint Matrix，又称 SAM 表）是校准 CGE 模型参数及外生变量的数据基础。SAM 表中的数据大部分来源于《中国投入产出表》（2012），储蓄及政府转移支付等数据来源于《中国统计年鉴》（2013），税收数据来源于《中国税务年鉴》（2013）。根据上述数据，本文首先构建了均衡的宏观 SAM 表，并在此基础上对生产、居民和间接税等账户进行细分，均衡的细分 SAM 表为刻画经济中各部门（如企业、住户、政府）的行为提供了基础数据，并内含了其重要特征及相关参数。

以平衡的细分 SAM 表数据集为基础，本文估计出了 CGE 模型的重要参数，其中包括各生产部门的相关份额参数、规模参数、投入产出消耗系数，住户的边际储蓄倾向、边际消费倾向，增值税、营业税、消费税、其他间接税、个人所得税、企业所得税、房产税、土地增值税、城镇土地使用税等税收的实际税率。根据 CGE 的通常做法，CES 生产函数中的要素替代弹性、Armington 弹性和 CET 弹性值，均采用其他文献的估计数值，赵永、王劲峰（2008）对不同学者及其使用不同方法所估计的这些数值进行了综述，本文以此为基础确定。

根据研究需要，各产业部门缴纳的各项间接税和各组居民的收入支出数据集中体现间接税和居民特征，数据的可靠性和准确性尤其重要。本文中的上述数据均来自国家权威部门发布的数据。其中，各项税收数据来自《中国税务年鉴》中的"全国税收收入分税种分产业收入情况表"。居民收入与支出数据来自《中国统计年鉴》（2013）和2009～2011年的《中国城市居民生活与价格年鉴》。

以国家统计局对城乡居民收入分组为基础，本文将农村和城镇居民均分为五等分组，分别为低收入户、中低收入户、中等收入户、中高收入户和高收入户。居民收入包括工薪收入、资本收入、社保收入和转移性收入。社保收入具体包括养老金、住房公积金、失业保障金。转移性收入具体包括社会救济收入、赡养收入、捐赠收入、其他转移性收入。居民支出包括消费支出、社会保障缴费、个人所得税、储蓄。其中，社会保障缴费包括养老基金、医疗基金、失业基金、住房公积金和其他社会保障支出。消费支出涉及62项商品。

三 实证结果与分析

根据拓展后的财政再分配分析方法，基于中国现实数据，运用 CGE 模型，本文对包括间接税在内的各项税收、社会保障缴费和收入、转移支付收入等各项财政工具的再分配效应进行了测算，其结果如表2所示。

从全国来看，财政作用前居民市场收入的 Gini 系数 0.4129，各项财政作用后居民真实收入的 Gini 系数为 0.4317，MT 指数的变化为 -0.0187，变化幅度为 -4.5%。这表明，各项财政工具综合作用后，不仅没有缩小收入差距，反而导致收入差距进一步拉大。鉴于间接税对居民资本和劳动要素收入的影响，居民市场收入在扣除来源端间接税后的初始收入的基尼系数为 0.4199，MT 指数变化为 -0.007，表明来源端间接税使 Gini 系数增加，拉大了收入分配差距。-0.007 的变化与全部财政工具导致的基尼系数的变化的绝对值 0.0187 相比，得出来源端间接税在整个财政再分配中的贡献为 -37%。同理，社会保障收入导致 MT 指数变化为 -0.0053，贡献为 -28%；转移支付导致 MT 指数变化为 0.0127，贡献为 69%；社会保障缴费导致 MT 指数变化为 0.0017，贡献为 9%；个人所得税导致 MT 指数变化为 0.0028，贡献为 15%；支出端间接税导致 MT 指数变化为 -0.0236，贡献为 -126%。图1更加直观地反映了整体财政再分配效应和各项财政工具对收入分配影响的方向和贡献大小。

表 2 我国财政再分配总效应及其分解

居民收入/财政收支	测算指标	全国	农村	城镇
市场收入	G_m	0.4129	0.3640	0.2972
来源端间接税	MT_{Ts}	−0.0070	0.0006	0.0018
	$MT_{Ts}/\lvert MT \rvert$	−37%	1%	6%
初始收入	G_p	0.4199	0.3634	0.2954
社会保障收入	MT_B	−0.0053	0.0000	0.0005
	$MT_B/\lvert MT \rvert$	−28%	0	2%
社保后收入	G_b	0.4252	0.3634	0.2949
转移支付	MT_{TR}	0.0127	0.0073	0.0002
	$MT_{TR}/\lvert MT \rvert$	69%	7%	1%
总收入	G_g	0.4125	0.3561	0.2947
社会保障缴费	MT_F	0.0017	0.0000	−0.0005
	$MT_F/\lvert MT \rvert$	9%	0%	−2%
费后可支配收入	G_f	0.4108	0.3561	0.2952
个人所得税	MT_T	0.0028	0.0000	0.0033
	$MT_T/\lvert MT \rvert$	15%	0%	11%
税后可支配收入	G_t	0.4080	0.3561	0.2919
支出端间接税	MT_{Tu}	−0.0236	−0.1237	−0.0354
	$MT_{Tu}/\lvert MT \rvert$	−126%	−107%	−118%
真实收入	G_r	0.4317	0.4798	0.3272
整体财政收支	MT	−0.0187	−0.1158	−0.0301
	$MT/\lvert MT \rvert$	−100%	−100%	−100%

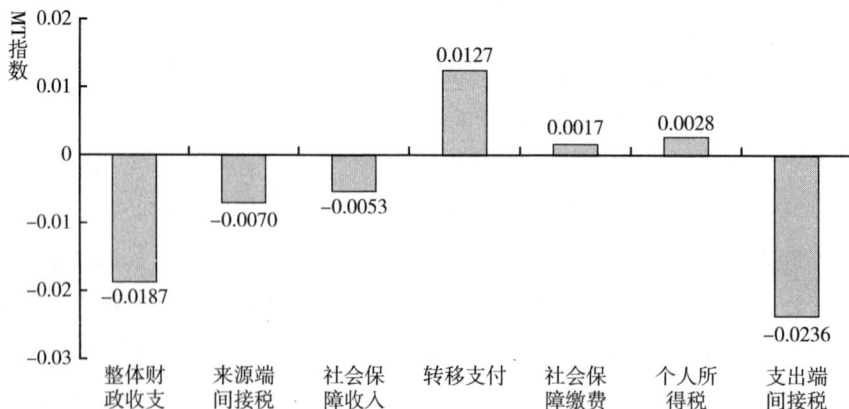

图 1 财政再分配效应（全国）

从农村来看，整体财政再分配，使基尼系数由财政作用前的 0.3630 变为财政作用后的 0.4798，MT 指数变化为 -0.1158，变化幅度为 -32%。其中，收入来源端间接税导致 MT 指数变化为 0.0006，贡献为 1%；社会保障缴费方面，由于农村居民养老、失业、生育等方面的制度尚未建立，农村合作医疗的保障水平低、缴费低，加之统计数据缺失，本文忽略其对收入分配的影响；转移支付导致 MT 指数变化为 0.0073，贡献为 7%；农村居民的个人所得税缴纳也几乎为零，因此个人所得税对农村居民的收入分配也没有调节作用；支出端间接税导致 MT 指数变化为 -0.1237，贡献为 -107%。图 2 可以更加直观地看出各项财政工具对收入分配影响的方向和贡献大小。

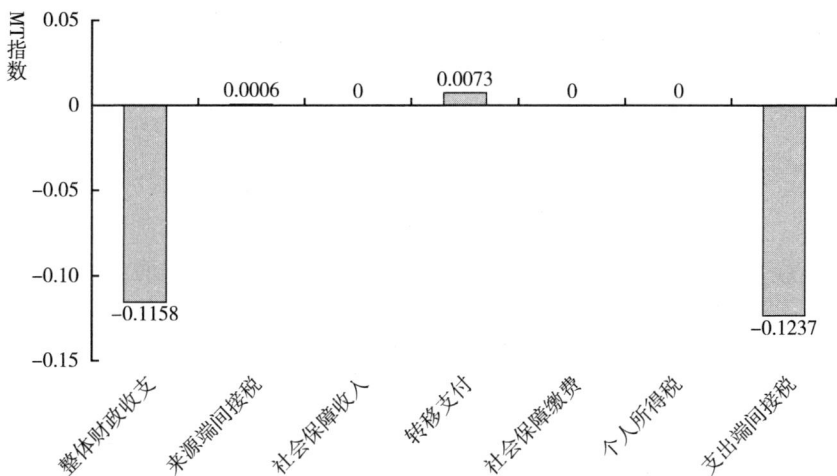

图 2　财政再分配效应（农村）

从城镇来看，整体财政再分配，使基尼系数由财政作用前的 0.2972 变为财政作用后的 0.3272，MT 指数变化为 -0.0301，变化幅度为 -10%。其中，收入来源端间接税导致 MT 指数变化为 0.0018，贡献为 6%；社会保障收入导致 MT 指数变化为 0.0005，贡献为 2%；转移支付导致 MT 指数变化为 0.0002，贡献为 1%；社会保障缴费导致 MT 指数变化为 -0.0005，贡献为 -2%，这表明社会保障缴费具有较弱的逆向调节作用，其负向调节作用与社会保障收入的正向调节作用抵消，即从整个城镇社会保障收支综合来看，整体上对收入分配的影响为零；个人所得税导致 MT 指数变化为 0.0033，贡献为 11%；支出端间接税导致 MT 指数变化为 - 0.0354，贡献为 - 118% 。图 3 更直观地显示了不同财政工具对城镇居民收入分配调节的方向与贡献大小。

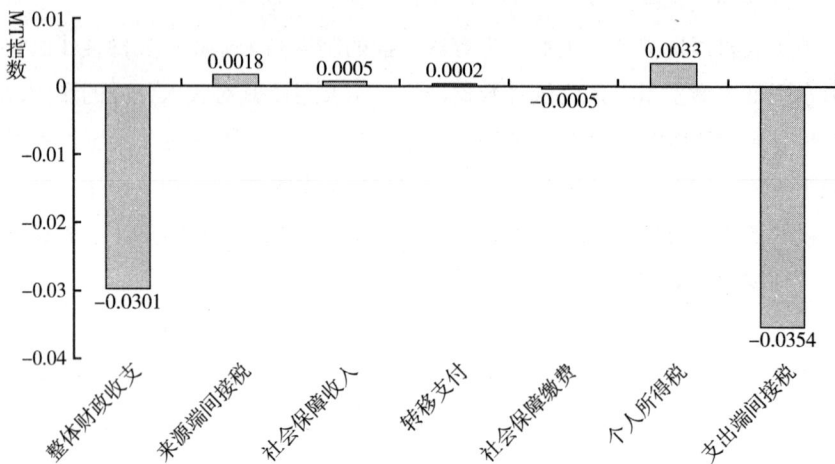

图 3　财政再分配效应（城镇）

从城乡对比来看，如图 4 所示，现有财政再分配制度对农村收入分配的逆向调节作用远大于城镇，财政再分配导致农村 Gini 系数下降 0.1158，城镇 Gini 系数下降 0.0301，财政再分配对农村的负效应是城镇的 3.8 倍，拉大了城乡收入分配之间的差距。其主要原因在于支出端间接税，对农村居民的影响是 - 0.1237，对城镇居民的影响是 - 0.0354，支出端间接税对收入分配的逆向调节，农村为城镇的 3.5 倍。此外，农村和城镇相比还有一个突出特点，即转移支付对农村和城镇居民收入分配均发挥着正向调节作用，对农村的作用效果为 0.0073，远大于城镇的 0.0002，但相对于支出端间接税的逆向调节作用则较为微弱。

值得注意的是，来源端间接税对农村和城镇的影响的 MT 指数分别为 0.0006 和 0.0018，均为正值，表明来源端间接税的正向调节作用，而对全国的影响为 - 0.007，表明其作用为逆向调节。原因在于，来源端间接税导致城乡之间收入差距拉大。同理，社会保障收入，对农村居民调节几乎为零，而对城镇为 0.0005，更加有利于城镇，导致城乡收入差距拉大，并在全国呈现为逆向调节。转移支付对农村和城镇的调节效果分别为 0.0073 和 0.0002，均为正向调节，同时其有利于缩小城乡差距，转移支付对全国的影响效果进一步增为 0.0127。社会

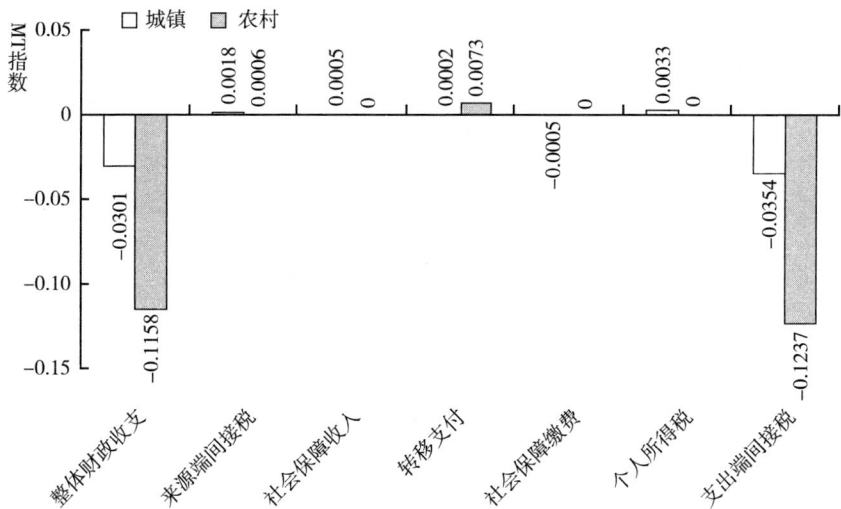

图 4　财政再分配效应（城乡比较）

保障缴费，对农村的影响为零，对城镇为 - 0.0005，农村居民缴纳的社保费远少于城镇居民，促使城镇收入差距缩小，从全国来看，有利于缩小收入差距，其效果为 0.0017。个人所得税，由于农村居民基本不缴纳，而城镇居民相对缴纳较多，有利于缩小城乡差距，同时个人所得税在城镇内部也对收入分配调节起着正向作用，其效果为 0.0033，对全国的综合效果为 0.0028。

由上述分析可见，不同财政工具的调节效果和比重，是影响我国财政再分配效果的两个关键因素。从财政工具的调节效果来看，本文测算表明，我国间接税的效应为负，个人所得税、社会保障缴费、转移支付的效应均为正，社会保障收入的效应为负；社会保障缴费的正效应与社会保障收入的负效应大体相抵。从不同财政工具的比重来看，2012 年我国个人所得税占全部税收收入的比重仅为 5.8%[1]，同时间接税比重过高；社会保障和转移支付在财政支出中的比重过低，2012 年中国社会保障和转移支付占 GDP 的比重为 10%，OECD 国家可比口径的转移支付和社保支出占 GDP 的比重平均达到 31.5%[2]。

---

[1]　根据《中国税务年鉴》（2013）计算得出。

[2]　OECD 数据根据 *IMF Government Finance Statistics Yearbook*（2012）计算得出，中国根据《中国财政年鉴》（2013）计算得出。

四 国际比较

据专家预计，到 2020 年中国将从中等收入国家进入高等收入国家行列[1]。与之相适应，我国也正在推进现代财政制度建设。进一步完善我国财政再分配功能是建设现代财政制度的一个重要内容。为此，在上述对我国财政再分配效应测算的基础上，有必要与其他中等收入国家和高收入国家（地区）财政再分配效应进行比较，从而进一步发现问题、分析原因和明确改革方向。

根据数据的可得性，本文选择了 16 个国家和地区进行比较，其中包括 10 个发达国家和地区（美国、英国、法国、德国、爱尔兰、瑞士、加拿大、俄罗斯、韩国、中国台湾）、5 个中等收入国家（巴西、墨西哥、秘鲁、乌拉圭、玻利维亚），通过对比中国与这些国家和地区的财政再分配效应，从图 5 中可以得出如下结论。

第一，与中等收入国家相比，中国财政分配前收入差距处于较低水平，财政分配后也处于较低水平。然而，中国的转移支付、社会保障和直接税费的再分配调节作用小于所列中等收入国家的平均水平，同时中国的间接税导致收入差距拉大，其对收入分配的负作用大于其他中等收入国家。

第二，与高收入国家和地区相比，中国财政分配前的收入差距也处于较低水平，财政分配后却高于发达国家和地区。我国的转移支付、社会保障和直接税费的再分配调节作用小于高收入国家和地区，中国间接税对收入分配的负作用较大。

第三，中等收入国家与高收入国家和地区相比，财政作用前收入分配差距高于高收入国家和地区，财政作用后仍高于高收入国家和地区。高收入国

---

[1] 林毅夫研究显示，从 1950 年到 2008 年，只有 13 个中等收入经济体进入高收行列，其中有 8 个是欧洲国家，再加上日本和"亚洲四小龙"。第二次世界大战以后，200 多个经济体当中至少有 180 个，经过 70 年，实际上陷入中等收入陷阱或者低收入陷阱。只有两个发展中经济体从低收入进入中等收入，然后继续进入高收入，一个是韩国，另一个是中国台湾。中国大陆，很有可能到 2020 年，成为第三个从低收入进入中等收入再进入高收入的国家，详见林毅夫《2020 中国会是第三个从低收入到高收入的国家》，凤凰财经，2015 年 9 月 12 日。

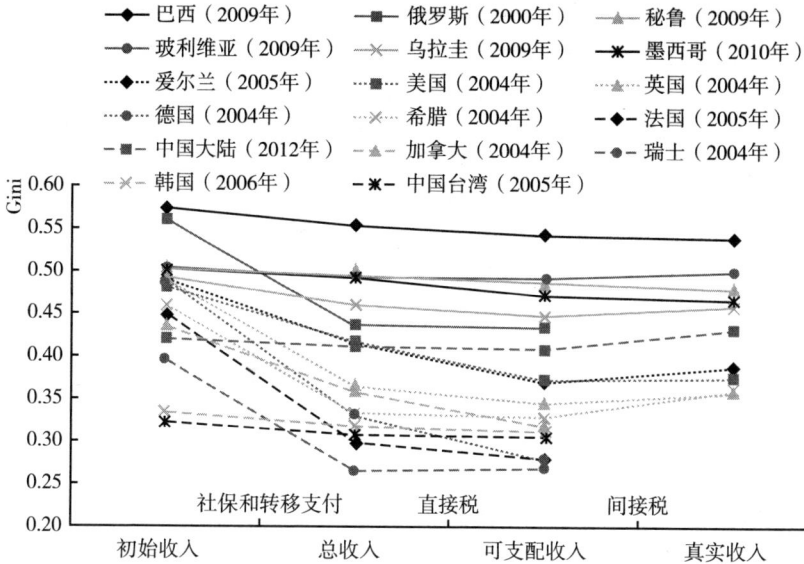

图5 财政再分配效应比较

资料来源：Chen Wang and Koen Caminada（2011），Figari & Paulus et al.（2012），Lustig et al.（2013）。

家和地区社会保障、转移支付和直接税的调节力度显著大于中等收入国家。这些财政工具在降低 Gini 系数中发挥着主导性作用。其中，发达国家和地区的转移支付的调节力度普遍大于直接税，在缩小收入分配差距中发挥着主要作用。

第四，我国的转移支付、社会保障、直接税的再分配正效用不仅低于中等收入国家，也低于高收入国家和地区，中国的间接税再分配的负效应不仅高于中等收入国家也高于高收入国家和地区。由于中国间接税对收入分配的负效应大于其他财政工具的正效应，导致中国整体财政再分配效应为负，而其他中等收入国家和高收入国家和地区财政整体再分配效应普遍为正。

第五，韩国和中国台湾与其他高收入国家不同，其财政作用前的收入差距较低，即初次分配后的收入分配差距较小，同时其社会保障、转移支付和直接税的再分配效应要小于发达国家，但其财政作用后的收入分配差距在发达国家和地区中仍然较低。这表明，如果能通过初次分配缩小收入差距，则财政的再分配力度可以大大减弱。

图5中的一些国家缺少间接税再分配效应的测算，但由于这些国家间接税比重相对较低，间接税对其总的财政再分配影响不大。Figari 和 Paulus 等（2012）、Lustig 等（2013）在对中等收入国家财政再分配效应测算中包括了间接税，但是其间接税假定全部转嫁给消费者，因此高估了其作用效果。即使如此，本文认为，这一比较仍然可以帮助我们更好地认识中国财政再分配效应。

五　结论与政策建议

现有对财政再分配分析方法没能够将间接税有效地纳入分析框架，这对于间接税比重相对较低的发达国家来说，对于其财政再分配效应的影响较小，然而，由于我国直接税比重过低，而间接税比重过高，因此，将间接税排除在外，将极大地影响测算结果的准确性。本文根据间接税归宿原理，将间接税划分为居民收入来源端间接税和使用端间接税，并纳入财政预算归宿分析、居民收入核算框架和 MT 指数测算组成的分析方法中。在此基础上，本文对我国税收、社会保障和转移支付三类重要的财政工具的再分配效应进行了综合测算，并得出如下结论。

（1）无论从全国、农村和城镇来看，财政再分配的效应均为负，其对农村的负作用大于城镇，即财政再分配没有起到缩小收入差距的作用，反而拉大了收入差距和城乡差距，其原因在于中国使用端间接税的负作用远大于社会保障、转移支付和支付税费的正作用，其对农村的影响大于城镇。

（2）不同财政工具的再分配效应存在明显差别。从全国来看，转移支付、社会保障缴费和个人所得税的再分配效应为正，其合计贡献为93%，而来源端间接税、社会保障收入和支出端间接税的再分配效应为负，其合计贡献为 -191%；从农村来看，来源端间接税、转移支付的效应为正，合计贡献为8%，支出端间接税的效应为负，贡献为 -107%；从城镇来看，来源端间接税、社会保障收入、转移支付和个人所得税效应为正，合计为14%，社会保障缴费和支出端间接税效应为负，合计为 -120%。

（3）中国与 5 个中等收入国家的比较显示，初始收入分配差距低于其他中等收入国家，财政再分配后也低于其他国家，但财政再分配的效应为负，不同于其他中等收入国家。中国与 10 个发达国家和地区的比较显示，初始收入分配差距也低于多数发达国家，但中国财政再分配效应为负，而其他发达国家财政再分配效应为正且对收入分配的调节力度大，因此财政再分配后我国的收入分配差距远高于其他发达国家和地区。其原因在于，我国转移支付、社会保障和直接税的正向调节力度较弱，同时间接税的负向调节作用强。

为了实现中共十八届三中全会提出的"加快健全以税收、社会保障、转移支付为主要手段的再分配调节机制"，适应中国由中等收入国家进入高等收入国家的变化，建设现代财政制度，必须进一步完善我国当前的财政再分配效应。为此，本文提出如下政策建议。

一是优化财政收入结构，逐步提高直接税和社会保障缴纳的比重，同时相应地逐步降低间接税的比重，这一方面可以增强直接税和社会保障缴纳的正效应，另一方面相应地减弱间接税的负效应。

二是优化财政支出结构，逐步提高转移支付和社会保障支出的比重，同时相应地逐步降低一般性财政支出的比重，从而在财政支出端增加调节收入分配的正效应。

三是优化个人所得税制度，实现由分类税制向综合税制的转变，通过综合收入、以家庭为单位纳税、完善费用扣除和税收抵免、完善累进税制等方面的改革，加强个人所得税的累进性。

四是优化间接税制度，降低间接税的累退性和增加累进性，如对初级食品和普通药品实行免征增值税的政策，将更多的奢侈品消费纳入消费税的征收范围等。

参考文献

金成武：《离散分布收入数据基尼系数的矩阵向量形式及相关问题》，《经济研究》2007 年第 4 期。

李吉雄：《我国财政对居民收入再分配的绩效分析——基于贫困度和基尼系数的测

度》，《经济问题》2010 年第 12 期。

李实：《对基尼系数估算与分解的进一步说明——对陈宗胜教授评论的再答复》，《经济研究》2002 年第 5 期。

米增渝、刘霞辉、刘穷志：《经济增长与收入不平等：财政均衡激励政策研究》，《经济研究》2012 年第 12 期。

王传纶、高培勇：《当代西方财政经济理论》，商务印书馆，2002。

王延中、龙玉其、江翠萍、徐强：《中国社会保障收入再分配效应研究——以社会保险为例》，《经济研究》2016 年第 2 期。

岳希明、张斌、徐静：《中国税制的收入分配效应测度》，《中国社会科学》2014 年第 6 期。

赵永、王劲峰：《经济分析：CGE 模型与应用》，中国经济出版社，2008。

Aronson J. R., Lambert P J., "Decomposing the Gini Coefficient to Reveal the Vertical, Horizontal, and Reranking Effects of Income Taxation", *National Tax Journal*, 47（2）.

Bach Stefan, M. Grabka, and E. Tomasch, "Tax and Transfer System: Considerable Redistribution Mainly Via Social Insurance", *Diw Economic Bulletin*, 2015（8）.

Browning E. K., "The Burden of Taxation", *The Journal of Political Economy*, 1978.

Browning, Edgar K., and William R. Johnson, "The Distribution of the Tax Burden", Washington: American Enterprise Institute, 1979.

Caminada, Koen, K. Goudswaard and C. Wang, "Disentangling Income Inequality and the Redistributive Effect of Taxes and Transfers in 20 LIS Countries Over Time", Mpra Paper, 2012.

Dalton, Hugh, *Principles of Public Finance*, 4th ed., New York Frederick A. Praeger, 1955.

Figari F., "GINI DP 28: The impact of Indirect Taxes and Imputed Rent on Inequality: A Comparison with Cash Transfers and Direct Taxes in Five EU Countries", Gini Discussion Papers, 2012.

Figari F., Paulus A., Sutherland H., et al., "Taxing Home Ownership: Distributional Effects of Including Net Imputed Rent in Taxable Income", Social Science Electronic Publishing, 2012.

Gale, William G., et al., "Effects of After-Tax Pension and Social Security Benefits on Household Wealth: Evidence from a Sample of Retirees", Social Science Electronic Publishing, 2007.

Goñi, Edwin, J. H. López and L. Servén, "Fiscal Redistribution and Income Inequality in Latin America", Social Science Electronic Publishing, 2008, 39（9）.

Huesca L., Araar A., "Progressivity of Taxes and Transfers: The Mexican Case 2012", *Ssrn Electronic Journal*, 2014.

Immervoll H. , Levy H. , Lietz C. , et al. , "Household Incomes and Redistribution in the European Union: Quantifying the Equalizing Properties of Taxes and Benefits", *Economics*, 2005.

Kakwani N. C. , "Measurement of Tax Progressivity: An International Comparison", *Economic Journal*, 1977, 87 (345) .

Lustig N. , Gray-Molina G. , Higgins S. , et al. , "The Impact of Taxes and Social Spending on Inequality and Poverty in Argentina, Bolivia, Brazil, Mexico, and Peru: A Synthesis of Results", *Public Finance Review*, 2013, 42 (3) .

Lustig, Nora, "Fiscal Redistribution In Middle Income Countries: Brazil, Chile, Colombia, Indonesia, Mexico, Peru and South Africa", Oecd Social Employment & Migration Working Papers, 2015.

Mookherjee D. , Shorrocks A. , "A Decomposition Analysis of the Trend in UK Income Inequality", *Economic Journal*, 1982, 92 (92) .

Musgrave R. A. , Thin T. , "Income Tax Progression, 1929 – 48", *Journal of Political Economy*, 1948 (6) .

Nanak Kakwani, "On the Measurement of Tax Progressivity and Redistributive Effect of Taxes with Applications to Horizontal and Vertical Equity", Advances in Econometircs, JAI press Inc. , vol. , 3, 1984.

Nanak Kakwani, *Analyzing Redistribution Policies, A Study Using Australian Data*, New York: Cambridge University Press, 1986.

Pechman J. A. , Okner B. A. , "Who Bears the Tax Burden?", *Journal of Finance*, 1974.

Reynolds M. O. , Smolensky E. , *Public Expenditures, Taxes, and the Distribution of Income : the United States, 1950, 1961, 1970*, Academic Press, 1977.

Higgins S. , Lustig N. , Ruble W. , et al. , "Comparing the Incidence of Taxes and Social Spending in Brazil and the United States", *Review of Income & Wealth*, 2015.

Smolensky, By E. , W. Hoyt and S. Danziger, "A Critical Survey of Efforts to Measure Budget Incidence", The Relevance of Public Finance for Policy-Making, Proceedings IIFP Congress, 1987.

Wang, Chen and K. Caminada, "Disentangling Income Inequality and the Redistributive Effect of Social Transfers and Taxes in 36 LIS Countries", *Ssrn Electronic Journal*, 2011.

Whiteford, P. , "How Much Redistribution do Governments Achieve the Role of Cash Transfers and Household Taxes, Growing unequal: Income Distribution and Poverty in OECD Countries", in OECD, Growing Unequal, Income Distribution and Poverty in OECD Countires, Paris, Organisation for Economic Co-operation and Develpoment, 2008.

Wilhelm Pfähler, "Redistributive Effect of Income Taxation: Decomposing Tax Base and Tax Rates Effects", *Bulletin of Economic Research*, 1990, 42 (2) .

B.14
稳健中性取向下的货币金融运行

闫先东　刘　西　苗大林[*]

摘　要： 2017 年我国经济运行总体平稳，前三季度，GDP 同比增长 6.9%，固定资产投资（不含农户）名义同比增长 7.5%，CPI 同比上涨 1.5%，全国服务业生产指数同比增长 8.3%，全国财政收入同口径同比增长 9.7%，全国财政支出同比增长 11.4%。M2 同比增速呈逐月放缓趋势，人民币存款增速稳中有降，贷款增速保持平稳。债券发行规模下降，交易规模回升，人民币对美元汇率小幅贬值。同时，环保限产、棚改货币化安置、地方债、银行信贷等产生的潜在风险较大。应把握好稳增长、防风险和控赤字的平衡，保持货币流动性合理适度，调节好流动性的结构。

关键词： 投资　进出口　地方债　环保

2017 年全球经济复苏，外部环境有所改善。我国经济运行总体平稳，质量效益提升，经济发展的稳定性、协调性和可持续性增强。中国人民银行执行稳健中性的货币政策，根据形势变化加强预调微调和预期管理，为经济稳定增长和供给侧结构性改革营造了良好的货币金融环境：银行体系流动性保持中性，货币信贷和社会融资规模合理增长，利率水平总体适度，人民币汇率预期稳定。预计 2018 年货币政策仍将保持稳健基调，宏观审慎

---

* 闫先东，任职于中国人民银行调查统计司；刘西，任职于中国人民银行调查统计司；苗大林，任职于中国人民银行调查统计司。本文不代表任职机构意见。

管理进一步加强，防控金融风险的力度加大，金融服务实体经济的能力不断增强。

一 金融运行的实体经济环境

2017 年前三季度，GDP 同比增长 6.9%，与上半年持平，比上年同期高 0.2 个百分点。三季度，GDP 同比增长 6.8%，比上季度低 0.1 个百分点，比上年同期高 0.1 个百分点。前三季度，经济运行总体平稳，质量效益提升，经济发展的稳定性、协调性和可持续性增强。

（一）工业生产再现季末冲高，企业效益继续改善

前三季度，全国规模以上工业增加值同比增长 6.7%，增速与 1 ~ 8 月持平。前三季度高技术制造业和装备制造业增加值同比分别增长 13.4% 和 11.6%，分别快于规模以上工业 6.7 个和 4.9 个百分点。部分符合产业升级方向的新兴产品快速增长，如前三季度工业机器人产量同比增长 69.4%，太阳能发电量和风力发电量累计同比分别增长 31.6% 和 21%。1 ~ 8 月柴油表观消费量同比增长 0.8%，增速比上年同期高 8.4 个百分点。

（二）投资增速回落，消费平稳增长，进出口持续快速增长

2017 年前三季度，固定资产投资（不含农户）名义同比增长 7.5%，增速比 1 ~ 8 月低 0.3 个百分点，比上年同期低 0.7 个百分点；实际增长[1] 4.6%，增速比 1 ~ 8 月低 0.1 个百分点，比上年同期低 6.7 个百分点。前三季度，社会消费品零售总额名义同比增长 10.4%，实际同比增长 9.3%，增速与 1 ~ 8 月均持平，比上年同期低 0.5 个百分点。以美元计价，前三季度，我国进出口总额 2.97 万亿美元，同比增长 11.7%[2]。其中出口 1.63 万亿美元，同比增长 7.5%；进口 1.34 万亿美元，同比增长 17.3%；贸易顺差 2956 亿美元，同比收窄 22%。

---

① 以固定资产 CGPI 为价格指数调整的实际增速。
② 文中进出口数据除特别标明外，均以美元计价。

（三）CPI温和上涨，PPI涨幅扩大

2017年前三季度，CPI同比上涨1.5%。国家统计局发布的剔除食品和能源的核心CPI同比涨幅为2.1%；剔除生鲜食品、成品油和居住项下由政府定价的水、电、天然气等资源品价格后，UCPI（基准CPI）同比涨幅为1.8%。

上游生产资料价格同比涨幅二次探顶。2017年前三季度，PPI同比上涨6.5%。其中，9月同比涨幅为6.9%，大幅高于市场预测均值（6.3%），比上月高0.6个百分点，2016年价格变动的翘尾因素约为4.0个百分点，新涨价因素约为2.9个百分点。

（四）服务业保持较快增长，商务活动指数大幅回升

前三季度，全国服务业生产指数同比增长8.3%，比上年同期加快0.2个百分点。其中，交通运输、仓储和邮政业，信息传输、软件和信息技术服务业，租赁和商务服务业增长较快。1～8月，规模以上服务业企业营业收入同比增长13.5%，比上年同期加快3.4个百分点；规模以上服务业企业营业利润同比增长22.8%，同比加快22.4个百分点。

零售商业等居民生活相关服务业增长有所加快。商务部3000家重点零售企业零售指数8月同比增长5.2%，增速为2016年2月以来最高。中华商业信息网发布的全国百家大型零售企业零售额8月同比增长2.9%。9月，全国电影票房收入和观影人次同比分别增长45.9%和36.1%。

（五）财政收入平稳增长

前三季度，全国财政收入134128.9亿元，同口径①同比增长9.7%，增速比上月低0.1个百分点。全国财政支出151873.1亿元，同比增长11.4%，增速比上月低1.7个百分点，连续三个月增速回落。前三季度，全国财政收支赤字为17744.2亿元，比上年同期多3187.9亿元。9月财政支出大于收入7532.4亿元。

---

① 2017年1月1日起将新增建设用地土地有偿使用费、南水北调工程基金、烟草企业上缴专项收入3项政府性基金调整转列一般公共预算。相关文件3月印发，4月起在2016年基数中考虑3项政府性基金转列一般公共预算的影响，并以此为基础计算同比增减额和增减幅。

二 稳健中性的货币政策及实施效果

（一）社会融资规模同比多增1084亿元

2017 年前三季度，社会融资规模增量累计 15.67 万亿元，比上年同期多 2.21 万亿元。9 月，社会融资规模增量为 1.82 万亿元，比上年同期多 1084 亿元。其中，对实体经济发放的人民币贷款增加 1.19 万亿元，比上年同期少增 743 亿元；以委托贷款、信托贷款和未贴现银行承兑汇票方式合计融资（表外融资）增加 3925 亿元，比上年同期多增 3646 亿元；非金融企业境内股票和债券合计融资增加 2081 亿元，比上年同期少增 2159 亿元。

9 月末，社会融资规模存量为 171.23 万亿元，同比增长 13.0%，增速比上年同期高 0.5 个百分点。

（二）M2增速同比回落

2017 年以来，M2 同比增速呈逐月放缓趋势，由 1 月的 11.3% 下降至 8 月的 8.9%。9 月末，M2 余额为 165.57 万亿元，同比增长 9.2%，增速比上月末高 0.3 个百分点，比上年同期低 2.3 个百分点。当月 M2 新增 1.05 万亿元，同比多增 5128 亿元；前三季度 M2 累计新增 10.57 万亿元，同比少增 1.83 万亿元。

外汇买卖、买入返售资产同比多增影响 M2 增速回升。一是外汇买卖同比大幅多增。9 月，银行业存款类金融机构外汇买卖（包括中国人民银行的外汇占款和商业银行的外汇买卖）增加 1202 亿元，上年同期为下降 4188 亿元，与近几个月人民币对美元持续升值、结售汇由逆差转为顺差有关。二是银行对非银机构的买入返售资产同比多增。9 月，银行对非银机构的买入返售资产增加 2233 亿元，上年同期为下降 1347 亿元。

（三）人民币存款增速稳中有降，贷款增速保持平稳；外币存贷款同比多增，保持正增长

2017 年前三季度，人民币存款增速稳中有降。由 1 月的 10.4% 下降至 8

月的9%。9月末，人民币存款余额为162.28万亿元，同比增长9.3%，增速比上月末高0.3个百分点，比上年同期低1.8个百分点。前三季度人民币存款累计新增11.68万亿元，同比少增1.13万亿元。

从结构看，9月住户存款增加1.04万亿元，同比多增880亿元；非金融企业存款增加3479亿元，同比少增774亿元；政府存款减少1011亿元，同比少减1622亿元；非银行业金融机构存款减少8718亿元，同比少减2009亿元。

前三季度，人民币贷款月度增速保持平稳，在12.4%~13.2%的区间波动。9月末，人民币贷款余额117.76万亿元，同比增长13.1%，增速比上月末低0.1个百分点，比上年同期高0.1个百分点。前三季度人民币贷款累计新增11.16万亿元，同比多增9980亿元。

外币存贷款保持正增长。前三季度外币存款累计新增615亿美元，同比多增236亿美元。9月，外币存款下降131亿美元，上年同期为增加176亿美元，主要是当月非金融企业存款下降132亿美元，上年同期为增加101亿美元。

前三季度，外币贷款累计新增305亿美元，上年同期为下降259亿美元。9月，外币贷款下降164亿美元，同比多降112亿美元，主要是当月境外贷款下降130亿美元，上年同期为增加21亿美元。9月末外汇贷存比为105.4%，比上月末低0.3个百分点，比上年同期低15.5个百分点。

（四）货币市场利率持续走高，近期小幅回落；短期债券到期收益率小幅上升，长期债券到期收益率基本稳定

2017年以来，货币市场利率持续走高，至9月小幅回落，其中同业拆借加权平均利率为2.92%，比上月低4个基点，比上年同期高67个基点；质押式回购加权平均利率为3.07%，比上月低2个基点，比上年同期高79个基点。隔夜Shibor月均利率为2.75%，比上月低0.07个百分点，比上年同期高0.62个百分点。

2017年以来，银行间7天质押式回购加权利率（R007）高位震荡。9月末，银行间7天质押式回购加权利率为3.20%，比上月末低0.87个百分点；存款类机构7天质押式回购加权利率（DR007）有所上升，9月末为

3.16%，比上月末高 0.23 个百分点；两者利差为 0.04 个百分点，利差比上月收窄 1 个百分点，R007 与 DR007 利差基本接近，反映了市场流动性较为充裕。

短端债券到期收益率上升，长端债券到期收益率基本稳定，长短期限利差收窄。9 月末，1 年期国债到期收益率为 3.47%，比上月末高 8 个基点，比上年同期高 131 个基点；10 年期国债到期收益率为 3.61%，比上月末低 1 个基点，比上年同期高 89 个基点。

债券收益率期限利差收窄。9 月末，10 年期国债收益率与 1 年期国债收益率利差为 15 个基点，利差比上月末收窄 9 个百分点，比上年同期收窄 42 个基点。债券收益率期限利差收窄，金融机构短借长投的动力下降，有利于进一步压降金融机构投资业务杠杆率。

信用利差收窄，但仍处于历史高位。9 月末，10 年期企业债（AAA）到期收益率为 4.87%，比 10 年期国债到期收益率高 126 个基点，利差比上月末收窄 1 个基点，比上年同期高 51 个基点。企业债的信用利差有所收窄，主要是由于企业经营利润改善，债务偿还能力增强，但从历史上看，信用利差仍处于较高水平，市场对企业经营状况持续改善的预期不乐观。

（五）债券发行规模下降，交易规模回升；人民币对美元汇率小幅贬值

1. 债券市场发行规模下降，交易规模继续回升

2017 年以来，债券市场发行规模较上年同期下降，近期有所回升。9 月，银行间市场发行债券 3.72 万亿元（含同业存单），比上月少发行 2987 亿元，同比多发行 1.14 万亿元。分品种看，一是国债发行 6991 亿元，比上月少发行 6997 亿元。二是地方政府债券发行 3556 亿元，比上月少发行 1141 亿元。三是非金融企业债券发行 4210 亿元，比上月少发行 1437 亿元。四是同业存单发行 2.2 万亿元，比上月多发行 5722 亿元，发行规模为月度历史最高水平。

9 月，银行间债券市场现券成交 10.2 万亿元，成交量比上月增长 4.1%，同比下降 8.8%。从交易品种上看，同业存单现券成交 4.12 万亿元，比上月增长 15.8%，同比增长 95.1%；国债成交 1.48 万亿元，比上月增长 9.9%，同

比增长 16.5%；政策性金融债成交 3.06 万亿元，比上月下降 1.3%，同比下降 36.8%。

2. 人民币对美元汇率升值明显，近期小幅贬值，结售汇由逆差转为顺差

2017 年以来，人民币对美元总体呈升值态势。9 月末，人民币对美元汇率中间价为 6.6369 元/美元，比上月末贬值 0.54%，但仍比年初升值 4.5%；在岸市场人民币对美元即期汇率（CNY）为 6.6470 元/美元，比上月末贬值 0.75%，比年初升值 4.64%；离岸市场人民币对美元即期汇率（CNH）为 6.6477 元/美元，比上月末贬值 0.78%，比年初升值 4.91%。

9 月，结售汇顺差 3 亿美元，是 2015 年 7 月以来结售汇首次顺差。其中结汇 1560 亿美元，同比增长 29.1%；售汇 1557 亿美元，同比增长 4.3%。9 月远期结汇签约额 202.95 亿美元，同比增长 231.03%；远期售汇签约额 278.39 亿美元，同比增长 60.22%。以"即期结售汇差额 + 未到期远期结售汇差额变动额"表示即远期结售汇差额，剔除远期结售汇履约重复计算的影响，反映了外汇市场的供求关系。当月即远期结售汇差额为逆差 55 亿美元（上月为顺差 34 亿美元），表明当月外汇市场美元供应略紧。

三　金融运行中需要关注的几个问题

（一）环保限产可能进一步推高 PPI

2017 年 8 月，环保部牵头 10 个部委 6 个省市联合印发《京津冀及周边地区 2017~2018 年秋冬季大气污染综合治理攻坚方案》，进一步明确"2 + 26"城市 PM2.5 平均浓度同比下降 15% 以上，重污染天数同比下降 15% 以上。随后，相关省市纷纷出台落实意见和细化措施。我们估算了环保政策的相关影响如下。

限产政策在采暖季期间降低钢材产量 4133 万~5102 万吨，其中 2017 年四季度降低 1550 万~1913 万吨。2017 年全年钢材产量较未限产情形下降 1.4%~1.6%，四季度黑色冶炼及延压加工业价格指数较未限产情形上升 30~34 个百分点；2018 年全年钢材产量较未限产情形下降 2.3%~2.6%，导致全年行业价格指数较未限产情形上升 16~19 个百分点。

环保限产将会导致水泥产量下降7850万吨左右，其中2017年四季度下降2944万吨。2017年全年水泥产量较未限产情形下降1.2%左右，从而导致四季度非金属矿物制品业价格指数较未限产情形上升4.7个百分点。2018年全年水泥产量较未限产情形下降2%左右，行业价格指数较未限产情形上升2.6个百分点。

预计环保限产将会导致焦炭产量下降878万~1331万吨，其中2017年四季度下降439万~665万吨。2017年全年焦炭产量较未限产下降1%~1.5%，四季度石油加工炼焦及核燃料加工业价格指数较未限产上升5.1~7.7个百分点。2018年全年焦炭产量较未限产情形下降1%~1.5%，全年行业价格指数均较未限产上升1.3~1.9个百分点。

环保限产会导致电解铝产量下降58万~105万吨，其中2017年四季度下降22万~39万吨。2017年全年电解铝产量较未限产情形小幅下降0.7%~1.2%，导致四季度有色金属冶炼及延压加工业价格指数较未限产上升0.2~0.3个百分点。2018年电解铝产量较未限产下降1.1%~2.1%，2018年全年行业价格指数较未限产上升0.1~0.2个百分点。

基于前面的测算结果，根据四个子行业PPI在总PPI中的权重，环保限产将导致2017年四季度当季PPI较未限产情形上升2.1~2.4个百分点，2017年全年PPI较未限产情形上升0.5~0.6个百分点，2018年全年PPI较未限产情形上升1~1.2个百分点。

（二）棚改货币化安置对未来房地产销售的拉动作用趋弱

棚改货币化安置加速三、四线城市房地产去库存。为有效促进房地产去库存，2015年起棚改货币化安置①比例明显提高，实物安置②比例下降。根据住建部公布的数据，2014~2016年，全国棚改货币化安置比例分别为9%、29.9%、48.5%，预计2017年将达到60%③（见表1）。据测算，2015年、2016年棚改货币化安置分别拉动商品住宅销售增速11.1个、8.6个百分点。

---

① 货币化安置指由政府或拆迁居民直接购买存量商品房，可促进房地产去库存，直接拉动房地产销售，并间接拉动投资。

② 实物安置指政府重新建造专用安置房，再分配给拆迁居民，可直接拉动房地产投资。

③ 根据主要省份省住建厅数据进行推算。

由于全国棚户区改造规模中三、四线城市占比达87%左右，目前部分三、四线城市房地产库存快速下降。例如，江西58个县级以上城市中，有56个城市的住宅库存消化周期低于4个月。

表1 棚改货币化安置对住宅销售增速影响测算

单位：%

时间	货币化安置比例	货币化安置面积增速	货币化安置面积占商品住宅销售面积比例	商品住宅销售面积增速	棚改货币化对住宅销售的拉动作用
2014 年	9.0	17.5	3.4	-9.1	0.5
2015 年	29.9	324.8	13.6	6.9	11.1
2016 年	48.5	63.6	18.2	22.4	8.6
2017 年 1~7 月	60.0	23.7	31.9	11.5	6.8

资料来源：住建部，国家统计局，本文测算。

预计未来棚改货币化安置对房地产销售的拉动作用趋弱，主要影响因素包括如下几个。一是棚改货币化对房地产销售的拉动作用边际趋缓。如表1所示，自2015年起，随着棚改货币化安置比例的逐年提高，棚改对商品住宅销售的拉动作用却在逐步回落。二是棚改计划力度减弱。2017年5月，国务院常务会议决定2018~2020年改造各类棚户区1500万套，比2015~2017年减少300万套。在其他条件不变的情况下，该因素将导致2018年棚改货币化安置面积同比下降16.7%，进而拉低商品住宅销售面积增长3.4个百分点。三是在房地产库存水平偏低、货币化安置成本上升等因素制约下，棚改货币化安置面临政策调整风险。调研发现，棚改货币化安置成本为实物安置成本的1.3~1.8倍。考虑到部分地区库存不足、房价快速上涨，货币化安置成本仍有上涨动力。部分地区受棚改任务提前完成、库存偏低的影响，已取消棚改货币化安置最低比例考核标准或鼓励货币化安置的相关配套补贴措施。未来棚改货币化安置比例将大概率下调，各区域的棚改政策将进一步分化。

未来棚改货币化安置支撑房地产销售的积极因素不应忽视。积极因素主要包括如下几点。一是棚改项目资金来源充裕。调研发现，受 87 号文①影响，平台公司资金和银行储备项目资金向棚改项目集中。例如，西南某省 2017 年三季度棚改项目储备较年初增长 501%，其中一家政策性银行棚改项目同比增速最快，达到 115%。二是棚改货币化安置需求未全面有效释放。目前部分棚改货币化安置户仍持币观望，并未购买商品住宅。据调查，四川省、吉林省约有 20% 的棚改货币化安置户未购买商品住宅。未来这部分需求的释放将拉动房地产销售增长。

未来棚改货币化安置对房地产销售拉动作用趋弱，拖累房地产业增加值增长。经测算，2018 年棚改货币化安置将拉低商品房销售面积增长 2.9 个百分点。受房地产调控收紧、热点城市土地供应相对紧张、一线城市房价回落影响其他城市房价预期等因素影响，商品房销售面积增速大概率稳步回落。商品房销售面积是影响房地产业增加值的一个重要因素。商品房销售面积增速每增长 1 个百分点，拉动房地产业增加值增速增长 0.19 个百分点。因此，预计 2018 年棚改货币化安置将拖累房地产业增加值增长 0.5 个百分点。

（三）规范地方政府隐性债务不仅仅影响基建投资

在去杠杆、防风险的大背景下，2016 年 10 月起各部门密集发文，进一步规范地方政府融资担保行为。由于前期经济下行压力较大，稳增长主要靠稳基建投资，受财政收支矛盾不断加大以及地方政府债券发行规模远不能满足地方政府发展需求的影响，地方政府作为基建投资的主体，主要通过"打擦边球"、类平台企业、政府购买服务等方式进行债务融资，推升地方政府隐性债务。目前对地方政府融资行为的监管趋严。2017 年以来，财政部先后对内蒙古、河南、重庆、四川、湖北、山东等地区部分市县的违法违规举债、担保行为进行问责，并对相关人员予以处理。2017 年 5 月，六部委联合发布《进一步规范地方政府举债融资行为的通知》（财预 50 号文），6 月财政部发布《关于坚决制止地方以政府购买服务名义违法违规融资的通知》（财预 87 号文），进一步明确地方政府债务边界，严禁各种违法违规变相举债行为，严格限定政府购买服务范围，并分别要求 7 月底、10 月底前完成清

---

① 87 号文规定政府购买服务只能用于棚改和异地扶贫搬迁项目。

理整改工作。

财预50号文和财预87号文发布后，金融机构有三种处理方式：对于未进入信贷审批程序的，停止审批；对于已审批未发放贷款的，停止发放；对于已经部分发放的，不允许新的提款。文件仅保留异地扶贫搬迁和棚改两个口子，其他项目均在禁止之列。此外，终身追责不仅针对地方政府，对于金融机构和平台也要追责。文件发布后，地方政府由于问责压力较大，普遍不希望增加新的债务。平台以往在地方政府的要求下不得不通过负债扩张进行建设，如今继续举债的意愿也不强。

但是对于存量债务的处理仍较为棘手。极少数现金流比较充裕的平台和财政状况比较好的地方政府（如计划单列市）提前偿还债务。部分平台经营的项目有现金流进行发债，发债虽然声明和政府债务没有关系，但那些由政府指定、现金流不足的公益性项目，往往政府责任比较模糊，市场投资者也认为政府要承担责任。有的平台宣布承诺函、担保函作废，这种做法金融机构难以接受：银行如果接受，债权就悬空了，责任很大；有的平台与金融机构协商，在清理时把相关函件借回，似乎就不违规了，这是明显的表面文章。

根据中部某省41家融资平台的财务状况对其2018年经营压力进行情景预测。假定每家融资平台2018年的计划投资规模、运营成本与2017年保持一致，债务融资增量存在以下3种情景：A. 债务管理政策对新增融资影响小，2018年债务增量与2017年相同；B. 债务管理政策温和，新增融资规模小幅回落（等于2017年的75%）；C. 债务管理政策趋严，新增融资规模大幅缩减（等于2017年的50%）。根据目前平台企业财务状况，假设平台公司的还本付息、日常运营以及项目投资资金全部来自新增债务。新融入资金首先是保障还本付息，其次是保障运营资金，最后是满足投资需求。整体资金压力的分布情况如表2所示①。

---

① 考虑到平台公司会利用高成本融资方式替换前期存量债务，假设每家平台的存量债务中有一半的融资成本上升50%，即每家平台存量债务的财务成本比当年上升25%。还本付息的资金需求等于利息支出＋当年到期的债务本金（如相关数据缺失，根据行业平均水平，近似地认为当年到期的债务本金为总负债的15%），日常运营的资金需求等同于当年平台公司的经营现金流支出，投资规模等同于当年固定资产的增加值＋在建工程的增加值＋工程物资的增加值。

表2 不同债务增长情景下2018年平台公司偿债、运营及投资完成情况的分布

单位：%

平台状态			2018 年		
			情景 A	情景 B	情景 C
还本付息无法保障	1. 还本付息率小于50%		7.3	9.8	29.3
	2. 还本付息率为50%~100%		9.8	24.4	26.8
还本付息有保障	运营资金无法保障	3. 运营费用保障程度小于50%	2.4	7.3	7.3
		4. 运营费用保障程度为50%~100%	9.8	2.4	4.9
	运营资金有保障	5. 投资完成计划低于25%	7.3	7.3	7.3
		6. 投资完成计划为25%~50%	9.8	4.9	4.9
		7. 投资完成计划为50%~75%	7.3	2.4	2.4
		8. 投资完成计划为75%以上	46.3	41.5	14.6

注：表中数字表示在不同融资规模情景下，平台公司满足相应状态的家数比例。

可以看出，若2018年平台融资温和回落（情景B），34.2%的平台公司存在还本付息压力，43.9%的平台公司运营资金不足，大多数平台公司至少需降低三成左右的投资规模。若融资规模大幅缩减（情景C），将有56.1%的平台公司存在还本付息压力，68.3%的平台公司运营资金不足，仅14.6%的平台公司能勉强完成投资计划。显然，融资新规的出台将加大平台公司资金接续的难度，使"借新还息"的债务链条难以为继，一旦出现违约可能引发连锁反应。

当前各界对于PPP转型有很高的期望，但是PPP面临的主要问题是政府类项目都是公益性或准公益性的，现金流不够，包括建设学校、剧院、博物馆，基本上没有现金流。从公共产品和准公共产品的理论角度来划分，这些属于公共产品的范畴，是应由政府来做的。但是应当由政府现在做还是未来来做，这就需要平衡当期和未来。目前地方政府为了稳增长，把未来需要做的事放到现在做，损害了财政的可持续性。PPP时间比较长，多为20年甚至30年，跨越多个周期，民营资本对此心存顾虑。因此真正介入的民营资本是比较少的，即使民营资本介入，如果在这个项目上难以平衡，可能地方政府在其他项目上要有一些补偿。如果没有其他的收益，无法补偿到社会平均收益水平，民营资本也不会参与。

在做PPP时还有一个财政承受能力评估，就是在PPP项目上花的钱不能超过公共预算支出的 10%。2016 年全国地方财政支出为 16 万亿元，10% 即 1.6 万亿元，而 2016 年的基建投资为 11 万亿元，1.6 万亿元和 11 万亿元差一个数量级，相当于 15% 左右。当然，PPP 项目收益低一点，为 7% ~ 8%，但是靠现有财政能支撑的 PPP 是比较有限的，无法满足当前大量的基建投资需要。国际上在基础设施项目里面只有 15% 适合做 PPP，不是所有项目都适合。按照财政承受能力的 10% 要求，部分地方已经没有空间了。特别是一些县级政府空间更加有限，想靠 PPP 来解决当前的基建问题，难度很大。

对于平台而言，层次越低风险就越大。平台的层次越低资金调动能力就越差，中、西部地区的平台资金调动能力比较差。县级平台不仅要确保自己的支付，还要确保乡镇的支付。有的地方提出借助国企举债，能否解决这一问题？这个方案在东部地区可能行不通，一是国企未必有这个意愿，东部地区的市场化倾向比较强，同时要接受国资委的考核，如果参与此类基建项目，必然在收益上受到影响；二是即便通过国企举债，这个空间也是有限的，而且跟国企去杠杆的政策取向是冲突的。

（四）银行信贷资产潜在风险较大

第一，2017 年以来，高风险客户贷款增幅普遍高于企业贷款增幅。其中，处于并购重组状态的企业贷款、有过展期或借新还旧等合同要素调整的企业贷款、经过平移处理的企业贷款、当前处于停产半停产企业的贷款增幅分别高于企业贷款增幅 12.2 个、4.8 个、2.9 个和 0.9 个百分点。据了解，金融机构普遍放松展期与借新还旧条件，但没有改善风险实质，贷款再次到期时资产质量下迁压力较大。

第二，部分高风险贷款未计入不良，现有数据低估银行贷款风险。据调查，27.5% 的逾期 90 天以上贷款未计入不良。这样处理的原因，一是短期流动性紧张造成客户贷款违约，但企业经营尚且稳定；二是违约贷款有充足的抵质押品或有担保代偿；三是违约企业正在等待重组或处于重组流程；四是地方政府干预部分企业的债务问题，不允许银行将这些企业的贷款纳入不良；五是涉及多家银行共同授信时，各家银行在将相关贷款纳入不良时均较为谨慎；六是部分银行劣变贷款规模较大，若如实计入不良贷款，将造成拨备及资本不足，难以满足拨备覆盖率、资本充足率等考核要求。

第三，政府类项目贷款潜伏着系统性风险。目前银行对政府类项目贷款的风险认识不足，重视不够，多数银行对这类贷款抱有幻想，认为贷款主体自身的偿债能力与贷款的风险无关，这部分贷款一旦出现问题，地方政府和国家终将为此"埋单"。如果严格执行财政部关于地方债务管理的相关规定，不少政府类项目的资金可能出现问题，从而使相关贷款的风险从隐性转为显性。

四　2018年金融运行及政策思考

（一）把握好稳增长、防风险和控赤字的平衡

过去我们在讲经济发展潜力的时候，有几个问题没有予以充分考虑。一是资源环境的透支。过去多年的高经济增长，某种程度上是建立在资源环境透支的基础上的，而不是建立在资源环境可持续增长上的，核算时没有把环境的因素扣除掉。二是结构的错配。在市场经济条件下，供给和需求的错配在短期内是正常的，但长期是不可能存在的，因为市场会自动调整。但是在我国可能会长期存在。我们为什么要去产能？大量资本投向钢铁、煤炭，实际上没有需求相匹配，属于无效资本，这意味着资本存量计算偏高，高估了经济增长潜力。三是债务积累。2009 年启动 4 万亿元投资至今，如果过去没有这么高的债务增长，我们能否取得这么快的经济增长？2012 年确定到 2020 年实现 GDP 和城乡居民人均收入比 2010 年翻一番。从目前的数据来看，6.3% 的经济增长速度就够了。进入新时代，我国的主要矛盾已经发生了深刻变化，经济发展速度、产能不足已经不是最突出的问题，提高经济发展质量是当务之急。

我们如何在稳增长和防风险的目标之间有一个更好的平衡？基建投资缺乏资金来源，速度下行应该是大概率事件。我们能容忍经济下行到什么程度，是 6.5%，还是 6%，还是其他的数字？我们的财政赤字能提高多少，在 3% 的基础上再加 1 个百分点、2 个百分点？在新预算法执行前，按照审计署的数据，每年新增的地方政府债务都是 3 万~4 万亿元，现在 1 个百分点的财政赤字也只有 8000 亿元。我们应该还记得，1986 年沈阳防爆器材厂是第一家倒闭的国有企业，1998 年广国投是第一家倒闭的国有金融机构。现在地方政府，特别是中西部的地方政府有债务压力。我们的地方政府光县一级就有 2000 多个，

乡镇一级有几万个。有些地方政府会不会出问题？经济增长、债务和财政赤字能在一个什么样的区间上取得平衡。这些都值得进一步深入思考。

（二）保持流动性合理适度，调节好流动性的结构

我国货币政策的决策是共识决策，各个部门都可以提意见，最后由领导层来统一权衡。但是从过去的经验来看，往往是对短期增长的考虑压倒了对风险的考虑。习近平总书记明确指出，"千招万招，管不住货币都是无用之招"。

2017 年 9 月的货币供应量是 165 万亿元，全年预计为 170 万亿元。如果2018 年货币供应量分别增长 9%、10%、11%，货币乘数为 5.3，在这三种情景下基础货币的增量分别是 2.89 万亿元、3.21 万亿元、3.53 万亿元。2017 年前九个月外汇占款下降 4000 多亿元，未来的外汇占款情况也不应太乐观。9 月末的中期借贷便利（MLF）存量为 4.35 万亿元，抵押补充贷款（PSL）为2.54 万亿元，加在一起将近 7 万亿元，它的期限都在一年以下。考察影响基础货币的各因素时，我们也可以不考虑财政存款的变动，实际上财政存款的季节性波动大，但对全年基础货币的影响很小。

总的来看，2018 年货币政策操作的压力是非常大的。中期借贷便利最长不超过一年，滚动操作的压力大。经济发展需要的是长期流动性，而现在供应的都是短期的，需要不断滚动，出现了结构上的不平衡。过去外汇占款多的时候，大量采取向上调整准备金率的操作，甚至最高达到 21.5%。如果说过去调高存款准备金率不应视为货币政策的紧缩，那么现在下调存款准备金率也不应视为货币政策的宽松。存款准备金率和常备借贷便利、中期借贷便利、抵押补充贷款以及公开市场操作一道，都是调节流动性的工具，它们的差别在于调节流动性期限的长短，在量上的影响是可以比较和精确调节的。

B.15
中国金融状况分析与展望
（2017~2018）*

陈守东　孙彦林**

摘　要：　本文从系统性风险冲击来源的角度拓展并构建了包含关键性风险因素的FCI，并以FCI为同步指标构建了金融景气指标体系，包括金融一致指数、金融先行指数及金融滞后指数，在此基础上对我国金融状况进行了预测分析，结果显示，关键性风险因素中，房价波动风险与银行业不良贷款风险惯性特征明显，但也受其他因素的影响，需要对其进行风险监控，去产能风险则受其他因素的影响显著，需要辅以经济政策与调控措施来保证产能过剩行业的稳定发展；2017年实现经济稳增长是大概率事件，尽管中国金融状况长期向好的趋势性特征没有改变，但当前以及未来一段时间内中国均以较高的转移概率处于风险积聚区制，且存在影响中国金融状况稳定的其他因素，应更多关注系统性风险的防控。

关键词：　关键性风险因素　系统性风险　金融状况指数

中国社会的主要矛盾已然改变。党的十九大指出，现阶段中国社会的主要

* 本文得到国家社科基金重点项目"新常态下中国系统性、区域性金融风险新特征及防范对策研究"（项目编号：16AJY024），以及教育部人文社会科学重点研究基地重大项目"新常态下中国资本市场与经济增长的长期协调发展研究"（项目编号：16JJD790016）的联合资助。
** 陈守东，吉林大学教授，博士生导师，研究方向为金融财务决策、金融工程与风险管理；孙彦林，吉林大学商学院博士研究生，研究方向为金融计量分析。

矛盾已转变为"人民日益增长的美好生活需要和不平衡不充分的发展之间的矛盾",在金融服务实体经济的"脱实向虚"与金融风险的"积重难返"等方面体现得尤为突出,因此,若要守住不发生系统性金融风险的底线,对金融风险的认知与测度、金融监管体系与应急机制的健全显得更加重要。目前,中国经济发展面临的重大现实问题之一,即在经济内生动力不足的同时金融风险有所积聚,且出现了一批金融可能风险点。由于目前中国金融与实体经济间尚未建立起有效的"防火墙制度"以及"断路器机制",系统性金融风险的爆发很有可能造成全局性严重后果,引起实体经济的剧烈波动。因此,应当从期限角度来看待与把握"稳增长"与"防风险"的平衡,即更加注重短期的金融风险防控与长期的经济增长稳定。短期内实现对系统性金融风险有效防控的前提,是对中国金融安全与稳定状况能做出客观的认识与全面的评价,其中,金融状况指数(Financial Condition Index,FCI;Goodhart 和 Hofmann,2001)被普遍采用。

一 关键性风险因素的动态演变过程及其转化条件识别

现有文献关于关键性风险领域或关键性风险因素的研究尚且不足,通过零散的文献梳理,本文将存在于关键性风险领域的风险因素称为关键性风险因素,且认为关键性风险因素应当具备以下特征:

①数据生成过程为近单位根、单位根或者爆炸性过程,即表现为快速膨胀而非消弱退化;

②因可带来普遍性超额收益而具有系统重要性;

③具有广泛动态关联性,因此可对金融体系、经济结构形成广泛性、全局性冲击影响;

④在相关领域尚未发生技术进步或已发生的技术进步带来的收益难以覆盖风险。

以上四个特征基本阐明关键性风险因素的生成演化过程,即该领域由于普遍超额收益的存在,在资本逐利性的驱使下,吸引了社会资本的广泛参与,风险因素随即滋生且不断膨胀,当超过一定阈值,金融发展重度失衡,经济结构被严重扭曲,局部危机爆发,由于其与全局的多个关键环节具有动态关联性,在"断路器机制"与"防火墙制度"尚未健全的情况下，很容易发展为金融危机，最终冲击整个经济系统的稳定运行。根据关键性风险因素特征，结合当前中国经济金融形势，最终认为中国现阶段的关键性风险因素主要为产能过剩行业的"去产能"风险、房地产市场的房价波动风险、商业银行的不良贷款风险，以及地方政府债务融资平台的债务风险。由于关键性风险因素在经济的不同发展阶段会发生变化，2002 年以来，"去产能"风险、房价波动风险以及商业银行的不良贷款风险始终存在且较为重要①，仅地方政府债务融资平台的债务风险在近年来才逐渐凸显，且数据缺失严重。鉴于此，本文最终选取工业企业产成品存货、国房景气指数和房地产投资开发完成额，以及商业银行不良贷款率作为三大关键性风险因素的代理指标。

对关键性风险因素进行评价的关键在于如何准确识别关键性风险因素的动态演变过程及其转化条件，但这一问题的研究牵涉甚广，本文从其自稳定性（即惯性）的角度对这一问题展开分析。若某时间序列的自相关绝对水平足够高，则可认为其具有惯性特征，因此负相关时间序列同样可具有惯性特征。以AR 过程描述时间序列的自相关程度，则 AR 系数和 SC 可作为时间序列惯性行为分析依据的合理表示。尽管自相关函数在理论上是惯性信息的最全面表示，但 SC 以最简洁的方式给出了惯性信息的绝大部分表示，认为是实践操作过程中更可取的研究路径。但时间序列数据往往存在局部非平稳性、局部不稳定性与结构断点，通过梳理 Fox 等（2011）、Jochmann（2015）、陈守东和刘洋（2015）等的研究进展，认为以 Sticky HDP – HMM 分层 Dirichlet 过程为基础进行无限区制时变拓展的 IMS – AR 模型是对此类数据惯性行为进行准确描述的有效解决方法。通过 IMS – AR 模型的贝叶斯推断结果如图 2 和图 3 所示。

根据 SC 的性质，SC <1 时，SC 越小表示指标变化频率越高，受自身以外的其他因素的影响更为强烈，意味着更需要相应政策调控以维持其稳定，SC 越接近 1 表示其越稳定，惯性越强；SC >1 时，指标服从爆炸性的数据生成过程，极其不稳定，即存在泡沫破裂、危机爆发的风险。根据各指标 SC 的动态

---

① 从库存周期的角度，将产能过剩问题广义化为产能问题，则可通过工业企业产成品库存来评判样本期的不同区间内产能表现为不足还是过剩，因此，以工业企业产成品存货指标刻画整个样本期内"去产能"的程度和速率具有合理性，可列入合成 FCI 的指标体系。

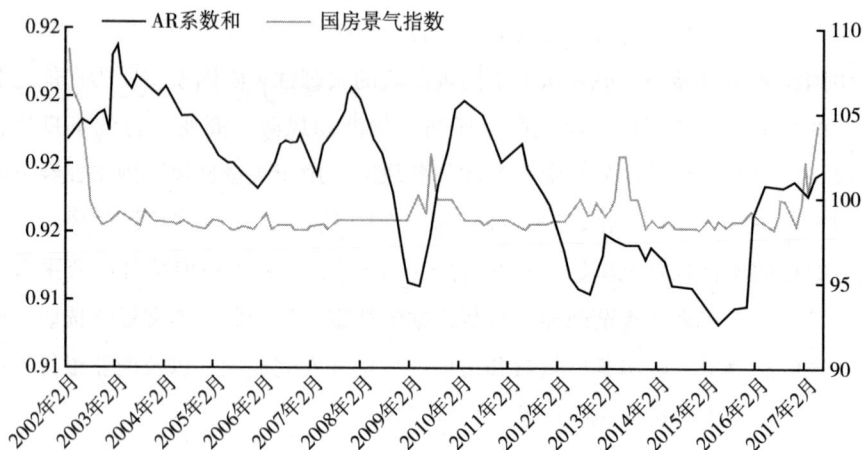

图 1（a）　AR 系数和、国房景气指数

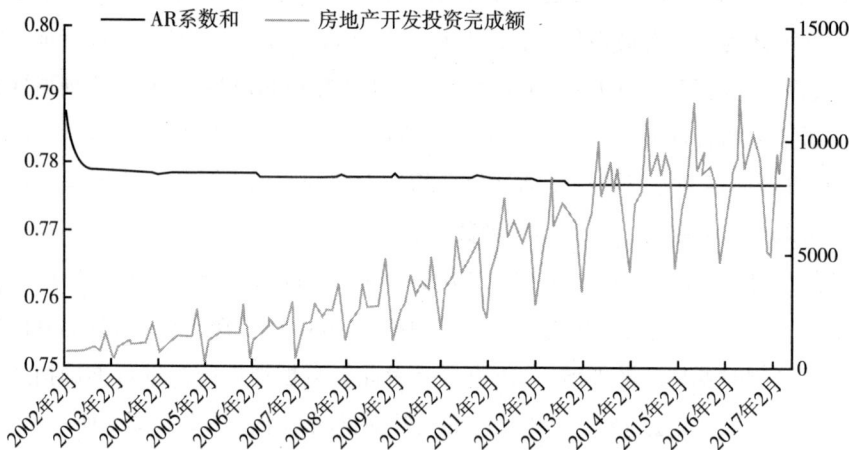

图 1（b）　AR 系数和、房地产开发投资完成额

变化情况，可以认为，样本区间内，房地产市场始终是社会资本普遍追逐的重点领域，景气惯性较强，房地产投资有着类似表现，但惯性程度相对较弱，即还受其他因素影响，应当予以关注。综合分析认为，房地产市场稳定性依然较高，现阶段风险爆发的可能性相对较低，但注意到国房景气指数惯性近期有所增强，持续的景气积累有可能导致房地产市场过热现象的出现，存在风险进一

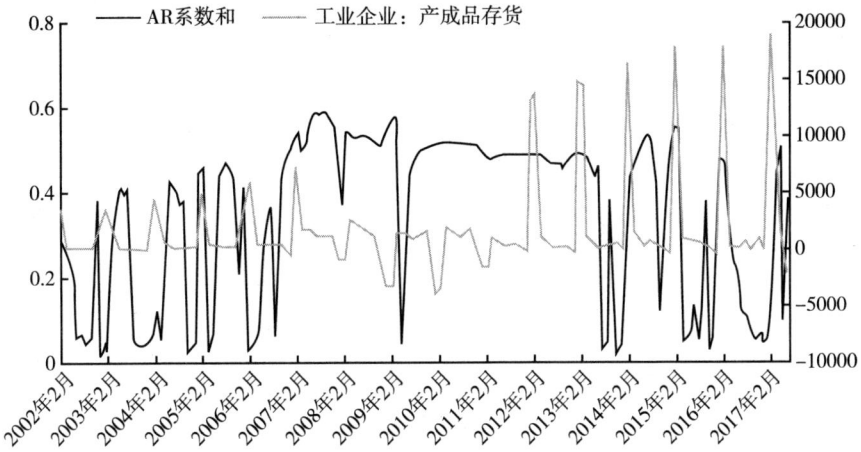

图 2 AR 系数和、工业企业产成品存货

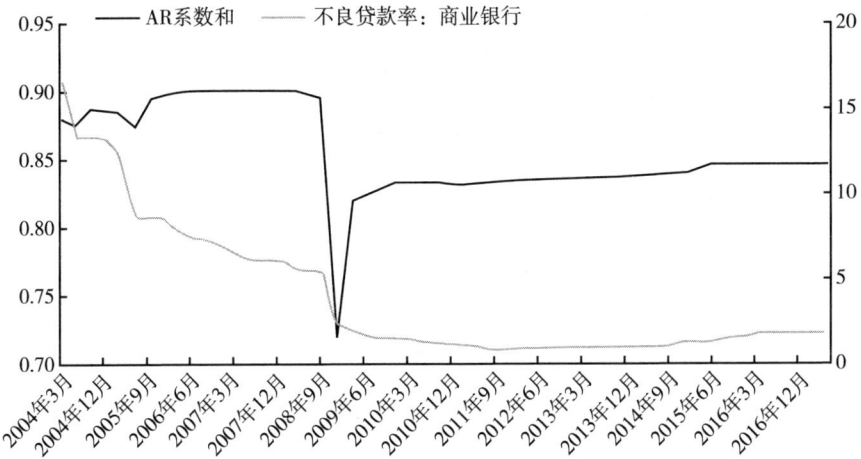

图 3 AR 系数和、商业银行不良贷款率

步生成演化的可能；工业企业产成品存货自身惯性特征不明显，表明其受其他因素的影响强烈，在去产能的推进过程中，需注意风险监控与政策支持，以对冲其他因素的影响，维护产能过剩行业的稳定；中国银行业是否会发生危机是国内外普遍关注的重点问题，从商业银行不良贷款率的惯性特征出发，尽管在2008 年金融危机后其自稳定性有所减弱，但仍处于较为稳定的区间，表明尽管商业银行不良贷款率较高，但在其他因素的影响相对较弱的情况下，中国银行业发生危机的可能性相对较低。

三 中国金融状况整体评价及前景预测

本文从影响金融安全与稳定的冲击来源角度构建 FCI 的指标合成体系（见表1），且在内部冲击来源的指标选择过程中囊括了关键性风险因素的代理指标，使本文构建的指标体系更具逻辑性、合理性与全面性，且兼顾了风险的要素特性，这保证了最终合成的 FCI 既能全面评价中国金融当前的整体运行状况，同时也包含了关键性风险因素信息，对短期的风险监控与防范具有指导意义。

表1　合成金融状况指数（FCI）的指标体系

变量类别	变量名称		变量说明	频率
货币政策变量	DR007		银行间质押式回购加权利率:7 天	月度
	NRM		银行间同业拆借加权利率:1 个月	月度
	NRQ		银行间同业拆借加权利率:3 个月	月度
	M2		广义货币供给量 M2	月度
外部冲击变量	FER		官方储备资产:外汇储备	月度
	Brent oil		现货原油市场价格:英国布伦特	月度
	FBR		中央银行外汇占款/基础货币 M0	月度
	CFETS		CFETS 人民币实际有效汇率指数	月度
内部冲击变量	SCI		深证成份指数	日度
	ZCI		上证综合指数	日度
	TSF		社会融资规模	月度
	CGB10		中债国债到期收益率:10 年	日度
	Credit – to – GDP ratios		信贷产出比	季度
	关键性风险因素指标	IRED	房地产开发投资完成额	月度
		HPI	国房景气指数	月度
		FGI	工业企业:产成品存货	月度
		NPL	不良贷款率:商业银行	季度

注：①变量 Credit – to – GDP ratios（Credit from all sectors to private non-financial sector）数据来源于 BIS 数据库，其余变量数据来源于 Wind 数据库；②最终采用 2002 年 1 月至 2017 年 6 月的月度数据用于指数合成，其中，季度数据，假定在该季度内各月度数据持平不变，日度数据取月度平均值作为当月值；③对缺失值进行线性插值补齐处理。

（一）中国金融景气指标体系建立

通过 PCA 方法提取第一主成分合成 FCI[①]。观察 FCI 的历史走势发现，中国的金融状况与其周期成分的运行趋势保持较高的一致性，说明中国金融波动主要表现为短期的周期性波动[②]。现阶段，中国的金融体系及金融风险均具有显著的顺周期性，在微观基础层面即在金融体系内部存在过多的风险正反馈机制，相应负反馈机制的缺乏直接导致风险内部化解的低效率。在周期性波动过程中，如何抑制金融顺周期性，避免金融风险以泡沫破灭的形式，而是以泡沫化解的形式回归稳定状态是避免中国金融状况出现大幅波动的关键所在。因此，迫切需要在金融微观基础层面创建与疏通多个负反馈环，并对"正—负"可相互转化的反馈环建立断路器机制。在确保金融短周期波动可控的前提下，根据金融状况与其周期成分高度一致的运行特征，中国金融状况整体也将处于可控层面。注意到，2015 年的股市异常波动带来了中国金融状况的一波下行，但并未从根本上改变中国金融向好的趋势性特征，且从 2016 年初开始短期周期波动成分也开始震荡回暖，综合表现为中国金融状况的整体向好发展，这一态势一直持续到样本期末。

通过因子载荷（见表 2）分析认为，中国 FCI 主要受价格型货币政策工具、大宗商品价格、国债到期收益率以及房地产市场景气状况的影响。这表明，价格型货币政策工具在金融风险调控方面具有有效性，能够显著影响中国金融状况的稳定；大宗商品价格波动对我国金融稳定冲击较大，是国外金融市场风险溢出的主要途径；房地产市场的景气度是影响中国金融状况最为重要的关键性风险因素，在防止房地产市场过热的调控过程中，应注意避免因调控措施过于严苛而造成房地产市场的突发式降温，有可能引起中国金融的大幅波动。

[①] 本文从三个层面构建金融状况指数的指标合成体系，因此先验给定主成分个数为 3，事后检验认为这一先验假设合理。

[②] FCI 经 ADF 检验（p 值 = 0.0004）为 I（0）过程，其趋势成分与周期成分经 HP 滤波分解得到。

表2 三因子与初始变量间的因子载荷

变量类别	变量名称		FCI（第一主成分）	第二主成分	第三主成分
货币政策变量	银行间质押式回购加权利率:7天		0.50	-0.50	-0.07
	银行间同业拆借加权利率:1个月		0.53	-0.49	-0.03
	银行间同业拆借加权利率:3个月		0.47	-0.48	-0.14
	广义货币供给量 M2		-0.01	-0.65	-0.14
外部冲击变量	官方储备资产:外汇储备		0.08	-0.62	-0.10
	现货原油市场价格:英国布伦特		0.35	-0.14	0.01
	中央银行外汇占款/M0		0.07	-0.39	0.04
	CFETS人民币实际有效汇率指数		-0.13	-0.65	-0.18
内部冲击变量	Credit-to-GDP ratios		-0.03	-0.62	-0.15
	社会融资规模		-0.06	-0.42	-0.08
	上证综合指数		0.13	-0.36	0.53
	深证成份指数		0.17	-0.41	0.38
	中债国债到期收益率:10年		0.31	0.19	0.20
	关键性风险因素指标	国房景气指数	0.40	0.42	0.12
		房地产开发投资完成额	0.01	-0.60	-0.12
		工业企业:产成品存货	-0.02	-0.18	-0.06
		不良贷款率:商业银行	-0.05	0.48	0.01
第一主成分			1.00	-0.33	-0.15
第二主成分				1.00	0.36
第三主成分					1.00

主成分间的关联程度有限，表明信息的交叉重叠度有限，意味着金融景气指标体系据此建立的可能。借鉴经济景气指标体系的构建思想，将FCI视为中国金融运行状况的同步指标，定义为金融一致指数，通过KLD[①]判断，认为FCI先行于第二主成分7期，滞后于第三主成分5期，故将第二、三主成分分别定义为金融滞后指数与金融先行指数。且这一定义的合理性也体现在：金融先行指数主要与股票市场有关，作为社会资本参与度最高、发展最为成熟的资本市场，股指不仅是宏观经济的晴雨表，在金融体系内部也具有先行性；金融

[①] 给定某一偶然带有随机性质的样本，其可被视为服从某一概率分布的随机变量（或事件）的确定值，模型是否适用于该样本可通过比较该模型下的概率分布与真实概率分布相近似的程度来判别，KLD衡量的便是两种概率分布的近似程度。

滞后指数与其余变量均存在显著相关性，且有关变量以具有金融系统重要性的宏观经济变量为主。现有研究在金融景气指标体系的构建方面还存在很大不足，本文对这一问题展开研究，以期为后续研究工作提供操作指引与思路借鉴。简言之，通过 PCA 方法，提取金融一致指数（即 FCI）、金融先行指数与金融滞后指数，作为中国金融景气指标体系的基本框架，具有一定合理性。

（二）中国金融状况未来走势预测

预测显示，2017 年下半年开始，中国金融状况开始步入下行区间，主要是由于在实体经济已难以持续回暖的情形下，金融监管力度将进一步加大，去杠杆的推进又减弱了各个经济部门的信贷需求，且在某种程度上扩大了商业银行的敞口风险，房地产市场需求在高强度的调控压力下也将处于观望状态，同时，产能过剩行业的形势仍然不尽乐观，有关企业的偿债能力还有待改善与加强。2017 年下半年，中国的房地产市场、商业银行业以及产能过剩行业的风险很有可能处于加快释放阶段，由于上述关键性风险领域的整体抗风险能力不强，需要重点监控，避免监管措施与调控政策过于严苛而对金融市场产生冲击，一旦诱发流动性风险，很有可能引致全局性危机的发生。注意到，尽管中国金融状况在短期内周期性波动下行，但在长期视角下，其向好的基本趋势没有改变，说明中国金融供给侧结构性改革的红利正在逐步释放，金融结构将持续优化。简言之，2017 年下半年开始，中国存在短期的周期性波动下行风险，需要注重运用短期经济政策来维护金融稳定，但中国长期向好的金融形势并没有因短期金融波动而改变。

运用 IMS－AR 模型对样本期及预测期的 FCI 进行区制状态分析，根据区制数量的分布密度，认为中国 FCI 服从两区制的马尔科夫区制转移过程。鉴于中国尚未发生系统性金融风险的特殊性，从金融风险的生成演化机制角度，将区制 1 定义为金融风险的释放扩散阶段，将区制 2 定义为金融风险的积聚阶段，则中国在绝大多数时间区间均较稳定地处于金融风险的积聚阶段，主要原因在于，中国长期以来高速的经济增长足以覆盖金融体系的金融风险敞口，在充足的内生经济动力与不断的技术进步的支撑下，金融风险得以逐步化解。注意到，2008 年全球金融危机期间，中国的金融风险并没有集中释放，在一揽子救市计划的刺激下，金融风险的释放仅仅是被推迟了，并未被化解，因此，

2010年下半年中国金融状况才出现了一定的波动，最早反映在当时的房地产市场，在始于2009年底的调控序幕下，2010年的房地产市场经历了"过热—低迷—回暖"，被称为房地产调控年。类似的，2003年初，在非金融企业部门加杠杆速率突然加快、人民币升值压力巨大、票据业务迅速扩张等多重金融因素的叠加下，中国金融结构与金融监管一时难以适应，也导致了一轮金融风险的集中释放与扩散。因此，FCI在相应时点出现了断点概率，且惯性特征出现了波动。SC结果同样表明，中国金融状况的惯性特征十分稳定，但绝对值在0.7~0.9，表明还存在其他因素能够影响中国金融状况的稳定。因此，尽管在预测区间FCI仍较稳定地处于风险积聚区制，但是还需要注意防范与应对其他非预期冲击引起FCI的区制状态转换问题。

（三）FCI 的经济预测能力分析

FCI衍生自MCI（Monetary Condition Index），目的在于通过在MCI指标构成的基础上新增包含未来通胀信息的资产价格指标，使得到的FCI能反映未来通胀的变化态势，因此，FCI与CPI间是否具有确切的领先滞后关系是评价合成的FCI是否合理的重要评判标准。通过KLD方法发现，本文FCI先行于CPI 7期，与现有研究差异性较小，因此本文合成的FCI具备合理性。且大量研究表明，金融是国民经济的"晴雨表"，因此，FCI也应当与经济增长间具有确切的领先滞后关系，以工业增加值（IP）为代表，通过KLD方法发现FCI先行于IP 7期，进一步佐证了本文合成的FCI的合理性。简言之，本文合成的FCI包含了中国经济未来走势变化的信息，具有一定的预测能力。预测显示，2017年下半年中国金融状况将进入周期性波动下行区间，在7期滞后的条件下，2018年上半年中国应当加强对通胀下行的关注与经济减速的治理。2017年上半年中国金融状况始终处于上行区间，意味着2017年下半年经济实现稳增长目标是大概率事件，因此在把握"稳增长"与"防风险"平衡点的过程中，可将金融风险的防控放在更重要的位置。

四　结论

党的十九大将实现国家治理体系和治理能力的现代化作为重要的深化改革

目标，金融作为实体经济的重要支撑，金融治理体系与治理能力的现代化程度势必将影响到这一改革总目标的实现，其中，金融治理体系与治理能力的一个重要体现就是对金融风险防范的有效性。经济减速背景下，显性风险将被放大，隐性风险将逐渐显性化，新的风险点也在滋生，因此，对系统性风险的持续防控成为现阶段中国金融经济稳定运行面临的重大现实问题，其中，对金融状况的全面评价是进行风险防控的前提条件与基础。本文从影响金融安全与稳定的冲击来源出发，结合关键性风险因素，系统拓展了原有合成 FCI 的指标体系构成，经 KLD 验证，本文合成的 FCI 具有对金融状况的识别功能与对经济增长的预测能力，并据此构建了金融景气指标体系，并给出预测分析，在与现有研究形成有益补充的同时，为宏观调控与政策实施提供操作依据与指引，主要研究结论如下。

（1）本文认为现阶段的关键性风险因素主要为房价波动风险、去产能风险、商业银行不良贷款风险。其中，房地产市场景气度的惯性特征显著存在，但房地产开发投资受自身以外的其他因素影响较多，需注意景气度的持续积累导致过热现象的出现；工业企业产成品存货的惯性特征不明显，受其他因素的影响显著，需要通过产业政策与信贷政策等维持去产能过程中产能过剩行业的稳定；2008 年全球金融危机后，商业银行不良贷款率的惯性程度有所下降，其他因素的影响逐渐显现，经济减速背景下，需要更多地关注银行外部经济环境的变化。

（2）本文从影响金融安全与稳定的冲击来源出发，从货币政策冲击、外部冲击与内部冲击三个层面选取具有金融系统重要性的指标变量构建 FCI 的合成体系，且在内部冲击变量的选取过程中，重点突出了关键性风险因素指标。结果显示，2017 年上半年中国金融周期波动成分与趋势成分均向好发展，表明中国金融业供给侧结构性改革取得初步成效，金融结构得到优化。

（3）借鉴经济景气指标体系的构建思想，将 FCI 等同为金融一致指数，并通过 KLD 方法识别领先和滞后关系的存在，以确定金融先行指数与金融滞后指数，据此建立金融景气指标体系，通过因子载荷分析发现，股票市场是金融状况运行的"晴雨表"，与金融先行指数关联性最为密切。

（4）预测显示，2017 年上半年 FCI 处于上升区间，但从下半年开始，中国金融状况开始步入下行区间，鉴于 FCI 对通胀与经济增长的先行性，认为

2017年中国经济实现稳增长目标是大概率事件，因此，2017年经济工作的重心可适当向系统性风险防控倾斜，但在2018年上半年需要对通胀与经济下行风险予以关注，但这一风险是短期的、局部的，因FCI长期向好的趋势没有改变，表明中国金融结构优化的可持续性。

（5）样本期内，FCI服从两区制的马尔科夫转移过程，其中，仅2003年上半年与2010年下半年出现了结构断点，当前以及未来一段时间内中国均以较高的转移概率处于风险积聚区制，但存在其他因素影响着中国金融状况的惯性特征，应注意防范与应对非预期冲击下FCI向风险释放扩散区制转换的可能。

参考文献

Goodhart C., Hofmann B. "Asset Prices, Financial Conditions, and the Transmission of Monetary Policy", *Proceedings*, 2001, 114（2）.

Feng B., Wang G. "An Empirical Study on China's Financial Condition Index and Monetary Policy Reaction Function", *Journal of Finance and Economics*, 2006（12）.

余辉、余剑：《中国金融状况指数构建及其对货币政策传导效应的启示——基于时变参数状态空间模型的研究》，《金融研究》2013年第4期。

Mayes D. G., Viren M. "Financial Conditions Indexes", *Social Science Electronic Publishing*, 2002.

陈守东、孙彦林、刘洋：《中国金融周期与景气循环研究》，《数量经济研究》2016年第1期。

陈守东、孙彦林、刘洋：《中国金融景气周期循环与前景预测》，载《2017年中国经济前景分析》（经济蓝皮书春季号），社会科学文献出版社，2017。

Swiston A. J. A., U. S., "Financial Conditions Index: Putting Credit Where Credit is Due", *Social Science Electronic Publishing*, 2008, 08（8/161）.

梁永礼：《新常态下中国金融安全实证分析》，《经济问题探索》2016年第11期。

English W., Tsatsaronis K., Zoli E., "Assessing the Predictive Power of Measures of Financial Conditions for Macroeconomic Variables", *BIS Papers*, 2005（22）.

Beaton K., Lalonde R., Luu C., "A Financial Conditions Index for the United States", Bank of Canada Discussion Paper, 2009.

Lack C. P., "A Financial Conditions Index for Switzerland", Monetary Policy in a

Changing Environment, Bank for International Settlements, 2003（19）.

易晓溦、陈守东、刘洋：《中国金融状况指数构建及货币市场稳定性研究》，《上海经济研究》2014 年第 8 期。

Jochmann M. , "Modeling US Inflation Dynamics: A Bayesian Nonparametric Approach", *Econometric Reviews*, 2015, 34（5）.

Fox E. B. , Sudderth E. B. , Jordan M. I. , et al. , "A Sticky HDP – HMM with Application to Speaker Diarization", *The Annals of Applied Statistics*, 2011.

陈守东、刘洋：《通胀率动态与通胀惯性度量》，《南方经济》2015 年第 10 期。

消费、投资与进出口
形势分析篇

Consumption, Investment and Import-Export

B.16
当前投资形势分析与对策

张　涛[*]

摘　要： 2017年，全球经济出现复苏态势，中国经济平稳运行，成为全球经济复苏最稳定、最核心的发动机。新时代下，我国经济已经由高速增长阶段转向高质量发展阶段。加强消费的基础性作用，发挥投资的逆周期调节功能，成为稳增长、调结构、促发展的关键。预计2018年全社会固定资产投资名义增长6.3%左右，增速比2017年小幅回落。当前，优化行业投资结构、激发民间资本活力、规范双向投资布局是宏观调控的重要内容。

关键词： 中国经济　投资　新时代

---

* 张涛，任职于中国社会科学院数量经济与技术经济研究所。

一 全球经济呈现复苏态势，中国经济步入新时代

在后经济危机时代，全球各国一直在努力寻求再次复苏的路径，世界经济进入新一轮政治、经济秩序重组周期。新周期背景下，世界经济复苏的不稳定性、不确定性依旧存在。第一，地缘政治摩擦频发，英国脱欧、加泰罗尼亚公投促使分裂主义的阴影笼罩欧洲，韩国"萨德"、朝核问题加剧了亚太地区局势的不稳定性；第二，全球经济结构失衡严重，主要经济体有效需求不足，潜在增长率下降；第三，主要经济体政策刺激的边际效应弱化，高债务、高杠杆的运行模式给全球金融系统带来了巨大波动风险。

在全球经济再平衡的新周期内，2017年世界经济整体呈现复苏态势。第一，经济增速稳步回升，据世界银行估计，2017年全球GDP增速为2.7%，高出2016年0.3个百分点（见图1）。国际货币基金组织最近一期《世界经济展望》再次调高了对世界经济的预期，将2017年、2018年两年全球经济增速均提高了0.1个百分点。第二，全球贸易呈扩展态势，世界贸易组织最新发布的全球贸易景气指数（WTOI）显示全球贸易正在持续复苏，2017年三季度WTOI为102.6，为2011年4月以来最高值。第三，全球物价水平基本稳定，2016年和2017年CPI基本维持在1.6%左右。第四，美国经济总体回暖，欧

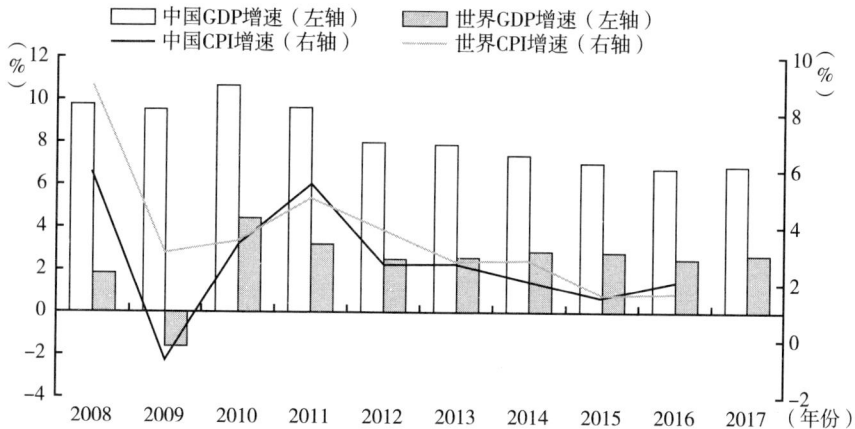

图1 中国、世界的GDP、CPI变化对比

资料来源：国家统计局，世界银行数据库。

洲经济持续稳健复苏，日本经济摆脱衰退进入低速增长区间，这些都表明世界经济开始稳健复苏。第五，新兴经济体和发展中国家成为拉动全球经济复苏的主要力量，对全球经济增长的贡献率超过 80%。其中，中国对全球经济的稳定增长发挥了不可替代的作用。数据显示，我国经济增速连续 9 个季度稳定运行在 6.7% ~ 6.9% 的区间内，中高速经济增长对世界经济增长的贡献超过 30%，中国成为全球经济复苏最稳定、最核心的发动机。

二 增强消费基础性作用，发挥投资逆周期对冲功能

2017 年 10 月，党的十九大报告做出了"中国特色社会主义进入新时代"的重大判断，明确了我国发展新的历史方位。在新时代下，我国经济已经由高速增长阶段转向高质量发展阶段。高质量发展并不意味着低速增长，而是通过贯彻落实新发展理念，推动供给侧结构性改革，在实现经济系统优化的同时，保证经济在合理区间运行。从结构调整深化来看，消费、投资、出口"三驾马车"要以均衡增长为目标。2011 年以来，我国增长模式出现了历史拐点，消费贡献率开始超过投资贡献率，消费取代投资成为拉动经济增长的第一动力（见图 2）。2017 年，预计社会消费品零售总额增长 10.4%，消费对经济增长的基础性作用进一步加强，贡献率达到 64%。十九大报告提出，我国社会主要矛盾已经转化为人民日益增长的美好生活需要和不平衡不充分的发展之间的矛盾。美好生活日益多样化体现在我国居民消费层次的不断升级。消费层次从传统的满足基本生活需求的消费模式提升到以工业品为主的消费模式，再扩展到以现代服务业为支撑的享受型和发展型的消费模式。消费结构升级必然带动文化、教育、医疗、养老等一系列行业的发展。因此，从中长期看，消费结构升级将创造出大量的投资需求。

我国经济波动与投资波动的关联性很强，投资运行周期在相当程度上决定了宏观经济运行的周期。因此，在短期内必须发挥投资的逆周期调节作用，确保经济平稳增长。2017 年，全社会固定资产投资总体保持了适中较快的增长态势，预计全年名义增长 7.0%，比上年小幅回落 1.1 百分点。"十三五"时期，我国供给侧改革的方向之一就是要通过政府改革，加快淘汰落后产能，促进产业更新换代和新陈代谢。这就要求现阶段的投资更应注意优化结构，在补

短板、调结构、强弱项上发挥积极作用，增强经济发展动力。预计2018年全社会固定资产投资将小幅下滑，名义增长6.3%。

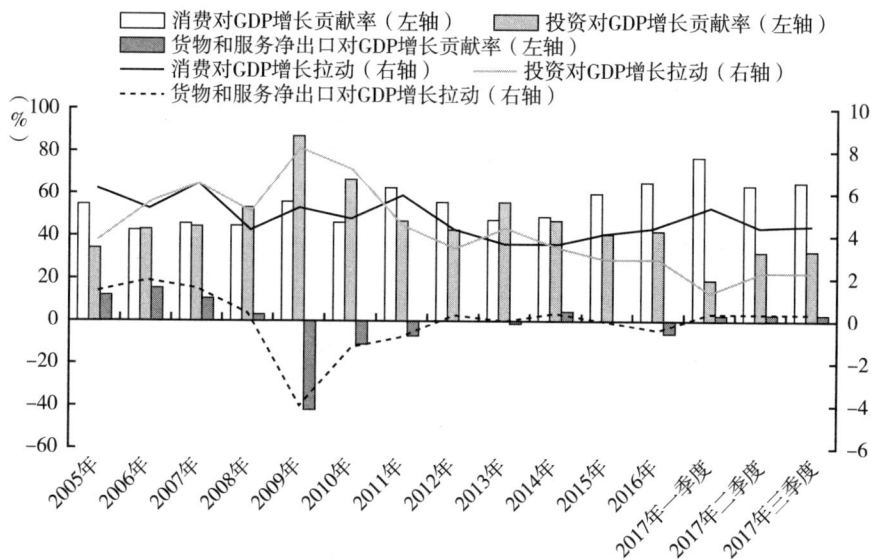

图2 三大需求对经济增长的贡献

资料来源：国家统计局。

三 优化制造业投资结构，控制房地产投资
投向规模，保障基建投资对冲功能

从投资的行业结构来看，制造业投资一直占据较大比重，基本稳定在30%左右，房地产业和基建业投资保持在20%~25%（见图3）。从投资增速上看，基建业投资在2014年之后保持了20%左右的较快增速，制造业和房地产业投资增速则出现了明显下滑，近两年基本维持在5%左右的水平。根据2005~2017年季度数据计算三大产业增速与GDP增速的相关系数，发现制造业投资与GDP的同期相关系数最高，达到0.86，房地产业投资次之，为0.82，基建业投资仅为0.10。而滞后两期基建业投资与GDP增速的相关系数升高至0.60。这表明制造业、房地产业具有明显的顺周期特征，与经济增长

具有同步性；基建业具有明显的逆周期特征，是短期对冲风险拉动经济增长的重要工具。2017 年、2018 年两年，基建业投资仍将成为稳增长的主要动力，基建业投资增长将保持在 18% 左右的增长速度。

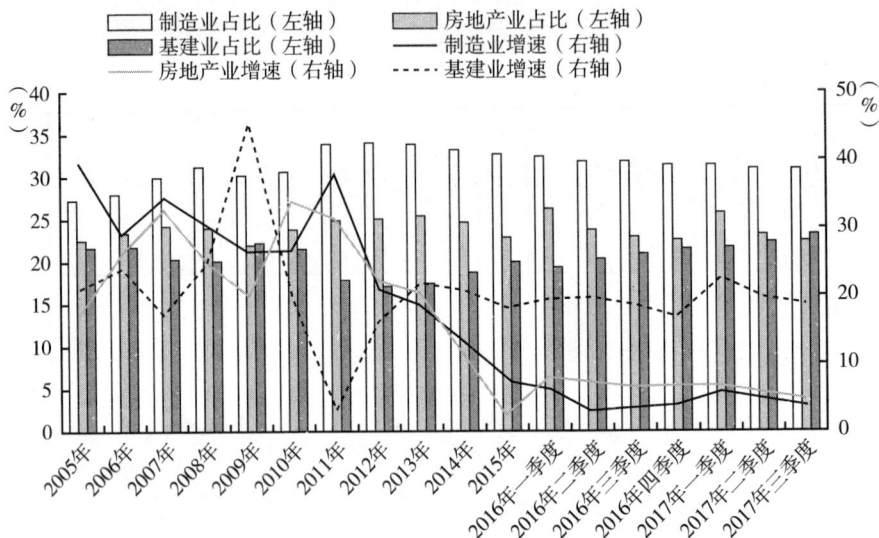

图3　三大行业投资占比及增速情况

资料来源：国家统计局。

（一）优化升级制造业投资是激发经济活力的关键因素

据预测，2017 年、2018 年两年制造业投资增速还将持续小幅回落的态势，分别为 3.8% 和 3.6%。制造业投资放缓的主要原因有两个：一是实体经济不振，制造业是实体经济的重要组成部分，当资本回报率下降、经济增长乏力时，制造业投资的顺周期特性表现为缩减投资规模，降低企业经营风险；二是我国供给侧结构性改革稳步推进，淘汰落后产能工作进入关键阶段，客观上对传统制造业投资形成下行压力。2017 年前三季度，制造业投资增长 4.2%，其中传统制造业投资普遍增长较慢，化学原料和化学制品制造业投资甚至出现了负增长，为 -2.7%（见图 4）；高技术制造业投资增长较快，达到 18.4%，拉动制造业投资增长 2.2 个百分点；装备制造业投资增长 8.3%，占全部制造业投资的比重为 41.6%。以高端装备制造业、高技术产业等为代表的新业态、新产业快速成长，已成为中国经济发展的新标签。产业结构优化升级是提高我国经济综合竞争力的关键举措。要加快改造提升传统产业，推进信息化与工业化深度融合，着力培育战略性新兴产业，构建现代产业发展新体系。

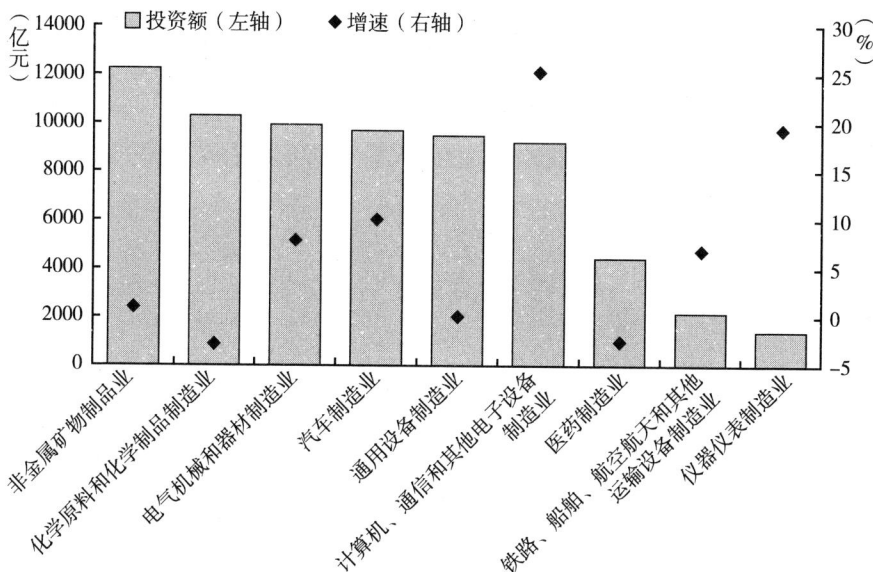

图4 2017年前三季度制造业部分行业投资状况

资料来源：国家统计局。

（二）积极引导房地产业投资是降低系统性风险的重要抓手

截至2017年9月底，全国共有70个城市执行限购限贷（其中共有45个三、四线执行限购或限贷），56个城市执行限价，42个城市执行限售政策。对房地产行业的政策约束迅速反映在房地产业投资上，2017年房地产投资占比和投资增速出现了双降态势。十九大报告明确指出，"健全金融监管体系，守住不发生系统性金融风险的底线"。而具有金融属性的房地产行业，需要紧密防范"明斯基时刻"的发生。过高的房价不仅不利于经济健康发展，而且会扭曲收入分配机制，降低人民幸福感和获得感。与此同时，还要充分认识到房地产是国民经济的重要组成部分，在整个国民经济体系中具有十分重要的地位和作用。房地产业属于国民经济体系中的基础产业与支柱产业，在推动城市建设、促进经济增长和提高居住生活水平等方面发挥着重大的积极作用。因此，对于房地产业投资的投向和规模需要政府和市场合理引导，加大"公租房""共有产权房""现价商品房"等政策性住房的供地和投资力度，保持宏观调控政策的连续性和稳定性，牢牢把握"房子是用来住的不是用来炒的"这一基本定位。同时，除了住宅用地外，还需要因地制宜，配合当地优势产业和资源，引导投资合理布局旅游、养老等产业，促进智慧城市建设和发展。

（三）合理布局基建业投资是缩小不平衡不充分发展的有效途径

在实体经济不振、房地产业调控的背景下，依靠基建投资拉动经济增长成为宏观调控的重要内容。基础设施投资不仅是城镇化过程中的客观需求，而且是解决我国经济发展不平衡不充分问题的重要手段。基础设施投资需要重点关注几个领域。第一，加大老少边穷地区基础设施建设力度，为高水平全面建成小康社会提供有力支撑。党的十八大以来，脱贫攻坚战取得决定性进展，6000多万贫困人口稳定脱贫，贫困发生率从10.2%下降到4%以下。但是，要确保到2020年我国现行标准下农村贫困人口实现脱贫，贫困县全部摘帽，解决区域性整体贫困，应着力加大在老少边穷地区的基础设施建设力度，通过基础设施投资带动产业发展，推进公共服务均等化，创造就业机会，让发展成果为更多百姓普惠共享。第二，促进县域经济结构升级，推进新型城镇化。县域经济在我国经济中发挥了基础性作用，特别是百强县集中的东部县市，在制度设计和改革实践中具有较强的灵活性和先进性，借助这种优势，充分发挥引导示范作用，加强农业现代化、城乡一体化、制造业和服务业高端化等方面的基础能力建设，完善载体功能，优化空间布局，加快构建现代城镇体系。第三，推动雄安新区建设，打造新时代城市集群经济。设立雄安新区，是继深圳经济特区、上海浦东新区之后，党中央做出的一项重大的历史性战略选择，是千年大计、国家大事。高起点规划、高标准建设雄安新区，对于疏解北京非首都功能、促进京津冀一体化协同发展具有关键性作用。除了京津冀以外，以长江经济带、海西经济区为代表的沿海沿江沿线经济带发展模式已经初见规模，以长三角、珠三角为代表的大中小城市和小城镇协调发展的城镇格局已经初步显现。在新的经济空间格局形成过程中，会产生大量的基础设施建设需求。合理引导基础设施投资布局和投向，有利于促进智慧城市建设，有利于加快区域协调发展战略的全面实施。

四 做优做强国有资本，激发民间资本创新活力

十八大以来，民间投资占比持续扩大，最高达到63.45%。民间投资创造了80%左右的就业、60%左右的GDP、50%以上的税收、近70%的境外投资，非公经济已成为稳定我国经济发展的重要力量。2016年，我国民间投资增速放缓，占比下降，投资增速一度降至2.47%，出现了断崖式下降的现象（见图5）。2017年以来，民间投资增速虽有所回升，但仍然处于低速增长区间。民间投资增速大幅下滑的原因具有多面性，核心因素在于需求不足导致投资意愿减弱，民营企业为了降低经营风险，缩减了投资规模。民间投资下降、国有投资上升，表明全社会投资效率正在大幅下降。为了防止新一轮国进民退，政府需要合理引导、支持传统产业技术改造，向深加工、高附加值方向迈进；需要加大对高技术产业的扶持力度，形成产、学、研深度结合的一体化产业布局；需要进一步简政放权，向服务型转变；需要通过税费改革有效降低企业间接成本；需要建立健全负面清单制度，为民营企业提供平等竞争的营商环境；需要有针对性地解决"不能投""不愿投""不敢投""投向哪"等问题，持续激发民间有效投资活力。

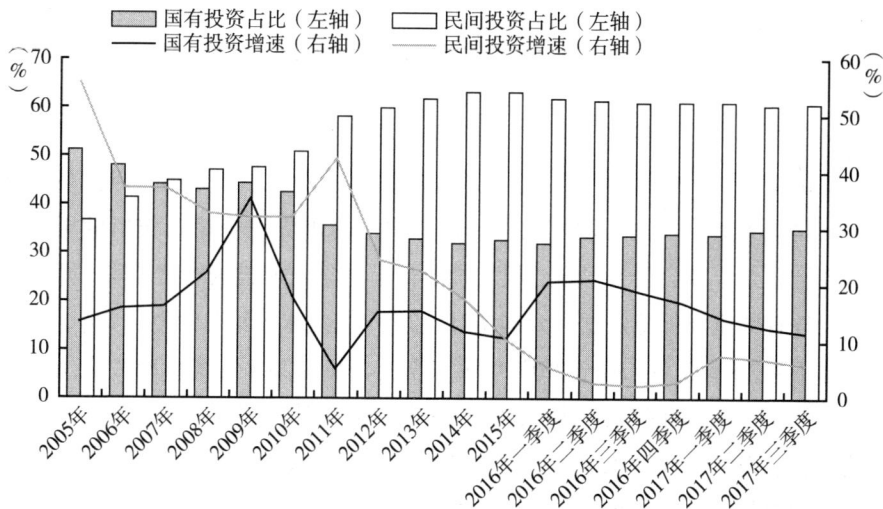

图5 国有投资、民间投资的占比、增速情况

资料来源：国家统计局。

国有投资在我国以公有制为主体的经济发展体系中的重要支柱作用无可替代。在投资盈利周期较长的公共服务和基础设施建设行业，在大飞机、航空航天、高铁、船舶、军工等战略性支柱产业，国有投资应该也必须发挥主导作用。现阶段，国有投资的重点应该着力放在提质增效方面，加速国有经济布局优化，进一步调整产业结构，提高战略性新兴产业占比，推进"三去一降一补"，推动国有资本做优做强，保持在国民经济中的领导地位。深化国有企业改革，重点是要解决国有资本运营效率不高的问题，国有资本应该逐步退出竞争性领域，发挥市场经济"看不见的手"的引导机制作用。国有经济和民营经济二者并不是相互独立运行的体系，而是相互促进、相辅相成的。党的十八届三中全会《中共中央关于全面深化改革若干重大问题的决定》指出，"国有资本、集体资本、非公有资本等交叉持股、相互融合的混合所有制经济，是基本经济制度的重要实现形式，有利于国有资本放大功能、保值增值、提高竞争力，有利于各种所有制资本取长补短、相互促进、共同发展"。积极发展和探索混合所有制经济，既可以充分保证国有经济在我国经济中的主导地位，又可以优化资产配置，提升资本效率，促进民间资本发展，使多经济主体共享发展成果。

五 合理引导双向投资布局，稳步推进"一带一路"建设

2017年9月，习近平主席在出席国际刑警组织第86届全体大会开幕式时发表演讲指出，"当前，中国社会安定有序，人民安居乐业，越来越多的人认为中国是世界上最安全的国家之一。这是中国为世界安全稳定作出的贡献"。中国经济繁荣，社会治安稳定，极大地降低了在华企业投资经营风险，成为我国吸引外资的重要保障。据联合国统计，2016年全球FDI总额下降2%，新兴经济体下降14%之多。截至2017年第三季度，我国FDI达到6185.7亿元，同比增长1.6%[1]（见图6）。其中，高技术产业使用外资规模增长显著，电子及通信设备制造业、计算机及办公设备制造业、医疗仪器设备及仪器仪表制造业同比分别增长22.1%、69.6%和22.5%。

---

① 由于汇率波动，2017年前三季度FDI以美元计同比下降约2%，以人民币计同比上升1.6%。

从我国非金融类对外投资情况来看，增速波动较为剧烈。2017 年初，对外投资出现了大幅波动，其主要原因在于国内对于对外投资的管制加强，非理性投资得到了进一步的遏制，对外投资结构逐步优化。2017 年下半年，对外投资降幅有所收窄，主要流向租赁和商务服务业，制造业，批发和零售业，信息传输、软件和信息技术服务业，占比分别为 32%、17.3%、12.2%、10.5%，房地产业、娱乐业投资得到了有效控制。在对"一带一路"沿线国家投资方面，继连续五个季度出现负增长之后，三季度实现了 4% 的正增长。对柬埔寨、老挝、马来西亚和俄罗斯的投资增速较快，同比分别增长 82.9%、68.8%、68.2% 和 34.1%。

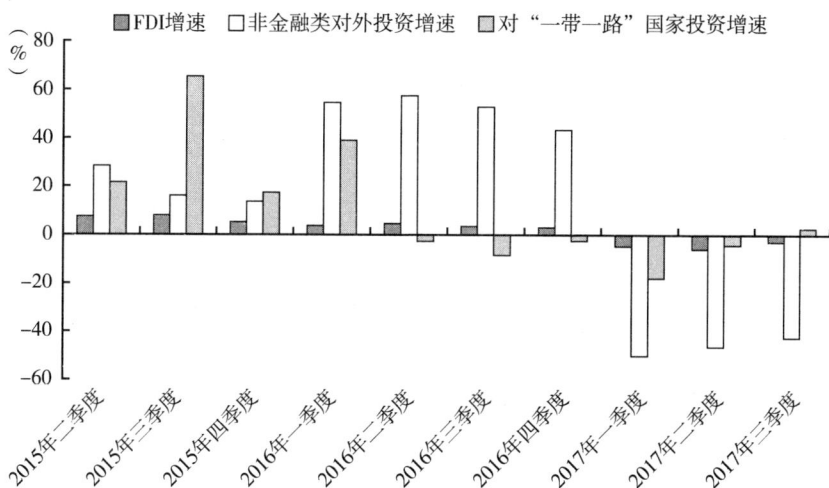

图 6 我国双向投资情况

资料来源：商务部。

继续改善国内投资环境，吸引高质量 FDI；强化对外投资管控，优化升级产业结构，是未来一段时间涉外投资的主导方向。此外，涉外投资必须服务好"一带一路"建设。"一带一路"建设为我国推动形成全面开放新格局带来了重要契机，充分运用好亚洲基础设施投资银行和丝路基金，合理布局"一带一路"沿线国家投资，有利于促进全球治理体系变革，推动构建人类命运共同体。

B.17
中国消费结构变化及政策取向：
2017~2018年

宣烨 余泳泽 陈启斐 张莉*

摘　要： 十八大以来，我国城乡居民收入水平和生活水平有了显著的提高，居民消费占GDP的比重不断上升，居民消费规模不断扩大，城乡居民的消费结构明显改善，从满足基本生活需求发展到追求健康享受的生活，"互联网+消费"进一步释放了消费潜力。十九大以来，新时代、新矛盾对我国消费的规模扩大、结构优化、区域平衡等提出了新的要求，人民日益增长的美好生活需要使得追求健康享受生活的服务型消费迅速增长，高质量、高品质、个性化、特色化消费渐成趋势。在新时代、新矛盾背景下，我们需要从以下四个方面促进我国消费结构不断升级：不断营造良好的消费环境，扩大服务性消费；调节收入分配，优化消费主体结构；优化产业结构，有效对接消费需求；大力推进"互联网+"，创新消费模式。

关键词： 新时代　新矛盾　消费结构　政策取向

---

* 宣烨，南京财经大学国际经贸学院院长，校首席教授，主要研究方向为区域经济、服务经济等；余泳泽，南京财经大学产业发展研究院副院长，主要研究方向为技术创新与产业转型升级；陈启斐，博士，南京财经大学国际经贸学院副教授，研究方向为服务经济；张莉，博士，南京财经大学国际经贸学院副教授，研究方向为宏观经济。

一 中国消费的增速与结构变化及发展趋势

（一）十八大以来中国消费结构的变化

十八大以来，以习近平同志为核心的党中央着眼全面建成小康社会的战略目标，提出了一系列新理念、新思想、新战略，全国居民可支配收入水平显著提高，消费市场进一步繁荣。在消费结构方面，主要表现为：消费对 GDP 的贡献不断增长，市场规模不断扩张；恩格尔系数逐年下降，由此反映出我国居民富裕程度显著提升；在整个消费结构中，"食品""衣着"等传统消费品的增长放缓，占比缩小，但对于品牌品质的要求更高，显示了消费由生存型向享受型转变；"通信交通"和"娱乐教育文化"类的消费比重扩大明显，由人力投入为内容的消费品正成为未来消费市场发展的新方向。

1. 消费占 GDP 比重持续增长，消费规模不断扩张

2012 年 11 月，党的第十八大报告强调了"要牢牢把握扩大内需这一战略基点，加快建立扩大消费需求长效机制，释放居民消费潜力，保持投资合理增长，扩大国内市场规模"。截至 2016 年底，全国社会消费品零售总额为 332316 亿元，比上年增长 10.4%，扣除价格因素，实际增长 9.6%。通过 2012～2016 年全国社会消费品零售总额占国内生产总值的对比，可以发现，消费在 GDP 中的比重持续扩大，对 GDP 增长的贡献也越来越显著。

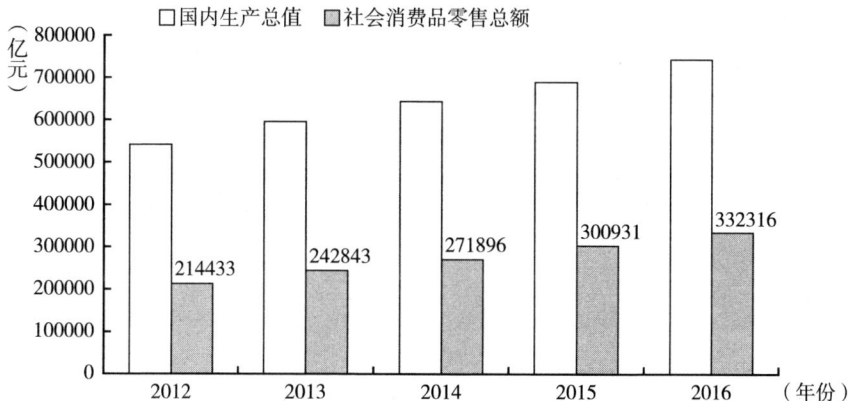

图 1　2012～2016 年社会消费品零售总额与国内生产总值对比情况

消费规模扩大的主要原因在于居民的可支配收入水平大幅提高。截至 2016 年，全国居民人均可支配收入为 23821 元，比 2012 年增长 44.3%，扣除价格因素，实际增长 33.3%，年均实际增长 7.4%，快于同期 GDP 年均增速 0.2 个百分点，更快于同期人均 GDP 年均增速 0.8 个百分点。如果把 2013 ~ 2016 年全国城乡居民消费水平制成折线图，可以发现，从 2013 年开始，全国居民消费水平由最初的 13320.4 元提高到 2016 年的 17111 元，提高了 28%。同期全国城镇居民消费水平和农村居民消费水平也有了较为同步的提升。居民可支配收入的提高带动了人均消费水平的提高，进而带动了居民消费水平的提升，从而导致中国消费市场规模的进一步扩大。因此，消费结构中的总量方面有了明显的上升。

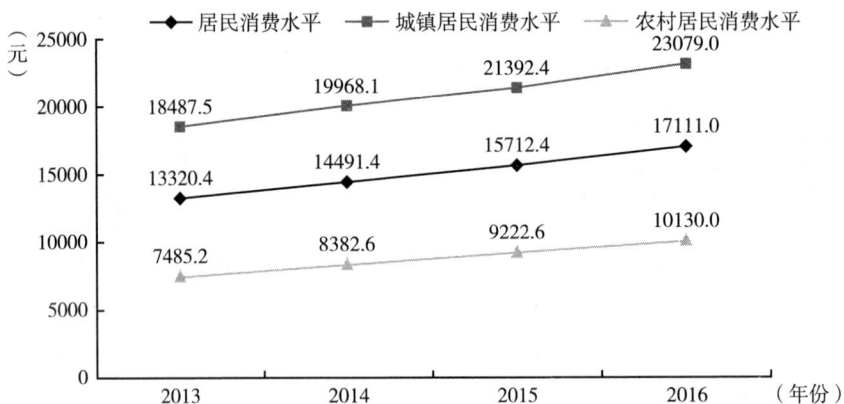

图 2　2013 ~ 2016 年居民消费水平走势

2. 恩格尔系数逐年下降，从总体消费结构看我国正向富裕国家迈进

按照恩格尔系数国际标准，我国消费结构整体上正在逐步进入富裕国家行列。通过对 2012 ~ 2016 年我国恩格尔系数走势变化的分析发现，2012 年，我国恩格尔系数为 33%，已经处在 30% ~ 40%，即"富裕"这个水平。在随后的 4 年里，我国恩格尔系数持续下降，截至 2016 年，为 30.1%，距离 30% 以下即"最富裕"这个阶段已经非常接近。从恩格尔系数来看，我国已经到了相当高的富裕阶段，但是，对比发达国家，如美国在 20 世纪 80 年代恩格尔系数就平均达到 16.45%，日本则在 90 年代达到

24.12%。目前我国还有很多方面需要提升，尤其是消费结构内部的优化，还需要长时间的探索。

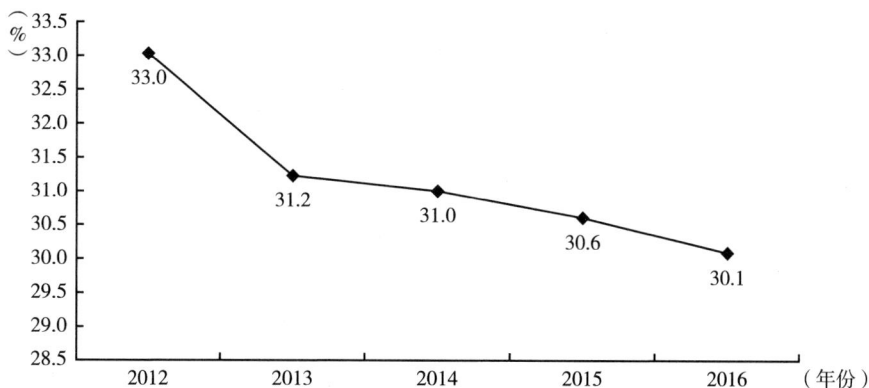

图3　2012～2016年我国恩格尔系数变化

3. 食品、衣着消费占比略有下降，对于产品品牌品质的要求越来越高

在食品消费方面，食品在总的消费体系中的占比并没有发生太大的变化，仅从2012年的33%下降到2016年的30.1%。但是，食品消费在内容构成上发生了巨大改变，由过去简单的"吃饱"转变为如今的"吃好"。国民对食品的种类和质量要求越来越高，对于肉类、禽蛋类及奶类制品的需求逐年增加。同时，人均粮食的购买量出现了减少，其中很重要的原因是居民外出用餐的比例增加，2016年全年，全国餐饮收入35799亿元，同比增长10.8%，增长势头强劲。在衣着消费方面，在总的消费体系中，衣着的占比由2012年的7.7%下降到2016年的7%，基本保持稳定。但是，居民对于衣服的款式、材质、品牌等方面提出了更多的要求，衣着产品的档次也随之逐步提高。

4. 耐用品增长速度放缓，升级换代趋势明显

2016年全国居民每百户空调拥有量为90.9台，比上年增长11.5%；每百户电冰箱拥有量为93.5台，比上年增长5%；每百户抽油烟机拥有量为48.6台，比上年增长6.3%；每百户热水器拥有量为76.2台，比上年增长7%。耐用品消费的增长趋势开始放缓，但是值得注意的是，随着电子产业的飞速发展，高新技术产品的不断推陈出新，智能手机、多功能家电、智能娱乐设备等

高附加值产品成为耐用品消费市场新的增长点，并且逐步占领我国耐用品消费市场。

5. 住房消费增长依然处于高位，改善型住房成为主要需求

通过分析发现，居住消费在总的消费支出中的占比基本保持稳定，波动较小。但是就住房支出的增长率来看，2016年较2015年人均居住方面的支出增长了9.6%，依然较大。与之相匹配的是，居民居住环境的改善，2016年城镇居民人均居住面积为36.6平方米，比2015年增长2.2%，农村居民人均居住面积为45.8平方米，比2015年增长4.2%，同时在拥有安全饮用水、拥有卫生厕所等基础设施方面也有了很大的改善。住房需求越来越多地转向"改善型"住房。

6. 移动通信支出增速显著，车辆保有量增速明显

在总的消费占比中，"通信交通"的占比变化是最大的。2016年，我国固定互联网宽带接入用户为29721万户，比2012年增加12203万户，移动宽带用户94075万户，比2012年增加70795万户。2016年，我国总共拥有互联网上网人数7.31亿人，其中手机上网人数6.95亿人。互联网普及率达到53.2%。2016年全年软件和信息技术服务业完成软件业务收入达48511亿元。交通方面，以家用乘用车为例（见图4），我国私人小型载客汽车拥有量从2012年的7226.48万辆攀升到2015年的12432.26万辆，增长率为72%。

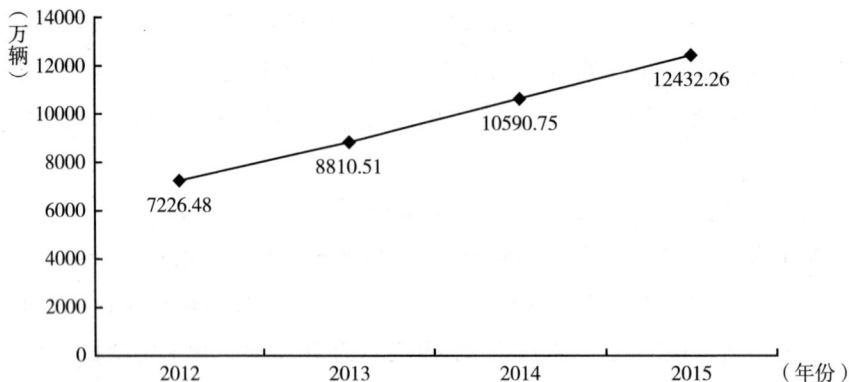

图4　2012～2015年全国私人小型载客汽车拥有量

7. "娱乐教育文化"类支出规模明显扩大，人力投入为主的消费品成为未来发展趋势

"娱乐教育文化"这类以人力投入为主的消费品，正在逐步成为消费结构的主要方面，娱乐型消费将是未来发展的方向。通过考察2012～2015年的国内旅游消费发现，四年来国内游客人数出现了巨大增长，由最开始的29.6亿人次增长到40亿人次，在旅游方面的花费也出现了一个大幅度的增长，由22706.2亿元增长到34195.05亿元。

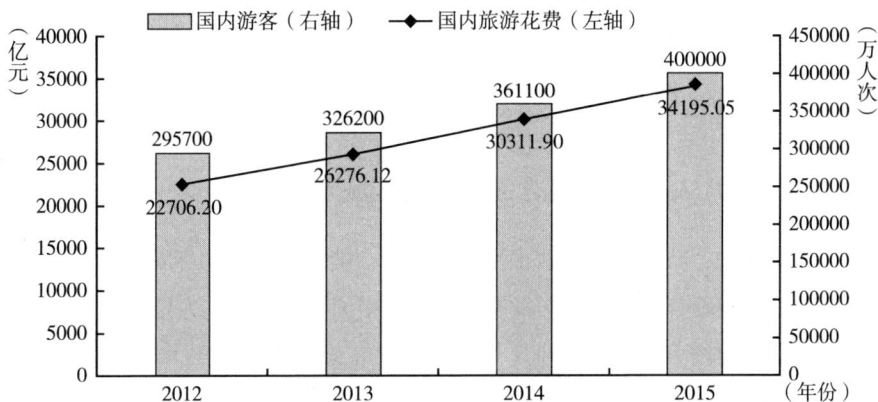

图5 2012～2015年全国旅游人数与花费

8. "互联网＋"与消费市场融合，消费方式更加丰富

在十八大后，习近平总书记作出了"世界经济加速向以网络信息技术产业为重要内容的经济活动转变"的重要论断。进一步推动互联网技术与消费市场的结合，积极推进"互联网＋"与居民消费的融合，成为十八大后党和国家重要的努力方向。

通过图6可以看出，从2012年开始，网络零售市场的交易规模逐年扩大，市场占比从6.3%一路升至14.9%，并且伴有加速的趋势。互联网通过对消费方式的改革、消费结构的重塑，成为我国消费市场强有力的推进器。"互联网＋"与传统消费市场的深度融合，打破了消费的地域限制，重新构建了消费者与商家的信息配对，进一步释放了社会消费潜力。

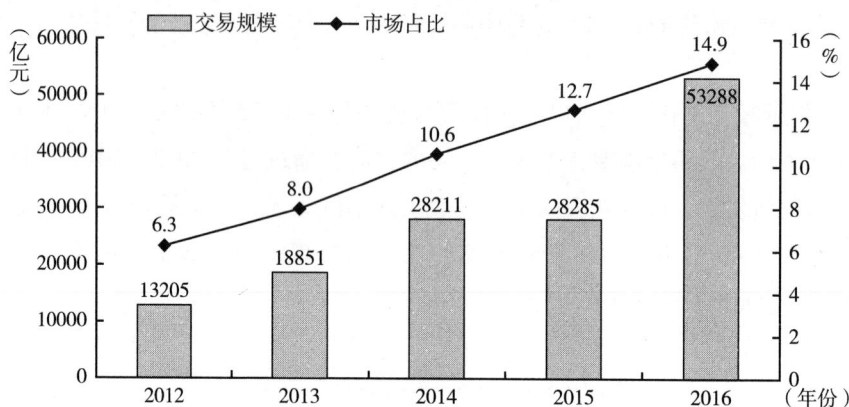

图6 2012～2016年网络零售规模与市场占比

（二）十八大以来中国消费结构的区域差异

十八大以来，我国居民消费水平不断提升，消费需求变动不断加快，消费结构不断升级，朝着合理化的方向发展。但是，中国幅员辽阔、人口众多，且各区域资源禀赋差异较大，产业基础不同，从而使各地区经济发展水平存在较大差距。同时，由于城乡居民收入水平、消费观念、消费环境等方面的差异，城乡居民在各项支出比重、边际消费倾向等方面存在明显的差异。经济发展水平越高，人均收入就越高，相应的消费能力就会越强，消费结构层级就会越高，因此，不同区域的消费结构会表现出显著的差异。本文从区域角度比较分析中国4个区域消费结构的情况，揭示了中国各区域城乡居民消费结构的差异性。表1和表2分别列出了2012年及2015年东部、中部、西部及东北地区的城乡居民各类消费品的人均消费支出额和相关比例。表3列出了2012年及2015年全国城乡居民各类消费品的消费支出额和相关比例，以便各区域与其进行比较分析。

1. 城镇居民消费支出结构的区域差异性

我国城镇居民消费支出结构的区域差异性主要表现在以下几个方面。①各个区域恩格尔系数都有不同幅度的降低，且均已属于富裕型。食品消费方面，2012年西部地区城镇居民恩格尔系数较高，为38.35%，其余地区较为接近。2015年东部地区和东北地区的城镇居民恩格尔系数最为接近且较低，均在28%左右，中部地区为30.50%，西部地区偏高，为31.55%。可见，中国城镇居民

表1　各区域城镇居民人均消费基本情况

项目	东部地区				中部地区			
	2012 年		2015 年		2012 年		2015 年	
	支出额 （元）	比例 （%）	支出额 （元）	比例 （%）	支出额 （元）	比例 （%）	支出额 （元）	比例 （%）
食品烟酒	6919.38	35.47	7477.81	28.92	5157.55	36.92	5318.95	30.50
衣着	1885.21	9.66	1758.93	6.80	1680.44	12.03	1590.92	9.12
居住	1713.49	8.78	6530.79	25.26	1303.10	9.33	3458.80	19.83
生活用品及服务	1286.41	6.59	1479.86	5.72	985.90	7.06	1094.32	6.28
交通通信	1097.16	5.62	3579.76	13.85	988.93	7.08	2159.53	12.38
教育文化娱乐	3233.49	16.57	2699.26	10.44	1723.73	12.34	2148.97	12.32
医疗保健	2576.92	13.21	1623.81	6.28	1646.35	11.79	1221.82	7.01
其他用品及服务	798.17	4.09	702.46	2.72	482.83	3.46	445.32	2.55
人均可支配收入(元)	29621.57		37289.68		20697.24		26788.13	
人均消费支出(元)	19510.22		25852.68		1968.83		17438.62	
平均消费倾向(%)	65.86		69.33		67.49		65.10	
恩格尔系数(%)	35.47		28.92		36.92		30.50	

项目	西部地区				东北地区			
	2012 年		2015 年		2012 年		2015 年	
	支出额 （元）	比例 （%）	支出额 （元）	比例 （%）	支出额 （元）	比例 （%）	支出额 （元）	比例 （%）
食品烟酒	5692.56	38.35	5827.58	31.55	5176.54	34.58	5160.93	27.32
衣着	1788.89	12.05	1667.78	9.03	1966.47	13.14	1884.00	9.97
居住	1247.99	8.41	3483.58	18.86	1438.73	9.61	3788.27	20.05
生活用品及服务	1017.13	6.85	1163.17	6.30	918.00	6.13	1098.10	5.81
交通通信	963.28	6.49	2510.09	13.59	1299.25	8.68	2383.43	12.61
教育文化娱乐	1975.54	13.31	2006.44	10.86	1919.72	12.83	2142.40	11.34
医疗保健	1590.37	10.71	1344.22	7.28	1549.15	10.65	1870.13	9.90
其他用品及服务	569.55	3.84	467.29	2.53	655.63	4.38	566.60	3.00
人均可支配收入(元)	20600.18		26087.82		20759.29		26743.07	
人均消费支出(元)	14845.33		18470.15		14968.50		18893.87	
平均消费倾向(%)	72.06		70.80		72.11		70.65	
恩格尔系数(%)	38.35		31.55		34.58		27.32	

资料来源：数据由《中国统计年鉴》（2013）、《中国统计年鉴》（2016）中的相关资料整理、计算所得（台湾及港澳地区数据未统计）。

生活已属于富裕型,恩格尔系数最高的西部地区城镇居民生活水平也已属于富裕型。②生存型消费占比均上升,其中东部地区上升幅度最大且占比最高。从属于生存型消费品的食品烟酒、衣着、居住这3项的消费支出比例来看,2012年东部地区城镇居民这3项占比达到53.91%,东北地区为57.34%,中部地区为58.28%,占比最高的为西部地区,为58.81%,即东部地区城镇居民生存型消费支出比例最低,东北、中部、西部这3个区域在衣食住方面的总消费支出比例较为接近。而2015年东部地区城镇居民这3项的消费支出之和最高,升至60.98%,中部地区为59.45%,西部地区为59.44%,东北地区为57.34%,这主要是由于东部地区房价涨幅过高,居住占比较大。③4个区域在生活用品及服务消费支出方面占比均下降,且变化幅度不大。除了食、衣、住外的消费品属于享受型和发展型消费品。其中,在生活用品及服务消费支出方面,4个区域城镇居民消费支出比例差异不明显,2012年在6%～7%,2015年均有小幅度的下降。④4个区域在交通通信方面占比均大幅上升,东部地区上升最快。在交通通信消费支出方面,2012年东部地区城镇居民该项占比最低,为5.62%,西部地区为6.49%,中部地区为7.08%,东北地区最高,为8.68%,2015年东部地区大幅上升至13.85%,在4个区域中从占比最低变为占比最高,其余3个区域差异较小。⑤在教育文娱服务消费支出方面,各个区域占比均有不同程度的下降。在教育文化娱乐服务消费支出方面,2012年东部地区占比最高,为16.57%,西部地区为13.31%,中部地区为12.34%,东北地区为12.83%,2015年中部地区此项消费支出比例最高,为12.32%,其余3个区域接近,在10%～11%。⑥在医疗保健消费支出方面,除东北地区降幅不大外,其余区域均有大幅下降。在医疗保健消费占比方面2012年东部地区最高,为13.21%,其余区域在10%～12%,2012年东部地区下降至最低,为6.28%,东北地区升至最高,为9.90%。

综上可见,东部、中部、西部、东北地区城镇居民的享受型和发展型消费支出在总生活消费支出中所占比例较为接近,中国城镇居民的消费水平和消费结构差异不十分显著。

2. 区域农村居民消费支出结构的差异性

我国区域农村居民消费支出结构的差异性主要表现在以下几个方面。①农村居民的恩格尔系数均有不同程度的降低。在食品消费方面,2012年占比最高的为西部地区,为41.52%,中部地区为38.75%,东部地区为38.36%,东北地区最低，为 37.66%。2015 年，东部、中部和西部这 3 个区域的农村居民食品消费支出在总消费支出中的比例较为接近，下降到 32%～35%，东北地区农村居民食品消费支出比例为 28.24%。中国东北地区农村居民生存型消费支出比例最低，这主要是该地区农村居民的食品自给自足能力较强，在食品方面的消费较少。②4 个区域生存型消费占比均有不同程度下降，东北地区占比最低。从农村居民食品烟酒、衣着、居住这 3 项生存型消费品的消费支出比例看，4 个区域排名顺序与城镇居民不同，2012 年由高到低依次是西部、中部、东部、东北，2015 年排序由高到低变为东部、中部、西部、东北。2015 年东北地区农村居民这 3 项的消费支出之和在总消费支出中占到 54.17%，东部地区为61.94%，中部地区为 60.30%，西部地区为 59.61%。这同样是由于东部地区居住的消费支出上涨过高。③生活用品及服务消费支出方面各区域均有不同程度的变动，但变动幅度不大。从享受型和发展型消费品来看，在生活用品及服务消费支出方面，东北地区农村居民该项消费比例最低，在 4% 左右，其余地区差异不大，为 6% 左右，2012～2015 年变动幅度微小。④交通通信支出方面各个区域均上升。在交通通信支出方面，除东部地区涨幅不大以外，其余区域均有较大幅度的上升。2012 年东部地区占比最高，到 2015 年东北地区占比在 4 个区域中最高，为 14.27%，紧接着是东部地区的 13.44%，中部和西部地区占比较低。⑤教育文化娱乐服务消费支出各个区域均上升。在教育文化娱乐服务消费支出方面，2012 年东北地区占比最高，西部地区占比最低，到 2015 年各个区域均有不同程度的上升，东部地区涨幅最低，占比为 8.60%。⑥医疗保健消费支出各个区域均上升。医疗保健消费支出方面，2012 年东部地区占比最低，为 7.87%，东北地区最高，为 11.85%，而 2015 年东、中、西三大区域农村居民消费支出比例差异较小，在 8%～10%，东北地区则远高于这 3 个区域，占比达到 12.42%。

表 2 各区域农村居民人均消费基本情况

项目	东部地区				中部地区			
	2012 年		2015 年		2012 年		2015 年	
	支出额（元）	比例（%）	支出额（元）	比例（%）	支出额（元）	比例（%）	支出额（元）	比例（%）
食品烟酒	2947.51	38.36	4121.62	33.04	2199.22	38.75	2812.82	32.29
衣着	497.98	6.48	706.71	5.67	354.99	6.49	532.10	6.11
居住	1379.88	17.96	2897.15	23.23	1108.11	20.26	1907.92	21.90

续表

项目	东部地区				中部地区			
	2012 年		2015 年		2012 年		2015 年	
	支出额（元）	比例（%）	支出额（元）	比例（%）	支出额（元）	比例（%）	支出额（元）	比例（%）
生活用品及服务	443.55	5.77	718.87	5.76	350.16	6.40	522.93	6.00
交通通信	965.77	12.57	1676.44	13.44	515.71	9.43	975.20	11.20
教育文化娱乐	647.13	8.42	1073.27	8.60	385.58	7.05	996.72	11.44
医疗保健	604.70	7.87	1031.89	8.27	492.45	9.00	795.07	9.13
其他用品及服务	196.46	2.56	247.82	1.99	142.78	2.61	167.75	1.93
人均可支配收入(元)	10817.48		16162.88		7435.24		10850.50	
人均消费支出(元)	7682.97		12473.77		5469.00		8710.52	
平均消费倾向(%)	71.02		77.18		73.56		80.28	
恩格尔系数(%)	38.36		33.04		38.75		32.29	

项目	西部地区				东北地区			
	2012 年		2015 年		2012 年		2015 年	
	支出额（元）	比例（%）	支出额（元）	比例（%）	支出额（元）	比例（%）	支出额（元）	比例（%）
食品烟酒	1992.23	41.52	2728.75	34.51	2237.25	37.66	2452.10	28.24
衣着	322.03	6.71	518.73	6.56	517.20	8.71	611.03	7.04
居住	877.85	18.29	1466.06	18.54	848.93	14.29	1639.83	18.89
生活用品及服务	271.97	5.67	470.32	5.95	242.63	4.08	369.17	4.25
交通通信	503.93	10.50	987.65	12.49	654.66	11.02	1239.00	14.27
教育文化娱乐	306.26	6.38	840.06	10.63	555.61	9.35	1112.53	12.81
医疗保健	419.04	8.73	754.37	9.54	704.00	11.85	1078.47	12.42
其他用品及服务	105.04	2.19	140.02	1.77	180.90	3.04	180.47	2.08
人均可支配收入(元)	6026.61		8914.13		8846.49		11492.77	
人均消费支出(元)	4798.36		7906.02		5941.18		8682.60	
平均消费倾向(%)	79.62		88.69		67.16		75.55	
恩格尔系数(%)	41.52		34.51		37.66		28.24	

资料来源：数据由《中国统计年鉴》（2013）、《中国统计年鉴》（2016）中的相关资料整理、计算所得（台湾及港澳地区数据未统计）。

3. 各区域城镇与农村居民消费支出结构的差异性

我国各区域城镇与农村居民消费支出结构的差异性主要表现在以下几个方面。①农村地区的恩格尔系数远高于城镇地区，且到2015年差距扩大。由表3可以看出，2012年农村地区的恩格尔系数为39.33%，城镇地区为36.23%，

2015 年农村地区下降为 33.05%，但仍远远高于恩格尔系数为 29.73% 的城镇地区。②生存型消费城乡差距缩小。生存型消费方面来看，2012 年农村地区远高于城镇地区，为 64.43%，城镇地区为 56.07%，而 2015 年农村和城镇差距缩小，都在 60% 左右。③在生活用品及服务消费、交通通信支出、教育文化娱乐服务消费支出方面，农村居民均比城镇居民占比低。从享受型和发展型消费品来看，在生活用品及服务消费、交通通信支出方面农村消费支出均有较小幅度的上升，教育文化娱乐服务消费支出有小幅下降，城镇居民在生活用品及服务消费、教育文化娱乐服务消费支出方面均有小幅下降，但在交通通信支出方面有较大幅度的上升。总体而言，这三项消费支出农村居民均比城镇居民占比低。④在医疗保健消费方面，城镇居民有较大幅度下降，而农村居民有小幅上升。在医疗保健消费支出方面，2012 年城镇居民占比为 12.20%，农村居民为 7.54%，2015 年城镇居民占比大幅下降至 6.75%，而农村居民消费支出比例上升至 9.17%。这说明我国医疗设施不均衡，医疗设备不完善，我国仍须加大力度，帮助农村居民解决"生病难、看病难"的问题。

表3 全国城乡居民人均消费基本情况

项目	城镇				农村			
	2012 年		2015 年		2012 年		2015 年	
	支出额（元）	比例（%）	支出额（元）	比例（%）	支出额（元）	比例（%）	支出额（元）	比例（%）
食品烟酒	6040.85	36.23	6359.70	29.73	2323.89	39.33	3048.00	33.05
衣着	1823.39	10.94	1701.10	7.95	396.39	6.71	550.50	5.97
居住	1484.26	8.90	4726.00	22.09	1086.35	18.39	1926.20	20.89
生活用品及服务	1116.06	6.69	1306.50	6.11	341.71	5.78	545.60	5.92
交通通信	1063.68	6.38	2895.40	13.53	513.81	8.70	1163.10	12.61
教育文化娱乐	2455.47	14.72	2382.80	11.14	652.79	11.05	969.30	10.51
医疗保健	2033.50	12.20	1443.40	6.75	445.49	7.54	846.00	9.17
其他用品及服务	657.10	3.94	577.50	2.70	147.58	2.50	174.00	1.89
人均可支配收入(元)	24564.70		31194.80		7916.60		11421.70	
人均消费支出(元)	16674.32		21392.40		5908.00		9222.60	
平均消费倾向(%)	67.90		68.58		74.60		80.75	
恩格尔系数(%)	36.23		29.73		39.33		33.05	

资料来源：数据由《中国统计年鉴》（2013）、《中国统计年鉴》（2016）中的相关资料整理、计算所得（台湾及港澳地区数据未统计）。

（三）发达国家经济发展阶段与消费结构变化及其借鉴

自十八大以来，我国经济以较平稳的速度增长，到 2015 年我国经济有了显著的发展，人均 GDP 达到 6496.624 美元（2010 年不变价美元，以下数据均为 2010 年不变价美元数据），人民生活水平相较之前有了明显的提高。在消费总量飞跃的同时，我国消费结构也有了改善和升级。但是，我国消费结构与发达国家还有较大差距，不仅体现在与当前发达国家消费结构的比较上，而且体现在与发达国家和我国相近的经济发展水平消费结构的比较上。我国当前人均 GDP 与 20 世纪 70 年代的发达国家相当，因此，本文选取了美、日、德1971～1975 年的消费数据与我国进行比较。以期比较出当前我国消费结构与发达国家相同经济发展水平下消费结构的不同与差距。

1. 我国消费尤其是居民消费占 GDP 比重不足

十八大以来我国历年最终消费支出虽然涨幅明显，但消费总量占 GDP 的比重只有 50% 左右且增长缓慢。而且，居民最终消费支出基本处于一个稳定的水平上，其占 GDP 的比重从 2012 年的 46.43% 减少到 2016 年的 37.51%，占总消费的比重从 2012 年的 93.26% 减少到 2016 年的 73.41%。这说明我国十八大以来，消费尤其是居民消费对经济发展的拉动作用并不明显。

表4　中国十八大以来的消费数据

单位：万亿元，%

年份	GDP	最终消费支出	最终消费支出占 GDP 的比重	居民最终消费支出	居民最终消费支出占 GDP 的比重	居民最终消费支出占总消费的比重
2012	7.207	3.588	49.78	3.346	46.43	93.26
2013	7.767	3.850	49.57	3.425	44.10	88.96
2014	8.333	4.127	49.53	3.396	40.75	82.29
2015	8.908	4.472	50.20	3.382	37.97	75.63
2016	9.505	4.856	51.09	3.565	37.51	73.41

资料来源：《中国统计年鉴》。

相比较而言，美、日、德等发达国家虽然在 20 世纪 70 年代初和我国具有相同的经济发展水平，但其最终消费支出占 GDP 的比重高达 74%～86%。这说明消费是拉动发达国家经济增长的主要动力（见表5）。而现阶段我国消费对经济增长的拉动作用与之相比还有较大差距。

表5 美、日、德的总消费数据

单位：万亿美元，%

年份	GDP			最终消费支出			占 GDP 的比重		
	美国	日本	德国	美国	日本	德国	美国	日本	德国
1971	4.937	2.014	1.582	4.228	1.497	1.218	85.64	74.33	76.99
1972	5.197	2.183	1.650	4.430	1.620	1.282	85.24	74.21	77.70
1973	5.490	2.359	1.729	4.591	1.751	1.329	83.62	74.23	76.87
1974	5.462	2.330	1.744	4.584	1.749	1.345	83.93	75.06	77.12
1975	5.451	2.402	1.729	4.690	1.853	1.397	86.04	77.14	80.80

资料来源：WTO 网站统计数据库。

另外，美、日、德等发达国家居民最终消费占 GDP 的比重平均在60%左右，远高于我国当前的水平；其占总消费的比重基本保持着相对稳定的水平，大约为75%（见表6），不像我国呈现逐年递减的趋势，说明发达国家在经济发展过程中，居民最终消费支出以相对稳定的速度增长，对经济的发展起着重要的拉动作用。

表6 美、日、德的居民消费数据

单位：万亿美元，%

年份	居民最终消费支出			占 GDP 的比重			占总消费的比重		
	美国	日本	德国	美国	日本	德国	美国	日本	德国
1971	3.064	1.172	0.918	62.06	58.19	58.03	72.47	78.29	75.37
1972	3.252	1.277	0.968	62.57	58.50	58.67	73.41	78.83	75.51
1973	3.413	1.389	0.996	62.17	58.88	57.61	74.34	79.33	74.94
1974	3.385	1.388	0.994	61.97	59.57	57.00	73.84	79.36	73.90
1975	3.461	1.449	1.031	63.49	60.32	59.63	73.80	78.20	73.80

资料来源：WTO 网站统计数据库。

2. 居民消费应成为经济发展的主要动力

20 世纪 70 年代至今，发达国家 GDP 增加了 2～3 倍，但最终消费支出占 GDP 的比重比较稳定。除此之外，美国居民消费占 GDP 的比重有明显增加；

日本受 2009 年和 2011 年经济衰退的影响，居民消费占 GDP 的比重有明显下滑，但随着经济的好转，居民消费占 GDP 的比重不断回升；德国居民消费占 GDP 的比重有轻微下滑但相对比较稳定。与此同时，美国与日本、德国的 GDP 差距进一步拉大（见表7）。

表7　美、日、德的居民消费数据

单位：万亿美元，%

年份	GDP			最终消费支出			最终消费支出占 GDP 的比重		
	美国	日本	德国	美国	日本	德国	美国	日本	德国
2012	15.542	5.779	3.560	13.019	4.497	2.634	83.77	77.82	73.99
2013	15.803	5.894	3.577	13.115	4.594	2.656	82.99	77.94	74.25
2014	16.177	5.914	3.634	13.406	4.571	2.682	82.87	77.29	73.80
2015	16.597	5.986	3.697	13.796	4.576	2.741	83.12	76.45	74.14

年份	居民最终消费支出			居民最终消费支出占 GDP 的比重			居民最终消费支出占总消费的比重		
	美国	日本	德国	美国	日本	德国	美国	日本	德国
2012	10.585	2.627	1.967	68.11	45.46	55.25	81.30	58.42	74.68
2013	10.740	2.817	1.982	67.96	47.79	55.41	81.89	61.32	74.62
2014	11.048	3.049	1.999	68.29	51.56	55.01	82.41	66.70	74.53
2015	11.400	3.293	2.040	68.69	55.01	55.18	82.63	71.96	74.43

我国 GDP 总量虽然排在世界前列，但最终消费支出和居民最终消费支出占 GDP 的比重较低[①]。我国应着力促进消费结构的优化升级，使消费尤其是居民消费成为拉动我国经济发展的主要动力。

（四）中国消费结构未来发展趋势研判

十八大以来，随着我国经济的发展，我国城乡居民收入水平和生活水平有了显著的提高。通过分析恩格尔系数的变化可以发现，城镇居民和农村居民都已经步入富裕阶段。城乡居民的消费结构也有了很大的改善，消费重心从满足基本生活需求发展到追求健康享受的生活，城乡居民对娱乐教育、交通通信、医疗等服务行业的消费需求日益增长。随着我国经济发展水平的不断提高和供

---

① 由于中国部分家庭居民消费未纳入国民经济核算体系，实际居民消费规模占 GDP 比重可能被低估。

给侧结构性改革的深入，居民消费占 GDP 的比重将不断上升，居民消费规模将不断扩大。未来几年我国消费结构会呈现以下发展趋势。

1. 满足基本生活需求的生存型消费会进一步降低

虽然我国居民在食品、衣着方面的消费规模不断增加，但其占居民总消费的比重将不断降低。从恩格尔系数看，我国居民 2013～2015 年的年均食物支出由 4127 元增加到 4814 元，虽然食品支出增加了，但恩格尔系数从 2012 年的 31.2% 降到了 2015 年的 30.1%。除此之外，在经过"家电""井喷式"的消费扩张之后，家电、摩托车等耐用性消费品已经进入家家户户，将来居民对耐用性消费品的消费比重将进一步降低。

2. 追求健康享受生活的服务型消费会迅速增长

我国居民对医疗保健、交通通信和文教娱乐教育等服务性消费的需求不断增加，数据分析表明，2005～2010 年我国城镇居民人均服务型消费支出从 3116 元提高到 5260 元，年均增长 11.04%，而 2010 年至今，服务型消费支出比重均保持在 40% 左右，这一比重将在未来很长一个时期内不断上升，根据发达国家消费结构，服务型消费支出比重应达到 60% 左右。

3. 高质量、高品质、个性化、特色化消费渐成趋势

随着居民收入水平的提高和产品供给的多样化，城乡居民的消费从传统消费模式逐渐向新型消费模式转变，城乡居民如今不仅要吃饱而且要吃好，不仅要穿暖而且要穿得时尚。居民消费呈现个性化、多样化趋势，居民在消费时不仅仅关心产品的质量，还追求时尚、品牌与品质，高质量、高品质、个性化、特色化消费渐成趋势。

4. 城乡消费结构差异将会逐渐缩小

随着城乡一体化和新型城镇化建设的不断推进，乡村居民生活水平快速提高，城乡生存型消费差距缩小，2012 年生存型消费支出比重为 64.43%，城镇地区为 56.07%，而 2015 年农村和城镇差距缩小，都在 60% 左右，这一比重在将来会越来越低。而对于服务型消费，随着乡村居民收入的提高和医疗、养老保险等社会保障制度的完善，乡村居民在娱乐教育、交通通信、医疗保健等服务型消费方面的支出比重将上升，城乡消费结构差异将会逐渐缩小。

5. 区域消费结构差异将会逐渐缩小

当前，东部、中部、西部、东北地区城镇居民的享受型和发展型消费支出

在总消费支出中所占比例较为接近，中国城镇居民的消费水平和消费结构差异不十分显著。而随着中、西部基础设施的建设和社会保障制度的普及等，不同区域乡村消费差异也将进一步缩小，尤其是随着小康社会的全面建设，不同区域乡村生存型消费支出所占比重将在2020年达到一个更加接近的值。未来一段时间，我国区域消费结构差异将会逐渐缩小。

6. "互联网+消费"的逐步深入将会进一步释放消费潜力

"互联网+"与消费市场融合，消费方式更加丰富。从2012年开始，网络零售市场的交易规模逐年扩大，市场占比从6.3%一路升至14.9%。互联网通过对消费方式的改革、消费结构的重塑，成为我国消费市场强有力的推进器。"互联网+"与传统消费市场的深度融合，打破了消费的地域限制，重新构建了消费者与商家的信息配对，进一步释放了社会的消费潜力。

7. 消费金融未来将成为引致消费增长的重要抓手

伴随金融市场的进一步开放，金融体系的不断完善，未来消费金融发展将进一步加快，居民提前消费的频率越来越高、金额越来越大、范围越来越广。中国消费金融市场占GDP的规模仅为美国的1/3左右，但由于统计口径的差异，真正意义的消费金融公司的规模还非常小。根据发达国家消费金融的发展规律，我国消费金融的发展空间巨大，未来将会成为推动消费增长的重要抓手。

二 新时代、新矛盾下中国消费结构转换

十九大提出了新的历史方位和当前社会的主要矛盾，这对于新时期的中国消费结构转换具有重要的启示意义。

（一）新时代、新矛盾下中国消费结构存在的主要问题

1. 人民日益增长的美好生活需要与消费规模质量的矛盾

随着居民收入水平提高，居民的消费潜力不断释放。截至2016年，全国居民人均可支配收入为23821元，比2012年增长44.3%，扣除价格因素，实际增长33.3%，年均实际增长7.4%，快于同期GDP年均增速0.2个百分点，更快于同期人均GDP年均增速0.8个百分点。依据马斯洛的需求层次理论，需求可以分成生理需求、安全需求、爱和归属感、尊重和自我实现五类，依次

由较低层次到较高层次排列。目前我国居民的平均消费水平已经跨越生理需求的范畴。对于产品的个性化、品牌化、流行性以及安全性的诉求越来越强烈。但是中国改革开放30多年来，主要是依托制造业切入全球价值链，发展过程中强调规模扩张，对于质量、品质关注不足，中国产品的低端特征明显，品牌度相对缺乏，难以满足居民对于高质量、高品质的需求。

2. 经济发展不平衡对消费结构升级的制约

改革开放以来，我国经济发展的基本方针是"鼓励部分地区、部分人先富起来，先富带动后富，实现共同富裕"。这种非均衡发展战略基于自身比较优势取得了举世瞩目的成绩。但是，随着世界经济发展速度的放缓以及中国自身经济结构存在的问题，非均衡增长方式造成了资源配置的浪费以及区际福利水平的严重失衡。"胡焕庸线"右侧的虹吸效应导致各种生产要素持续向东部地区迁移，偏离了"钟装曲线"的最优路径。以2016年为例，上海市人均GDP为11.36万元，云南省人均GDP为3.13万元，仅为前者的27.55%。区域经济发展的不平衡已经严重影响了中国的消费结构升级。尤其是中、西部地区的广阔消费潜力难以挖掘，导致国内的消费结构升级缓慢。

3. 经济发展不充分对消费结构升级的制约

经历近40年的高速发展，中国经济取得了长足的进步，但是经济发展不充分现象仍然明显，发展潜力未能充分释放。一方面，表现为居民可支配收入增速与GDP增速之间的不同步现象。这样的不同步导致消费能力滞后于经济增长速度，体现在现有产业体系下需求侧和供给侧的失衡。居民具有消费欲望，但是缺乏消费能力，具体表现为社会保障体系发展滞后，居民的安全性不足，对于消费存在一定的恐慌心理，尤其是对教育、医疗和养老方面的支出占比过高，严重制约了消费结构的升级。另一方面，中国的资本市场发展滞后，资本市场投资主体结构不合理，投资者以个人投资为主，机构投资者数量相对较少，两者比重相差较大。个人投资以投机为主，导致资本市场具有极大的不稳定性，阻碍了资本市场的发育，进一步导致居民的投资需求无法满足，从而在一定程度上制约了消费结构升级。

（二）新时代、新矛盾对中国消费结构升级的基本要求

1. 扩大消费规模，提升消费质量

在新时代、新矛盾下，实现中国消费结构升级应当扩大消费规模，提高

消费质量。一方面，扩大消费规模，增强消费能力，其中，提高居民收入水平是增强消费能力的基础和前提。应促进就业以使更多居民有稳定的收入来源，合理调整收入分配结构，提高居民收入在国民收入分配中的比重，扩大劳动报酬在初次分配中的比重。另一方面，改善居民消费预期，需要从教育、医疗和养老等服务环节入手，消除居民消费的后顾之忧。提高消费服务质量，主要是规范和提高产品质量国家标准、行业标准和企业标准。同时还应着力提高消费品档次，提高工业消费品技术含量，创作文化精品力作，塑造品牌形象。

2. 缩小区域发展差距，促进消费结构升级

由于城乡发展的不均衡，城乡消费市场规模和水平差距明显，尤其是农村居民收入增长缓慢，消费市场增长不足，发展受到抑制，产业调整难度较大。因此，未来促进消费结构升级的关键在于缩小地区发展差距。缩小区域发展差距不能只注重经济总量，还要注重不同区域的人民生活水平。首先注重缩小区域间基本公共服务的差距，实现基本公共服务均等化，使不同区域的人民生活水平的差距不断缩小。其次，要为中、西部地区创造足够的就业岗位，尤其是中高端的就业岗位，切实提高中、西部地区的劳动者的收入水平。

3. 扩大收入占比，增强消费能力

扩大收入占比，增强消费能力，需要从以下三个方面入手。一是提高城乡居民收入在国民收入分配中的比重。应继续增加企业退休人员养老金，推进事业单位工资制改革，同时千方百计增加农民收入。对低收入者，在提高低保标准和最低工资标准的同时，要加强技术和职业培训，提高其劳动技能和素质，提高低收入者收入水平，稳步提高中等收入者比重。二是提高劳动报酬在初次分配中的比重。目前劳动力市场化程度高，虽然劳动力价格总体上由市场决定，但工资集体协商、国家公布行业人工成本信息和指导工资线等制度没有普遍建立，使劳动者在工资分配上处于被动地位，加上农村剩余劳动力多，造成一线劳动工人工资上涨速度相对缓慢。因此，需要建立提升劳动报酬在初次分配中的比重的长效机制。三是提高财产性收入在居民收入中的比重，包括促进农村集体建设用地确权和流转，推动农民土地承包经营权及宅基地流转，提高农民财产性收入。

三　新时代、新矛盾下中国消费结构转换的政策取向

（一）营造良好消费环境，扩大服务性消费

良好的消费环境是收入转化为消费这一过程的重要保障。一是加快推进行业管理体系与时俱进的改革，有效对接居民消费需求。以构建融合监管体系为重点，改革现有块块分割的行政管理体系，主动对接供给，创新需求；消除对社会资本的所有制歧视，拆除隐性壁垒，营造真正公平竞争的市场环境。二是制定、完善行业发展相关的法律法规和规范，创造有利于消费的法律环境。根据新业态、新模式发展实际情况，加快制定或更新服务行业标准体系，逐渐将其上升为强制性标准，提高行业发展水平。制定、完善有关服务行业核心技术、知名品牌、商业模式等的知识产权保护的相关法律制度，提高相关企业的知识产权保护意识，规范市场秩序，实现行业的良性发展。三是优化消费激励的软环境，激发消费潜力。统筹配置信贷资源，优化金融信贷资金结构，改善消费信贷环境；政府应加强个人信用系统的建设，保障个人信贷业务健康发展，正确引导金融资源合理配置。四是完善覆盖城乡居民的社会保障体系，解决消费的后顾之忧。统筹城镇居民医保和新农合制度，扩大社会保障的覆盖面，让城乡所有居民都能享有社会保障；加大政府对社会保障的支持力度，适度增加财政支出，提高社保待遇水平；健全医疗、工伤、生育保险制度，提升群众的自我保障意识和社会互助意识。五是营造良好的消费文化环境，形成良好的消费文化。加强对正确消费文化的宣传、教育和引导，合理调整居民的边际消费倾向，并且加强对居民消费弹性的识别与判断，有效利用供给与需求管理政策调控居民的消费行为，推进消费结构持续升级、人民生活水平提高。

（二）调节收入分配，优化消费主体结构

调整消费主体是扩大消费需求的基础，增强支付能力是扩大消费需求的核心，因此通过调节收入分配可以实现消费主体结构的优化。一是不断缩小城乡差距。依靠户籍制度改革以及城镇化健康发展为农村劳动力的有效流出创造有利条件，依靠土地制度改革促使农村适度规模化、集约化经营，切实增加农民

的土地增值收益权和处置权，在基本公共服务均等化的战略取向下，增强农村的基本养老、基本医疗等社会保障供给能力。二是提高居民可支配收入。利用城市化进程增加就业渠道，农业人口在由收入较低的农业领域向收入较高的非农业领域转移过程中，收入水平会得到显著提高，这不仅会带来居民消费水平的提高，而且会带动消费结构的整体提升；提高城镇化水平，通过提高居民收入特别是提高低收入者和农民的收入，可以有效缩小收入水平差距，提高全社会的边际消费水平，增加消费总额；通过降低税收等财政调节手段，使税收结构合理化，提高城镇居民可支配收入在国民收入中的比重并缩小收入分配的差距；进一步完善社会保障制度，减弱城镇居民预防性储蓄动机，增强居民的消费意愿，从而增强居民对预期收入和支出的信心。三是提高劳动者在初次劳动报酬分配中的比重。通过放松行业进入壁垒和推进要素市场化改革来增强民营经济的就业创造能力，通过改革教育体制和提高劳动者人力资本含量来提高劳动生产效率，通过完善劳动力市场以及工会的组织职能来增强劳动者报酬议价能力。

（三）优化产业结构，有效对接消费需求

产业结构和消费结构的协调发展是适应新时代、新矛盾下消费结构转化的紧迫任务。一是加强供给侧改革，促进第三产业的发展。适应消费需求的发展变化趋势，优化投资结构，淘汰落后产能，化解产能过剩，破解结构性矛盾；大力构建以服务型经济为主的产业结构，合理放开服务业市场，加强竞争，努力提升服务业产品质量，完善多层次服务性产品供给结构；加强对服务业从业人员的教育和培养，提升服务质量，以不断适应高层次服务性消费发展的需要；大力发展现代服务业和生产性服务业，前者是伴随信息技术和知识经济发展而产生的，由此将创造需求，引导消费，向社会提供高附加值、高层次、知识型的生活服务和生产服务，后者则由于工业化和专业化水平的相继提高，带动了相关的物流配送、金融、信息服务、法律、会计等生产性服务需求的增长。二是根据人口年龄结构和消费结构的地区性差异，优化区域产业结构的层级及配置。对中、西部地区而言，一方面，应依据人口结构变动引致的消费需求变动，积极探索与消费需求变动相匹配的产业结构优化方案，促进相关产业发展。在巩固经济发展成果、提升居民收入水平和扩展居民收入来源的前提下，建立健全养老、医疗等社会服务体系，将潜在需求转变为实际消费。另一

方面，利用中、西部地区的人口需求效应顺势带动部分消费类产业的发展，使西部地区具备承接东、中部地区消费类产业的能力，主动推进部分消费类产业西进，市场内移。三是提高服务性消费供给的有效性，满足不同层次需要的服务性消费需求。尽管医疗保健、教育等服务性消费均属于公共服务的范畴，仍可适当鼓励和支持民间资本进入，增加服务供给；鼓励服务性企业运用现代经营方式和管理理念，引进国际新设备和新技术，实现传统服务业的转型升级，促进文化创意产业等新兴消费性服务业发展；在鼓励引导新兴服务业发展中积极拓展新型服务业态，开拓新的服务消费热点，促进居民消费结构的转型升级；注重专业化服务人才的培养，提高从业人员专业素质和技能。

（四）大力推进"互联网＋"，创新消费模式

充分利用"互联网＋"与消费经济实现"嫁接效应"是促进消费模式转型的关键。一是各行各业要高度重视互联网消费经济。基于"互联网＋"的消费模式在要素配置、基础设施建设、市场竞争规则等方面都在发生重大转变，对于"互联网＋"消费行业和业态的创新应持宽容态度，必须确立"先发展、再规范、后管理"的原则，政府应对目前针对"互联网＋"相关行业及业态出台的各项政策进行梳理和整合，同时扶持大数据、物联网、在线支付等技术在消费领域的应用；对"互联网＋"消费业态的小微企业在税收、工商、市场监管方面积极支持，打造宽松环境，以一种"放水养鱼"的态度来扶持；积极普及大数据、云计算和物联网等技术，提高资源利用效率，为"互联网＋"消费业态的经济发展打下坚实的基础。二是大力推动农村网络消费。推进农村网络和农村物流建设，加强"宽带乡村"工程和无线网络覆盖建设，大力支持物流企业的农村物流网络布局；推动金融机构下乡服务和农村网络支付体系建设，为农村居民依托电子商务平台创业就业、交易消费提供便捷的金融服务；完善网络消费立法机制，提高立法效率，转变法治方式，为农村网络消费的发展特别是农村居民消费权益的保护提供法律依据；探索政府职能部门与农村电商平台的合作模式，发挥好政府在宣传介绍、服务沟通、品牌推广等方面保驾护航的作用；发挥各类社会组织和企事业单位的作用，营造良好的社会氛围。三是支持"互联网＋"消费的新业态、新模式发展。支持 O2O、F2C、会员制等"互联网＋"消费的新业态、新模式发展，进一步拓展消费群体，激发消费潜力。

B.18
中国对外贸易转型升级获重大进展

——2017 年形势分析与 2018 年展望

金柏松 刘建颖*

摘 要: 2017 年我国对外贸易如期回升。但与世界主要贸易大国相比,
我国对外贸易增速大幅放缓,昔日风光不再。以往我们列举
了一系列指标来说明我国对外贸易转型升级取得的进展,
2017 年我们增加了对未来的分析与展望。根据外贸进出口与
我国产业结构息息相关,而产业结构升级与我国科学研究、
自主技术研发存在因果关系,追本溯源,我们从上游我国科
技发展、中游我国高端制造业最新发展,进行贯通始终的全
面梳理,分析归纳得出十大结论,未来我国对外贸易将进入
全新发展阶段。继 2017 年复苏趋势,2018 年世界经济、贸易
将保持较快增长,世界经济短周期运行进入繁荣阶段。2016
年人工智能取得了重大突破,2017 年世界主要国家开展了一
场人工智能大竞赛,2018 年或为世界科技产业革命兴起的关
键时刻。2018 年是值得期待的一年,我国对外贸易进出口将
实现有质量、有档次、有品牌的较快增长。

关键词: 转型升级 科技产业革命 人工智能 世界经济 繁荣时期

2017 年我国对外贸易如期回升,扭转连续两年的下沉走势,在世界经济、

---

* 金柏松,商务部研究院教授、研究员;刘建颖,商务部研究院副研究员。

贸易舞台上再现活力。1～10月，我国货物贸易进出口总值为22.5万亿元，比上年同期（下同）增长15.9%。其中，出口12.4万亿元，同比增长11.7%；进口10.1万亿元，同比增长21.5%。

2017年秋季广交会于11月4日闭幕。我国出口企业与海外进口商之间签订出口合同金额同比增长8.2%，达到301.6亿美元，其中来自美国贸易商的订单增长明显，显示出我国出口有望保持较快增长势头。

从目前国内外经贸形势来分析，预计2017年全年我国出口153633.6亿元，大致增长11.0%；进口124873.3亿元，大致增长19.0%；货物贸易保持顺差约28760.3亿元，比上年减少约14.1%。2017年我国以美元计价的出口，预计增长7.7%，约达到22590亿美元；进口增长16.0%，约达到18420亿美元；实现顺差4170亿美元，比2016年的5099.6亿美元，减少了18.2%。

一 2017年回升中有曲折，呈现新特点

首先，观察以人民币标价出口增长趋势。2017年我国各月出口增长数据如图1所示，1～6月出口增速较快，但7～10月增速回落，总体上显著扭转2016年下降势头。

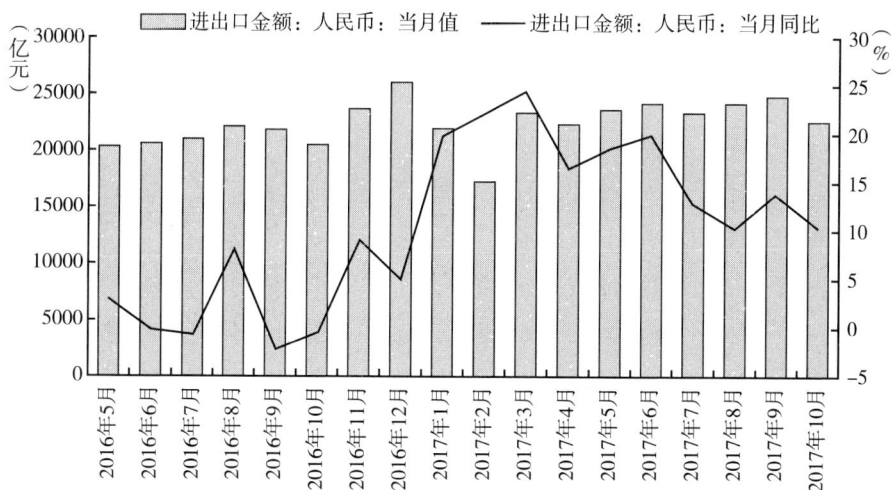

图1 我国月度进出口金额和同比增速

其次，进口增长表现出少有的强劲。2017 年我国进口 1～10 月增长高达 21.5%，但一季度增速约 31%，二季度增速比一季度回落 10 个百分点，增速大致为 21%，三季度增速继续回落 5 个百分点，增长约 16%，预计四季度进口增速还会回落。这表明我国经济内需总体表现强劲，但随着房地产调控政策效果逐步显现，内需扩张速度放慢，进口呈现前高后低走势。

海关数据显示，2017 年我国进口物价大幅上涨，这也是拉动进口强劲的主要原因之一。进一步考察进口物价上涨趋势也是前高后低，即初阶段回升速度较快，涨到一定水平后保持缓慢上升态势，这意味着进口物价涨势趋缓，预计四季度进口价格上涨幅度将收窄。

再次，从地方省市对外贸易情况看，2017 年前三季度，我国东部地区出口 13774 亿美元，同比增长 6.1%，上年同期为下降 6.1%。其中，10 个省份同比增长，增速较高的海南、江苏分别增长 1.1 倍和 12.4%。中部地区出口 1291 亿美元，同比增长 15.3%，上年同期为下降 7.5%。其中，8 个省份同比均增长，增速较高的湖南、湖北分别增长 46.6% 和 16.7%。西部地区出口 1260 亿美元，同比增长 16.4%，上年同期为下降 21.1%。其中，8 个省份同比增长，增速较高的宁夏、陕西分别增长 75.0% 和 49.4%。

前三季度，我国东部地区进口 11524 亿美元，同比增长 16.4%，上年同期为下降 8.9%。其中，10 个省份同比增长，增速较高的浙江、辽宁分别增长 32.4% 和 27.2%。中部地区进口 889 亿美元，同比增长 16.3%，上年同期为下降 6.9%。其中，6 个省份同比增长，增速较高的湖南、安徽分别增长 57.6% 和 48.2%。西部地区进口 949 亿美元，同比增长 29.9%，上年同期为下降 0.2%。其中，12 个省份同比均增长，增速较高的贵州、青海分别增长 1.3 倍和 75.1%。

前三季度出口额排名前五的省份中，广东、山东分别出口 4476 亿美元和 1068 亿美元，同比分别增长 4.6% 和 5.6%，上年同期分别为下降 5.7% 和 0.2%；江苏、浙江、上海分别出口 2626 亿美元、2088 亿美元和 1412 亿美元，同比分别增长 12.4%、5.5% 和 5.9%。

前三季度进口额排名前五的省份中，广东、上海、江苏分别进口 2724 亿美元、2082 亿美元和 1663 亿美元，同比分别增长 8.8%、16.4% 和 20.1%，上年同期分别为下降 7.1%、4.5% 和 11.2%。北京、山东分别进口 1944 亿美元和 872 亿美元，同比分别增长 14.1% 和 23.8%，上年同期分别为下降 16.3% 和 2.2%。

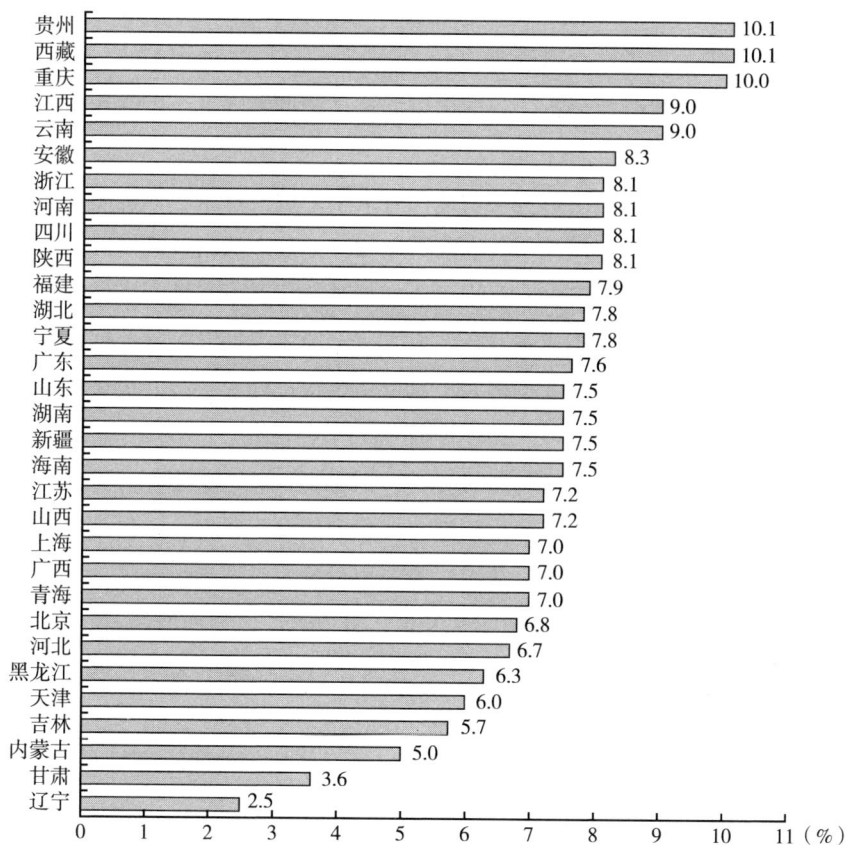

图 2　2017 年前三季度我国各省份 GDP 增速

资料来源：公开数据整理。

最后，比较世界主要国家出口贸易，从而进一步认清我国出口竞争力。2017 年 1 ～ 10 月，中国出口美元数值增长 7.4%（2017 年 1 ～ 6 月增长 8.5%，1 ～ 7 月为 8.3%，1 ～ 8 月为 7.3%，1 ～ 9 月为 7.5%）。与美国比，2017 年 1 ～ 6 月美国出口增长 6.7%，比中国略慢。与欧元区比，2017 年出口以欧元标价 1 ～ 7 月增长 7.7%，考虑到欧元对美元小幅升值因素，其出口的美元数值的增速应更高，估计强于中国。与日本比，2017 年日本出口美元数值 1 ～ 8 月增长 8.9%，比中国快。与韩国比，2017 年 1 ～ 7 月韩国出口增长 16.3%，大幅超过中国。此外，2017年印度1~6月出口增长13.7%，巴西1~6月出口增长19.4%，马来西亚1~6月出口增长12.9%，均显著快于中国。

总体分析，2017年中国出口增长虽然略强于美国但不及世界主要国家出口增速，也低于世界进口整体增速。

不过从贸易数量指数分析，我国出口增速高于世界水平，表明我国出口竞争力保持合格以上水准。

毋庸讳言，以往中国出口贸易增速一直大幅超过全球水平，也超过世界主要贸易大国水平，如今却风光不再。究其原因：一是中国出口规模巨大，位居世界第一，在许多市场出口占有率均已达到很高的情况下，进一步提升占比势必困难重重；二是我国人工成本、环保成本、土地成本均已大幅上涨，正在失去价格竞争力；三是中国产业结构和出口产品结构正处于转型升级过程中，新能量、新优势正在积蓄。此外，2017年还有如下新情况。

一是2017年初中国人民银行、外汇管理局等官方主管机构一再表示人民币汇率没有大幅贬值基础，人民币汇率存在稳定的经济条件，人民币对美元汇率将持续保持稳定。可结果出乎意料，人民币对美元汇率连续升值，且大幅升值，甚至在8月连续13个交易日出现升值，升值速度之快前所未有。经测算，人民币1~8月高点比低点升值5.3%。这与出口企业预期大相径庭。一般情况下，2017年初我国出口企业制定出口价格政策时大致将人民币对美元汇率预期估算在1∶6.7至1∶6.8的水平，在人民币升值超出预期的情况下，我国出口企业与外商以人民币标价的价格谈判处境十分不利；以美元标价的价格谈判则有可能亏损，如果提高美元价格，外商有可能无法接受，从而失去商机。根据我国海关总署的公布，在1~9月出口总值中，出口价格上涨4.8%，对出口总值的拉动贡献率达到41.5%，显然人民币汇率因素发挥了显著作用。仅人民币汇率意外升值一项因素，估计全年我国出口美元数值就将少增长2%。

二是对出口第三大市场——中国香港的出口，1~10月不仅未增长，还下降0.2%。究其原因，主要是内地企业出口产品转型升级，其中机电产品、高科技产品、自主品牌产品按照一般贸易方式出口较多，此类产品出口企业自身积累了拓展市场能力，找到了营销合作渠道，因而不会经过香港再转出口。

以上分析表明，2017年我国对外贸易发展与世界主要国家相比可以评价为"及格"。但如从转型升级角度分析，或许结论会有所不同。

二 探究我国对外贸易转型升级最终结论

2013 年我国对外贸易开始转型升级，潜心积蓄新的竞争优势，并取得重大进展，但其未来结局尚不得而知，须深入分析，方能得出正确结论。以往在分析我国对外贸易特点及结构转型升级的表现时主要使用我国出口占世界出口总额的比重、我国出口增速、出口贸易方式中一般贸易占比、民营企业出口占比等多项指标。这些指标持续多年的改善，足以证明我国对外贸易结构转型升级的事实。如今这些分析方法已被我国国新办、商务部、海关总署等主要主管部门接受和广泛使用，被各大研究机构和主要媒体广泛转载，因而我们不再重复。下文将重点分析我国科技、经济、产业等上游、中游情况，以更丰富的内容、更深层的数据，展开前瞻性分析，得出结论，使读者拨云见日。

（一）我国进出口贸易遇到的主要困难

众所周知，由美国发起、发达国家广泛响应并共同签署的"瓦森纳"国际公约主要针对中国等社会主义国家，凡是签约国家的可用于军事或军民两用的先进技术、设备、产品、材料等一律禁止出口、转让给对象国。在国际上，美国不仅自身严格执行上述政策，不断更新禁止出口的"产品清单"，而且其有关机构还时刻监督签约国对"瓦森纳"国际公约的执行情况。因此，美、欧、日等世界发达国家和地区对中国出口的每一笔交易都会按照禁止清单严格管制出口，在投资、技术合作、技术共同研发、技术交流等各个方面严格把控。由此而知，中国经济、产业、贸易实现转型升级要比世界上许多国家难度高。此外，还有一些国家从政治层面考虑过多，不愿看到中国崛起，明里暗里采取抑制中国发展的政策，落实到行动上就是严禁或限制对中国出口、转让及投资先进技术。因此我国遇到的所有此类高技术问题都须依靠自主研发来予以解决。

当然世界上还有一批一流企业掌握先进技术，并视其为企业的生命——核心竞争力，从企业保持国际竞争力和维护自身利益出发，不肯轻易转让技术，至多以高价制造出口高附加值产品，赚取高额利润。为此，中国解决问题的方式还是落脚在自主研发，以"中国创造＋中国制造"，替代进口，发展出口，实现高附加价值产品出口和对外贸易转型升级。

（二）我国从政府高层到民间企业的对策

针对以上情况，我国高层领导早有准备，在2008～2009年世界经济发生复合型危机之后，及时决策，提前启动一些发展规划项目，提前部署发展战略性新兴产业等。以此为转机，我国一批又一批研发项目取得先进技术成果，高科技产品陆续投产使用，战略性新兴产业快速崛起，或实现转型升级，或发挥替代进口作用。我们在《2015年中国经济形势分析与预测》中曾经兼论我国对外贸易转型升级，提出未来努力发展的方向与主要领域等，如今经过几年的发展，可以捕捉实证，寻找答案。

1. 中国实施科技强国战略初见成效

日本科学技术振兴机构发布报告称，中国正在迅速迈向知识产权"强国"。据《日本经济新闻》2017年9月26日的报道，中国企业和大学的专利申请数量呈爆炸式增加态势，知识产权保护制度日趋完善。预计21世纪20年代将形成知识产权中美"两强"时代。报道称，中国专利申请数量为美国的2倍，达到约134万项，为全球最多。此外，从企业国际专利申请数量看，中兴通讯（ZTE）位居第一，华为位居第二，超过日本和美国企业。

2017年11月2日，《日本经济新闻》头版头条刊登题为《日本技术立国岌岌可危》的研究报告。报告以美国、日本、中国、德国、韩国为对象，比较分析几个国家的基础科研、国际专利数、企业盈利能力及企业上市10年后的市场价值等，以2016年相较于2006年的情况，得出这些国家的创新能力，结论是：2006～2016年，创新能力方面，美国提升24%，日本仅提升6%，中国提升5.34倍，德国提升32%，韩国提升1.08倍。其中，基础科研能力方面，美国提升17%，日本下降2%，中国提升4.8倍，德国提升52%，韩国提升1.9倍；获取专利方面，美国提升10%，日本提升67%，中国提升11倍，德国提升9%，韩国提升2.6倍；上市企业盈利方面，美国提升28%，日本提升11%，中国提升7.3倍，德国提升54%，韩国提升66%。

2017年9月23日，中国科学技术发展战略研究院发布的《国家创新指数报告（2016～2017）》显示，世界40个主要国家创新发展可以划分为三个列队阵营，综合指数排名前 15 的国家主要为欧美发达经济体，占据第一阵营，为公认创新型国家；第 16~30 位为其他发达国家和少数新兴经济体，位居第二阵营，中国已处于第二阵营的领先位置。2015 年中国创新国家综合指数排名世界第 17，相比五年前的 2010 年排名第 20 提升了 5 个位次。笔者估计，2016~2017 年我国创新位次将再次提升，跻身"世界第一阵营"。

我国政府近年来制定的产业政策、新兴产业发展战略规划，如《中国制造 2025》、工业 4.0、"互联网＋"及"智能制造 2025"等，正在有力推动我国产业升级和技术升级，为我国进出口贸易转型升级奠定了基础。以国务院牵头编制的《中国制造 2025》为例，其中制造强国行动纲领重点瞄准高档数控机床、集成电路及专用装备、信息通信设备、航空航天装备、节能与新能源汽车等战略重点，积极配置优秀资源攻克关键技术装备、高科技材料，推进在重点领域的集成应用；加强关键共性技术创新，突破一批关键共性技术，布局和积累一批核心知识产权等。在以上各项政策的具体支持下，我国高技术产业迅速发展。以 2017 年前三季度为例，我国规模以上工业增加值同比实际增长 6.7%，前三季度高技术制造业和装备制造业增加值同比分别增长 13.4% 和 11.6%，分别快于规模以上工业 6.7 个和 4.9 个百分点。

4. 中国经济、产业、进出口转型升级具体表现

持续多年加大对高技术和装备制造业的投资，带来了高科技经济、产业的大发展。

（1）中国经济数字化发展跃居世界前沿

中国科协创新战略研究院《创新研究报告》转载了 2017 年 8 月麦肯锡全球研究所（McKinsey Global Institute，MGI）发布的报告，题为《中国数字经济：全球领先力量》（China's Digital Economy：A Leading Global Force）。报告显示，中国拥有世界上最多的数字技术投资者、采用者和独角兽公司，如百度、阿里巴巴和腾讯等。如今中国在电子商务和数字支付方面属于全球领先地位，独角兽公司占全球的 1/3，中国在数字投资和创业方面是世界上最活跃的，中国是全球数字技术领先投资商之一。中国数字化企业在世界上广泛发展，成为全球公司。

（2）中国人工智能从科学研究、技术研发到产业化发展引发世界瞩目

数字化经济的核心是人工智能。人工智能（Artificial Intelligence）是一门

新兴的技术科学,该领域的研究包括机器人、语言识别、图像识别、自然语言处理和专家系统等。人工智能自诞生以来,基础理论研究和技术研发几乎齐头并进至产业化制造与服务,应用领域也不断扩大,AI赋予了机器一定的视听感知和思考能力,不仅会促进生产力的发展,也会对经济与社会的运行方式产生积极作用。因而可以断定人工智能已经成为世界科技产业革命的核心代表,未来随着人工智能领域取得的一个个重大突破,世界经济、产业、贸易、投资都将发生革命性进步。

我国人工智能实现与世界同步发展,正进入第三次新浪潮。在国家有关政策支持下,我国人工智能的人才培育水平、研发水平、资本投入、产出效果等名列世界前茅,新生态企业等迅速崛起。据美国白宫发布的报告,"从2014年开始,在人工智能的主要突破领域深度学习方面,中国论文发表数量和被引用次数均已超过美国"。

智能企业发展突出。我国人工智能企业科大讯飞被《麻省理工科技评论》列为2017年度第六大最聪明公司,其翻译器克服了方言、俚语和背景杂音,可将汉语精准译为十几种语言。与此同时,我国百度、阿里巴巴、腾讯、华为、中科创达、华大基因等一大批企业已经或正在成为世界级人工智能企业。

（3）我国机器人产业发展迅速

2013年,中国超越日本,成为世界上最大工业机器人市场。2016年,中国生产了72000个工业机器人,约占世界总产量的1/4。2017年8月23日,中国电子协会发布报告称,预计2017年中国将销售超过11万个工业用途机器人,中国工业机器人市场规模将达到42.2亿美元,预计2018~2020年,中国机器人年销售量年均增长15%~20%。

（4）集成电路、芯片产业的发展

我们需要的集成电路大部分是在境外制造,但近几年国内集成电路产业的发展极其迅速。据中国半导体行业协会统计,2016年中国集成电路产业销售额达到4335.5亿元,同比增长20.1%,其中集成电路的设计保持高速增长,销售额为1644.3亿元,同比增长24.1%；制造受到国内芯片生产线满产以及扩产的带动,2016年同比增长25.1%,销售额为1126.9亿元；封装测试业销售额1564.3亿元,同比增长13%。我国半导体行业公布,2017年上半年集成电路芯片制造保持高速增长,同比增长25.6%。尽管如此,我国半导体芯片远不能满足国内需求。据我国海关统计，2015年我国芯片年进口额高达2300亿美元，2016年进口额为2207.7亿美元，预计2017年进口额将超过2400亿美元，我国每年进口芯片的规模甚至超过石油，芯片是我国第一大进口商品。与此同时，近三年我国集成电路出口仅相当于进口的26%～30%，且出口技术水平偏低。

对此，近两年新一轮集成电路、芯片投资持续升温。据国际半导体设备与材料协会（SEMI）预测，2016～2017年，全球确定新建的晶圆厂19座，其中中国大陆就有10座。作为全球主要的电子产品制造大国，国产芯片将拥有巨大的替代空间。随着人工智能、物联网等产业的兴起，"连接＋感知＋智能化"将驱动半导体产业发展。

未来，随着我国政策引导企业加大投资力度，摩尔定律验证半导体芯片将取得新突破，我国还有重大机遇追赶国际一流水平。

（1）我国装备制造业迅速崛起

近几年，国防军工、航空航天、轨道交通与高铁、汽车与新能源汽车、船舶与海洋装备、核电与新能源风电、太阳能发电、高压输电、化工装置、矿山设备等领域的大型装备逐渐达到世界一流水平。

以数控机床为例。数控机床在各类装备制造子行业里属于顶尖精密加工工具，各种高精尖机器、重要装备均依靠数控机床加工。从产量分析，过去5年我国数控机床产量的年均复合增长率为37.39%，过去10年年均复合增长率为29.94%；从产品档次分析，以大连科德制造的高精度五轴立式机床出口德国为标志，中国制造高档数控机床取得突破，但与国际最先进水平相比还有差距。2017年3月27日，工信部部长苗圩在出席"2017年高档数控机床与基础制造装备科技重大专项成果应用推广现场会"时提到，"中国数控系统等核心零部件取得明显突破，国产数控系统在功能、性能方面与世界一流水平的差距已大幅缩小，滚珠丝杠、导轨、动力刀架等关键功能部件在精度、可靠性等关键指标上已接近国际先进水平"，这说明我国数控机床正在逐步突破技术难关。

预计2015～2020年我国数控机床行业将快速发展，具体如图3所示。

（2）我国武器出口竞争力提高，市场份额增加

美国《国家利益》双月刊网站9月27日发表了罗恩·马修斯和平晓娟的

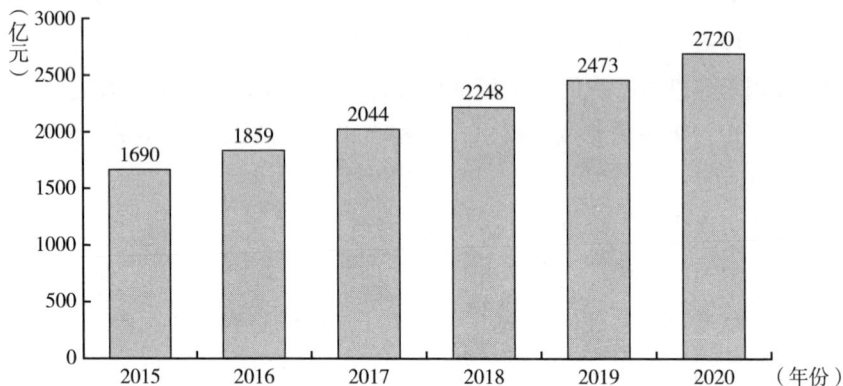

图3　2015～2020年我国数控机床行业资产规模预测

资料来源：中国机床商务网。

文章，渲染"为什么世界应担忧中国的军事出口"。其中提到，中国武器销售规模正在扩大，其2012～2016年的对外军售占同期全球武器销售总额的6.2%，与2007～2011年相比，军售规模飙升74%。2000～2015年，中国武器出口规模扩大了6.5倍。2016年，中国的武器出口额达21亿美元，略低于法国的22亿美元，但比英国的14亿美元高出许多。中国在2016年全球武器出口市场的份额还远低于美国的33%，但与俄罗斯（23%）的差距正在缩小，而与法国（6%）、德国（5.6%）和英国（4.6%）的差距已经彻底消失。报道称，中国的武器出口一直被认为缺乏全球吸引力，因为过去五年其72%的武器出口只流向三个国家：巴基斯坦、孟加拉国和缅甸。然而这种说法是不公平的。依赖少数几个核心客户，是成熟的武器出口国和"新入场者"的正常做法。俄罗斯是2012～2016年世界第二大武器出口国，但其70%的对外军售主要面向四个国家——印度、越南、中国和阿尔及利亚。英国也不例外，其71%的武器出口到印度、美国和沙特阿拉伯（仅沙特阿拉伯一国就占英国2010～2015年五年军售总额的一半）。而中国已经成功扩大了客户群，如今在向55个国家和地区出口武器，业务覆盖亚洲、中东、非洲和拉丁美洲。中国的多数客户的确是发展中国家，例如，其2/3的客户位于世界上最贫穷的大陆——非洲，它们从中国采购的武器系统大部分是基本的军事装备。但是时代正在变化。中国人民解放军已经用改进后的先进武器装备替换老旧装备，如今正在向泰国、马来西亚、缅甸、孟加拉国和巴基斯坦出口现代化装备，如主战坦克、大型军舰、潜艇及无人军用飞机及性能可靠的导弹等。总之，技术水平先进，加上较低的采购成本，使中国出口军备产品性价比越来越高，竞争力越来越强，正在吸引更加高端的客户，如土耳其、沙特阿拉伯和阿联酋。

（3）我国造船规模已居世界之首

2013年，中国造船三大指标造船完工量、新接订单量、手持订单量分别占世界总量的40.3%、47.6%和45.8%，均首次跃居世界第一。据英国克拉克松研究公司的统计，2013年，中国造船三大指标，不论是载重吨还是修正总吨，均居全球首位。

至2017年，我国造船业在质量、档次、技术水准等方面取得了一系列突出成绩。集装箱船、散货船、油船三大主流船型的技术水平在国际上已具有较强竞争优势。我国还能够建造包括大型客滚船、超大型集装箱船（VLCS）、大型挖泥船和大型液化天然气船（LNG）等在内的各种高附加值船舶。2017年我国两家造船企业在对法国海运公司的VLCS船订单争夺战中，力克韩国三家大型造船公司，拿下订单，这标志着我国高端船舶出口取得重大突破，我国正在加速从"造船大国"向"造船强国"转变，与日、韩等造船强国的差距在缩小。

在装备制造业中，众所周知，我国已是世界上高铁运营里程最长的国家。我国是世界上最大光伏制造和出口国家、世界最大风力发电国家、最大新能源汽车制造和销售国家。我国成功研制和正在投资建设世界第三代核电项目，与法国合作共同投资中标了英国核电项目等，此处不再一一列举。

2017年我国机电产品净出口持续扩大。据海关统计，2017年1～10月我国机电产品出口增长12.4%，高于11.7%的平均速度0.7个百分点。以机电产品出口减去进口的净出口，2017年1～10月持续扩大，达到25049.1亿元。高新技术出口增长12.9%，高于平均增速1.2个百分点。并且以高新技术出口金额除以高新技术进口金额计算的"出口竞争力"指数，2017年为1.1945，相比2016年的1.1519有较大提升。对这些数据的分析表明，我国机电产品、高新技术产品的出口竞争力持续提升。

通过上述分析，归纳出我国对外贸易转型升级的十大有利条件。

一是对外贸易实现转型升级需要通过上游、中游、下游直至接通国际，贯通四大环节。环节一，在上游，科学机构与企业正在推动我国科技事业大发展；环节二，科技成果产业化衍生出我国中高端商业模式和战略性新兴产业，一场以智能制造、智能服务为核心的科技产业革命正在我国掀起浪潮，在有力地推动我国经济、产业转型升级；环节三，从中游传到、对接至进出口产业；环节四，进出口产业对接外贸流通，通达国际市场。在我国，官产学研齐努力已经打通了这四大环节。

二是，我国对外开放，与国际市场沟通频繁，对于国际市场科技、研发、新产品、新技术、新模式有比较充分的理解，有利于我国迅速找到主要发展方向，减少盲目性。

三是，有利于在国外较高起点上开展研究，发挥后发优势。

四是，我国有大市场，外资企业、外国产品绝对不能忽视大市场的魅力，会千方百计到我国寻求发展机遇，因而带来的技术溢出效应、技术交流启发效果等，有助于我国转型升级。

五是，任何新产品、新技术一旦投入我国市场，容易受到年轻人追捧，发展空间巨大。我国企业在开拓高端制造业时可以从低端制造起步，有存活空间，然后逐步升级到高端制造，广阔、多层次的市场空间有助于企业收回资本。

六是，我国军民融合发展有利于两大领域最新技术成果相互借鉴、有偿转让，提高我国高端产能利用率，提高资本效率，使我国技术竞争力以较快速度达到国际一流水平。

七是，我国储蓄率高，储蓄规模巨大，投资的来源资本雄厚。

八是，在世界经济、贸易投资自由化、便利化环境下，我国企事业单位可以到国际市场设立研发中心、设计中心，进而十分便利地得到管制以外的先进技术。

九是，我国经济门类齐全，产业、制造业的细分子行业完备，不仅上、中、下游可以贯通，而且相关配套不缺，对于新技术产业化推广十分有利。

十是，我国人力资源，特别是工程师等高端人力资源为世界最丰富，留学归国学者可以带来先进的理念。

通过对以上实证资料的分析，归纳得出十大有利条件，我们对未来应有信心，认识到我国对外贸易发展，必将驶向一个全新的阶段，并且取得成功的可能性极大。未来我国对外贸易将以自主研发为主要动力，通过自主经营方式来开拓主渠道，以自主品牌为龙头，逐步树立起良好的市场形象，实现对外贸易与对外投资的全新发展，进而实现全球化发展。

三 2017年对主要伙伴贸易增长较快

2017年，世界经济增速有所加快，著名国际机构，如国际货币基金组织、世界银行、OECD等都一再调高对2017年经济增速的预期。

（一）与欧元区贸易

2012年9月欧洲央行宣布实施"限量冲销式购债计划OMT"，击中了以美国为首的对冲基金要害，败走麦城。以此为拐点，欧元恢复信心，欧洲经济走出债务危机。但2013年乌克兰危机爆发、美国携手欧日联合制裁俄罗斯经济，对欧洲经济复苏打击较大。2015年欧洲又遭遇难民潮，社会人心动荡，消费犹豫不决。2016年欧洲经济复苏刚刚有些起色，却发生英国"退欧"事件。2017年欧洲经济总算一波四折，走出危机和泥沼，实现了较快增长，预计将达到2.0%。受此影响，2017年我国对欧盟出口增长较快，1~10月，中欧贸易总值为3.4万亿元，增长16.2%，占我国进出口总值的15.1%。其中出口达到20514.6亿元，增长13.3%；进口达到13469.7亿元，增长21.0%。

（二）与美国贸易

2017年美国新任总统上任，誓言兑现竞选承诺，以美国优先为原则，全面调整对外经济关系，如退出TPP协议、退出世界气候大会达成的协议、重新谈判北美自贸区等，这给全球和我国带来了巨大的不确定性。随着中美两国政府频繁互动，尤其是两国元首成功会晤，达成多项共识，中美经贸关系逐渐稳定。与此同时，美国经济也出现较快增长，二季度增长3.1%，三季度增长3.0%，均好于往年。因此，中国与美国贸易增速也有所加快。2017年10月我国对美国出口23622.0亿元，增长15.6%；进口8436亿元，增长21.9%；进出口增长均高于平均水平。

（三）与东盟国家的贸易

东盟国家近几年与中、日的经贸均有很大发展。特别是对东盟国家的投资大量增加，提高了当地制造和出口竞争力，而东盟国家企业的出口都瞄向中国市场，形成区域内以中国为核心的国际分工体系，以中国市场为吸收器的区域发展格局，加上中国与菲律宾、越南地缘关系趋于缓和，助推了经贸关系发展，从而促使东亚区域内贸易大量增加。2017 年中国对东盟出口 15221.9 亿元，增长 12.8%；进口 12754.4 亿元，增长 26.8%。进出口增长均高于平均水平。

（四）与日本的贸易

2012 年日本安倍任首相实施"三支箭"的经济政策，其中引导日元贬值效果最好。属于出口导向型经济的日本，制造业最先复苏，随后服务业也有较好表现。特别是日元大幅贬值与中国人民币升值至高位同时并存，日本可以搭乘中国旅游事业发展的快车，积极承接大量中国游客，引导中国游客大量购物等，这些因素促进了日本货物贸易、服务贸易出口，带动日本经济出现长达六年的复苏。2017 年，中国对日出口 7563.8 亿元，增长 8.9%；进口 9137.7 亿元，增长 19.0%。

（五）与金砖国家的贸易

2017 年俄罗斯、巴西经济均走出衰退，实现一定程度的增长，因而，进出口贸易也有较快复苏。但印度 2016～2017 年度实施的经济改革过于匆忙，废钞和统一税制改革均未达预期，经济增速出现技术性衰退，好在没有"伤筋动骨"，经济增速还保持在 5%～6% 的较快水准。受此影响，2017 年 1～10 月中国对俄罗斯出口增长 20.9%，对印度增长 20.2%，对巴西增长 39.0%，对南非增长 17.7%，均快于平均水平；从俄、印、巴、南进口增速则分别为 31.7%、47.6%、31.7% 及 19.7%，也都快于平均水平。

（六）与韩国的贸易

2016 年开始中韩关系流年不顺，韩国国内政治动荡，美国从中作梗，使中韩经贸有所下滑，韩国在华企业销售受到影响，赴韩国旅游人数也有一些减少。但两国之间的贸易在克服重重困难后，实现较快增长。2017年中国对韩出口5689.3亿元，增长15.6%；进口9695.6亿元，增长15.7%。中国从韩国进口贸易额继续高于日本。

四　服务贸易逆差扩大，威胁外汇平衡

2017年11月8日，《中国日报》发表了对商务部服务贸易司主要负责人的采访文章，对我国服务贸易进行了全面阐述。文章称，"2017年1~9月，我国服务进出口总额为34411.8亿元人民币（下同），同比增长8.8%。其中，出口10470.4亿元，增长4.1%；进口23941.4亿元，增长10.9%；逆差13471亿元"。可见，服务贸易逆差与同期我国货物贸易顺差20331.0亿元比基本相当。事实上，我国货物贸易顺差在缩小的同时，服务贸易逆差在大幅增加。考虑到我国资本输出规模较大，资本流入受到严格控制，因而目前我国国际收支的外汇进大于出的格局开始受到冲击，正在迅速转变为基本平衡状态。未来如果我国外汇主管部门想把握趋势的话，应该注意研究保持平衡的对策。具体分析，我国服务贸易逆差主要发生在旅游领域。分析造成逆差的原因，除了我国游客对国外的好奇心外，我国国内旅游景点、交通、食宿等与国际一流国家相比还存在竞争力差较多问题。例如，国内旅游景点高额收费、乱收费、服务态度差、食宿卫生条件差等。对照国外，特别是发达国家的旅游景点基本不收费，或少量收费，也不存在乱收费现象，更加没有卫生差等问题，这说明我国旅游事业亟待提高其国际竞争力。

五　2018年展望

2018年我国对外贸易发展环境预计将有进一步改善。从内因分析，如前所述我国企业积极发展战略性新兴产业，产品竞争力在迅速提高，未来出口高附加价值产品会越来越多，自主品牌产品会越来越丰富，产品质量会越来越好，档次也将不断提高。从外因分析2018年世界经济增长形势将保持较好势头。

（一）世界经济超级大调整长达8年

如往年我国分析世界经济、贸易进入低增长的主要原因之一就是世界经济
2008 年发生复合型危机，2009 年走出危机，2010 年开始超级大调整，解决世
界经济发生危机深层次原因，一是虚拟经济与实体经济结构失衡，二是国际贸
易收支失衡，三是产业结构失衡。如欲取得再平衡，需要政府推进结构性改
革，实施政策引导，直至市场发出强烈调整信号，最后达到预期目标，这期间
需要花费较长时间。在调整期间，世界经济、贸易增速都将处于低水平状态。
同时我们还研究了世界经济超长周期，需要 60 年一个轮次。如今世界经济正
处于新旧超长周期的过渡阶段。著名经济学家熊彼特指出超长周期是以世界科
技产业革命为核心变量。换句话说，未来新的超长周期到来之前，科技产业革
命性活跃因素将处于低潮，势必将影响世界经济、贸易增速。

（二）2017年世界经济回升至繁荣阶段

2017 年世界经济、贸易增速有所加快，从短周期运行分析，如果将 2010~2016
年定义为"复苏阶段"，2017~2018 年甚至更长时期将是世界经济"繁荣阶段"。

（三）人工智能——世界科技产业革命发生先兆

2016 年美国谷歌企业研发的阿尔法狗战胜世界围棋最高水平选手，显然
人类社会对人工智能的研究已经取得重大突破，2017 年，以美国、中国为代
表，世界各国积极推动人工智能的基础研究、应用研究及技术研发。世界金融
风险投资普遍押注人工智能产业化研究，也爆发性催生出第一批人工智能世界
级企业。种种迹象显示，人工智能应用面不只限于经济领域，基本可以渗透到
社会所有领域。人工智能引发的积极效果将远远超过人类社会以往发生的三次
科技产业革命。2018 年人工智能在自动驾驶、机器人、大型装备制造、医疗、
教育、文化娱乐、家政服务等多项领域或将取得更多成功，从而推动世界经
济、贸易更快增长。

（四）世界主要国家经济增速较好

其一，美国经济将保持较快增长。目前美国总统特朗普正全力以赴争取减

税政策落地。美国股市自特朗普胜选至今已经上涨 30% 以上，基本提前兑现减税政策给美国企业带来的益处。如果减税政策不能落地，美国股市势必大幅回落，企业盈利水平降低，进而抑制新的投资和消费，美国经济发生衰退的可能性大增。因而美国股市高位高悬等于绑架美国国会最终将不得不通过减税方案。一般研究认为，减税方案将有利于美国经济保持 2.0%～2.5% 的增长。进而美国总统特朗普于 2018 年下半年还将为竞选连任出台更多经济政策，如启动大规模基础设施建设计划，美国经济将保持更长时间增长。

其二，欧洲经济自 2012 年起复苏屡受挫折，2017 年欧元区经济复苏总算顺利，预计将实现 1.8%～2.0% 的快速增长。2018 年欧元区经济复苏势能显然还未释放完毕，加上大规模难民基本整合后会加入劳动力供应方，注入新的动能后欧元区经济预计将保持 2017 年的增长水平。

其三，日本经济增税因素将加码 2018 年。安倍上任日本首相，按照计划将消费税由 5% 提高到 8%，结果日本经济陷入暂时性衰退。吸取教训，安倍首相决定延期实施第二步提税政策，约定将于 2019 年提税。因此，2018 年日本消费者将少交税金，势必大量购买耐用品甚至房地产等，提前兑现大型消费，加上世界经济总体增势较好，日本经济或将增长 1.5%～1.8%。

其四，2018 年新兴经济体和发展中国家复苏面将继续扩大。2017 年世界经济同步复苏面从 60% 扩大到 70%，以 RCB 为代表的大宗商品价格指数年均上涨约 5%。因此 2018 年资源丰富的国家，特别是新兴经济体和发展中国家势必会出现更多的复苏，更加广泛的经济增长。就印度而言，2016～2017 年度经济改革过激，造成目前经济暂时性陷入衰退。可毕竟未"伤筋动骨"，预计 2018 年将基本恢复活力，实现潜在增长水平。

诚如国际货币基金组织于 2017 年底发表的《世界经济展望》报告所示，2018 年世界经济增长将略好于 2017 年，达到 3.7%。

良好的世界经济增长环境将为我国对外贸易出口提供更多机遇，预计 2018 年我国出口以美元计价将增长 9.5%，达到 24740 亿美元。预计以人民币计价的出口将增长 11.5%，达到 171300 亿元。

2018 年世界经济存在的风险如下。一是美国股市如果出现大幅调整，则美国经济陷入衰退的可能性显著提高。二是 2018 年中国经济增速虽有回落，但不宜出台大规模财政政策，刺激经济。如果再扩大公共债务，金融风险将再次抬头。建议，中国可以适当放宽货币政策，适当允许人民币有所走软。三是美联储新任主席鲍威尔的加息和缩表政策，假如超过市场承受预期，力度过大，缩表节奏过快，有可能引发美国股市、债市大幅调整。

此外，我们预测2018年我国出口的美元数值和人民币数值，前提是我们认为2018年美元、人民币两大货币汇率指数将保持基本平稳，稳中有降。

其五，2018年我国经济以房地产政策调整为背景，增长水平将略有回落，预计在6.7%左右，对外部需求将出现一定回调。预计2018年我国进口增速将大幅放缓，以美元计价的增速在9.0%左右，进口规模达到20080亿美元；以人民币计价的进口增速约10%，达到137360亿元。

市场价格与收入分配篇

Market Price and Income Distribution

B.19

PMI显示：供给体系创新
新消费时代来临

——中国经济结构优化前瞻

于　颖[*]

摘　要： 2012~2018年，我国制造业基本完成了整体模式升级、结构优化。制造业转型升级对消费和投资格局都产生了联动影响。数据显示，2017年消费相关行业逐渐接近变化的临界点，有望在2018~2019年形成爆发式增长，从而引领中国经济进入新消费时代。未来，人民日益增长的美好生活需要被不断满足，消费质量提高、结构改善、规模扩张、占比增加，进而带动经济稳健发展、波动减弱。

关键词： 模式升级　消费　跨越　PMI

---

[*] 于颖，任职于中采咨询。

2012～2018 年，我国制造业逐渐由 2.0 升级到 3.0，发生转型升级。这一历程的肇始是 2012 年 PMI 成品库存达到最高点，非周期性行业民企开始变革，其间次第经历各个行业转型升级、出清重组，走出数据低谷，每个行业经历 2～4 年的变革时间；经过供给侧改革的大力推动，2017～2018 年国有体制占比高的行业进行技术改造、出清重组，产业集中度提高，从而完成整个制造业的模式升级、结构优化。制造业转型升级对消费和投资格局都产生了联动影响。

数据显示，高技术行业、消费相关行业过去较为迅猛的扩张一直持续积累，创新消费产品、创新业态不断发展；就业数据显示了明显的产业迁移，收入结构正在改变，新的消费人群正在形成；目前数据似乎正走在新消费奇点前的时刻，展望未来，消费增长呈现什么格局，对总体 GDP 增长带来什么影响，本文做了一些探讨。

之所以将 2018 年以后称为"新消费时代"，一是因为制造业转型升级已有阶段性成果。二是消费领域面临新的供给和新的需求，将生发与传统消费领域不同的结构、速度、规模。三是整个社会矛盾的转化和治理，正走到趋势性节点。其中，技术进步带来的产品和服务新模式、制造业升级引发的就业转移、工业化进程转而进入城镇化进程、全民财富分配格局改变都对中国新的消费时代产生重大影响。需求端方面，收入结构改变，中低收入人群跨过温饱线后的消费体量和质量同时爆发，新的人群力量形成需求端的拉动，对新消费时代的总规模做出更大边际贡献；供给端方面，创新技术对中高端以及新型消费品的供给将形成新消费时代的爆发奇点，层出不穷的新业态也构成消费新领域、新模式、新增长。新消费时代的消费质量和规模同时快速扩张。

相关数据也表明，2017 年消费相关行业逐渐接近变化的临界点，有望在 2018～2019 年出现爆发式增长，从而引领中国经济进入新消费时代。未来，人民日益增长的美好生活需要被不断满足，消费质量提高，结构改善，规模扩张，占比增加，进而带动经济稳健发展、波动减小。GDP 将围绕新的增长中枢如 6.8% 左右相对小幅波动。

总之，未来几年我国消费将出现稳健快速增长特征，支撑 GDP 增速走过关键节点，帮助中国跨越"中等收入陷阱"，形成现代化经济体系。

一　新消费时代是我国社会和经济主要 矛盾发展的必然结果

（一）我国社会主要矛盾已经转化为人民日益增长的美好生活需 要和不平衡不充分的发展之间的矛盾，这一矛盾解决的核心路径就是 未来消费增长速度及质量的提升，进入新消费时代

十九大提出的公平社会实际上也是经济建设主题，因为，公平社会的建设 在经济层面主要指向更广泛的民众群体的生活，与消费数量和质量密切相关， 从而影响到整个经济建设的结构和方向。过去几年精准扶贫、有效的财政转移 支付、增加底层居民的社保投入、棚改等政策的实施都对消费产生了实质性的 推动作用，十九大提出的实施乡村振兴、区域协调发展等战略将对居民收入分 配格局和消费数据有重大改善。

（二）供给侧理念和体系的深化将完善消费供给，创造新的需 求，实现消费升级

十九大提出的保障和改善民生水平的几项重要举措，都涉及供给侧的改革 创新，将不断改善我国的消费结构和质量。优先发展教育，提高就业质量和人 民收入水平，加强社会保障，打赢脱贫攻坚战，实施健康中国战略等，从民生 的角度对传统消费结构提出了新的方向，社会经济中也切实产生了新的发展迹 象。技术进步提升供给端的质量，也进而会扩大消费规模，促进消费升级。

（三）时代文化决定了消费的新特征

文化，无论如何是历史最终的决定力量。经济、政治、文化，是历史依次 的传动轮，好比生物链中，最上端波动最缓又最坚决，动力轮的最远端最软又 最坚韧。近年来，随着科技进步，社会话语权逐渐由个别权力群体向普罗大众 群体挪移，政治模式由精英式转而扁平化，数个审美风格接近后现代的政治家 异军突起，都显示了鲜明的时代文化特征——个性化时代已经开启。这种文化 特征对消费的影响主要体现在多元化、个性化的消费选择，配合技术进步不断 形成新供给，将形成新的消费特征和格局。

二 新消费时代在供给端、需求端都具有新的特征

（一）收入结构改变引致需求端质量改善，形成我国消费体系的新力量，在总体消费规模和层次上形成突变

改变财富分配机制才可以改变目前的收入结构，数量巨大的中低收入人群同时跨过温饱线后的消费升级，体现了我国人民日益增长的美好生活需要，将形成消费爆发奇点。

过去30多年的改革开放使中国进入快速发展轨道，人均收入不断提高，温饱问题基本解决，但整个社会的收入结构呈现金字塔形，基尼系数偏高，这已经成为我国经济保持可持续发展的阻力，也是我国进入全面小康的阻力，提升全社会尤其是中低人群的幸福生活水平势在必行。通过财税调节等政策缩小贫富差距，通过社保转移支付提高保障能力，通过棚改货币化政策充实中低人群财富等，多措并举，未来基于十九大强调的持续民生政策，我国社会收入结构将向椭圆形转变。

从数学角度分析，在平均收入水平不变、中低收入人群收入水平增速快于收入处于顶层的人群的情况下，由于金字塔底部的人群占比很大，其对消费的边际贡献是成倍增长的。一方面，收入总规模成倍增长：在奇点时刻，原来处于底层的人群，其收入增加到1万元以上跨入中等阶层，这个人数增长不会只增长1倍变为2%，而是可能增长5倍变为5%。另一方面，温饱民生转向幸福民生，消费升级会呈爆发状态，消费总规模成倍增长：中高端消费品的需求在收入只增长1倍的情况下是成倍增长的，收入提升的中低人群对消费品、服务产品的需求从基本需求跨越至品质需求、个性需求，而大占比效应也会引致爆发式增长而不是平稳增长，同时低端消费品的需求迅速削减；由于价格的差异，总规模仍然是爆发式增长。

从数据看，过去六年，消费领域的扩张一直高于周期品制造业，规模和质量升级都已经具有良好基础。消费制造业PMI长期趋势好于其他大类制造业（见图1）、非制造业长期高于制造业PMI，最终消费支出在GDP中的占比不断增加。2016年以来周期制造业的回暖对居民收入增长的影响，在2017年、

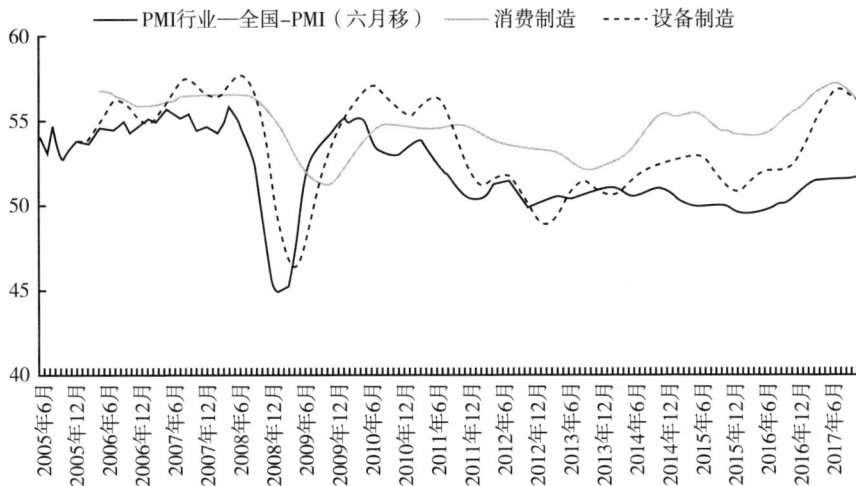

图 1　消费制造业与其他制造业的对比

2018 年两年的数据中会有体现。而 2017 年以来，消费服务业扩张程度数次强于生产性服务业，并且创出 6 年来的均值新高，也是消费服务加速扩张的体现（见表 1）。这一扩张进程，受 2017 年经济景气程度加强的影响，未来可能加速进行。

表 1　PMI 生产服务、消费服务业均值以及二者差值

时间	生产服务业状况	消费服务业状况	差值
2008 年 12 月	55.20	53.97	1.23
2009 年 12 月	55.61	53.88	1.73
2010 年 12 月	58.81	55.41	3.40
2011 年 12 月	56.93	55.14	1.79
2012 年 12 月	56.99	53.51	3.48
2013 年 12 月	54.72	52.99	1.73
2014 年 12 月	54.40	52.36	2.04
2015 年 12 月	53.46	51.25	2.21
2016 年 12 月	54.62	50.50	4.12
2017 年 10 月	57.00	53.99	3.01

（二）技术创新、模式创新、区域创新等形成新消费的供给端，是供给体系的新发展。新体验、新创意、个性化产品、新型消费品的供给，都是消费爆发奇点的充分条件

从数据看，我国居民消费从物质需求逐渐上升到文化、教育、娱乐等精神需求，层次、质量都不断提高。例如，观察非制造业往年春节期间的行业数据，可以得出，2007～2012年，居民节庆期间数据排名靠前的行业集中在餐饮、铁路运输、网络购物等行业，2012年房地产业快速扩张，装饰装修业数据表现优异。而2013年以后，节间数据靠前的行业都与旅游相关，集中在航空、公用设施管理行业；2017年春节期间，电影电视等媒体服务业十多年来首次排名第一，同时铁路与航空运输业不分高下，显示了高铁的快速发展；高铁技术、电影技术进步所形成的新供给都是创新消费的原动力。

消费制造业和中间品制造业里部分行业的数据显示，我国经济中出现的消费升级趋势在很大程度上来源于企业产品的更新迭代。2014年后期，文教体育制造业的PMI指标异军突起，达到60%以上的高位，并且打破了原有的季节性规律，指数连续高企，提示居民对体育、教育的需求已经触发；企业反映，由于效益高企，企业加大了科研投入，竞相展开新产品投产，2017年初以来行业进入二次整合阶段，竞争集中在新产品市场，而不是停留于2014年以前的价格竞争。饮料行业PMI在2012～2014年，一般保持居中位置，只有个别旺季月份会有突出表现，但2014年底至2015年中，呈现淡季不淡的特征。调查中受调企业反映，市场对饮料的需求逐渐呈现健康、绿色特征，产品更新迭代加快，传统饮料市场收缩，而新型饮料份额渐次扩大；2017年，高端饮料走旺，企业反映质量效益回落的主要原因是产品不够优质和创新不足，一如上文低端产品市场萎缩的论证。医药制造业PMI从2013年底至2015年连续23个月排名前列，但从2016年开始，行业内部也出现了二次整合的历程，只有科技投入大、产品质量高的质优企业才在整合中继续胜出，从2017年秋季开始，行业数据开始出现整合后的反弹。

战略性新兴产业的发展对消费的新供给提供了有效支撑。2014年有数据以来，战略性新兴产业生产量保持在55%左右的均值，大大高于制造业和非制造业相应指标，扩张速度惊人（见图2）。新兴产业涉及产品接近1/3作用于消费产品，其快速发展对于消费新供给的支撑作用很强。进一步分析新兴产业 EPMI 数据，可测算得出其增加值近年来保持了 15% 以上的增速，是消费新供给的中坚力量（见表2）。

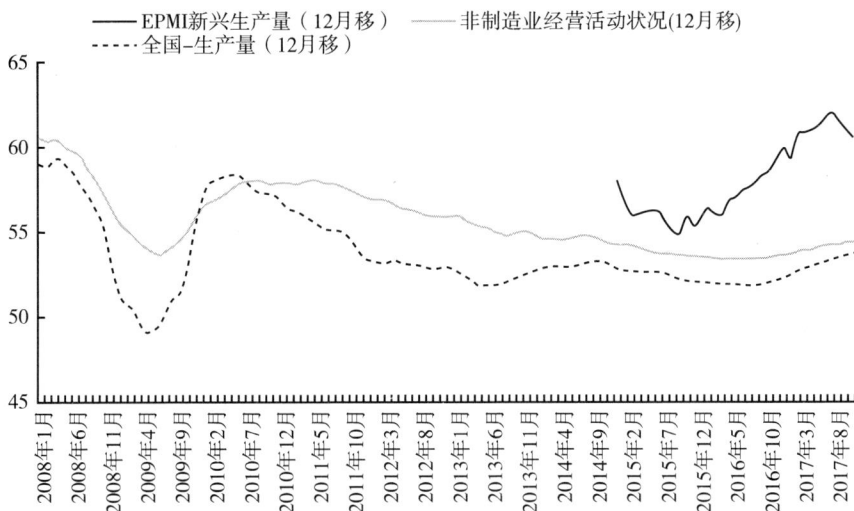

图 2 三大类 PMI 生产量指标 12 月均值对比

表 2 新兴产业现价增速（拟合结果）

单位：%

年份	拟合增速
2014	12.60
2015	12.20
2016	14.90

（三）新业态既是新消费的供给端也是需求端，是消费供给体系提升质量的关键领域，可以提升消费品质

数据显示，就业从传统领域不断转向新业态，自服务、区域循环服务、资本服务等业态持续增强，同时支撑消费。

从效率指标观察，新兴产业对就业的吸收增量大大高于传统制造业；非制造业的人力效率最低，每万元产值需要的就业人口最多，是容纳就业的优先领域。同时，2017 年数据表明，各个领域的人力效率都继续提升，形成 2014 年以来的历史高点，意味着产业内部的技术投入、二次整合正为新时代注入新的动力（见表 3）。

表 3　三大类 PMI 人力效率对比

日期	人力效率 12 月均值		
	战略性新兴产业	非制造业	制造业
2014 年 12 月	5.17	0.82	3.38
2015 年 12 月	2.8	1.19	2.23
2016 年 12 月	5.37	1.07	2.82
2017 年 8 月	6.71	1.77	3.83

从成品库存指标看，技术进步、管理水平提升了生产效率，促生了新业态。企业管理水平提升可以从产成品库存指标的相关关系观察得出。我国 PMI 产成品库存自 2007 年以来，经历了与订单无关、领先于订单、滞后于订单、订单持续回升情况下持续回落等几个阶段，如表 4 所示，体现了我国供应链管理水平持续提升，从制造业 2.0 嬗变进入 3.0 的历程，生产效率和人均产值极大提高，对社会财富和人均财富都是正向因素。2017 年 PMI 中，8 月周期行业产成品库存和 10 月全国的产成品库存又出现了小反弹，2018 年其均值有望形成低点回升态势，代表制造业企业安全库存建立新平衡，继续提升供应链生态质量。

表 4　库存领先新订单 2 个月的相关系数

日期	相关系数
2008 年 6 月	− 0.458
2009 年 12 月	− 0.779
2012 年 11 月	− 0.951
2015 年 8 月	− 0.450

从就业指标看，其异动显示我国经济中就业迁移的现象，将持续创新消费格局。最近几年，制造业 PMI 与非制造业经营状况指标均在 50% 以上运行，新订单指标 2017 年以来持续保持在 53% 以上的中高位，但与此同时，就业指

标长期徘徊在 50% 以下，显示企业雇用的管理人员不断减少，究其原因，就是传统企业的生产模式发生了机器替代等重大变革（见图3）。而从传统企业领域退出的就业人口，在新产业、服务业领域，尤其是自服务、区域循环服务等领域得到吸收。

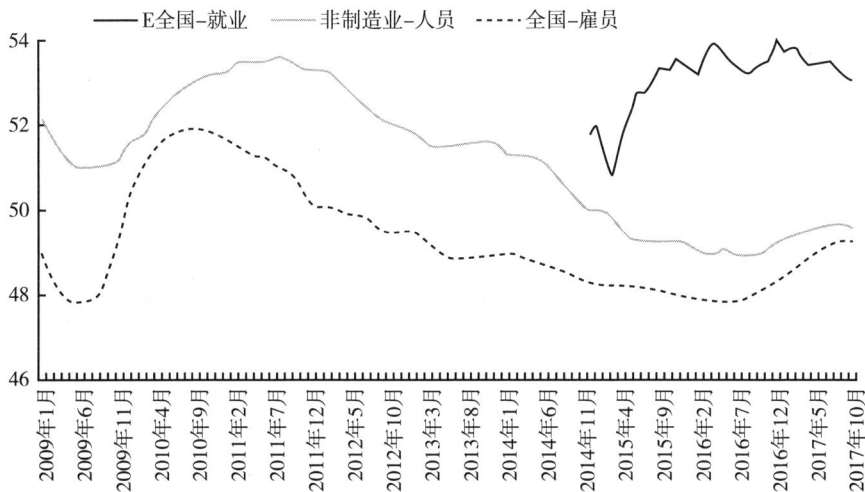

图3　三大类 PMI 就业指标对比

我国发展不平衡的矛盾，其一，城乡发展不平衡。农村振兴，乡镇振兴，会带动三、四、五线城镇本土人群就地就业、回家就业、转岗就业，也集中体现在上述就业迁移的数据结果上。其二，一批中央城市带动周边城市乡镇，区域经济格局逐步建立，基础设施和公共服务两个方面都要实现同城化，也必将拉动社会总需求。其三，乡镇和农村建设加快，也是2017年服务业经营状况大幅回升的来源。三、四、五线城市的建设和自我循环服务、城市群周边旅游兴起、消费增长，其所带来的消费总量和制造业内需将非常可观。

未来，新兴产业以及新型服务业将在中国经济中占据更大比重，新兴产业的 PMI 就业指标远高于制造业和非制造业的就业指标。其中，消费增速有可能出现爆发，最终消费支出在 GDP 中的占比逐渐达到发达国家的临界点——80% 以上。这一前景，在目前的数据表现中已经有所刻画。

三 中国 GDP 增长的核心力量改变，消费的 扩张将构筑 GDP 的韧性

2015 年《此 7 非彼 7——有质量的增长在路上》[①] 一文论证了消费与 GDP 增速之间的关系并非线性的，并提出了中低收入人群边际贡献高，总量较大，其消费升级需求满足时，消费时代可以开启。届时，一个以最终消费支出为主构成的 GDP，其潜含的效益能形成良性的经济循环。

经过计算，2008 ~ 2015 年，第三产业增加值复合增速为 15.07%（扣除价格因素后复合增速为 8.76%）；第二产业增加值复合增速为 11% 左右，近年每年递减 1% 左右。其间，非制造业经营活动指标每月高于制造业 PMI 2.5 个百分点以上；服务业经营活动指标年平均高于制造业 PMI 3 个百分点，8 年的均值为 54.6%。非制造业的扩张速度高于制造业，与增加值数据表现一致，可估算出增速比。而消费驱动类产业的综合 PMI 近 4 年表现了 54% 以上的中枢值，即其增加值增速能够保持在 10% 左右的区间；而制造业周期行业 PMI 与投资增速是密切的领先相关关系，用 PMI 数据测算，我国投资增速近年回落，但 2017 年出现回升，未来或有回落，但回落幅度将小于 2014 ~ 2015 年的数据。由此，最终消费支出在国民经济中的占比将进一步扩大。

统计数据也表明，消费虽然增速逐年回落但降幅小于投资降幅，这是国民收入提高到一定程度后，经济提质增效、低端制造业转型、注重绿色发展、以人为本的结果。由于消费增速多年保持在 GDP 增速之上，对 GDP 的影响将越来越大，消费占比逐年提高，80% 成为数据上的一个临界点。例如，以目前增速模拟，在消费支出占比达到 GDP 80% 的临界点上，即使投资和消费都继续回落，GDP 增速反而呈现回升态势。世界银行数据显示，国际上主要发达国家的消费支出占 GDP 的比重也都是在 80% 以上，其中美国达到 89% 以上，这也是有其内在原因的。因此着力于解决人民日益增长的美好生活需要和不平衡不充分的发展之间的矛盾，创造新消费，也是跨越"中等收入陷阱"的必由之路，所谓"消费崛起日，陷阱跨越时"。

---

① 于颖：《此 7 非彼 7——有质量的增长在路上》，《上海证券报》2015 年 10 月。

　　新的收入结构、新的供给动力持续带来消费加速，投资侧重于基础设施和公共服务、改善民生的棚改工程，也将是居民消费的稳定因子，同时外部环境改善使我国出口增速能保持稳定增长。由此，即使投资增速有所回落，未来几年我国 GDP 也能够在新的中枢值上下建立平衡，新消费时代将形成现代化经济体系的鲜明特征之一。

B.20
2017年大宗商品市场分析及2018年展望

陈克新[*]

摘　要： 2017年中国大宗商品市场呈现整体升温态势，宏观经济向好。消费需求显著增长，需求拉动效果明显。供需关系改善与成本增加双重推动了全国大宗商品资源供应提速。市场价格上涨推动行业利润水平成倍增加。预计，2018年内大宗商品市场指标将会出现全面回落，但中国大宗商品市场依然保持巨大的体量规模。受其影响，中国大宗商品将由牛市行情转为"慢牛"格局，本文对于市场的整体判断，亦由"乐观"调整为"谨慎乐观"。

关键词： 需求拉动　大宗商品市场　中国

2017年，中国大宗商品市场显著升温，主要表现为需求大幅增长，供应增速提高，价格强劲扬升，行业实现利润成倍增加。展望新一年大宗商品市场形势，受多种因素影响，主要市场指标增速将会出现全面回落，展现"慢牛"市场格局。因此对于大宗商品市场的整体预期，亦将由2017年的乐观调整为谨慎乐观。

一　2017年大宗商品市场五大升温

2017年中国大宗商品市场呈现整体升温态势，基本符合先前预期，具体表现为五个方面。

---

* 陈克新，兰格经济研究中心首席分析师。

（一）宏观经济向好，消费需求显著增长

2017 年前三季度国内生产总值（GDP）增长 6.9%，比上年同期加快 0.2 个百分点，超出预期。预计四季度经济增速仍然可以达到 6.9%，甚至是 7%。据此测算，全年经济增速应该不低于 6.8%，这意味着中国经济增速比上年的 6.7% 至少提升 0.1 个百分点，从而暂时扭转了 7 年来经济持续减速的局面。为此，国际权威机构与组织纷纷提高中国经济增长预期。其中国际货币基金组织（IMF）的秋季年会报告，将 2017 年、2018 年两年中国经济增速预值均上调 0.1 个百分点，分别至 6.8% 和 6.5%。这是该组织在 2017 年内第四次上调中国经济增长预期。

中国重要经济指标中，固定资产投资与工业生产稳中向好，进出口贸易强劲增长。统计数据显示，2017 年前三季度累计，全国固定资产投资（不含农户）同比增长 7.5%，增速比上年同期略有回落；全国规模以上工业增加值同比实际增长 6.7%，增速比上年同期加快 0.7 个百分点；全国货物贸易进出口总值（人民币）同比增长 16.6%。其中出口增长 12.4%，进口增长 22.3%，其增长速度均比上年同期大幅提升。

与此同时，世界经济继续呈复苏态势。国际货币基金组织在最新公布的《世界经济展望》中指出，全球各大区域经济正处于同步增长的甜蜜期，75% 的国家或地区经济都加速上行。因此也将 2017 年、2018 年两年全球经济增速预期上调 0.1 个百分点，分别为 3.6% 和 3.7%。正是因为世界经济的继续复苏局面，刺激了中国外贸出口。据海关统计，2017 年 1~9 月累计，全国货物贸易出口 11.16 万亿元（人民币），同比增长 12.4%，其中对美国和欧洲的出口增速重新回到两位数。

2017 年国内外经济提速与继续复苏，营造了中国大宗商品需求稳定增长的良好环境，由此成为供求关系好转的主导方面。根据统计数据测算，2017 年前三季度累计，全国 9 种重要大宗商品表观消费量为 60 亿吨左右，同比增长 7% 以上。其中粗钢表观消费量为 5.87 亿吨，同比增长 12.4%；煤炭表观消费量为 30 亿吨左右，同比增长 6% 以上；石油表观消费量为 4.6 亿吨左右，同比增长接近 7%；铁矿石的需求增幅也超过 6%。预计全年上述重要大宗商品表观消费将比上年增长 7% 左右，其中粗钢表观消费增幅在 10% 以上，石油增幅也不低于 6%。

表1 中国粗钢表观消费情况

单位：亿吨，%

项目	表观消费量	比上年增长
2014 年	7.30	0.0
2015 年	6.90	−5.0
2016 年	7.09	2.0
2017 年 1～9 月	5.87	12.4
预计 2017 年全年	7.85	12.0

（二）消费需求拉动，全国大宗商品资源供应提速

中国大宗商品的新增资源供应，主要是由国内生产与境外进口两大部分组成。2017 年，这两大部分资源都展现出加速增长局面。

2017 年中国大宗商品需求旺盛，成为国内相关行业产出提速的强大引擎。尽管 2017 年高调去过剩产能，同时"铁腕"环保政策抑制落后产能释放，但前三季度全国工业增加值（规模以上，实际）同比增速仍比上年同期加快 0.7 个百分点，大宗商品的国内产量增速也出现提高。根据统计数据测算，2017 年 1～9 月全国 9 种重要大宗商品累计产量为 45.3 亿吨，同比增长 5.9%，比上年同期增速提高了近 17 个百分点。其中，原煤产量同比增速提高了约 16 个百分点，铁矿石原矿产量同比增速提高了 13 个百分点，粗钢产量同比增速提高了 5.9 个百分点。

表2 全国重要大宗商品产量情况

单位：万吨，%

品种	2017 年 1～9 月产量	2017 年 1～9 月同比增速	2016 年 1～9 月同比增速
硫酸	6834	4.3	−1.4
烧碱	2581	4.4	6.4
乙烯	1359	1.0	3.5
化学纤维	3861	5.7	6.2
粗钢	63873	6.3	0.4
10 种有色金属	4073	4.1	0.9
原煤	259202	5.7	−10.5
原油	14428	−4.4	−6.1
铁矿石原矿（估算）	97199	5.9	−7.1
合计	453410	5.4	−8.5

受价格上涨与需求旺盛两个方面推动，预计2017年四季度全国大宗商品国内产量仍保持较大幅度增长，全年增幅5%以上，比上年提速超过10个百分点。

中国大宗商品需求旺盛，亦拉动了进口量的大幅增加。据海关总署统计，2017年1~9月，全国7种重要大宗商品进口量将近15亿吨，同比增长9.9%。其中，进口铁矿砂8.17亿吨，同比增长7.1%；进口原油3.18亿吨，同比增长12.2%；进口天然气4838万吨，同比增长22.3%；进口煤炭20485万吨，同比增长13.7%；进口初级形态塑料1845万吨，同比增长11.6%；进口大豆7145万吨，同比增长15.5%；进口铜及铜材344万吨，同比下降9.4%。预计2017年全国9种重要大宗商品进口量接近或达到20亿吨，同比增长10%左右。其中铁矿石进口量接近11亿吨，比上年增长7%左右；石油进口量有望突破4亿吨，增幅超过10%，大豆进口量向亿吨级靠拢。其他如天然气、煤炭、塑料等的全年进口增幅也都会在10%以上。

表3　2017年1~9月全国重要大宗商品进口情况

单位：万吨，%

品种	数量	同比增速
铁矿砂	81700	7.1
原油	31800	12.2
天然气	4838	22.3
煤炭	20485	13.7
初级形态塑料	1845	11.6
铜及铜材	344	-9.4
大豆	7145	15.5
合计	148157	9.9
全年进口总量预计	200000	10.0

中国大宗商品进口总量之所以会大幅增长，除了需求旺盛以外，还在于国内一些落后产能释放受到"铁腕"环保政策制约，需要通过更大量的进口来予以保障，即所谓的"进口替代"。据有关资料，为治理雾霾，近年来中国铁矿企业数量从3000多家降至不足2000家，有1/3的铁矿石采矿许可证被取消。另据中国煤炭协会的统计，全国规模以上煤炭企业在2012年有7869家，到2016年底减少到5067家，五年减少了2802家。受其影响，2016年中国铁

矿原矿产量同比下降3%，2017年1～8月全国铁矿石原矿产量同比仅增长5.9%，其中8月产量下降0.5%。不仅如此，亦因为这段时间以来中国铁矿石产能基建投资的逐年下滑，今后国内铁矿产量还会进一步下降，由此引发对于进口依赖程度的提高。不仅铁矿石是这样，其他一些重要大宗商品，如有色金属等也是如此。

（三）供需关系改善与成本增加双重推动，市场价格强劲扬升

2017年，全国大宗商品价格呈现强劲扬升态势。市场监测数据显示，2017年9月全国大宗商品价格指数（CCPI）同比上涨21.3%，比2017年初上涨3%。重要大宗商品中，2017年9月全国钢铁类价格指数同比上涨53.2%，有色类同比上涨35.1%，矿产类同比上涨33.7%，能源类同比上涨26.8%，食糖类同比上涨7.7%。受四季度宏观经济继续增长、供求关系进一步改善、市场信心增强等因素影响，预计年内大宗商品价格依然坚挺，全年价格指数比上年上涨两成左右。

从各月价格走势曲线来看，基本呈现先抑后扬的小"V"形，尤其是7月、8月、9月三个月涨势明显。

表4　2017年9月中国主要大宗商品价格涨跌情况

类别	9月	环比涨跌（百分点）	环比涨跌幅（%）	同比涨跌（百分点）	同比涨跌幅（%）	较年初涨跌(百分点)	较年初涨跌幅(%)
总指数	131.52	4.5	3.5	23.1	21.3	3.8	3.0
钢铁类	120.09	2.3	2.0	41.7	53.2	17.6	17.2
有色类	88.81	2.5	2.9	23.1	35.1	12.5	16.4
矿产类	127.31	-1.4	-1.1	32.1	33.7	-1.6	-1.3
能源类	99.86	5.7	6.1	21.1	26.8	1.6	1.6
食糖类	127.68	2.6	2.0	9.1	7.7	-2.5	-1.9
农产品类	160.28	1.0	0.6	-3.4	-2.1	4.3	2.8
油料油脂类	169.79	2.6	1.6	-10.9	-6.1	-22.1	-11.5
橡胶类	46.25	-0.9	-1.9	-3.9	-7.9	-42.9	-48.1
牲畜类	234.62	4.7	2.0	-20.5	-8.0	-22.7	-8.8

2017年全国大宗商品价格上涨的主导因素如下。一是供求关系改善。一方面，中国大宗商品需求继续增长。另一方面，决策部门继续高调去过剩产能，同时"铁腕"环保政策抑制落后产能释放。按照有关部门所公布的数字，迄今为止，全国去落后钢铁产能已经超过1.1亿万吨，去落后煤炭产能超过4亿吨。此外，2017年内彻底取缔地条钢，涉及产能1亿多吨。按照所公布的《京津冀及周边地区2017年大气污染防治工作方案》的征求意见稿，河北、山东、河南和山西4省所涉及电解铝生产企业产能的30%将被削减，涉及4省电解铝运行产能合计为1100万吨以上。同时还规定采暖季节部分省市钢铁限产50%。这些使国内钢铁、煤炭、有色金属等一些大宗商品产出量受到削弱，推动供求关系改善。

二是大宗商品成本提高。主要表现为进口成本的大幅扬升。海关总署统计数据显示，2017年1~9月，我国进口价格总体上涨10.6%。其中，铁矿砂进口均价上涨38.4%，原油上涨33%，大豆上涨9.7%，天然气上涨13.9%，成品油上涨27.5%，铜上涨29.2%。大宗商品进口价格的大幅上涨，相应提高了国内销售成本，并使国内相关产品价格水涨船高。此外，2017年，能源、物流等费用也有较大幅度上扬，使其成本相应提高。

必须指出的是，2017年大宗商品供求关系之所以改善，其主导因素还是需求旺盛，比如重要大宗商品的表观消费增幅超过7%，而同期大宗商品的国内产量并未减少，反而出现提速。也正是因为如此，进入10月后，尽管去产能与环保力度加大，但随着固定资产投资水平回落，需求受到压制，多数大宗商品价格，尤其是黑色系列商品价格有较大幅度下跌。

（四）价格上涨推动，行业利润水平成倍增加

大宗商品价格的强劲扬升，致使大宗商品相关行业营业收入显著增长，大幅度提高了实现利润水平。据统计，2017年1~8月全国规模以上工业企业实现利润同比增长21.6%，其中8月同比增长24.0%显示利润增长的扬升势头。同期大宗商品主要行业领域中，采矿业实现利润同比增长5.9倍，煤炭开采和洗选业增长9.6倍，石油加工、炼焦和核燃料加工业增长32.9%，化学原料和化学制品制造业增长36.1%，黑色金属冶炼和压延加工业增长近1.1倍，有色金属冶炼和压延加工业增长44.8%。

初步测算，价格上涨占据了企业实现利润因素比重的 3 成以上。2017 年 9 月全国工业生产者出厂价格（PPI）同比上涨 6.9%，环比上涨 1.0%，尤其是采掘工业价格上涨 17.2%，原材料工业价格上涨 11.9%，因此预计季度大宗商品主要行业实现利润将继续增长，全年平均实现利润呈倍数增长已成定局。

二 新一年中国大宗商品市场指标全面回落

经过连续两年的升温，2018 年，大宗商品市场指标将会出现全面回落。受其影响，中国大宗商品将由牛市行情转为"慢牛"格局，笔者对于市场的整体判断，亦由"乐观"调整为"谨慎乐观"。

一是消费增幅出现回落。总体来看，2018 年中国宏观经济增速将呈现回落态势。目前多数预测认为，新一年内中国经济增速在 6.8% 左右，比上年有所回落。重要经济指标中，工业生产增长 6% 左右，外贸出口额（美元）增长 5% 左右，均比上年增速回落；尤其是固定资产投资增速回落幅度较大，预计全年名义增长也就 6% 左右，比上年回落至少 1 个百分点。其中基础设施投资增长 13% 左右，房地产投资增长 5.1% 左右，回落增幅超过 2 个百分点。

工业生产与固定资产投资，涵盖了中国大宗商品消费的主要领域。受其减速影响，预计 2018 年全国铁矿石、原油、有色金属等 9 种重要大宗商品表观消费量约为 85 亿吨，比上年增长 5% 左右。其中全年粗钢表观消费量约为 8.5 亿吨，增速重新回落到 1 位数；原油表观消费量增幅回落至 5% 以下，煤炭增幅也不会高过 5%。其他如铁矿石、有色金属等的消费增幅也都比上年普遍回落 2~5 个百分点。

需求增幅回落的主要因素，除了与其消费正相关的重要经济指标增速回落外，还在于对比基数的提高。比如 2017 年全国粗钢表观消费涨幅已经达到 12%，不可能再以同样高速度扩张。此外，新一年内中国大宗商品消费回落压力，还来自美国大力度减税，以及美联储缩表、加息，由此产生的对于中国制造业的可能性冲击。这是因为，按照美国总统特朗普的税改计划，今后企业税直接从现行的 35% 降至 15%，个税起征点也提高近 1 倍，其减税力度将达到万亿美元以上。如果美国政府能够按计划成功减税，势必大大增强美国制造竞争力。与此同时，美联储缩表、加息以及继续加息预期，也会刺激全球资金向美国回流，强化美国制造，进而形成中国制造掣肘，从另外一个方面抑制中国大宗商品消费增长。当然，这是一个不确定性因素。

二是国内产量增幅出现回落。受到消费增速回落拖累，以及"铁腕"环保政策以及去过剩产能的压制，新一年内全国大宗商品的国内产量增速也会出现回落。预计2018年全国9种重要大宗商品的国内产量接近63亿吨，比上年增长4%左右，增速将回落1个多百分点。其中国内粗钢产量8.77亿吨左右，大约增长3%，增速回落3个多百分点；铁矿石原矿产量不足13亿吨，继续下降；煤炭产量32亿吨左右，降幅超过5%；10种有色金属产量5600万吨左右，大约增长3%，增速也有所回落；原油产量继续下降，但降幅缩小。

值得注意的是，由于一段时期以来大宗商品领域投资持续下降，势必会对未来产出形成抑制，提高进口依存度。统计数据显示，2015年全国采矿业固定资产投资比上年下降8.8%，2016年下降20.4%，2017年前9个月再降9.2%。2016年全国煤炭勘探开发投资额同比下降24.2%，油气勘探开发投资额同比下降31.9%，2017年1~8月煤炭与油气勘探开发投资额虽然分别同比小幅增长0.1%和6.9%，但依然低迷。由于投入逐年下降，2016年原油新增地质储量9.14亿吨，十年来首次低于10亿吨。此外，中国制造业投资也出现过快下滑。据统计，2017年前三季度全国制造业投资增速（名义）不足5%，预计2017年全年增速仅为4%左右，2018年则滑至3.6%。对此，应当在去过剩产能的同时，立足长远稳定发展，未雨绸缪，适时、适度增加上述领域固定资产投资，支持其升级改造、兼并重组，由大变强，避免当前"长板"成为今后"短板"，引发新的结构不平衡。

三是境外进口增幅出现回落。2017年全国大宗商品进口量增长超过10%，特别是油气等能源进口量显著增长。进入新一年，受消费水平下降，加之国内原油储备高峰已过，以及对比基数提高等因素影响，大宗商品进口增速也出现回落。预计全年7种重要大宗商品进口总量在21亿吨左右，增长幅度难以超过10%，增速回落2个百分点以上。其中铁矿石进口量达到11亿吨，增长5%左右，比2017年增速回落至少2个百分点；石油进口增速回落显著，可能回落至10%以内；因为调整能源消费结构需要，天然气进口继续快速增长，增长速度还在20%左右；而煤炭进口减速则超过5个百分点；新一年内铜、镍等有色金属进口大体保持上年水平。

一方面是进口数量增速回落，另一方面是受国际市场价格水平走低，以及美元升值等影响，2018年中国大宗商品的进口额增速的回落更为明显，甚至不排除部分大宗商品进口额出现负增长的可能，如煤炭等。

四是价格涨幅出现回落。市场监测数据显示，2016年12月全国大宗商品指数比当年初上涨56%，2017年9月又比上年同期上涨23%。这就使矿石、金属、油气、橡胶等大宗商品价位有了很大提升，难以再次演绎前两年的价格涨幅，有些商品价格还有可能出现下降。预计2018年全国大宗商品价格总指数涨幅在8%以内，对比2017年价格涨幅已经腰斩。重要大宗商品类别中，钢铁类、有色金属类、矿产类、能源类等的价格涨幅一般不会超过5%；油料类和牲畜类的价格则有可能由降转升。

新一年内美元指数趋向走强，亦会成为大宗商品价格涨幅回落，甚至走低的重要因素。与2017年美元指数总体弱势不同，受美国降税提升竞争力、美元加息刺激资金向美国本土回流两个方面的影响叠加推动，新一年内美国经济向好，势必提振美元指数。因此将会对国际市场大宗商品价格，尤其是矿产类商品与农产品价格形成打压。

影响2018年中国大宗商品价格走势的一个不确定性因素是继续去产能与"铁腕"环保政策力度如何？如果去产能任务能够真正完成，比如"地条钢"获得全面、彻底取缔，并且不会死灰复燃；同时"铁腕"环保政策将落后产能释放基本灭绝，大宗商品价格回落就会平缓一些，甚至会出现出乎意料的新的上涨。否则，其价格的回落就会超出先前预期。比如黑色系列商品价格普遍出现下降。

五是行业利润水平出现回落。一般而言，在其他条件不变的情况下，产品价格水平决定其行业盈利水平。随着价格涨幅的回落，而且是较大幅度回落，新一年内大宗商品行业的利润增幅，也将随之回落。在利润量增长放缓的同时，还因为对比基数的提高，也强化了新一年内利润增速滑落态势，有些行业实现利润增速有可能因此出现断崖式下滑，甚至会出现负增长。预计2018年全国规模以上工业企业实现利润增幅难以超过10%，比2017年实现利润增速回落10个百分点以上。重要大宗商品行业中，2017年成倍、成数倍增长的采矿业、煤炭业、钢铁业等行业实现利润增速，将急剧回落至20%以内，有的甚至会出现负增长。

三 中国大宗商品市场保持巨大体量规模

虽然 2018 年市场指标增速全面回落，有的还是较大幅度回落，但中国大宗商品市场依然保持巨大的体量规模。比如，新一年内全国 9 种重要大宗商品的表观消费总量达到 85 亿吨，其中粗钢表观消费量为 8.5 亿吨左右，国内产量向 9 亿吨靠拢，均占据全球比重的一半以上。同期全国铁矿石进口量达到 11 亿吨，石油进口量将超过 4 亿吨，天然气进口量增至 7000 万吨，大豆进口量也将越过亿吨整数关口，粗钢出口（钢材折算）亿吨左右，所有这些都在国际市场上具有举足轻重的地位，也就是说，大宗商品的中国因素依然强劲。

值得注意的是，从今后较长的一段时期来看，中国大宗商品市场规模，尤其是需求规模都将继续扩张。换言之，至少 10 年之内，中国大宗商品的需求绝对数量（含直接出口，下同）还会持续增加，不要轻言所谓"到顶"。比如中国粗钢全部需求（含直接出口）很快就将越过 10 亿吨关口，今后还会达到 12 亿吨；石油与天然气的需求量也会比目前水平再增长三成以上。国际能源署预计，到 2022 年，中国天然气消费量将达到 3400 亿立方米，比 2016 年的 2060 亿立方米增长 65%，到 2040 年，这个数字将再翻一番，达到 6000 亿立方米。

所以出现大宗商品需求持续增长局面，不仅在于中国人口众多，中国具有全球规模最大的中产阶级，中国地区发展差别较大，中国城市化与工业化时间更短，而且最为重要的还在于新的技术革命和新的消费革命。与当时西方发达国家的工业化与城市化时期不同，100 多年以来世界科学技术已经发生了巨大进步，比如快速交通网络的出现、地下交通网络的兴盛、机器人在众多领域的大量使用、建立在物联网基础上的电子商务与快递业的崛起等，都大大提高了现今单位国民经济的大宗商品消耗数量，比如建设高速铁路所需要的金属量、矿石量、能源量，都将远远超过以往普通铁路的消耗量，前者将是后者的数倍、数十倍，甚至成百倍。如果今后全国地下煤炭开采普遍使用机器人，大量取代甚至全部取代人工操作，其百万吨煤炭的金属耗费量亦会有成倍、成几十倍增加。所以，绝不能简单套用西方国家历史数据，避免显著低估中国金属、矿石、能源等大宗商品需求峰值，引发严重市场战略误判。

2018 年中国大宗商品消费的巨大规模，也不会因为经济增长动力更多转向消费而发生改变。这是因为，终端消费品需求与生产的大幅增长，也是建立在大宗商品消费的基础上的。比如，中国旅游消费"井喷"的背后，是现代交通网络、交通工具与旅游设施的相应增长，而这就一定产生金属、矿石、橡胶、能源消费的大量增加。同样，人们对肉、蛋、奶等的消费水平的提高，势必产生大豆、玉米等农作物的旺盛需求，这也是近年来中国大豆进口量持续大幅增长，2018 年将要突破亿吨关口的主要原因。所以，不能够从中国经济增长的消费引擎加力，而得出大宗商品需求一定减弱的片面结论。

2018 年中国大宗商品消费的巨大规模，当然还会引发进口的巨大数量规模。按照 2017 年的进口水平测算，即便新一年内中国 9 种重要大宗商品的进口增速回落至 5%，比上年减少一半，中国上述大宗商品进口总量依然达到 21 亿吨。中国大宗商品进口保持巨大数量规模，还在于国内继续"铁腕"环保政策与供给侧改革所导致的"进口替代"。特别是为了减少大气污染而限制煤炭使用、关停落后矿山企业等，都会增加中国对天然气、高品位铁矿石、有色金属等重要大宗商品的进口。

综上所述，尽管 2018 年中国大宗商品主要市场指标全面回落，但都只是其增长速度的减缓，并非出现绝对量的下降，因此大宗商品市场并未进入"熊市"，而是进入其扩张速度减缓的"慢牛"格局。受其影响，与此相对应，新一年内中国大宗商品市场的整体预期，亦将由上年的乐观展望调整为谨慎乐观。

B.21
2017年中国税收形势分析预测
及2018年初步展望

付广军*

摘　要：　2017年税收收入，一季度累计增速为13.8%，其增长速度高
于经济增速6.9个百分点，二季度累计增速为11.6%，较一
季度略有回落，但继续保持高于经济增速的运行态势，高于
经济增速4.7个百分点，三季度累计增速为12.8%，高于经
济增速5.9个百分点。主要税种收入增速较上年提高，沿海
重点税源大省，除北京、江苏外税收收入增速均较高。其他
多数省份较上年增速回升，直接影响到全国税收收入增速呈
现回升态势。2017年假如中国宏观经济形势处于低速运行态
势，税收收入增速将再次进入一个高于经济增速的时期。

关键词：　税收形势　税收收入　中国

　　2017年前三季度，中国税收形势受国内经济增长以及部分行业原材料价
格上涨和营改增使增值税增长幅度较大的影响，税收收入及主要税种收入增速
均不同程度较上年高，并处于两头高、中间低的态势。除4月、5月增速低于
10%外，其余月份均高于10%。营改增收入增加9316.07亿元，使国内增值税
增长49.7%，扣除此因素，增值税仅较上年增加4622.97亿元。中国税收收入
增速总体提升，伴随中国宏观经济增速平稳，税收收入再次进入较高速增长
时期。

---

* 付广军，国家税务总局税科所研究员。

一 2017年前三个季度税收形势分析

2017年前三季度（1~9月），全国税收收入①实现121360.88亿元，比上年增加13728.08亿元，同比增长12.8%，比上年同期提高7.8个百分点。

（一）2017年1~9月分季度累计税收收入走势分析

2017年一季度累计，税收收入实现40390.09亿元，同比增长13.8%，比上年同期提高7.3个百分点，国内生产总值（GDP）实现180682.7亿元，按可比价同比增长6.9%，税收收入增速高于GDP可比价增速6.9个百分点；上半年累计，税收收入实现85692.94亿元，同比增长11.6%，比上年同期提高4.8个百分点，GDP实现381490亿元，按可比价同比增长6.9%，税收收入增速高于GDP可比价增速4.7个百分点；前三季度累计，税收收入实现121360.88亿元，同比增长12.8%，GDP实现593288亿元，按可比价同比增长6.9%，税收收入增速高于可比价GDP增速5.9个百分点（见表1）。

表1 2017年税收收入分季度运行状况

单位：亿元，%

指标	一季度累计		二季度累计		三季度累计	
	绝对数	同比	绝对数	同比	绝对数	同比
税收收入	40390.09	13.8	85692.94	11.6	121360.88	12.8
GDP	180682.70	6.9	381490.00	6.9	593288.00	6.9
宏观税负	22.4		22.5		20.5	

资料来源：国家税务总局收入规划核算司《税收月度快报》，2017年9月。

（二）2017年前三季度分月度税收收入运行分析

2017年前三季度中国税收收入月度运行特点如下。

一是增速基本趋势是前后高、中间低，呈不规则波动态势，与上年存在较

---

① 本文税收收入是指税务部门统计口径，不包括关税和船舶吨税，未扣减出口退税。

大差异，1月实现18509.17亿元，同比增长16.7%，2月实现10590亿元，同比增长10.9%，3月实现10770.51亿元，同比增长19.2%，4月实现15573.75亿元，同比增长7.4%，5月实现14074.44亿元，同比增长5.4%，6月实现15654.65亿元，同比增长16.4%，7月实现15231.33亿元，同比增长13.0%，8月实现9666.09亿元，同比增长16.2%，9月实现11290.92亿元，同比增长11.8%，除4月增速低于上年同期外，其余月份均高于上年同期。而且除4月、5月外，其余月份增速均在两位数以上。

二是前三季度税收收入呈中间低、两头高的态势，除8月低于万亿元外，其余月份均在万亿元以上，其中1月最高税收收入为18509.17亿元，8月最低税收收入为9666.09亿元，此特点与上年不同（见表2）。

表2　2017年税收收入分月度运行状况

月份	2017年		2016年		与2016年比较（个百分点）
	绝对数（亿元）	同比增长（%）	绝对数（亿元）	同比增长（%）	
1月	18509.17	16.7	15855.41	6.9	9.8
2月	10590.00	10.9	9547.03	4.3	6.6
3月	10770.51	19.2	10100.73	7.8	11.4
4月	15573.75	7.4	14503.89	15.3	−7.9
5月	14074.44	5.4	13353.99	4.5	0.9
6月	15654.65	16.4	13444.85	1.8	14.6
7月	15231.33	13.0	13474.50	3.5	9.5
8月	9666.09	16.2	8316.01	−1.6	17.8
9月	11290.92	11.8	9036.39	−1.5	13.3

资料来源：国家税务总局收入规划核算司《税收月度快报》，2017年9月。

（三）2017年前三季度税收收入结构分析

2017年前三季度税收收入结构分析，如表3所示。

1. 分产业看

第一产业税收收入145.45亿元，比上年同期增加5.06亿元，同比增长3.6%，仅占全部税收收入的0.1%，低增长对税收收入影响不大；第二产业税收收入52420.75亿元，比上年同期增加6632.62亿元，同比增长14.5%，占全部税收收入的 43.2%，较上年上升 0.7 个百分点；第三产业税收收入 68794.67 亿元，较上年同期增加 7090.39 亿元，同比增长 11.5%，占全部税收收入的 56.7%，较上年下降 0.7 个百分点。

表 3 2017 年前三季度税收收入运行状况

单位：亿元，%

指标		绝对数	同比增加	同比增长	占全部收入比
税收收入		121360.88	13728.08	12.8	100.0
分产业	第一产业	145.45	5.06	3.6	0.1
	第二产业	52420.75	6632.62	14.5	43.2
	第三产业	68794.67	7090.39	11.5	56.7
分地区	东部	82336.24	8233.76	11.1	67.8
	中部	20074.59	2893.19	16.8	16.5
	西部	18950.05	2601.14	15.9	15.6
分级次	中央级	68692.17	11264.70	19.6	56.6
	地方级	52668.71	2463.39	4.9	43.4

资料来源：国家税务总局收入规划核算司《税收月度快报》，2017 年 9 月。

2. 分地区看

东部地区税收收入 82336.24 亿元，同比增长 11.1%，占全部税收收入的 67.8%，由于占比较大，其增速对税收收入增速的影响较大；中部地区税收收入 20074.59 亿元，同比增长 16.8%，占全部税收收入的 16.5%；西部地区税收收入 18950.05 亿元，同比增长 15.9%，占全部税收收入的 15.6%。

3. 分级次看

中央级税收收入 68692.17 亿元，同比增长 19.6%，占全部税收收入的 56.6%，较上年提高 3.2 个百分点；地方级收入 52668.71 亿元，同比增长 4.9%，占全部收入的 43.4%，较上年下降 3.2 个百分点。

中国 2017 年前三季度税收收入增速为 12.8%，其主要影响：一是从产业看，第一产业低增长，第二产业高增长，第三产业增速较高，第二、三产业成为维持税收收入增长的主要因素；二是从地区看，东部地区增速较低，中部、西部地区增速高，中、西部经济欠发达省份成为影响税收收入增长的重要因素；三是从级次上看，中央级收入增速很高，接近 20%（19.6%），地方级收入增速低（仅为4.9%），地方级收入所占比重较上年下降，中央级收入成为影响税收收入的首要因素。

（四）2017年前三季度主要税源大省税收收入运行分析

从中国税收收入前10名税源大省（市），除第7名、第9名湖北省、四川省外均为东部沿海经济发达省份。2017年前三季度主要税源大省税收收入增幅表现差异较大，税收收入前3名的广东省增速高达13.5%，比上年提高6.6个百分点，上海市增速为11.2%，较上年提高3.1个百分点，北京仅比上年增长2.9%，较上年下降4.5个百分点；河北由于税收增速为20.8%，提升幅度较大，从上年的排位前10名以外，跃升为第8位，天津也因增速14.1%排名升至第10名（见表4），辽宁和福建被挤出前10位。

2017年前三季度累计，10个主要税收省份合计82074.43亿元，比上年增加8330.75亿元，同比增长11.3%，占全国税收收入的67.6%，比上年下降0.9个百分点（见表4）。

表4　2017年前三季度税收收入前10名省份运行状况

项目	2017年前三季度		2016年前三季度		与2016年同期增速比较（个百分点）
	绝对数（亿元）	同比增长（%）	绝对数（亿元）	同比增长（%）	
税收收入	121360.88	12.8	107632.80	5.0	7.8
1. 广东省	16553.34	13.5	14583.87	6.9	6.6
2. 上海市	13504.20	11.2	12148.20	8.1	3.1
3. 北京市	10955.21	2.9	10646.55	7.4	−4.5
4. 江苏省	10630.56	4.9	10131.40	5.9	−1.0
5. 浙江省	8645.75	16.8	7400.64	7.9	8.9
6. 山东省	7328.98	15.1	6367.62	4.5	10.6
7. 湖北省	3725.31	15.0	3238.51	9.4	5.6
8. 河北省	3662.93	20.8	3032.85	6.5	14.3
9. 四川省	3636.53	14.1	3186.34	5.7	8.4
10. 天津市	3431.62	14.1	3007.70	3.0	11.1
前10名合计	82074.43	—	73743.68	—	—
占全部税收比重（%）	67.6	—	68.5	—	—

注：表中广东、浙江、山东3省税收收入均包含所辖计划单列市。

资料来源：国家税务总局收入规划核算司《税收月度快报》，2016年9月、2017年9月。

二 2017年前三季度税收收入运行特点及原因

（一）2017年前三季度税收运行主要特点

1. 与上年同期比，税收收入增速大幅提高

1~9月税收收入增速比上年同期提高7.8个百分点。

2. 与生产经营相关的主体税种收入增速较上年有升有降

1~9月国内增值税同比增长49.7%，比上年同期提高26.2个百分点，主要是由营改增因素造成的；消费税同比增长7.1%，比上年同期提高6.1个百分点；营业税同比下降97.5%，主要是由营改增因素造成的；企业所得税同比增长13.2%，比上年同期提高5.3个百分点。

3. 个人所得税继续保持高增长

1~9月，个人所得税为9356.35亿元，比上年同期增加1455.83亿元，同比增长18.4%，继续保持高增长态势；其中，工资薪金所得6339.36亿元，比上年同期增加1050.11亿元，同比增长19.9%。劳务报酬所得同比增长37.9%；财产转让所得同比增长12.9%，其中，房屋转让所得同比增长10.2%，限售股转让所得同比下降35.4%。

4. 房地产有关税收情况

1~9月，土地增值税实现3978.61亿元，比上年同期增加709.15亿元，同比增长21.7%；契税实现3755.59亿元，比上年同期增加620.77亿元，同比增长19.8%。房地产业税收实现16747.96亿元，比上年同期增加2197.33亿元，同比增长15.1%。

5. 实体经济税收增长较快

1~9月来自工业的税收为46752.46亿元，比上年同期增加7748.63亿元，同比增长19.9%；来自制造业的税收为39869.20亿元，比上年同期增加6336.52亿元，同比增长18.9%；来自采矿业的税收为3921.15亿元，比上年同期增加1913.88亿元，同比增长95.3%，这种现象是以前年份所没有的。深入分析，一是实体经济利润总额增加，导致企业所得税税基应纳税所得增加，来自工业的企业所得税为7089.16亿元，较上年增加1246.14亿元，同比增长21.3%；二是来自工业的增值税增长幅度较大，为18977.67亿元，较上年增加3230.07亿元，同比增长20.5%。此外，原材料价格提高也是工业增值税增长较高的因素之一。

5.海关代征进口税收增加，使税收增速提高

1~9月，增值税同比增加2625.10亿元，同比增长30.8%；消费税同比增加63.23亿元，同比增长12.8%。海关代征税收比上年同期增加2688.34亿元，同比增长29.8%。

6.第三产业税收增加同样对税收增长起到支撑作用

1~9月来自第三产业的税收为68794.67亿元，比上年同期增加7090.39亿元，同比增长11.5%。其中，零售业增长26.0%，互联网和相关服务业增长56.1%，新闻出版业增长39.4%；但是，金融业下降3.7%。第三产业原来征营业税，改增值税后，多数行业税负呈下降态势，但是也有部分行业税负略有上升，因此，第三产业税收增加，有生产发展因素，但也不排除部分行业营改增税收增加的因素。

表5　2017年前三季度税收收入及主要税种增长情况

税种名称	2017年前三季度		2016年前三季度		与2016年同期增速比较（个百分点）
	绝对数（亿元）	同比增长（%）	绝对数（亿元）	同比增长（%）	
税收收入合计	121360.88	12.8	107632.80	5.0	7.8
国内增值税	41987.69	49.7	28048.65	23.5	26.2
国内消费税	8615.94	7.1	8048.00	1.0	6.1
营业税	290.26	-97.5	11404.88	-20.3	-77.2
企业所得税	27547.31	13.2	24309.30	7.9	5.3
个人所得税	9356.35	18.4	7900.52	17.0	1.4
城市维护建设税	3269.52	7.1	3053.59	5.8	1.3
证券交易印花税	930.77	-8.6	1018.27	-50.4	41.8
城镇土地使用税	1780.12	10.1	1616.33	3.3	6.8
土地增值税	3978.61	21.7	3269.46	13.7	8
房产税	1837.67	17.9	1558.79	4.9	13
耕地占用税	1412.57	0.4	1406.42	2.1	-1.7
契税	3755.59	19.8	3134.82	11.6	8.2

资料来源：国家税务总局收入规划核算司《税收月度快报》，2017年9月。

（二）影响税收收入增长的主要税种分析

1. 增值税成为税收增长贡献最大的税种

1～9月，税收收入增长速度明显提高，作为影响税收增长的第一大税种的国内增值税，比上年同期增加13939.04亿元，同比增长49.7%，其中，营改增部分增加9316.07亿元，占增值税增加额的66.8%，营业税收入仅为290.26亿元，同比下降97.5%，这不能不说与营改增无关。据测算，扣除营改增部分，增值税增加4622.97亿元。营改增使增值税增加，拉动税收增长13.0个百分点。

2. 证券交易印花税（以下简称"证交税"）增速继续下降，但对税收增速的影响十分微弱

2017年1～9月，证交税为930.77亿元，仅比上年同期减少87.5亿元，同比下降8.6%，下拉税收增速0.08个百分点，与2015年拉动税收增速提高1.7个百分点，出现明显不同。尽管证交税总量不大，但受证券市场波动的影响，此税种收入波动剧烈，经常成为影响税收增长的重要因素。

三 2017年全年税收收入预测及2018年初步展望

（一）2017年全年税收收入预测

从2017年前三季度税收运行情况看，少数省份（如北京、吉林、江苏）税收保持了较低的增长速度，排名第三的北京仅增长2.9%，排名第四的江苏仅增长4.9%，明显低于全国12.8%的增速，对税收收入增长的下拉力度显现，它们的税收运行状况对全国税收运行的影响不容忽视。全国多数省份税收收入增速明显提高，特别是中、西部经济欠发达地区税收收入增速高于全国平均水平，这些省份的税收收入在全国税收收入中所占份额尽管较小，但是省份众多，影响面广。因此，全国税收增速保持了较高的增速，到年末还有三个月，这种高速运行的情况会继续保持下去，而且受经济运行的影响，2017年全年税收收入增速会保持在10%以上。

我们根据2016年税收分季度运行情况，对2017年税收收入进行简单类比预测：2016年前三季度税收收入累计107632.80亿元，占2016年全年税收收

入140499.04亿元的76.6%。2017年前三季度税收收入累计121360.88亿元，假设2017年仍保持2016年前三季度占全年收入同样的比重，2017年全年税收收入为158434.57亿元，同比增长12.7%。

考虑到2017年前三季度税收运行增速较高，后三个月受税收征管压力锐减的因素影响，估计2017年全年税收收入会低于前述预测值，假如保持2017年全年比三季度低0.3个百分点的情况，2017年全年税收增长12.5%，则2017年全年税收收入为158061.42亿元。我们取二者的平均数作为预测值，则2017年税收收入为158248.00亿元，同比增长12.6%（见表6）。

表6　2017年全年税收收入预测分析

单位：亿元，%

年份	一季度累计		上半年累计		前三季度累计		全年累计	
	绝对数	同比增长	绝对数	同比增长	绝对数	同比增长	绝对数	同比增长
2011	25087.54	33.2	52429.58	30.1	77788.22	27.4	99564.68	23.3
2012	28555.90	9.4	60005.07	10.0	84214.57	8.3	110740.04	11.2
2013	29419.16	3.0	63426.51	5.7	90273.08	7.2	119942.99	8.3
2014	32337.33	9.9	68662.91	8.2	97199.24	7.7	129541.07	8.0
2015	33345.59	3.1	71895.39	4.7	102536.22	5.5	136021.48	5.0
2016	35503.16	6.5	76805.90	6.8	107632.80	5.0	140499.04	3.3
2017	40390.09	13.8	85692.94	11.6	121360.88	12.8	158248.00	12.6

资料来源：历年《税收月度快报》。

（二）2018年中国税收形势初步展望

从2017年前三季度主要税收指标分析，2017年是中国"十三五"规划的第二年。从前三季度的经济形势看，经济增速低于上年水平，为6.9%，较上年回升0.2个百分点。固定资产投资、工业生产与销售、国内贸易及货币信贷增速均较为平缓。

从2017年前三季度税收收入的走势和全年预测分析，2017年税收收入增速应基本较上年提高，而且大大高于经济增速。

根据有关方面对2018年经济增速的预测，如果经济增长保持在6.6%左右，预计2018年全年税收收入将低于2017年，增速为9.0%~10.0%，税收收入初步估计为 172490.32 亿～174072.80 亿元。

需要说明的是，自 1994 年税制改革以来税收收入增速超经济增速的现象，已从 2013 年起出现转折，这种态势已保持了四年，到 2017 年开始又出现税收增速超经济增速的现象，估计这种现象将延续，一个税收收入增速高于经济增速的时期又会呈现。

四　几点看法和建议

（一）看法

第一，税收增速上升的主要原因如下。一是规模以上工业企业利润总额大幅增加，2017 年 1～8 月规上工业企业利润总额达 49213.5 亿元，增速高达 21.6%，较上年同期回升 13.2 个百分点，造成工业企业所得税较上年同期增长 21.3%。二是国际贸易回暖，进出口总额增幅较大，特别是进口总额增速为 22.5%，造成海关代征增值税高速增长，海关代征进口税收增速高达 29.8%。2017 年全年税收收入增长情况将取决于实体经济（特别是工业）效益、国际贸易情况。实体经济税收收入增速高企，国际贸易的转好估计短期内不会有大的改变。

第二，实体经济尽管受到虚拟经济的冲击，但由于部分行业原材料价格上涨，采矿业税收收入增长 95.3%，特别是煤炭开采和洗选业税收增速更是高达 153.3%，制造业税收增速为 18.9%，带动第二产业税收增速高于平均增速 1.7 个百分点，第二产业税收较上年增加 6632.62 亿元，占税收增加额的 48.3%，其中工业税收增加 7748.63 亿元，占税收增加额的 56.4%。因此，2017 年前三季度税收收入增速较高，与工业中的采矿业和制造业关系密切。这一现象，既是好事，也不能不令人担忧，我们一直主张减轻实体经济税收负担，如果这种税收增长是因为实体经济经营状况好转带来的，我们可以不用担心；如果不是，实体经济税收增长则与我们的初衷相悖。建议对此深入研究。

第三，固定资产投资继续低速运行，国家战略已提出转方式、调结构的发展方式。2017 年 1～8 月，固定资产投资增速仅为 7.8%，其中房地产开发投资增速为 7.9%，已远远低于前几年。未来中国经济将更加注重内涵式发展，不再依靠以增加固定资产投资的外延式扩大再生产，这样将降低中国以生产环节税收为主的税收增速。

第四，营改增后中央级收入增幅较大，地方级收入增速下降。2017年1~9月，中央级税收实现68692.17亿元，较上年同期增加11264.70亿元，占全部税收增加额的82.1%，同比增长19.6%；而地方级税收实现52668.71亿元，较上年同期增加2463.39亿元，占全部税收增加额的17.9%，同比仅增长4.9%，远远低于12.8%的平均增速。虽然营改增的初衷是往地方政府倾斜，但是结果税收收入进一步向中央集中，这种现象必须引起相关部门和国家的重视。

（二）建议

1. 降低实体经济企业税负，提高企业盈利水平

从企业层面来讲，解决实体经济企业税负重的核心就是提高实体经济净利润率。目前实体经济净利润之所以持续下滑，本质上是由传统的建立于"人口红利"基础上的粗放式发展路径动能持续减弱引起的。因此，深化供给侧结构性改革，加快推进发展新旧动能接续转换是提高实体经济净利润的关键所在。若要为实体经济引入新动能，就需要顺势引导实体经济强化技术创新和融入"互联网＋"等新型分工合作网络。加大以风险准备金、技术开发准备金、新产品试制准备金等税前扣除优惠，以及技术入股优惠、创新投资优惠、"互联网＋"激励优惠等为主要形式的创新驱动税收激励机制，加大对科技型、创新型、成长型、"互联网＋"型企业的税收支持力度。

2. 降低实体经济企业税负，对企业实施精准减税

从政府层面来看，解决实体经济企业税负沉重的关键是深化财税体制改革。一是在当前政府投资效率不断下滑且民生支出需求日益高涨的大背景下，加快推进投资型财政向民生型财政转变，从制度上有效削弱乱收费的冲动。二是深化税制改革，由以生产环节税收为主转向以分配和消费环节税收为主。避免增值税一税独大，适当提高所得税比重，建立以自然人（个人）税收为主体的税制体系。从实体经济的角度来看，与周边25个国家和地区相比，中国17%的标准税率仅低于塔吉克斯坦（18%），高于其他大多数国家或地区10%左右的标准税率。因此，可考虑逐步将实体经济增值税标准税率进一步降低。

B . 22
2017年中国股票市场回顾与2018年展望

李世奇　朱平芳*

摘　要：　2017 年中国股票市场在金融严监管的背景下表现稳定，新股
发行实现常态化，A 股成功纳入 MSCI 标志着中国股票市场的
对外开放水平迈上新台阶，A 股走势进入市场分化阶段，蓝
筹股估值稳步回升，消费周期股领涨。2018 年供给侧结构性
改革将持续发力，"去杠杆、补短板"预计会成为政策重点，
全球经济复苏开启货币政策正常化进程，整体流动性将稳中
趋紧。2018 年中国股票市场在价值投资的主线下，将会迎来
更多的结构性机会。

关键词：　中国股市　货币政策　价值投资

一　2017年中国股票市场回顾

2017 年，全球经济普遍复苏，货币宽松时代迎来尾声，国际主要市场股
指全面上涨，美国三大股指、英国富时 100、日经 255、韩国综合指数、台湾
加权指数、印度孟买 SENSEX30、巴西圣保罗 IBOVESPA 指数均创出历史新
高，法国 CAC40 和德国 DAX 也创出 2008 年金融危机以来的新高，A 股市场的
表现相对逊色。截至 10 月 27 日，上证综指报收于 3416.81 点，年内上涨
10.09%，深证成指报收于 11444.52 点，年内上涨 12.45%。

---

* 李世奇，任职于上海社会科学院市值管理研究中心；朱平芳，任职于上海社会科学院数量经
济研究中心。

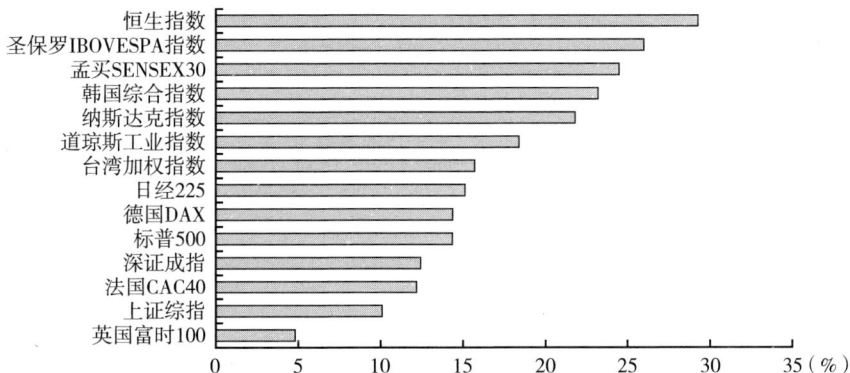

图1 2017 年前十个月全球主要股指涨跌幅

注：截至 2017 年 10 月 27 日。

资料来源：Wind 资讯。

（一）"稳定"：金融市场严监管，新股发行常态化

"稳"是 2017 年中国股票市场的主基调，2017 年前十个月上证指数振幅仅为 13.03%，创下了 A 股市场建立 27 年以来的年内振幅新低，之前的纪录是 2012 年 24.05%的振幅。2017 年金融防风险、严监管的政策走向对股票市场的流动性产生了一定的影响，前十个月 A 股每日平均成交额为 4609 亿元，相比于 2015 年的 10381 亿元和 2016 年的 5184 亿元都有一定的差距。股票市场"稳"字背后是全国经济、金融工作的总体战略部署以及一系列"严监管"的具体举措。

2016 年 12 月的中央经济工作会议强调，"稳是主基调，稳是大局。要把防控金融风险放到更加重要的位置，下决心处置一批风险点，着力防控资产泡沫，提高和改进监管能力，确保不发生系统性金融风险"。2017 年 3 月底至 4 月初，金融监管举措密集出台，银监会在短短两周内针对"三违反""三套利""四不当"等市场乱象开展整治工作，证监会针对高送转、跟风式重组、炒作次新股等行为进行规范。

2017 年 5 月，习近平总书记在中央政治局就维护国家金融安全进行集体学习时指出，"金融活，经济活；金融稳，经济稳"。2017 年 7 月全国金融工作会议提出"服务实体经济、防控金融风险、深化金融改革"三大任务和

"回归本源、结构优化、强化监管、市场导向"四项原则,设立国务院金融稳定发展委员会,落实"一行三会"的金融监管职责。

表 1　2017 年金融监管政策

部门	时间	事件或文件
国务院国资委	2017 年 1 月 19 日	《中央企业投资监督管理办法》《中央企业境外投资监督管理办法》
国家税务总局等	2017 年 5 月 19 日	《非居民金融账户涉税信息尽职调查管理办法》
银监会	2017 年 3 月 28 日	《关于开展银行业"违法、违规、违章"行为专项治理工作的通知》
	2017 年 3 月 29 日	《关于开展银行业"监管套利、空转套利、关联套利"专项治理工作的通知》
	2017 年 4 月 6 日	《关于开展银行业"不当创新、不当交易、不当激励、不当收费"专项治理工作的通知》
	2017 年 4 月 7 日	《关于集中开展银行业市场乱象整治工作的通知》
	2017 年 4 月 12 日	《关于切实弥补监管短板提升监管效能的通知》
证监会	2017 年 2 月 17 日	《发行监管问答——关于引导规范上市公司融资行为的监管要求》再融资收紧
	2017 年 3 月 24 日	通报 2017 年专项行动第一批案件,规范高送转,规范跟风式重组,提倡高现金分红
	2017 年 4 月 14 日	通报 2017 年专项行动第二批案件,坚决打击炒作次新股等恶性操纵
	2017 年 5 月 27 日	进一步规范上市公司有关股东减持股份行为,完善上市公司股份减持制度
	2017 年 9 月 22 日	进一步完善并购重组信息披露规则
	2017 年 9 月 29 日	严厉打击各种形式的内幕交易
保监会	2017 年 1 月 4 日	《保险公司合规管理办法》
	2017 年 1 月 26 日	《关于进一步加强保险资金股票投资监管有关事项的通知》
	2017 年 4 月 28 日	《关于强化保险监管打击违法违规行为整治市场乱象的通知》
	2017 年 5 月 7 日	《关于弥补监管短板构建严密有效保险监管体系的通知》
	2017 年 5 月 9 日	《关于开展保险资金运用风险排查专项整治工作的通知》
	2017 年 6 月 5 日	《关于开展险企偿付能力数据真实性自查工作的通知》

资料来源:公开政策文件。

2017 年 A 股新股发行实现常态化,截至 2017 年 10 月,A 股已发行新股 374 只,超过 2010 年全年发行 346 只新股的纪录,但新股募集资金数低于

2010 年 4885 亿元的峰值水平，自 2014 年本轮 IPO 重启以来新股募集资金占 A 股流通市值的比重连续四年控制在 0.5% 以内。新股市场估值趋于合理，"打新"的制度套利空间逐渐缩小，新股平均"一字板"涨停天数从 2016 年的 13 天降低至 9.6 天，新股发行制度改革正在朝注册制的方向稳步推进。

表 2 近 5 年股票市场融资统计

单位：家，亿元

年份	IPO		增发		配股	
	首发家数	首发募集资金	增发家数	增发募集资金	配股家数	配股募集资金
2017 年前十个月	374	1889.99	412	9542.18	6	127.34
2016	227	1496.08	814	16918.07	11	298.51
2015	223	1576.39	813	12253.07	6	42.34
2014	124	666.32	475	6932.03	13	137.97
2013	2	0.00	267	3584.26	13	475.73

注：截至 2017 年 10 月 27 日。
资料来源：Wind 资讯。

（二）"开放"：成功闯关 MSCI，对外开放迈上新台阶

2017 年，中国股票市场对外开放的层次和水平不断提升，与国际金融市场的融合程度不断加深。2017 年 6 月 21 日，A 股第四次冲关 MSCI 指数成功，A 股将于 2018 年 6 月开始正式纳入 MSCI 新兴市场指数以及 MSCI ACWI 全球指数，基于 5% 的纳入比例，初始纳入的 222 只 A 股大盘股约占 MSCI 新兴市场指数 0.73% 的权重。为了加入 MSCI，中国股票市场自 2014 年 3 月起迎来了一系列改革举措，包括明确资本利得税政策以及规范上市公司临时停牌制度、放宽 QFII 单家机构投资额度上限、取消 QFII 和 RQFII 资产配置比例限制等，其中最主要的举措是在 2014 年 11 月和 2016 年 12 月分别启动"沪港通"和"深港通"。相较于 R/QFII，互联互通具有"无牌照要求、无配额与再申请配额限制、无资本赎回与锁定期限制"的优势，但也存在购买新股与投票权的问题，所以不同于 R/QFII 主要服务于境外大型机构投资者，互联互通主要服务于境外中小机构投资者。由此可以看出，中国加入 MSCI 的过程正是中国股票市场完善市场治理、构建多层次境外投资途径的过程。

随着全球市场资金流动的加速，跨国跨境资本市场的联动性增强。2017年外部资金持续涌入A股市场，沪股通和深股通的净买入额已经连续9个月增长，尤其在冲关MSCI成功后，"北上"资金加速进场，2017年前三季度，"北上"资金的净买入额已达到3145亿元，相比于2016年底的1477亿元翻了一番多。"南下"资金的脚步2017年则有所放缓，沪市和深市港股通累计净买入额从2016年底的3234亿元增长至2017年9月底的5220亿元，增幅尚不及2016年的1/3。

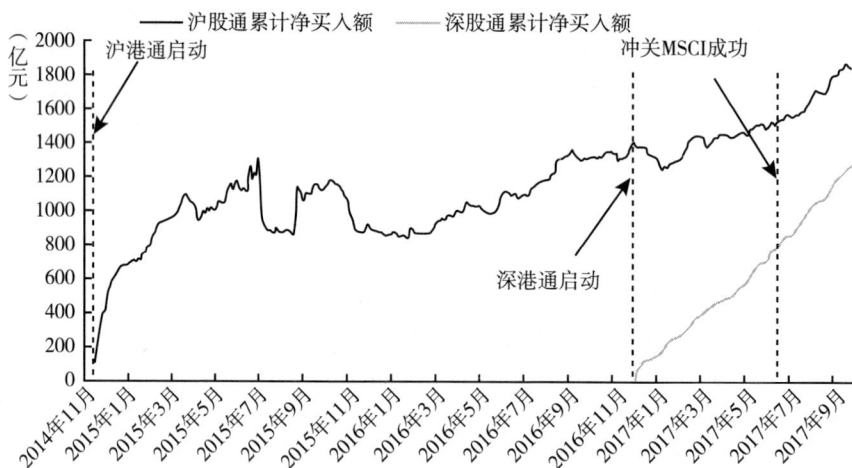

图2　沪股通、深股通累计净买入额

资料来源：Wind资讯。

（三）"分化"：蓝筹股估值回升，消费周期股领涨

2017年前三季度A股市场的走势出现明显分化，截至9月29日，沪深300年内上涨15.90%，创业板指年内下跌4.84%。从估值来看，A股整体的市盈率从2016年末的21.33倍降至20.65倍，而剔除金融板块的A股市盈率则从40.36倍降至32.60倍，沪深300的估值从12.91倍上升至14.15倍，创业板的估值从61.61倍下降至54.14倍。行业指数走势分化也非常显著，消费行业和周期股涨幅居前。

2014年下半年以来，A股市场大体上经历了四个阶段。第一阶段：2014

年7月至2015年6月上旬，全面深化改革正式启动，央行先后三次降准降息，宽松的货币环境使流动性较为充裕，在场外配资的支持下融资融券交易和股指期货交易异常活跃，市场迎来改革和资金双重驱动的牛市。第二阶段：2015年6月下旬至2016年1月，为了防范金融风险，监管层开始整顿场外配资，降低交易杠杆，调整融资融券和股指期货的交易制度，国家队入场救市，市场逐渐企稳回升，但熔断机制再次放大了市场的脆弱性，熊市的最后一只靴子落下。第三阶段：2016年2月至2016年10月，经历了熔断急跌后，市场进入估值修复阶段，沪深300等大盘股、中小板及创业板股票的估值均在此期间有所上升。第四阶段：2016年11月至2017年9月，市场出现明显的结构性分化，大盘股的估值进一步提升，进入"慢牛"行情，而创业板则进入"慢熊"行情，估值有所降低。

2017年中国股票市场"稳定""开放""分化"这三个主要特点并不是割裂的，而是相辅相成的。其中，稳定是基础，金融监管措施的密集出台以及新股发行的常态化带来了稳定的市场环境与改革步伐，为股票市场的对外开放与价值投资的回归奠定了基础；开放是趋势，成功纳入MSCI作为中国股票市场对外开放的标志性事件，对中国建设具有国际竞争力的多层次资本市场体系意义重大，体现了中国股票市场稳定健康发展的趋势；分化是表现，上市公司的

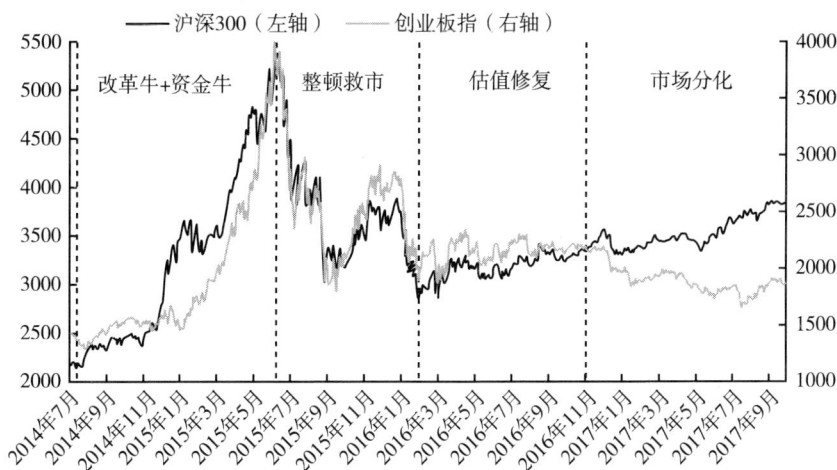

图3 2014年7月以来A股市场运行的四个阶段

资料来源：Wind资讯。

基本面成为投资的主要依据，价值投资的回归使有业绩支撑的股票估值回升，结构性分化的走势是股票市场稳定发展以及对外开放的具体表现。稳定的基础、开放的趋势和分化的表现共同构成了 2017 年中国股票市场的主要特点。

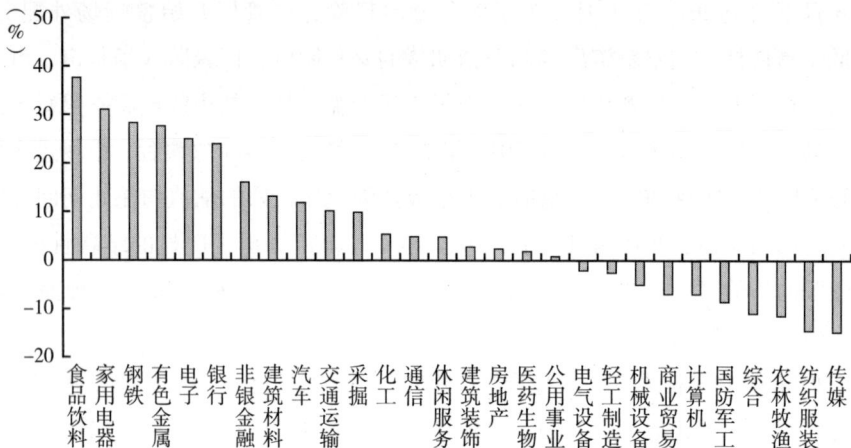

图 4　2017 年前三季度行业指数走势分化显著

资料来源：Wind 资讯。

二　2018年中国股票市场运行的宏观经济逻辑

（一）供给侧结构性改革持续发力

十九大报告指出，"我国经济已由高速增长阶段转向高质量发展阶段，正处在转变发展方式、优化经济结构、转换增长动力的攻关期"。发轫于 2014 年的供给侧结构性改革在攻关期中发挥着至关重要的作用，过去几年国内资本市场发生的巨大变化也主要由供给侧结构性改革所推动。尽管在 2017 年的政府工作报告中经济增长目标从 2016 年的"6.5% ~ 7.0%"下调至"6.5% 左右"，但实际增长情况明显好于预期，2017 年前三季度中国 GDP 同比增长 6.9%，其中第三季度稍有回落至 6.8%，全年呈现"前高后稳"的态势，第三产业在经济结构中的占比进一步提升，"三去一降一补"的供给侧结构性改革取得了初步的成效。

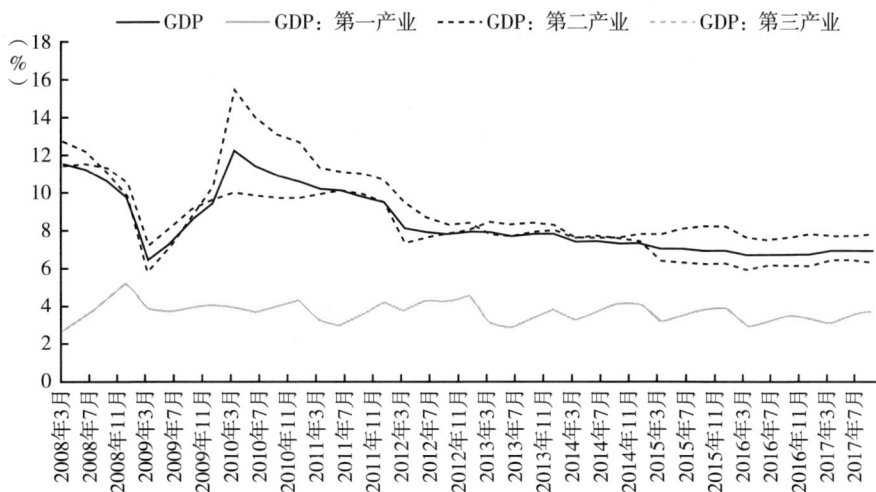

图5　中国 GDP 增长率（季度累计同比）

资料来源：Wind 资讯。

1. "去产能、去库存"已见成效

"去产能、去库存、去杠杆、降成本、补短板"本质上是新旧动能转换的过程，在这个过程中对旧动能既不能过分倚重，也不能骤然放弃，需要循序渐进。其中，房地产去库存就是利用需求侧和供给侧的双重力量为供给侧结构性改革打开局面。2017 年在收紧一、二线城市房地产政策的同时通过棚改货币化安置，降低三、四线城市的房地产库存，有效地拉动了房地产需求，推动了产业链相关行业的需求回升和产能去化。

在房地产"去库存"以及在制造业"去产能"共同作用下，钢铁、煤炭、水泥等行业的过剩产能得到了有效压缩，产能利用率和产能集中度有所提升，再加上环保督查对产能的进一步限制，2017 年大宗商品价格齐涨，推动了 PPI 的走高，使工业企业的库存周期出现了新的变化。2017 年工业企业利润和主营业务收入同比增速直线提升，延长了主动补库存持续的时间，对经济增速的提高起到了一定的推动作用。

但是，我们应该看到房地产行业和传统工业企业都属于旧动能，对经济支撑的广度和深度都极其有限。房子是用来住的、不是用来炒的定位，以及多主体供给、多渠道保障、租购并举的住房制度都明确了中国房地产未来的发展。

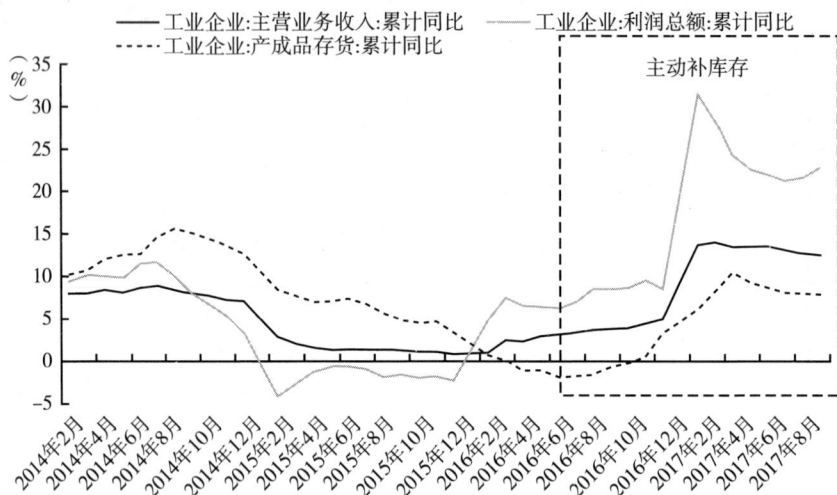

图6　中国工业企业库存周期

资料来源：Wind资讯。

2017年9月全国房地产待售面积降至6.1万平方米，同比下降12.2%，三、四线城市房地产库存正在逐渐消化，棚改货币化的力度逐渐减弱，伴随着9月多地出台的新一轮限购政策，房地产销售面积同比下降1.5%，说明房地产行业正在回归它的自身定位。同时，工业企业利润的大幅增加主要集中在煤炭、钢铁、有色等中上游行业的国有企业，利润显著提升的原因也主要是原材料价格的上涨，需求端和成本端的贡献相对较低，数据显示，9月PPI同比上涨6.9%，较8月和7月分别提升0.6个和1.4个百分点，工业企业1~9月利润总额累计同比上涨22.8%，较8月提升1.2个百分点，其中采矿业利润总额累计同比上涨473.8%，制造业上涨19.6%，国有及国有控股工业企业上涨47.6%，私营工业企业上涨14.5%。随着上游过剩产能有序去化，市场供需两端会建立起新的平衡，PPI见顶的概率增加，在制造业投资增速未见明显起色前，工业企业利润增速也会回归合理的水平。

实践证明，供给侧结构性改革不是单方面的收缩供给，而是降低无效供给与增加有效供给相结合，其中无效供给是不符合环保与安全标准的过剩落后产能。单方面地降低无效供给改善部分行业的盈利不具有可持续性，甚至对经济会有负作用。而在产能去化的同时辅以制度创新与技术创新，提高有效供给，拉升有效需求，完成从供给侧到需求侧的闭合回路，才会带来经济的长期繁荣。但是，降低无效供给可以依靠行政手段在相对较短的时间内完成，而依靠技术革新、市场力量增加的有效供给往往需要更长的时间，如何平稳较快地度过这两者产生的时间差才是关键。

2. "去杠杆，补短板"将成重点

"去杠杆，补短板"预计将成为2018年的政策重点。去产能、去库存带来的工业企业盈利的显著改善为企业修复资产负债表（去杠杆）奠定了基础。尽管工业企业利润的提升在不同行业间差异较大，但是本轮利润提升最显著的行业恰恰也是资产负债率较高的行业。截至2017年8月，煤炭、钢铁和有色三大行业的资产负债率分别为68.51%、65.62%和63.79%，处于工业全行业的前三位，而这三大行业前8个月利润总额累计同比分别增长955.4%、106.9%和44.8%，也位于工业全行业的前列。同样，国有及国有控股工业企业的资产负债率在2017年稳定在61%左右，而私营工业企业的资产负债率则稳定在51%附近。所以，国有企业去杠杆将成为2018年的重中之重。

除了国有企业的高杠杆，地方政府债务率也仍然偏高。2017年前三季度，地方政府已发行1.46万亿元新增债券以及2.14万亿元置换债券，地方政府债务余额接近16万亿元。2015年，中央政府通过债务置换等一系列措施有效处理了地方融资平台过快扩张的问题，但是2016年以来地方政府又通过PPP项目、产业引导基金、专项建设基金、政府委托代建购买服务协议等渠道继续举债，加速推动了地方政府债务的增长。第五次全国金融工作会议提出的地方政府官员债务终身问责机制，再次表明了中央政府对地方债问题的高度重视。

居民部门的杠杆率在2017年也呈现快速增长态势，尽管还没有到需要去杠杆的程度，但也要注意控制增量的增长速度并且保证增量的质量，严防债务嵌套。从总量上看，截至9月，中国居民部门债务占GDP比重已经达到55%，占可支配收入比重也接近100%。从增长速度看，居民部门债务占比仅用10年时间就从2008年的20%增长到2017年的55%，而美国提升相同的比例则用了接近40年时间。从结构来看，短期贷款激增是居民部门杠杆率增加的主要原因，前三季度居民短期贷款累计增加1.53万亿元，比上年同期多增加1万亿元，最令人担忧的是，居民部门增加的短期消费贷款有相当一部分用于支付房款的首付或还房贷，属于杠杆之上加杠杆，监管部门已经开始严查消费贷流向房地产。2018

年，居民部门加杠杆将受到更严格的监管，杠杆的增加速度也将趋于放缓。

"补短板"主要是依靠创新驱动增加经济发展的新动能，扩大有效供给，实现产业升级，增强企业竞争力。作为供给侧结构性改革中的"加法"，"补短板"在2018年将会发挥更为核心的作用。2017年新兴产业政策加速发布，围绕《中国制造2025》和《"十三五"国家战略性新兴产业发展规划》制定的具体政策陆续落地，相关政策成效将会在2018年逐步显现。"补短板"对资本市场也提出了更高的要求，科技创新及其背后的人力资本作为无形资产，需要依靠资本市场进行定价融资，传统的银行贷款力所不及。通过扩大资本市场服务实体经济的范围，多元化企业融资渠道，提高资金使用效率，推动"补短板"的切实运行是2018年资本市场发展的重点。

表3 新兴产业政策加速发布

时　间	部　门	事　件
2016/12/19	国务院	《"十三五"国家战略性新兴产业发展规划》
2016/12/20	国家发改委	《"十三五"生物产业发展规划》
2017/1/10	科技部	全面启动实施"科技创新2030—重大项目"
2017/2/20	工信部等	《促进汽车动力电池产业发展行动方案》
2017/3/1	国家发改委	《促进大数据发展重大工程和"互联网＋政务服务"示范工程拟支持项目名单》
2017/7/14	工信部	《2017年制造业与互联网融合发展试点示范项目名单》
2017/7/20	国务院	《新一代人工智能发展规划》
2017/8/13	国务院	《关于进一步扩大和升级信息消费持续释放内需潜力的指导意见》
2017/8/14	工信部	《制造业"双创"平台培育三年行动计划》
2017/9/7	国务院	《关于推广支持创新相关改革举措的通知》
2017/9/15	国务院	《关于印发国家技术转移体系建设方案的通知》
2017/9/27	工信部	《关于进一步扩大宽带接入网业务开放试点范围的通告》
2017/9/28	工信部	《乘用车企业平均燃料消耗量与新能源汽车积分并行管理》

资料来源：公开政策文件。

（二）全球经济复苏开启货币政策正常化进程

2017年全球经济复苏态势明显，欧美经济步入共振期。美国经济复苏相对强势，上半年GDP同比增长2.1%，税改取得突破性进展，有效提振了企业利润与私人消费。失业率稳步走低，9月失业率降至4.2%，创2001年1月以来的新低，核心PCE物价指数温和走弱，实际利率有转正的趋势。景气指数屡创新高，美国供应商协会（ISM）制造业采购经理人指数（PMI）9月升至60.8，为2004年1月以来的新高，ISM服务业PMI也升至59.80，为2015年7月以来的新高。

欧洲经济稳健走强，欧元区一季度和二季度的GDP同比增速分别达到2.2%和2.3%，9月调和CPI同比增长1.5%，失业率连续3个月保持在9.1%的低位，制造业PMI升至58.10，服务业PMI升至55.80，欧元区19国经济景气指数升至113.0，为2008年金融危机以来的最高水平。

全球贸易整体趋暖，在中国"去产能"和美元走弱的共同作用下，大宗商品中LME铜和LME铝前三季度分别上涨17.86%和24.76%，波罗的海干散货指数震荡上行，9月底升至2014年3月以来的新高。2017年1~8月，美国出口同比增长6.42%，欧盟28国出口同比增长9.06%；前三季度，中国出口同比增长12.4%，日本出口同比增长11.8%。

由于经济持续向好，失业率稳步下降，物价水平有走高的迹象，而实际利率水平已长时间为负，各主要发达经济体已经走上或即将走上货币政策正常化

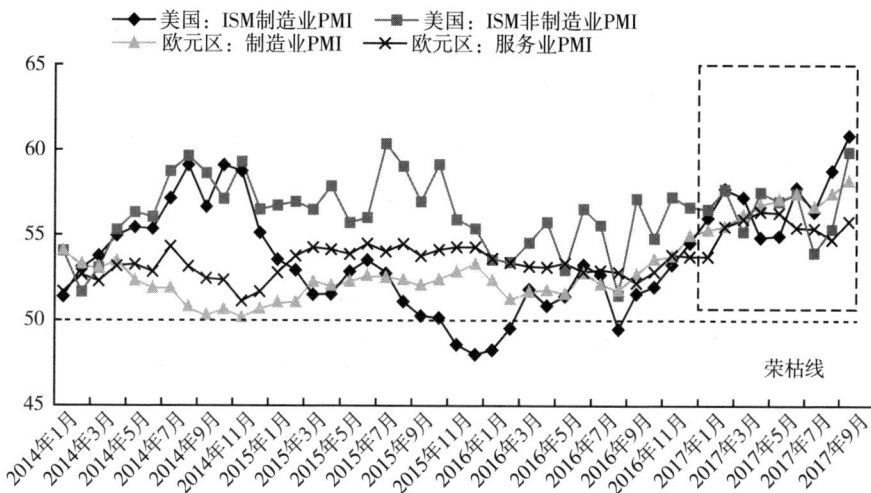

图7　美国和欧元区PMI

资料来源：Wind资讯。

的道路。美国与加拿大已率先加息,欧元区即将于2018年开始缩减一半的QE规模,英国预计也将加息,日本尽管表面上仍维持宽松的态势,但实际购债规模已有实质性减少。

表4 发达经济体货币政策正常化进程

地区	时间	事件
美国	2017年3月	美联储宣布加息25个基点,联邦基金利率从0.5%~0.75%调升至0.75%~1%的区间
	2017年6月	美联储宣布加息25个基点,联邦基金利率从0.75%~1%调升至1%~1.25%的区间。年内启动缩表,具体方式为逐步减少到期证券的本金再投资规模
	2017年9月	美联储宣布10月正式启动缩表,每月缩减60亿美元国债、40亿美元MBS的再投资规模,每个季度增加一次,直至达到每月缩减300亿美元国债、200亿美元MBS。预计2018年共缩减4200亿美元
加拿大	2017年7月	加拿大央行宣布加息25个基点,利率由0.5%提高至0.75%,为七年以来首次加息
	2017年9月	加拿大央行宣布加息25个基点,利率由0.75%提高至1.00%,并表示加拿大经济强劲超乎预期
欧洲	2017年9月	欧洲央行票委初步讨论了有关QE前途的各种方案
	2017年9月	英国央行表示如果经济和物价压力持续增长,很可能在未来几个月提高利率,这是迄今为止最明确的信号,表明英国10年来的首次加息可能在年内到来
	2017年10月	欧洲央行决定从2018年1月起缩减月度购债规模至300亿欧元,持续至2018年9月,如有必要将持续更长时间
日本	2017年4月	日本央行行长表示,目前日本正在摆脱物价下降通货紧缩的情况,一旦达到政策目标,日本央行就可以展开退出宽松政策,目前无须进行额外的货币宽松
	2017年9月	尽管日本央行宣布维持每年80万亿日元的购债规模,但9月日本央行实际购债7.7万亿日元,为2014年10月以来的最低水平,预计全年实际购债规模仅为60万亿日元

资料来源:公开政策文件。

自2008年金融危机以来,以美国、欧盟、日本为主的发达经济体执行量化宽松政策已接近十年。在这十年时间里,通过充足的流动性来挽救实体经济的同时,却也刺激了金融市场的非理性繁荣,资产价格屡创新高,实体经济与金融市场有脱节的趋势。在主要经济指标全面向好的情况下，退出量化宽松，收紧流动性，回归正常的货币政策是各国央行的必然选择。但是，本轮由美元加息开始的货币政策正常化进程预计对市场的影响将较为温和。一方面，市场对货币政策正常化已经形成了充分的预期，2017年以来市场对于"再通胀"（Reflation）的讨论已经取代了前几年对"长期停滞"（Secular Stagnation）的讨论，表明市场也意识到流动性收缩正在到来；另一方面，全球经济复苏仍然大部分源于需求端的改善，劳动生产率以及企业负债率水平仍未见太大起色，尤其是与美国实际利率水平直接相关的核心PCE物价指数并没有随预期上涨，再考虑到资产泡沫的存在，美联储等各国央行必将采取异常谨慎的退出政策。

（三）整体流动性环境稳中趋紧

在国内去杠杆以及国外主要发达经济体货币政策正常化的双重影响下，2018年中国货币政策将保持稳健中性。从国内角度来看，"去杠杆"的根本在于管住货币，国有企业和地方政府去杠杆，关键在于金融去杠杆。在货币政策和宏观审慎政策双支柱调控框架下，短期资金的利率水平自2016年以来不断提高，中国的货币环境实质上已进入收缩周期。央行2017年二季度货币政策执行报告指出，"M2增速下滑是加强金融监管、缩短资金链条、减少多层嵌套的合理反映"，从2017年5月开始，中国M2同比增速已降至个位数，尤其是非银金融机构存款增速显著低于非金融机构存款增速，说明金融去杠杆不仅反映在货币供应的总量上，也体现在结构上。从国际角度而言，中国经济已经深入融合到全球市场，本轮由PPI上涨推动的全球贸易回暖本质上是由中国去产能引发的，全球经济周期的同步带来了货币政策的同步，中国流动性收紧的深层次原因与发达国家一样也是为了对冲金融危机以来的刺激政策，避免资产价格泡沫继续泛滥。

综合而言，由于2017年的经济增速明显好于目标增速，中国经济的韧性已得到充分体现，再加上全球经济的良性共振联动，2018年会成为内部风险释放的窗口期，金融去杠杆将继续开展，普惠金融定向降准将付诸实际，整体流动性水平将呈现稳中趋紧的态势。

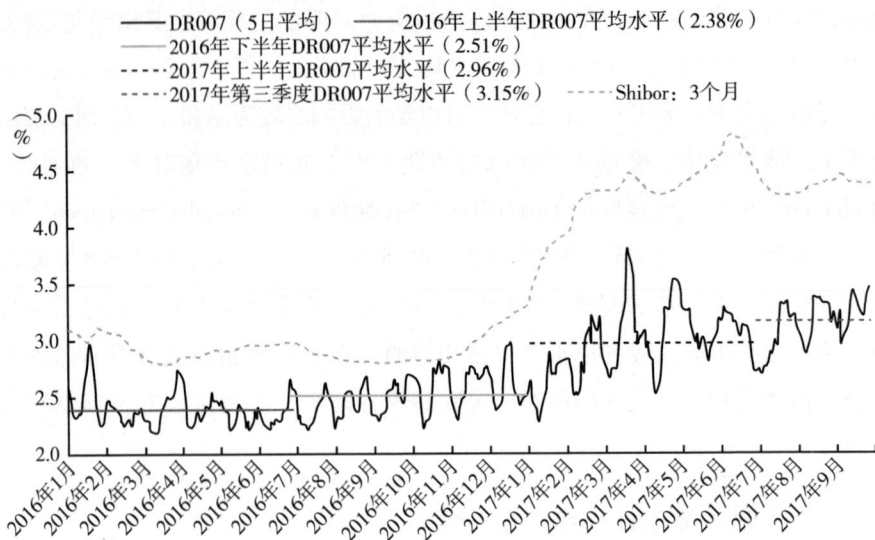

图8　2016 年以来短期资金利率水平

资料来源：Wind 资讯。

三　2018年中国股票市场展望

2018 年是中国改革开放 40 周年，中国股票市场正站在新的历史起点上，市场化、法制化与国际化是股票市场的改革方向，服务实体经济是股票市场的本质，防范系统性金融风险是股票市场的底线。尽管供给侧结构性改革成效显著，但是从需求端来看，居民部门杠杆率的快速提升存在侵蚀未来消费潜力的可能性，基础设施投资的边际效应正在递减，制造业投资仍然低迷，全球贸易保护主义势力有所抬头，股票市场的基本面仍面临一定压力。金融去杠杆，实体补短板，资本市场与商品市场都处在长期再平衡的过程中，防范化解重大风险至关重要，既要防"黑天鹅"，也要防"灰犀牛"，警惕"明斯基时刻"的发生，严格的预期管理与监管穿透将对股票市场的流动性产生持久影响。当然，从宏观经济的基本面和政策面来看，积极的因素仍占主流，把握新时代下改革的主攻方向，2018 年中国股票市场的结构性机会将比 2017 年更多。

第一，"价值投资"迎来更广阔舞台。资本市场体制机制改革与对外开放带来的内外部增量资金将强化"价值投资"的逻辑。2017年10月新修订的《证券发行与承销管理办法》为养老金入市开启"绿色通道",养老金同社保基金一样正式获得新股线下配售的资格,说明养老金的入市速度会比预期更快。为了保证养老金的长期稳定收益,养老金投资会以稳为主,养老金入市将改善股票市场投资者结构,养老金将成为长期价值投资的重要力量。在2018年A股正式纳入MSCI后会有接近1000亿元的外部资金进入A股市场,主要来自跟踪MSCI的ETF的短期被动投资。未来随着R/QFII和互联互通两个途径的配额限制逐步放宽,参考韩国和中国台湾股票纳入MSCI指数的历程,相信在5~10年A股将全部纳入MSCI指数,届时将有超过2万亿元的外部增量资金入场。尽管短期内加入MSCI能够引入的增量资金有限,但是长期来看对促进我国股票市场制度建设、资本市场开放以及人民币国际化都有极其深远的意义。随着MSCI带来的全球化的资产配置视角,A股市场的机构投资者比例会逐渐增加,长线资金规模放大,价值投资逻辑深化,反向助推A股上市公司改善治理结构,更加注重提升自身业绩以及分红派息的比例,全球资金的对冲需求也会促进金融衍生产品的发展。

第二,"美好生活"带动消费升级。党的十九大指出,"我国社会主要矛盾已经转化为人民日益增长的美好生活需要和不平衡不充分的发展之间的矛盾",消费升级是人民实现美好生活的必然选择。人民收入水平的提升直接带动了消费习惯和消费模式的改变,中国一线城市的人均GDP已经超过两万美元,二线城市也超过8000美元,已经达到或接近中等发达国家的水平,对健康、旅游、文化的需求激增,追求精神、品质、体验的新消费观正在形成;三、四线城市的人均GDP也普遍超过3000美元,随着商品房覆盖率的提升,大型购物中心的普及改变了城市格局,消费渠道的下沉打破了原有的消费空间,品牌意识的渗透也培育了全新的消费习惯,将会带来消费电子、家电、食品饮料、餐饮等领域的消费扩张。人口结构的变化也孕育了新的消费需求,人口老龄化以及二孩政策带来的婴儿潮,也将推升医疗、保健、养老、教育、娱乐等领域的增量需求。我们预计,大消费行业在2018年继续拥有投资潜力,消费行业集中度的提高利好企业盈利,龙头企业的业绩增速与估值水平将决定整个行业的走向,食品饮料35倍的市盈率和家用电器23倍的市盈率需要业绩支撑,健康消费领域、VR/AR产业化带来的消费体验升级领域,以及付费时代影视、游戏等数字媒体娱乐领域值得重点关注。

第三，"美丽中国"强化环保力度。十九大强调"必须树立和践行绿水青山就是金山银山的理念，坚持节约资源和保护环境的基本国策，实行最严格的生态环境保护制度。加快生态文明体制改革，建设美丽中国"，重点放在"推进绿色发展、着力解决突出环境问题、加大生态系统保护力度和改革生态环境监管体制"四个方面，"美丽"首次写入社会主义现代化强国目标，"人与自然和谐共生"在习近平新时代中国特色社会主义思想的十四条基本方略中的地位仅次于"民生"，"污染防治"与"防范化解重大风险"、"精准脱贫"一起并列为现在到2020年全面建成小康社会决胜期的三大攻坚战，设立国有自然资源资产管理和自然生态监管机构将强化环保督查的执行力，"美丽中国"在十九大后的重要地位将持续利好环保行业。虽然2013年提出的"大气十条"已至收官之年，但大气污染治理仍然在路上，新修订的《水污染防治法》将于2018年施行，有望对水污染进行更有力的监控。预计在2017年底召开的第八次全国环境保护大会将为2018年及之后几年的环保政策指引方向，环保督查将继续保持高压状态。政策红利将支持环保行业的业绩增长，环保装备制造业迎来发展机遇，在大气治理、水污染治理、土壤修复和清洁能源领域具有核心技术的上市公司将保持高景气度。

第四，创新驱动新兴产业发展。十九大赋予"加快建设创新型国家"七大任务，即建设"科技强国、质量强国、航天强国、网络强国、交通强国、数字中国、智慧社会"，规划了未来创新驱动经济发展的蓝图，提出"加快建设制造强国"，将促进先进制造业的发展，推动"互联网、大数据、人工智能和实体经济深度融合"，形成经济增长的新动能。国务院、国家发改委、工信部已经陆续出台对新兴产业和现代制造业的支持政策，证监会也在引导资本市场配合服务实体经济"补短板"。在供给侧结构性改革"去库存、去产能"取得实质性成效下，我们预计作为"补短板"重点的战略性新兴产业和现代制造业将成为产业政策的主要方向，尤其是新能源汽车、人工智能、生物医药、高端装备制造业将成为后续落地政策的侧重点，互联网与传统制造业的深度融合也将利好5G通信、物联网和云计算领域。

总体来看，价值投资的主线不会改变，2017年"稳中有升"的"慢牛"行情将会在2018年延续，股票市场的价值中枢随着经济形势的逐步转好而稳步提升，预计在3200～3700点的范围内波动，消费结构的升级、环保力度的加大以及新兴产业的腾飞将会带来更多的结构性机会。

新经济、新动能篇

New Economy & New Kinetic Energy

B.23
中国数字经济发展回顾与展望
（2016~2017年）

叶秀敏　姜奇平*

摘　要：　我国数字经济持续保持高速增长态势，2016年我国数字经济总产值达到22.6万亿元，占全国GDP总量的30.1%，已成为国民经济的重要组成部分。数字经济领域创新持续涌现，"互联网+"推动传统经济与数字经济融合发展，促进大众创业和灵活就业，助力减贫脱贫，改善"三农"问题等。"数字经济"被写入政府工作报告，并向融合化、生态化、数据化和全球化等方向发展。

关键词：　数字经济　融合　消费　产业升级

---

* 叶秀敏、姜奇平，任职于中国社会科学院数量经济与技术经济研究所。

近年来，我国数字经济高速发展。在十九大报告中，习近平总书记高度评价数字经济的发展状况和作用，不仅过去五年"数字经济等新兴产业蓬勃发展"，数字经济成为驱动我国成为制造强国的新动能。

一　数字经济的内涵与重要作用

自美国商务部 1997 年 4 月推出《浮现中的数字经济》[①] 以来，数字经济这一概念的内涵不断丰富完善。不久前，《二十国集团数字经济发展与合作倡议》指出，数字经济是指以使用数字化的知识和信息为关键生产要素、以现代信息网络为重要载体、以信息通信技术的有效使用为效率提升和经济结构优化的重要推动力的一系列经济活动。

数字经济是继农业经济、工业经济之后的一种新的经济形态。数字经济是以信息生产力为基础，以数据科学发展和数字技术创新为核心驱动力，以使用数字化的知识和信息为关键生产要素，以现代信息网络为重要载体，以信息通信技术的有效使用和国民经济服务化为效率提升和经济结构优化的重要推动力，推动虚拟经济与实体经济深度融合，提高传统产业数字化、智能化水平，提高经济透明化水平，提高人民群众参与水平与体验水平，加速重构经济发展与治理现代化的新型经济形态。

（一）数字经济成为破解新时代中国社会主要矛盾的重要力量

新的社会主要矛盾的出现意味着党和国家的工作方针和基本政策将会发生变化，也意味着发展的侧重点和解决发展瓶颈的着力点将发生变化。解决新的社会主要矛盾，需要新的破解矛盾的手段和方法。随着中国互联网 20 多年的快速发展尤其是近 5 年移动互联网的高速发展，中国数字经济等产业蓬勃发展，2016 年中国数字经济总量达到 22.6 万亿元，占 GDP 比重超过 30%，同时，中国拥有全球最多的网民数量和最大的互联网市场，全球十大互联网公司中国占据四席，影响世界的中国"新四大发明"中有三项与互联网相关，等等，这一切举世瞩目的重大成就让互联网有信心、有条件、有能力成为破解新

---

① 美国商务部：《浮现中的数字经济》，姜奇平等译，中国人民大学出版社，1998。

时代中国社会主要矛盾的重要力量。

1. 数字经济在满足人民美好生活需要方面具有天然优势

人民日益增长的美好生活需要是什么？十九大报告给出了答案，"人民在经济、政治、文化、社会、生态等方面日益增长的需要"，数字经济在满足人民美好生活需要方面具有天然优势，数字经济在这些方面都可以使人民的获得感得到提升。数字经济的强渗透性、高参与性和深融合性，让其能与我国发展的诸多领域产生交集并发生渗透融合，促进不同领域变革创新，提升各领域发展质量和效益。习近平总书记指出，互联网发展要贯彻以人民为中心的发展思想，"可以发挥互联网优势，实施'互联网＋教育''互联网＋医疗''互联网＋文化'等，促进基本公共服务均等化"。互联网的大规模普及和创新应用使今天的生活变得更加舒适与便捷。互联网可以"打造"美好生活：从经济角度来看，互联网提升经济发展效率，促进传统产业转型升级，让经济发展成果被更多的人所共享；从政治角度来看，互联网为人民群众和政府部门搭建起一座无形的桥梁，提升了人民群众的政治参与度；从文化角度来看，互联网打通文化领域产业链，促进文化产业业态的整体升级，网络文化市场日益繁荣；从生活角度来看，互联网催生了移动支付、滴滴、共享单车、O2O等商业服务模式，在衣食住行的各个方面给人们带来便利，提升人们的生活品质；从社会角度来看，互联网日益成为社会发展的"稳定器"，一方面，网络空间日益成为人们工作、学习、生活和娱乐的重要平台，中国人平均每天"在线"时间大约3小时，另一方面，互联网吸纳了大量社会就业。

2. 数字经济可以创造性解决一些发展不均衡不充分问题

改革开放以来，我国经济社会取得了巨大成就，人民群众都获得了一定程度的发展红利，然而由于市场经济制度的不健康和收入分配制度的不完善，发展出现不均衡不充分问题，这一问题成为我国现代化建设的关键瓶颈。发展不均衡不充分问题集中体现在区域之间、城乡之间、行业之间、不同人群之间、人与自然之间等方面，解决好发展不平衡不充分问题是新时代我们党的历史使命。围绕破解新矛盾，习近平总书记在十九大报告中指出，"要在继续推动发展的基础上，着力解决好发展不平衡不充分问题，大力提升发展质量和效益"。科技和创新是解决发展不平衡不充分的重要手段，网络信息技术作为目前创新最活跃、应用最广泛、辐射带动作用最大的技术创新领域，可以创造性地解决一些发展不均衡不充分问题。以扶贫为例,传统扶贫模式,如果缺乏可持续的产业支撑,很容易出现返贫现象。互联网在解决贫困问题上产生了一些新思路,并创造性地解决了部分问题。近年来,部分贫困地区开展电商扶贫,阿里巴巴、腾讯、京东、苏宁等电商巨头纷纷进驻贫困村,帮助贫困地区搭建电商平台,连接农村到城市的物流体系,贫困户可以直接利用网络平台销售本地优质土特产,拓宽农民收入渠道。电商扶贫模式,由于进入门槛较低,让很多农村贫困人口有机会就地进入劳动市场实现稳定就业。

(二)数字经济成为经济发展新动能

1. 数字经济成为增长新动能

数字经济以信息化培育新动能,从技术创新驱动、打造新的增长点以及资本分享等方面,为增长注入新动能。

第一,增长新动能体现于技术创新驱动。

中国发展数字经济,一个重要动因就是要用创新驱动替代物质投资驱动,从根本上更换中国经济发展的发动机系统。

数字经济技术是全球研发投入最集中、创新最活跃、应用最广泛、辐射带动作用最大的技术创新领域。依托数字经济技术实现创新驱动,有利于提高多样化效率,提高经济增长质量,提高经济附加值。

第二,增长新动能体现于产业新增长点。

数字经济在第一、二、三产业,都正在创造新的经济增长点。

在农业领域,农业互联网从电子商务等网络销售环节向生产领域渗透,在农业产业化基础上,培育出以农民增收为导向的农业服务化的新增长点。

在制造业领域,"互联网+"推动制造业向数字化、智能化方向发展,一方面,培育了一批数字经济新兴产业,另一方面,推动了创造高附加值的制造业服务化这一新增长点。

在服务业领域,"互联网+"推动"数字化基础业务+APP增值服务"新业态的形成,从而推动门类繁多的增值业态这一新增长点。

第三,增长新动能体现于资本分享包容。

分享经济为增长提供新动力源。数字经济借助云计算、云服务中形成的生产资料虚拟性使用的特点,将资本非排他性使用用于资本投入,增加了资本充足性。例如，传统商业靠实体店铺和柜台为资本，而阿里巴巴靠"复制"虚拟店铺和柜台给广大网商，相当于复制资本广为分享，大大增加了资本充足性，为增长和就业提供了源源不绝的资本新动力源。

2. 数字经济成为转型新动能

数字经济不仅为增长提供新动能，更重要的是为经济结构优化升级、提质增效提供新动能，用新动能推动新发展。在推动转型方面，数字经济充分发挥了以消费者为中心、以销定产的优点。

用数字经济方式从事传统制造，通过大数据可以深入了解客户的需求，全面提升产品设计、研发和销售的精准度，推动传统工业在数字化、网络化、智能化升级中，变以产定销为以销定产，实现以顾客为中心的"智能制造"；用数字经济方式从事农业，让农民足不出户为土特名产找到全球买家，并在"网络＋农户"的服务化模式中，解决公司争利问题，真正实现让农民增收；用数字经济方式从事服务业，百姓出行难、问医难……不再成为难事，利用手机 APP 就可实现贴身服务。

3. 数字经济成为就业新动能

电子商务可能让站在柜台前的一位传统售货员失业，却可能让成百上千的快递员上岗，让就业成倍增加。

数字经济作为就业的新动能，最独特之处在于擅长推动灵活就业。灵活就业是指以非全日制、临时性和弹性工作等形式实现就业。阿里巴巴、滴滴打车等，都开辟了许多灵活就业的渠道。

在传统经济中，GDP 增速下降必伴随就业下降。而数字经济作为就业新动能，使中国在 GDP 增速逐年下降的同时，出现了就业上升的现象。

4. 数字经济通过虚实结合，成为稳定的重要力量

人们从 2008 年国际金融危机中得到的教训是，一旦形成了华尔街式的金融利益集团，就会以自我为中心，制造信息不对称，使金融经济偏离实体经济。

数字经济作为促进经济稳定的新动能，主要是发挥信息透明化的优势，让实体经济与虚拟经济实现信息对称。从这个意义上说，数据驱动的实质是为实体经济服务，以数据透明化帮助实体经济贴近需求，避免供求大起大落，成为稳定经济的积极力量。

例如，在零售行业中，通过在市场分析、销售规划、运营以及供应链等方面利用大数据进行分析优化，促进供求双方的信息透明化；通过大数据精准分析，有力支撑教育文化、健康医疗、电子商务、工业制造、现代农业等，与实体需求更紧密、精准、快捷地结合。

二 数字经济发展现状

数字经济自发式崛起，不仅自身快速成长，成为一种重要的经济形式，还引领新经济和社会各领域全面发展，具有明显的带动和辐射作用。我国数字经济持续保持高速增长态势，2016 年我国数字经济总产值达到 22.6 万亿元[①]，占全国 GDP 总量的 30.1%，已成为国民经济的重要组成部分。数字经济包括基础数字经济和融合数字经济两部分[②]。

（一）基础数字经济发展现状

1. 总量大，已经成为国民经济的重要组成部分

基础数字经济部分包括电子信息制造业、信息通信业、软件服务业和互联网平台服务业。2016 年我国基础数字经济增加值为 5.2 万亿元[③]，占 GDP 的比重为 6.9%。基础数字经济的诸多细分领域都取得累累硕果。

2016 年中国电子商务交易额达到 26.1 万亿元[④]，相当于国内生产总值的 35.03%。目前，我国电子商务交易规模已经占全球市场总额的 40% 以上，已超英、美、日、法、德五国总和，是世界上最大的电子商务市场。

网络广告市场同样保持高速增长，2016 年全球网络广告规模已经正式超过电视广告规模[⑤]，中国在线广告市场达到 400 亿美元，同比增长 30%。

分享经济市场快速崛起，2016 年交易规模超过 2.4 万亿元[⑥]，同比增长速

---

① 中国信息通信研究院：《中国数字经济发展白皮书（2017）》，2017 年 7 月。
② 中国信息通信研究院：《中国数字经济发展白皮书（2017）》，2017 年 7 月。
③ 中国信息通信研究院：《中国数字经济发展白皮书（2017）》，2017 年 7 月。
④ 商务部：《王炳南在全国人大常委会"电子商务的现状与发展"专题讲座上的发言》，2017 年 6 月。
⑤ 玛丽·米克尔：《2017 年互联网趋势报告》，2017 年 5 月。
⑥ 腾讯研究院：《2017 分享经济报告：八大行业创新热点及演进中六大展望》，2017 年 5 月 25 日。

度超过1倍。

网上零售市场规模继续扩大，交易额为5.16万亿元，相当于当年社会消费品零售总额的15.54%，比上年增长2.65个百分点。

我国大数据市场虽然刚刚起步，但是成绩斐然。2016年，我国大数据市场规模达到168亿元①，未来将继续保持30%的高速增长。

硬件领域同样健康成长。根据中国信息通信研究院发布的数据，2016年全年，我国累计生产微型计算机2.9亿台②，手机市场累积出货量为5.6亿部，国产品牌手机占比接近90%。

2016年我国电信业务收入完成11893亿元③，同比增长5.6%。电信业务总量完成35948亿元，同比增长54.2%，比上年提高25.5个百分点；移动数据及互联网业务收入占电信业务收入的比重比上年提高10个百分点，达到36.4%，成为电信业务新的增长点。

2016年中国规模以上电子信息制造业收入达到12.2万亿元，同比增速为8.4%。

2016年软件产业共实现软件业务收入4.9万亿元，同比增长14.9%。

根据国家邮政总局数据，2016年我国快递业务量达310亿件，年人均快递使用量达23件，我国快递业务量连续6年保持50%左右的高速增长，快递业务量稳居世界第一。

第三方支付领域，2016年非银行支付机构共处理互联网支付业务663.3亿笔④、金额达54.25万亿元，同比分别增长98.60%和124.27%。移动支付行业延续高速发展态势，非银行支付机构共处理移动支付业务970.51亿笔、金额51.01万亿元，同比分别大增143.47%和132.29%。

2. 高速增长，显示出勃勃生机

基础数字经济还是中国经济发展中最具潜力的新兴产业之一，具有广阔的发展空间。2016年互联网领域的营收规模同比增长28.5%，相当于国内GDP增速的4.25倍。主要细分领域也都呈现高增长态势，如表1所示。

---

① 中国信息通信研究院：《中国大数据发展调查报告（2017）》，2017年4月。
② 来自工信部网站。
③ 工信部：《2016年通信运营业统计公报》，2017年1月22日。
④ 中国支付清算协会：《中国支付清算行业运行报告（2017）》，2017年4月26日。

表1 2016年互联网细分领域增速

单位：%

领域	增速	领域	增速
在线视频	53.9	在线旅游	33.6
第三方支付	92.3	搜索引擎	11.7
网络广告	32.9		

资料来源：艾瑞咨询。

最近两年，增长最快的数字经济在分享经济领域。我国分享经济是从 2011 年开始起步，但是到 2016 年分享经济各细分领域的累积注册用户已超过 31 亿人次，其中滴滴出行注册用户数达到 4 亿人次[1]，喜马拉雅 FM 注册用户数超过 3 亿人次，作业帮和映客的用户数均超过 1 亿人次。外卖领域，市场更是呈现爆炸式发展态势，2016 年交易规模实现 1524 亿元[2]，年增长 232%。汽车租赁市场规模也以每年 20% 左右的速度呈现高增长态势，目前全国有 6301 家[3]汽车租赁业户，租赁车辆总数约 20 万辆。

在社交领域，以微信平台为例，自 2011 年微信首次推出至今的几年时间，其活跃用户数快速增长。如今，微信活跃用户数已经达到 8.89 亿。如果把微信用户数和国家人口总数相比，那么，微信活跃用户数是欧盟和美国人口总数之和。

我国电子商务交易额逐年增速都达到两位数以上。2016 年我国电子商务交易额是 2014 年同期数据的 2 倍，电子商务交易额同比增长 19.8%，相比国内生产总值 6.7% 的增速，电子商务依然是中国经济增长的新动力。

在网络金融领域，余额宝成立仅仅四年，但是其快速增长势头让传统银行汗颜。截至 2017 年 6 月，余额宝净资产达到 1.43 万亿元，比 2016 年末增长 6300 亿元，增速为 42.0%。余额宝的净资产已经超过有 30 年运营历史的招商银行，仅次于中国四大国有银行。

---

[1] 来自腾讯研究院。
[2] 中国电子商务研究中心监测数据。
[3] 《促进汽车租赁业相关政策公开征求意见　鼓励分时租赁》，腾讯汽车，2017 年 6 月 1 日。

3. 一批互联网企业崛起，引领我国数字经济爆发式增长

互联网企业显示出强劲的增长势头，不仅远超传统企业，还大大领先其他类型的新经济，成为推动我国经济社会发展的最重要驱动力。2016年，我国互联网企业的总收入达到1.07万亿元①，首次突破万亿元大关，同比增长46.8%，是国内生产总值增速的7倍，其中还有31家百强企业实现了100%以上的超高速增长。我国互联网企业还表现出很强的发展后劲，在全球262家独角兽企业（估值超过10亿美元的初创企业）中，1/3的是中国企业。

一批互联网企业做大做强。近五年，我国共有328家②互联网企业上市，市值规模达7.85万亿元，相当于中国股市总市值的25.6%。其中，阿里巴巴、腾讯、百度、京东4家上市公司进入全球互联网公司10强；华为、蚂蚁金服、小米等非上市公司也进入全球前20强。2017年8月7日，在"2017年中国互联网企业100强"中排名第一的腾讯股价报319.8港元，市值超3885亿美元。我国另一个平台巨头企业阿里巴巴的市值也先后突破3000亿美元和4000亿美元大关，最新市值为4027亿美元。

4. 网民规模庞大，中国成为最有吸引力的数字经济市场

数字经济越来越渗入人们生活的方方面面，对工作、学习和生活产生越来越大的影响。2016年中国信息消费规模达到3.9万亿元③，同比增长22%，不仅超过社会消费品零售总额的平均增速，而且远远超过传统消费的增速，成为消费增长的主要引擎。

我国网民总数持续增长，为数字经济快速增长提供了肥沃的土壤。据CNNIC统计，截至2017年6月，中国网民规模达7.51亿，占全球网民总数的1/5，超过欧盟和美国网民的总和。互联网普及率为54.3%，意味着超过半数的人已经使用互联网。2016年，中国居民55%④的媒体时间消耗在互联网上，其中移动互联网的使用时长已经超过电视。而青少年中，网民的比例更高，达到79.6%，具有强大的发展后劲。

---

① 中国互联网协会、工业和信息化部信息中心：《2017年"中国互联网企业100强"榜单》，2017年8月3日。

② CNNIC：《"十二五"中国互联网发展十大亮点》，2015。

③ 《工信部：去年中国信息消费规模达3.9万亿元》，中国新闻网，2017年3月23日。

④ 玛丽·米克尔：《2017年互联网发展趋势报告》，2017年5月。

5. 数字经济领域创新持续涌现

数字经济在技术、应用、服务、模式及与产业的融合等诸多方面的发展都日新月异，创新不断。

信息技术创新不断涌现，推动数字经济保持持续高速发展。以互联网、云计算、3D 打印、物联网、人工智能技术、5G、虚拟现实等为代表的新一轮科技革命方兴未艾，为互联网数字经济发展提供了坚实的基础和原动力，推动数字经济加速发展并与传统领域深入结合。2016 年全球申请的 PCT 专利中，数字通信领域占比最高，为 8.5%[①]，其次是计算机技术，占 8.2%，可见互联网数字经济发展动力依然动力十足。

数字经济新应用也不断创新。从门户网站、搜索引擎、网上商城、在线论坛到今天的各种 O2O 和 APP 应用，新应用与网民的工作、学习和生活的结合日益紧密，成为不可或缺的一部分。CNNIC 报告[②]显示，截至 2016 年底，微信成为渗透率最高的 APP 应用，渗透率高达 79.6%；手机网络叫外卖用户规模短时间内呈爆发式增长态势，网民使用率达到 27.9%。出现同样情况的应用还有网络直播，网民渗透率达到 47.1%。

数字经济商业模式逐步向多样化、生态化、共享化方向发展。用户需求呈现多样化趋势驱动平台提供的服务也要向多样化转变，这就需要企业构建生态系统，融合多个主体的力量共同为用户提供服务。同时，数字经济也向共享化方向发展，通过以租代买的方式，实现资源价值的最大化。截至 2016 年底，我国提供共享单车服务的公司达到 17 家[③]，在 10 余座城市共投放了 30 多万辆单车。

6. 数字经济受到资本青睐

数字经济具有用户规模大、收益模式多样化、经营模式灵活、领头羊地位相对稳定四大优势，越来越受到资本的青睐。2016 年针对数字经济的投融资活动继续升温。根据 CVSource 的数据，2016 年全年互联网行业投融资案例数

1622 起①，融资规模 238. 39 亿美元。从细分领域看，"互联网＋房地产"、"互联网＋金融"、电子商务、行业网站是投资重点。电子商务行业投融资表现靓丽，融资规模增速达到 28. 48%，融资均值高达 2152. 45 万美元。其中，美团网和大众点评联姻成立的新公司，获 33 亿美元融资。虽然全球经济仍然处在调整期，但是互联网领域仍然是 IPO 的热点领域。2016 年，国内互联网行业上市企业有 7 家，IPO 融资规模 5. 14 亿美元，虽然融资数量和融资规模双降，但是与其他领域相比，互联网行业融资总规模占比高达 20. 98%，依然是整个市场的关注焦点，也表明在不利的经济环境下，互联网行业的发展前景仍然被看好。

移动互联网连续几年都是投融资的亮点。根据 CVSource 的统计，2016 年移动互联网行业 VC/PE 融资规模为 37. 83 亿美元，融资案例数量 618 起，值得关注的是美图在中国香港成功上市。

2016 年以来，分享平台也受到资本的青睐。2016 年累计有 724 家②分享经济企业获得投资，融资总额超过 2400 亿元。并且，目前已经有 8 家分享经济企业成功上市，这些企业从成立到上市平均只有 5 年半的时间。最近一年，共享单车市场的竞争出现白热化，风险资本也纷纷杀入共享单车市场，共享单车企业在 2016 年总共获得 24 笔融资。

7. 政策支持，利好不断

在 2017 年召开的十二届全国人大五次会议上，"数字经济"首次被写入政府工作报告，李克强总理表示将促进数字经济加快成长，让企业广泛受益，群众普遍受惠。在 2015 年的"两会"上，政府更是提出"互联网＋"行动计划。"互联网＋"是以互联网平台为基础，利用信息通信技术与各行业的跨界融合，推动产业转型升级，并不断创造出新业态、新产品、新业务与新模式，构建连接一切的新生态。"互联网＋"行动计划不是指在传统领域简单地应用互联网，而是指由互联网引发的一场深刻变革。"互联网＋"行动计划的实施，将促进要素重新分配，有助于促进传统产业转型升级和提质增效，通过融合发展培育新业态，通过协同创新进行全新的价值链重构和组织变革。"互联

---

① CVSource：《2016 年度互联网行业投融资报告》，2017 年 1 月。

② 腾讯研究院：《2017 分享经济报告：八大行业创新热点及演进中六大展望》，2017 年 5 月。

网＋"行动计划的实施，还有助于拓展和优化经济发展空间格局，培育新的经济增长点，使经济增长由主要依靠投资拉动转为依靠创新驱动，推动我国经济社会全面转型升级。

近两年，我国有关数字经济发展的主要政策文件有《关于促进云计算创新发展培育信息产业新业态的意见》《关于大力发展电子商务加快培育经济新动力的意见》《关于积极推进"互联网＋"行动的指导意见》《促进大数据发展行动纲要》《关于加快构建大众创业万众创新支撑平台的指导意见》《关于组织实施促进大数据发展重大工程的通知》《关于深化制造业与互联网融合发展的指导意见》《国家信息化发展战略纲要》《关于促进电商精准扶贫的指导意见》《电子商务"十三五"发展规划》《大数据产业发展规划（2016～2020年)》《关于强化实施创新驱动发展战略进一步推进大众创业万众创新深入发展的意见》。

（二）融合数字经济发展现状

我国数字经济不仅自身实现高速增长，还推动我国经济社会全面发展。传统领域与现代信息技术深度融合后，不断创新出新模式、新业态，爆发出全新的生命力。2016年我国融合数字经济规模为17.4万亿元①，占GDP的比重为23.4%。

1. "互联网＋"推动传统经济与数字经济融合发展

数字经济已经成为驱动我国经济发展的新动能。中国信息通信研究院的统计数据表明，传统经济应用数字经济的贡献是信息产业本身直接贡献的3倍，说明信息经济与传统经济相融合，能够发生化学反应，成为驱动传统经济发展的新动能。

企业数字化应用水平稳步提高。截至2016年12月，全国工业企业计算机使用比例为99%②，使用互联网办公的比例为95.6%，基本实现全覆盖。上网企业中，有77.0%、73.3%和63.6%的企业分别通过互联网了解商品信息或者服务、发布信息或即时消息、从政府机构获取信息。企业在线销售和采购的

---

① 中国信息通信研究院：《中国数字经济发展白皮书（2017）》，2017年7月。
② CNNIC：第39次《中国互联网络发展状况统计报告》，2017年1月。

比例都有大幅提高，其中，开展在线销售的企业占 45.3%，比上年提升 12.7
个百分点；开展在线采购的企业占 45.6%，比上年提高 11.7 个百分点；开展
互联网营销的企业占 38.7%，比上年提高 4.9 个百分点。数字技术不断提升
企业运营效率。

在制造领域，企业的数字化研发设计工具普及率达 61.8%[①]，生产设备数
字化率为 44.1%，数字化生产设备联网率为 38.2%。汽车、机械数字化研发
工具普及率分别为 81.8%、76.4%。装备行业开展网络化协同设计或制造的
大型企业比例达到 47.4%。食品、家电开展网络精准营销的企业比例分别为
12.5%、11.4%，全行业平均水平为 8.6%。服装、食品行业电子商务普及率
分别为 59.4%、58.1%。

在政策利好驱动下，传统领域不断探索与数字经济的深度融合路径。继上
一年钢铁电子商务大爆发，2016 年各类大宗商品电子商务继续看好，大宗电
商市场交易规模达 13.36 万亿元[②]，同比增长 20.14%。找钢网全年自营交易
量超过 1300 万吨，增速达到 50%。钢银电商前三季度的结算交易量约为 1285
万吨，同比增长 70% 以上。部分钢铁电商企业实现盈利，钢银电商财报显示，
2016 年前三季度实现净利润 1282 万元。

其他领域的融合发展也取得突破性进展。国家能源局公布了首批"互联
网＋"智慧能源（能源互联网）56 个示范项目名单，宣告能源互联网试点建设启
动。医药行业积极尝试电子商务转型，2016 年医药电商直报企业销售总额达 612
亿元[③]，增速超过 50%。其中，医药 B2B 销售额为 576 亿元，占医药电商销售
总额的 94.2%。纺织服装领域电子商务也频传喜报，B2B 电子商务交易额实
现 3.45 万亿元[④]，同比增长 21.05%。航运领域也迎来一波"互联网＋"高潮，
国内航运互联网平台数量达到 200 家[⑤]。家电仍然是网购热点，2016 年，我国
B2C 家电网购市场规模为 3846 亿元[⑥]，同比增长 27.9%。

---

① 中国信息化百人会：《2016 中国信息经济发展报告》，2017 年 1 月。
② 中国电子商务研究中心：《2016 年度中国大宗电商发展报告》，2017 年 5 月。
③ 商务部：《2016 年药品流通行业运行统计分析报告》，2017 年 6 月。
④ 源自中纺联信息统计部。
⑤ 源自交通部科学研究院。
⑥ 第八届中国家电网购高峰论坛：《2016 中国家电网购分析报告》，2017 年 2 月。

传统企业一方面通过电子商务拓展营销渠道，另一方面通过电子商务降低采购成本，提高采购效率。2016 年我国重点行业骨干工业企业电子商务普及率达 54.0%。2016 年企业网购市场规模达 15.1 万亿元[1]，同比增长 22.1%。2016 年，神东煤炭集团下单价值 3203 万元[2]的电缆，成为其交易史上价值最大的单笔订单；重庆万泰建设采购 2224 万元螺纹钢，成为其最大的单笔网银支付。

2. 数字经济驱动跨境贸易保持增长

跨境电子商务政策不断利好，自贸区、综合试点城市和综合试验区建设项目相继启动，跨境电商流程和手续进一步简化。2016 年中国跨境电商交易规模为 6.7 万亿元[3]，同比增长 24%。出口电商规模遥遥领先于进口电商规模，其中出口跨境电商交易规模 5.5 万亿元，占比达到 82.08%，进口跨境电商交易规模 1.2 万亿元，占 17.92%。细分领域，B2B 仍然保持绝对优势，跨境电商 B2B 交易占比达 88.7%。

"一带一路"建设推动我国与沿线国家跨境电商贸易呈现爆发式增长态势。我国的手机、电脑、电子配件、家居用品是最受"一带一路"沿线国家市场欢迎的，年交易额同比平均增速超过 10 倍[4]。进口商品中，食品、酒类、家纺、水果的销量较高。

物流企业加快布局跨境电商业务。菜鸟网络建设了覆盖全球 200 多个国家和地区的物流网络，实现日处理全球跨境物流 400 万单；顺丰速运直发业务覆盖全球近 250 个国家和地区；洋码头同样布局全球物流中心。

3. O2O 方便百姓生活，促进信息消费

以互联网为支撑的数字经济已经渗透到人们生活的方方面面，互联网平台提供的服务更丰富，互动性更强，更能满足网民日益增长的个性化和多样化需求，提升了用户体验，改善了消费质量。国务院出台的《关于深入实施"互联网＋流通"行动计划》推动线上线下融合步伐加快。

互联网在餐饮、医疗、旅游、教育等领域落地生根。网上外卖实现跨越式

---

[1] 赛迪顾问：《2016 中国自营式企业网购分析报告》，2016 年 10 月。

[2] 亿邦动力：《单笔订单 3203 万元　非消费品成 1688 采购战场》，2017 年 6 月。

[3] 源自中国电子商务研究中心。

[4] 京东：《2017 "一带一路"跨境电商消费趋势报告》，2017 年 5 月。

增长，网络外卖用户数量达到 2.09 亿①，年增长 83.7%。2016 年国内外卖市场交易额达 1761.5 亿元，同比增长 361%。网络外卖极大地方便了白领、学生和社区居民等人群的就餐。此外，互联网医疗用户规模达到 1.95 亿人②，年增长 28%。网络租车用户达到 2.25 亿，增长 41.7%。旅游出行方面，网上预订机票、酒店、火车票或度假产品用户达 2.3 亿人，同比增长 5.3 倍，嘀嘀快车一天总订单量近 130 万个。在线转账、网络社交、在线授课、网上报名、微信挂号、手机订餐已经与百姓生活息息相关，成为人际交往、生活模式和社会结构变革的重要推动力。

数字经济还能有效促进内需，推动群众积极消费。以我国网络零售市场为例，2016 年交易额达到 5.16 万亿元，相当于当年社会消费品零售总额的 15.54%，比上年增长 2.65 个百分点。网上零售市场保持快速增长势头，同比增长 32.99%，是社会消费品零售总额增速的 3 倍。此外，网络零售更加便捷，具有个性化和多样化的特点，能够诱导消费，新增消费。根据麦肯锡发布的关于中国网络零售的报告，在中国网络零售消费中，61% 的属于转移消费，其他 39% 是互联网激发的新的消费需求，是创造出来的消费。国家统计局《2015 中国网购用户调查报告》的数据同样表明，22% 的新增需求因网络购物产生，53.7% 的网购用户增加了消费支出，48.4% 的网购用户将进一步提升网络购物消费支出比重。

4. 促进大众创业和灵活就业

数字经济不仅引领新经济发展，驱动传统企业转型升级，更是成为大量草根网民创业和中小企业创新的重要依托。

互联网平台帮助中小企业直接对接全球市场，缩短流通渠道和流通时间，提高资本流通效率，降低成本，扩大市场，提高利润率，增加收入。天猫平台经过孕育淘品牌企业，已经有逾 50 个商家意向启动 IPO 上市计划。

数字经济还成为促进就业增长的新引擎。由于互联网的互联性、无时空限制性、互动性和即时性特征，人们之间的沟通不需要面对面，通过互联网就可以实时完成。再加上视频、语音等多媒体技术的发展，网络沟通更加便捷，效

---

① 比达咨询：《2016 年中国第三方餐饮外卖市场研究报告》，2017 年 1 月。
② CNNIC：第 39 次《中国互联网络发展状况统计报告》，2017 年 1 月。

率更高，一些岗位在家就可以办公。平台连接了人才的供需双方，降低了创业和就业的门槛，也催生了一批自由职业者。根据腾讯研究院数据，数字经济仅在 2016 年就带动 280.17 万新增就业人数。

5. 助力减贫脱贫，改善"三农"问题

数字经济还助力减贫脱贫，目前已经取得显著成果。阿里巴巴通过农村淘宝项目，帮助贫困地区建立电子商务服务体系。2016 年，在阿里巴巴零售平台上，有 280 多个国家级贫困县网络零售额超过 1000 万元[①]，其中 40 余个贫困县网络零售额超过 1 亿元；在国家级贫困县涌现 18 个淘宝村，在省级贫困县有 200 余个淘宝村。京东积极参与电商精准扶贫工作，与国务院扶贫办签署了扶贫战略合作协议，开展对上万名贫困户的培训，帮助全国 328 个贫困县的农特产品直接卖到全国各地。苏宁与中国扶贫基金会共同成立"农村电商学院"，助力农村青年返乡创业。

我国农村电子商务也迎来最适宜的发展期。首先，国家政策继续大力扶持农村电子商务。除了出台一系列鼓励政策外，政府继续开展"电子商务进农村综合示范"项目，目前我国已分三批选出 496 个示范县，中央财政已投入资金 84 亿元。其次，运营商的电商渠道快速下沉，京东、苏宁也加快布局农村电商市场，在 1000 多个县建设了 40 万个电商村级服务点。截至 2016 年底，乐村淘也建立了覆盖全国 750 个县 8 万个村镇的体验店。最后，新农人电子商务创业热潮持续高涨，农产品电商平台超过 3000 家[②]。

从网销情况来看，2016 年，我国农村网络零售市场交易规模达到 8945.4 亿元[③]，占全国网络零售总额的 17.4%。在农产品上行方面，从网购情况来看，70%[④]以上的农村用户为青壮年，上网终端采用智能手机，网购商品主要包括手机、家电和电脑，同时也购买个护化妆、食品饮料等日常用品。尽管农产品电子商务销售困难重重，但是生鲜电商继续保持高速增长。2016 年国内生鲜电商的整体交易额实现 913 亿元[⑤]，增速达到 80%，远高于电子商务总体

---

① 阿里研究院：《阿里巴巴网络扶贫研究报告（2016）》，2017 年 3 月。
② 源自商务部。
③ 王炳南：《国内外电子商务的现状与发展》，2017 年 6 月。
④ 21 世纪经济研究院、京东：《2016 农村电商消费趋势报告》，2016 年 12 月。
⑤ 源自中国电子商务研究中心。

增速水平。其中，牛肉与虾类销售额占比超过 20%。生鲜食品销售金额最大的进口水果是智利车厘子。以北京为例，2017 年京东年货节期间，销往北京的车厘子数量增长超上年的 10 倍。伴随着消费升级，地区收入水平较高的北京、广东、上海和江苏率先成为进口生鲜的消费大区①，未来生鲜电商市场还有非常广阔的增长空间。

三　数字经济的发展趋势

数字经济经过十几年的成长和发展，逐渐形成规模，并且向融合化、生态化、数据化和全球化等方向发展。

（一）加速化

数字经济经过十几年的摸索发展，即将从成长初期进入快速发展阶段，表现在如下五个方面。一是快速成长，我国数字经济总量、用户数和交易规模都在短时间内呈爆发式增长态势。二是数字经济的细分种类、应用和业态也不断创新，呈现多样化发展趋势。三是移动化趋势明显，移动平台集中涌现，并有主流化发展趋势，带动整个数字经济高速增长。四是线上线下加快融合，越来越多的传统企业参与平台建设和应用，数字经济与传统经济相互作用。五是支撑环境不断优化，人们对数字经济的认识逐级深入，基础设施不断完善，技术创新不断推动新应用涌现，资本源源不断投入，政策利好频繁推出。

（二）融合化

数字经济与传统经济的联系越来越紧密，相互渗透，呈现深入融合趋势。

在与消费者密切相关的生活服务类领域，O2O 平台模式强势崛起，顺应了数字经济与传统经济融合的大趋势。线上查询、交易，线下体验已经融入老百姓的日常生活。网上订餐、微信挂号、网上购票、微信支付已经不再稀奇。未来，数字经济会融入越来越多的传统领域，继续提升消费者的体验，促进服务业创新发展。

---

① 源自京东集团。

企业也加快与平台深入融合的探索，已经涌现出一批典型案例。上海老牌企业光明集团推出生鲜电商品牌——光明都市菜园，目前覆盖了3000多个农副食品商品；青岛红领集团利用电子商务和大数据改造传统生产流程和组织方式，实现了西服的个性化订制，推动了企业转型升级；动批网是北京市传统商业企业转型的典型案例，传统商业通过提前构思O2O模式，建立线上线下的互动，提高了用户购物体验，扩展了市场边界。

在其他传统经济领域，传统企业逐步认识到技术变革和市场需求的巨大变化，从观望状态逐步转变为探索平台化转型路径或者与平台建立合作关系。传统企业一方面把网络平台作为企业宣传、渠道扩展、客户服务的重要依托，另一方面积极尝试企业营销方式、生产方式、组织方式、价值链合作的彻底转型。当前，传统企业的转型还处在探索阶段，未来一定会有更多的传统企业拥抱数字经济。

（三）数据化

互联网平台具有数据产生、汇集、分析和应用的优势。平台上每时每刻都会产生各种主体的静态和动态数据。例如，淘宝网每天交易达数千万笔，因此，平台上汇聚了大量的交易数据，每天产生的数据量大概达到7个T。百度平台汇聚的是搜索数据，百度每天大约要处理60亿次搜索请求。平台孕育产生的大数据都是宝贵的财富，成为不可或缺的生产资料。这些数据深刻揭示了用户的属性、态度、行为、需求和满意度。一方面，这些平台数据恰恰能够满足各方主体了解客观事实的需求，是企业进行预测和决策的基础。另一方面，伴随技术创新和有关政策法规的陆续出台，数据搜集、处理、应用和保护能力将进一步提高，大数据的应用创新将提速，数据将成为平台重要的利润来源和核心竞争力。国内主要平台企业都宣布将大数据作为未来发展战略。阿里巴巴集团提出未来的三大战略是全球化、农村电商和大数据。腾讯在天津建成了占地面积达8万平方米的亚洲最大数据中心，并成立了专门的腾讯云计算公司。

（四）全球化

在当前日益复杂的国内、国际环境下，全球化战略有利于充分利用国内和国际两个市场与资源分布，趋利避害。尤其是数字经济，借助于互联网跨国界特征，使全球成为统一大市场。习近平总书记在2014年主持召开中央网络安全和信息化领导小组第一次会议时强调，"网络信息是跨国界流动的，信息流引领技术流、资金流、人才流，信息资源日益成为重要生产要素和社会财富，信息掌握的多寡成为国家软实力和竞争力的重要标志"。相比其他传统经济类型，推进数字经济的全球化更具可行性。

中国互联网企业完全有能力借助于"一带一路"建设的东风，走出国门，驰骋于国际市场，甚至参与国际市场规则的制定。我国于2014年举办首届世界互联网大会，会议主题为"互联互通、共享共治"。借助这次会议，中国已经向全世界表达出全面参与未来数字经济规则制定的愿望。国内主要平台企业也非常重视国际化战略，纷纷进军国际市场。腾讯、百度、阿里巴巴都已经形成全球化战略，未来其一定会加快全球化步伐。

此外，数字经济发展将为全球治理提供新机会。习近平总书记指出，数字经济是网信事业的一部分，中国不但在自身发展数字经济时积极践行新发展理念，更努力为全球数字经济确立指导原则。在乌镇召开的全球互联网大会上，中国提出"网络空间命运共同体"概念，体现了中国参与全球治理的积极意向，数字经济发展为全球治理提供了新的机会。在2016年9月召开的G20杭州峰会上，中国首次主持起草了《二十国集团数字经济发展与合作倡议》并获通过，这是第一个具有全球意义的数字经济合作倡议。

四　数字经济发展中存在的问题、挑战与机遇

（一）我国数字经济发展中存在的问题

我国数字经济快速发展，但是在实践中仍然存在一些制约问题，需要继续完善。

1. 与发达国家相比，还有较大追赶空间

2016年，中国数字经济占GDP的比重为30.1%[①]，明显低于全球其他主

---

① 中国信息化百人会：《2016中国信息经济发展报告》，2017年1月。

要发达国家，如美国达到 59.2%，日本为 45.9%，英国达到 54.5%。此外，从数字经济总量来看，2016 年我国数字经济规模达到 22.4 万亿元，只有美国数字经济总量的 1/3，差距也非常明显，还有广阔的发展空间。

2. 我国数字经济发展不平衡

我国数字经济存在区域不平衡问题[①]。在增速方面，东部地区大部分省份数字经济规模增速较快，远高于中、西部地区的大多数省份。在基础性信息和融合信息领域，广东、江苏等沿海东部省份仍然保持较大领先优势，而中、西部地区依然严重滞后。在电子商务领域，东南沿海地区的发展能力依然远强于中、西部地区。

从企业规模角度比较，中小企业的信息化程度明显低于大型企业，表现在中小企业的网络销售和购买度低，设备网络化程度低，软硬件协同能力弱，关键工序之间联网程度低。调研数字显示，中小企业软硬件协同水平不到 5%，设备联网率不足 20%。

3. 传统领域的数字化应用水平还有较大提升空间

传统领域在"互联网+"转型过程中仍然存在一些问题。一是传统企业的数字化应用水平仍然较低，网络销售和网络采购比例仍有很大增长潜力。二是传统企业对数字经济的认识存在误区，认为新经济冲击了实体经济，并引发"虚实之争"。三是农产品电子商务上行阻力重重，产品质量、标准化、冷链物流、售后服务等问题依然是发展的瓶颈。四是农村数字经济发展中，一些受国家资助的示范县缺乏根据本地实地情况的总体规划，数字经济服务体系建设滞后，没有切实激发农民和返乡人员的自发电子商务创业热情。五是我国跨境电商还处在起步阶段，缺少专业人才，物流发展滞后，产品质量和售后服务缺乏保障。

4. 基础设施建设还需要继续完善

近年来，我国宽带用户规模快速增长，网络性能显著提升。截至 2016 年底，我国固定宽带家庭普及率达到 61.4%[②]，移动宽带用户普及率达到 71.2%。但是，与发达国家相比，我国宽带普及率和网速还有较大的提升空

---

① 中国信息化百人会：《2016 中国信息经济发展报告》，2017 年 1 月。
② 宽带发展联盟：《中国宽带普及状况报告》，2017 年 2 月。

间。尤其是农村地区和偏远的中、西部地区的互联网基础设施仍待完善。

5. 平台竞争需要进一步规范

最近，在电子商务领域发生的一系列纠纷表明，平台竞争秩序有待完善。在 2017 年的"618"网络购物促销活动中，淘品牌"七格格"和裂帛宣布退出京东。6 月，菜鸟和顺丰公司因开放用户信息接口问题相互中断数据连接，导致用户无法查询物流信息，影响消费者体验。针对平台之间的竞争乱象，建议有关部门及早介入调查，严格监管，以维护电子商务市场的健康发展。

6. 安全问题依然严峻

安全问题依然是不容忽视的瓶颈问题。2016 年，有 1.85 亿[1]用户感染移动互联网恶意程序。在恶意程序中，流氓软件占比最高，达 60% 以上。调查数据同样显示[2]，46.3% 的国内网站存在漏洞，安全形势不容乐观。央视"3·15"晚会上曝光公共 WiFi 有安全漏洞，犯罪分子可轻易获取登录用户的个人隐私信息，包括手机号码、家庭住址、身份证号和银行卡号等。

（二）我国发展数字经济面临新的挑战与机遇

1. 工业化与信息化融合挑战与机遇

当今的中国正处在工业化与信息化融合的历史转型阶段。

中国网民有 7.1 亿，互联网普及率达到 51.7%。2016 年在全球十大互联网企业中，中国占五席。预计 2020 年，中国信息消费总额将达到 6 万亿元，电子商务交易规模将达到 38 万亿元。这些都为推动中国从工业经济加速向数字经济转型提供了强大的牵引力。

另外，中国在工业化任务基本完成后，仍然面临着工业化转型、升级的长期而艰巨的任务。而我国在核心信息技术、信息基础设施、信息安全方面还存在薄弱环节，这制约了信息化对现代化的带动力。

为了迎接数字经济的挑战，中国将从以下几个方面采取战略性措施，化挑战为机遇。一是突破核心技术，二是完善信息基础设施，三是壮大数字化网络

---

[1] 中国互联网协会：《中国移动互联网发展状况及其安全报告（2017）》，2017 年 5 月。

[2] 360 互联网安全中心：《2016 年中国网站安全漏洞形势分析报告》，2017 年 1 月。

经济体系，四是积极发展智能制造新模式，五是构建智慧城市服务体系，六是构筑网络安全主动防御体系。

2. 进一步发挥平台化、服务化优势

数字经济作为中国经济发展新引擎，要在换道超车中，发挥自身优势，在一些关键领域取得世界领先地位。

目前，我国在两个领域已取得世界领先地位。

一是电子商务。我国电子商务发展势如破竹，2016 年 1~7 月全国网络零售额已达到 26268 亿元，总量继续保持全球第一。中国坚持自由贸易，以跨境电子商务构建全球新的贸易机制和规则，有极大的发展空间。

二是互联网企业。目前，世界顶尖的互联网企业前十名中中国占有五席，虽然中国五强还是后五强，与前五强的美国企业有相当大的差距，但时间和市场对中国有利。在下一发展阶段，我国人工智能与大数据产业发展深具潜力，依托市场与人才优势，我国可以大有作为。

上述两个领域都具有平台化这一核心特点。在平台化上，中国的优势与欧洲的劣势（无一世界级平台）形成鲜明反差。中国互联网前两名的市值折成GDP，已超过欧洲的芬兰和爱尔兰，只要让它们自然发展，就会在换道超车中把中国的市场优势发挥出来。

B.24
积极推进现代供应链创新与
发展，提升经济发展质量

蔡进　武威*

摘　要： 2017 年以来，我国经济运行整体呈现稳中有升、稳中向好的
发展趋势。经济运行协同性的提高表现在不同企业规模间、
不同产业间、不同地区间发展的协同性提高。内外部需求基
础稳定，供给侧结构性改革将继续深化，有利于经济增速保
持稳定。结合现代供应链创新与发展的内涵，应通过现代供
应链的创新与发展实现降本增效，优化经济结构，营造良好
的物流环境，降低制度性成本，为现代供应链的创新与发展
创造新价值、新动能，促进提升经济发展质量。

关键词： 稳增长　供应链　创新　协同

2017 年以来，我国经济运行整体呈现稳中有升、稳中向好的发展趋势。经
济增速稳中趋升，供需双侧平衡性在增强，质量和效益的协调性在改善，企业间、
产业间和地区间发展的协同性在提高。全年 GDP 增速有望保持在 6.8% 左右。

展望 2018 年，经济有望继续保持平稳向好发展态势。国内需求有望延续
稳定增势，外部经济环境整体趋好，有利于经济增速稳定在 6.5% ~7% 的合
理区间。在此基础上，经济发展质量有望提升。随着供给侧结构性改革的持续
深化，去产能、去杠杆和降成本效果将持续显现，优质增量供给将逐步提升，
形成新的增长点，推进经济平稳向好发展。

---

* 蔡进，任职于中国物流与采购联合会；武威，任职于中国物流信息中心。

经济平稳向好发展为我国经济转型升级奠定了良好的基础。从长期来看，我国经济的发展要从经济长周期和结构优化升级的角度进行谋划和部署，推动经济转型升级。根本上是要实现生产经营组织模式的转型升级。为此，要积极推进现代供应链的创新与发展。现代供应链是现代经济体系的重要组成部分，是提升我国经济发展新动能的重要抓手和推动力。因此，要在深刻领会现代供应链内涵的基础上，通过现代供应链的创新与发展实现降本增效，创造新价值、新动能，提升经济发展质量。

一 经济运行稳中有升、稳中向好

（一）经济增速稳中趋升

2017年制造业PMI和非制造业商务活动指数自2016年下半年以来均呈现波动上行趋势。截至2017年10月，制造业PMI均值为51.6%，较上年同期上升1.5个百分点；各月指数均保持在51%以上的较高水平，反映制造业景气稳步回升。非制造业商务活动指数均值为54.5%，较上年同期上升1个百分点。各月指数运行在53%以上的较高水平，反映非制造业延续稳健较快增长的趋势。

制造业和非制造业活动的持续回升拉动了经济的稳步上行。我国GDP增速自2016年四季度开始回升，2017年前三季度升至6.9%，持续稳定在6.5%~7.0%的合理区间内。特别是，制造业的回升拉动了工业生产的回升。工业增加值增速改变了2016年下半年在6%左右的低位徘徊趋势，2017年以来各月同比增速较2016年明显加快，前三季度月累计增速达到6.7%。

（二）经济运行的平衡性增强

经济运行的平衡性主要是体现在市场供需之间的差距在缩小。从2017年制造业回升过程来看，最大的特点就是，供需双侧联动上行，供需差距较2016年缩小。2017年以来，生产指数和新订单指数各月数值均保持在53%以上的较高水平，均值水平较2017年同期均有回升。从回升幅度看，1~10月新订单指数均值为53.0%，较2016年同期上升2.3个百分点；生产指数均值为53.8%，较2016年同期上升1.6个百分点。新订单指数升幅超过生产指数，说明市场需求回升力度较市场供给侧更大，经济运行的平衡性在增强，表现在上述两个指数均值差距为 0.8 个百分点，较上年同期缩小 0.7 个百分点。

（三）经济运行的协调性改善

伴随经济增速的回升，经济运行效益和质量的协调性有所改善。

一是表现在企业效益改善上。国家统计局数据显示，2017 年以来，工业企业利润总额增速持续保持两位数以上增长，反映出经济的回升切实带来了企业效益的回升。1～9 月，全国规模以上工业企业实现利润总额 55846 亿元，同比增长 22.8%，增速比 1～8 月加快 1.2 个百分点。

二是就业稳定回升，经济发展的质量有所提升。PMI 相关数据显示，2017 年 1～10 月，制造业从业人员指数均值较上年同期上升 1.2 个百分点，达到 49.3%，各月指数均保持在 49% 以上；非制造业从业人员指数均值较上年同期上升 0.5 个百分点，达到 49.5%，各月指数也均稳定在 49% 以上。特别是制造业回升得更为明显，指数均值创出近三年历史同期的新高。反映制造业就业拉动作用有明显改善。中国人力资源和社会保障部数据显示，2017 年前三季度，全国城镇新增就业人数超过 1000 万人，基本完成全年目标。全国城镇登记失业率保持在 4% 以下，并创下金融危机以来最低点。

（四）经济运行的协同性提高

经济运行协同性的提高表现在不同企业规模间、不同产业间、不同地区间发展的协同性在提高。

从不同企业规模看，大、中小型企业协同发展，企业经营活动均呈现稳步趋升态势。无论是制造业还是非制造业不同企业规模的指数均值较上年同期均有不同程度提升。制造业中，仍是大型企业发展速度较快，PMI 均值保持在 52% 以上；其次是中型企业，均值达到 50.5%；小型企业发展水平相对较低，均值在 50% 以下，但较上年同期仍有改善。非制造业中，除了大型企业经营活动仍保持较快发展外，小型企业的发展也趋于活跃，均值在 55% 以上，且较上年同期有明显上升。非制造业的小微企业大部分是服务业企业，在国家"大众创业、万众创新"相关政策的推动下，小微企业得到快速发展。市场主体活力迸发。

从产业间的变化看，新兴产业继续保持强劲增长势头，传统产业转型升级加快，焕发出新的活力。新兴产业和传统产业的发展趋势由对立变为趋同，均呈现稳步上升走势。从制造业来看，1~10月高新技术产业均值达到53%以上，消费品行业和装备制造业均值均达到52%以上，较上年同期均有提升；同时，基础原材料行业均值虽仍在50%以下，但较上年同期有所提升。服务业中，信息服务业、金融业和邮政业等新兴服务业发展活跃度继续提升，相关指数均值保持在60%左右的较高水平。批发业和零售业等传统服务业指数均值虽低于新兴服务业，但均保持在53%以上，且较上年同期有所提升，意味着传统服务业增速也有所加快。

从不同地区看，中、西部地区加快发展，增速快于东部地区，投资增速保持在两位数；东部地区注重质量提升，在高新技术产业和战略性新兴产业等方面的发展速度领先于全国。东北地区实现恢复性增长，如黑龙江GDP增速自2016年以来呈现逐季回升走势。

二 2018年经济运行具备平稳向好的基础

从上述数据情况看，2018年经济运行整体有望保持稳中有升、稳中向好的发展趋势，全年GDP增速有望保持在6.8%左右。展望2018年，经济运行有望延续平稳向好发展趋势，经济增速将稳定在6.5%~7%的合理区间内。在此基础上，经济发展质量将进一步向好。

（一）内外部需求基础稳定，有利于经济增速保持稳定

从国内需求看，2017年基础建设投资和房地产开发投资增速较上年同期均有上升。基础建设投资持续保持较快增长，房地产开发投资增速有所回稳。随着我国城镇化建设的逐步推进，二、三线城市建设将会继续发力，进而带动三、四线城市的城镇化建设。相关基础设施建设、棚户区改造等保障性住房的建设有望持续。消费的平稳较快增长已经成为经济发展的主要驱动力，为经济平稳向好发展奠定良好基础。全国社会消费品零售总额继续保持两位数增长，最终消费对经济增长的贡献率达到64.5%。

从外部环境来看，发达国家经济复苏态势仍在持续，新兴经济体保持增长，全球制造业和国际贸易回暖。各主要国家PMI数据显示，美国和欧洲主

要发达经济体的制造业 PMI 均保持在 53% 以上的较高水平，制造业增势强劲。各主要新兴经济体的制造业增长水平大体保持在 51% 左右。10 月，国际货币基金组织预测全球经济增长 3.6%，比 4 月预测值上调 0.2 个百分点，比 2016 年加快 0.4 个百分点。在外部需求的带动下，我国出口形势有所好转。1～10 月制造业新出口订单指数均值为 50.8%，较上年同期上升 1.6 个百分点。预期 2018 年全球经济增长动能有望进一步释放。

（二）供给侧结构性改革将继续深化，经济发展质量有望提升

供给侧结构性改革已经成为引领我国经济发展的主线，2017 年以来，改革效果初步显现。在去产能相关政策的持续推进下，一些基础原材料行业的产能控制力度有所增大，供需结构改善，大宗商品价格出现明显回升。制造业产成品库存指数持续运行在 50% 以下，2017 年以来呈现波动下行趋势，去库存效果持续显现。前三季度社会物流总费用与 GDP 的比率为 14.5%，表明每万元 GDP 所消耗的社会物流总费用为 1450 元。比上半年的 1460 元下降 0.7%，比一季度的 1490 元下降 2.7%，年内呈现连续回落态势。伴随经济结构的调整、增长方式的转变和企业生产组织模式的创新，降成本效果也有所增强。

预期随着供给侧结构性改革的继续深化，去产能、去杠杆和降成本效果将持续显现，优质增量供给将逐步提升。高技术产业、装备制造业投资均保持加快增长趋势，制造业强国战略将有序推进；在创新引领下，互联网、大数据和人工智能与实体经济的融合将进一步深化；中高端消费、新兴消费市场将继续保持加快发展趋势。经济发展新动能、新价值将得到强化，形成新的增长点，推进经济的平稳向好发展。

三 现代供应链创新与发展是提升经济发展质量的根本路径

经济运行的平稳向好为我国经济转型升级奠定了良好的基础。从长期来看，我国经济的发展要从经济长周期和结构优化升级的角度进行谋划和部署，推动经济转型升级，根本上是要实现生产经营组织模式的转型升级。生产经营组织模式的转型升级本质上就是要推进现代供应链的创新与发展。十九大报告

明确提出要在现代供应链领域培育新的增长点，形成新动能，建设现代化经济体系。这将极大地推动我国现代供应链创新与实践进入一个新的发展阶段，同时也表明我国经济在转型升级发展过程中，进入供应链创新时代。

应该说，"现代"这两个字为我国供应链创新与实践赋予了明显的时代特征。现代供应链是现代经济体系的重要组成部分，是提升我国经济发展新动能的重要抓手和推动力。具体来说，现代供应链至少要把握住以下几个方面的内涵。

一是相对于我国传统的发展方式和生产组织方式，供应链本身就是现代的，是现代发展方式的创新。供应链与我国传统的发展模式和生产经营组织形态最根本的区别就在于：传统生产组织方式是需求驱动的，通过需求规模扩张获得经济发展；而现代供应链是以供给驱动为特征，通过供给侧质量提高和效率提高来推动经济发展。这两种模式的立足点、着眼点不一样。基于过去传统以需求驱动为特征的生产组织方式来讲，供应链是现代的。供应链的创新适应了我国经济由高速增长向高质量增长的转变，或者说只有供应链经济的组织形态才能推动我国经济的高质量增长，所以说，供应链代表了我国经济发展方式的时代转折。这对于中国未来建设新型现代经济体系而言至关重要。

二是从供应链本身发展阶段来讲，我国供应链创新与发展也要跟上时代的步伐，发展现代的供应链。供应链在全球有几十年的发展历史，在一些发达国家已经发展到一定阶段，相对成熟。中国现在发展供应链，要吸收供应链核心功能、核心内涵、核心理念，并在此基础上实现超越发展，进入供应链发展的新阶段，即现代供应链阶段。

相对于传统供应链，现代供应链的一个重要标志就是智慧化和数字化。20世纪80年代以来，人类开始进入信息化时代，极大地推动了人类社会的发展。然而科学技术发展到今天，人类开始进入智慧化的新时代。未来人类还会在智慧化发展的基础上，进入数字化发展的时代。当前我国处于由信息化进入智慧化时代的开端，发展供应链既要建立其核心功能如整合、优化、协同，形成其核心理念如包容、开放、共享，落实其基本目标如降本增效，更要适应智慧化要求，发展智慧化和数字化供应链，把握住现代供应链发展的大方向。

三是现代供应链的目标在传统供应链的基础上也有进一步的延伸，旨在不断创造新动能。传统供应链的目标是对现有存量降成本、提高效率，由此提高经济运行质量。现代供应链在完成传统目标以外，更重要的是通过供应链创新发展，不断形成新的生产服务，改造供给体系，创造新价值、新财富、新动能。所以，习近平总书记在十九大报告中明确提出将现代供应链作为中国未来经济发展形成新动能的一个重要抓手。

结合现代供应链创新与发展的内涵，通过现代供应链的创新和发展，提升经济发展质量，要把握两个方面的基本路径。

一方面要通过现代供应链的创新与发展实现降本增效。

提高经济发展质量的核心首先是降成本。从宏观经济运行角度看，成本主要有三个方面：劳动力成本、原材料成本、物流成本。当前，劳动力成本上升是不可逆的。原材料成本上升虽然有波动，但由于原材料的稀缺性，长期来看，其上升趋势也是不可逆的。那么，降成本的重点就在于降低物流成本。从生产到销售、消费的每一个环节，都必须通过物流作业才能实现，在完成每一个物流作业环节过程中都会形成物流成本。国际上有一个通用的概念是物流成本与GDP的比率。全社会物流成本是衡量一个国家经济运行效率的重要指标。2016年中国物流成本是11.1万亿元，与GDP的比率为14.9%。这个比率全球平均水平是13%，美国是8%~9%，日本是8%左右。横向比较，中国物流成本与发达国家相比高得多，降成本的空间巨大。如果物流成本与GDP的比率从14.9%降低到8%，那么物流成本就能下降数万亿元。

目前，我国从宏观到微观，从政府到企业对于降成本，特别是降低物流成本，达成了广泛的共识。2017年8月，国务院办公厅出台了《关于进一步推进物流降本增效促进实体经济发展的意见》，这次国务院办公厅出台的84号文件指导意见，更进一步明确了降成本的实现条件和根本途径。

当前，降低物流成本有三个途径。

降低成本的第一个途径是优化经济结构。美国从20世纪80年代到21世纪初，经历了结构优化、发展服务业的进程，其间服务业占GDP比率每增长1个百分点，物流成本与GDP比率就降低0.56个百分点。我们针对中国发展服务业，通过优化结构降低物流成本做了测算，从1991年到2016年，服务业占GDP比率每增长1个百分点，物流成本与GDP比率就下降近0.5个百分点。2012~2016年，中国物流成本从18%已经回落到14.9%。可以说，这一时期物流成本下降，主要是通过优化经济结构来实现的。以降成本为驱动推进经济结构、产业结构优化，也能够使转型升级得到深入。然而，经济结构的优化是有边界的，需要保持在一个科学适度的比例。因而通过经济结构优化来降低物流成本也会有边界。美国服务业占到 GDP 的 70%～80% 以后，现在又提出回归制造业。中国既要吸取美国经验，也要反思美国过度发展服务业的问题。据测算，我国服务业占 GDP 比重在 60% 左右更适合我国现代化的发展目标，同时要留出一定空间从供给侧的角度提升制造业效益，以提高我国经济发展的创新含量、价值含量。

降低成本的第二个途径是政府通过减税减费，营造良好的物流环境，降低制度性成本。在这方面，国务院以及有关部门采取了一系列有效措施，取得了明显成效。

降低成本的第三个途径，即最根本的途径是生产与物流组织形态的创新，是创新与发展供应链。目前，单个企业已经很难把物流成本降下来，唯有通过供应链创新，整合资源，优化流程，协同生产来降低成本。供应链的第一个基本功能是整合。单个企业自己独立运营的时候，每家企业要有仓库，10 家企业就有 10 个仓库，从供应链角度来讲，是资源的重复配置。如果将 10 家企业整合到供应链平台上，可能 1 个或者 2 个仓库就能满足 10 家企业生产经营的需要资源整合过程中实现资源优化，在资源优化过程中实现资源共享，降低成本。供应链的第二个基本功能是优化，过去每家企业的生产需要经历 10 个流程甚至更多，单独的 10 家企业就需要有 100 个流程。如果整合到供应链平台上，就会将一些重复的流程优化，生产经营效率会提高，成本就会降低。供应链第三个基本功能是协同，尤其是产业之间的协同。过去中国企业不是按照上下游战略协同来安排生产、释放产能，而是按市场需求。短缺经济时代市场需求不断增长，产能也不断扩张。但市场需求不是永恒的而是波动的，依据市场需求来设计和释放产能灵活性较差，久而久之必然形成产能过剩。而通过供应链的创新，将企业之间、产业之间、地区之间有序地、能动地协同起来，无缝链接需求与生产，就能避免产能过剩、减少成本消耗、调节供需结构，同时形成新技术供应。可以说，降低物流成本其结果必然走向供应链创新，供应链创新是降低物流成本的根本途径。当然，通过创新供应链降低物流成本，不是要一味追求成本下降，而是要将成本控制在一个合理适度的水平。这个合理适度的水平能保证供应链有序、敏捷、高效运行。

另一方面要通过现代供应链的创新与发展创造新价值、新动能。

供应链创新不仅仅是停留在降成本、控成本的阶段。供应链创新要进一步深入，在降本增效、生产模式转型的过程中，会出现一批有关供应链整合的新技术、新服务，这些创新都会创造现代化生产、服务的新价值，形成新动能。例如，现在全球都在广泛应用互联网，美国提出"工业互联网"，德国提出"工业4.0"，这些国家发展互联网主要是从供给侧驱动，以提供有效供给，创造新的消费。依托信息技术、互联网技术，从供给侧驱动，将计算机技术从机房搬到家庭，搬到各种生活生产应用场景并向全球推广，比如有了家庭用的PC机，再从家庭搬到老百姓口袋里，有了手机，有了各种移动智能终端，甚至创生了VR等更新的信息技术服务。这就是通过提供有效供给，创造新需求，从供给侧为广大用户创造新的消费空间。我国现在互联网平台发展十分普及，但我国互联网的应用更多的是需求"搬家"，只是对现有需求的整合和放大，并没有创造新的供给体系，提供有效供给，形成创新需求。这种对现有需求的整合与放大是有天花板的，是有边界的，在很短时间内就会形成"需求固化"。在这一点上，我国对于互联网的应用，在理念、顶层设计方面与发达国家有差距，这种差距若干年后就会显现出来。

供应链的本质就是创新供给体系，优化供给质量，发展现代供应链必然要从供给侧驱动，目前，有了基于现代供应链创造新动能的目标，在各有关部门协同支持下，持续推动供应链管理，必将完善供给体系，促进有效供给，为老百姓创造新的消费和服务空间，从而创造新价值、新财富。

B.25

电动汽车替代燃油汽车前景对
未来能源需求的影响分析

李平 刘强 王洽*

摘 要: 本文对世界和中国电动汽车的发展情况进行了总结,在中国能源模型系统的框架下对发展电动汽车对我国未来能源需求的影响进行了分析。结果表明,电动汽车对燃油汽车的替代,将会显著提高对电力的需求,并影响到我国未来的能源供给结构。为此,我国须加快调整电力结构,推动天然气发电的发展,否则将会影响到正在进行的减煤工作的效果。同时,本文还认为,应该多种技术路线并行,以不同技术的竞争推动整个产业的发展。

关键词: 电动汽车 能源需求结构 能源预测模型 燃油替代

在全球应对气候变化的框架下,2017年传出了多国宣布即将在本国全面禁售燃油汽车的消息,据称,欧盟多国还公布了替代燃油车的时间表。我国相关部门也宣布要启动研究制定禁售时间的事宜。到底应该如何看待电动汽车,它是否具备取代燃油汽车的能力,这是关系到我国能源安全和可持续发展的重大问题。

---

* 李平,中国社会科学院数量经济与技术经济研究所所长,研究员;刘强,中国社会科学院数量经济与技术经济研究所资源技术经济研究室主任,研究员;王洽,中国社会科学院数量经济与技术经济研究所助理研究员。

一 世界电动汽车发展综述

（一）全球销量持续增长

电动汽车因清洁排放的特性已逐渐稳定了部分市场地位，过去几年汽车生产厂商积极发展电动汽车（含纯电动汽车与插电式油电混合车）新技术与新车款，在各国的政策支持下取得较大发展，电动汽车的性能与售价逐渐开始契合市场需求。2016 年全球电动汽车销量超过 77 万辆，较 2015 年大幅增长 41%，其中中国、美国、挪威、英国与法国为前五大销售国。

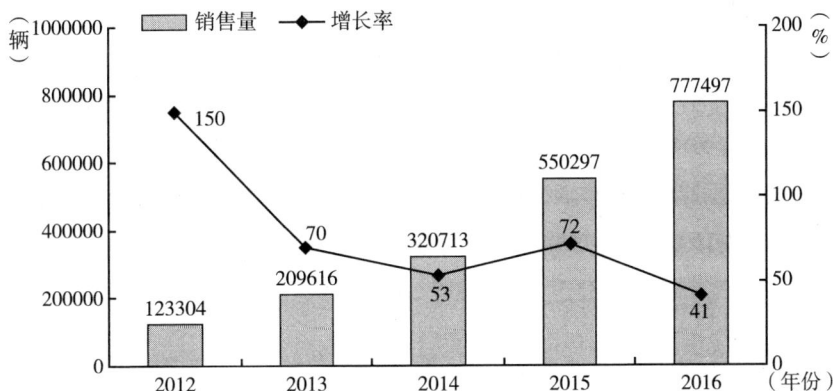

图1 2012～2016 年全球电动汽车销量及增长率

资料来源：EV Sales Blog、Inside EVs。

在电动汽车行业，汽车厂商积极创新技术，改良原有车型或推出多款新型电动汽车，并持续形成新的产能。下一代电动汽车的技术方向聚焦于续航能力与电池成本。依据特斯拉和通用汽车的规划，新一代的纯电动汽车续航能力超过 300 公里，售价在 3.5 万美元，预期可推动电动汽车快速进入销售增长高峰。

（二）中国稳居第一大市场

我国政府为了健全规划与市场机制，在 2015 年修订了更严格的电池标准并加强打击厂商骗补行为，电动汽车销量增长强劲，2016年达到35万辆的销量，较2015年大幅增长70%，遥遥领先于其他国家。

第二大市场美国在2015年因石油价格大幅下滑、市场电动汽车车型未推陈出新等因素，销量出现负增长。但是到2016年美国已经走出低谷，在Tesla、Nissan、GM及Toyota皆推出全新或小改款车型的刺激下，全年电动汽车销售近16万辆，较2015年增长37%。

挪威是欧洲主要电动汽车市场，也是全球电动汽车第三大市场，电动汽车市场占有率更是全球最高，从2015年的22.8%攀升至2016年的29.5%，意味着每10辆售出的车辆中就有3辆是电动汽车。挪威市场的成长动力来自政府持续提供高额度的补助政策，如纯电动汽车免征注册税、增值税及道路使用费等。

英国于2016年3月微幅调整电动汽车补助政策，降低了补助金额并增加车价限制，使补助标准更趋理性。但在车厂推出新车款及基础设施逐渐到位的激励下，全年度共售出约4万辆电动汽车，较2015年增长39%。

法国依据排碳量对车辆征税，当排碳量小于60g/km时征税转为补贴，最高补贴为6000欧元，且对购买低碳车辆、淘汰柴油车还有额外补助，这促使2016年电动汽车销量提升至3.5万辆，增长28%。

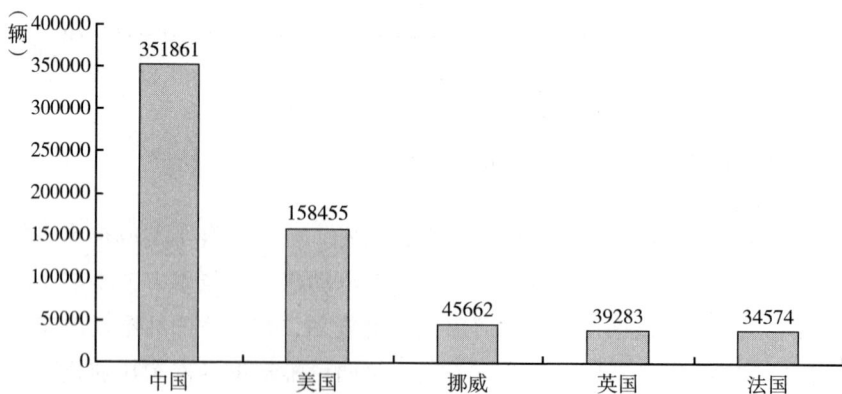

图2 2016年全球电动汽车前五大市场

资料来源：EV Sales Blog、Inside EVs。

（三）世界电动汽车产业发展状况

观察 2016 年全球主要电动汽车厂竞争概况，BYD 合计销售 10.2 万辆，市场占有率最高，为 13%，第二名为 Renault-Nissan 8.6 万辆，市场占有率为 11%，第三名为 Tesla7.6 万辆，市场占有率为 10%，市场占有率四到六名依次为 Volkswagen、BMW 与 BAIC。而在 2017 年，各车厂将提高动力电池使用效率与降低成本作为发展重点。

二 中国电动汽车发展的能源效应分析

（一）我国电动汽车发展情况

我国已经成为全球最大且增速最快的电动汽车市场。2010 年以来，我国实施新能源汽车补贴政策，在一些城市执行电动汽车购车补贴和不限购、出行不限号、充电执行优惠电价、公务购车等鼓励措施。在随后的六年间，电动汽车特别是纯电动汽车在我国汽车市场开始大批量销售。截至 2016 年底，我国电动汽车累计销售数量约为全球的 1/3，超过美国，跃居世界第一。根据中国汽车工业协会的数据，2016 年纯电动汽车保有数量达到 74.1 万辆，是插电式混合动力汽车的 3 倍以上。

2012 年国务院通过了《节能与新能源汽车产业发展规划（2012～2020年）》，规划到 2020 年纯电动汽车和插电式混合动力汽车生产能力达 200 万辆，累计产销量超过 500 万辆。最新推出的"双积分"政策，更是为我国电动汽车市场份额提供了有力保障。从相关规划和政策来看，电动汽车仍将继续作为我国汽车发展的主要方向，其保有数量将以较高的速度增长。

然而，电动汽车预完全替代燃油汽车，其替代数量是十分庞大的。尽管 2016 年我国电动汽车销量成绩斐然，占全球销量的 40% 左右，但是电动汽车在我国的市场份额仍然较低。IEA 的数据显示，挪威的电动汽车市场份额全球最高，达到 28.76%，是最有可能按期实现电动汽车替代的国家。其后的国家分别是荷兰（6.39%）、瑞典（3.41%）、法国（1.46%）、英国（1.41%），我国目前仅为 1.37%。由于我国汽车市场规模较大，我国电动汽车市场份额每提高 1 个百分点，都需要庞大电动汽车消费量作为支撑。所以，与一些欧洲国家相比，我国实现全面禁售燃油汽车将会困难得多。

另外，由于我国纯电动汽车在电动汽车中占有较高的比例，我国的电动汽车完全替代将以纯电动汽车的普及为主导。IEA 的数据显示，2016 年我国纯电动汽车所占比例已超过 75%，为全球最高，法国接近 75%，美国、挪威和日本均在 60% 左右，德国约为 30%，英国、荷兰和瑞士均在 15% 左右。可见，尽管一些国家宣布禁售燃油汽车，但这并不意味着市场上的汽车放弃了由燃油驱动，仅仅是转变为电力驱动和燃油驱动的配合使用。当电池电量充足的时候，汽车在纯电动驱动模式下行驶。而当电池电量即将耗尽时，汽车仍然以内燃机为驱动方式，继续行驶。然而，禁售燃油汽车对于我国来说，意味着市场上的汽车将主要由电力驱动。这对电池储能技术、电力驱动技术、电网调峰能力等来说都将是巨大的考验。

我国的电动汽车产业政策将会对汽车产业发展和能源供需产生深远的影响，制定禁售燃油汽车时间亟须对此进行深入研究。交通运输、仓储和邮政业在石油消费总量中占比达到 45% 以上，在柴油消费总量中的占比接近 65%。我国电动汽车数量激增，将会拉低汽油消费水平，并且拉动更多的电力需求增长。当电动汽车保有数量达到一定规模时，将会传导至国内石油和电力市场。

（二）油电替代效应模型的建立

此部分将在中国社会科学院数量经济与技术经济研究所开发的中国能源模型系统（CEMS）的基础上，新建一个油电替代效应的模型块，以揭示我国交通运输、仓储和邮政业内部替代效应的逻辑关系。

中国能源模型系统（CEMS）是运用系统动力学建模原理，在能源核算框架的基础上建立的模型系统。它能够较好地体现能源与经济之间相互作用的复杂关系，是能源及其他相关问题研究、能源前景预测和相关政策效果模拟的软件平台。

CEMS 由七个子模块构成，分别是宏观经济模块、人口与就业模块、产业模块、价格模块、能源需求模块、能源供给与贸易模块、能源温室气体排放模块。图 3 给出了各个模块之间的直接联系与间接联系，主要包括：①宏观经济模块中，GDP 由进口、出口、投资和消费共同决定；②产业平均增长率部分决定了进口增长率、出口增长率、投资增长率和就业增长率；③劳动者收入增长率和工业品价格变动率决定了消费增长率；④消费增长率一方面决定消费增长，另一方面影响进口增长率；⑤能源需求、能源供给和能源贸易共同决定了能源价格，并与产业增长和劳动力收入增长一起影响宏观经济增长；⑥某一产业的能源消费需求由产业增长和产业能耗共同决定，其中产业增长是外生的；⑦能源需求与能源供给的差额部分，决定了净出口的数量；⑧能源消费总量、能源生产总量，以及排放系数共同决定了温室气体排放水平。

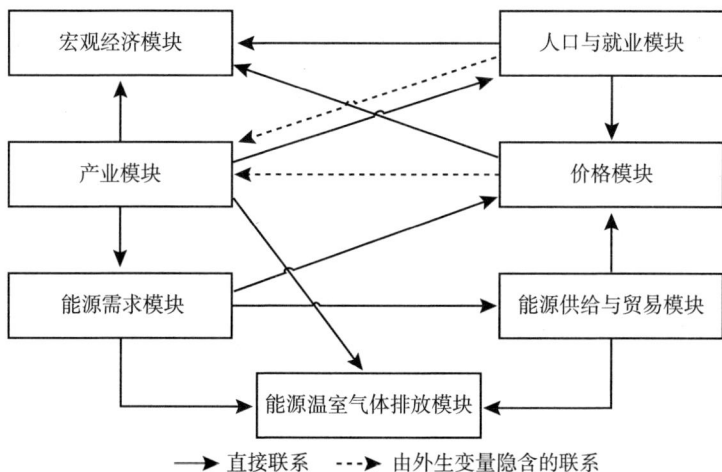

图3 CEMS 中各模块之间的联系

在考虑电动汽车的替代效应的时候，假设替代前的汽油需求包括以下两部分：一部分来自替代效应下按汽油计算电动汽车的汽油需求，另一部分是非替代效应下的汽油需求。两个部分之间的比例关系由电动汽车运输需求占比决定，电动汽车运输需求占比根据电动汽车保有量占比估计。第一部分（按汽油计算电动汽车的汽油需求）的汽油需求，将根据电动汽车油电替代率，转化为电动汽车的电力需求。第二部分（非替代效应下的汽油需求）作为替代效应后的汽油需求。电动汽车的电力需求与替代效应前的电力需求两者之和作为替代效应后的电力需求。建模逻辑具体为：

①能源需求增长率决定了替代前的汽油需求增长和替代前的电力需求增长；

②替代前的汽油需求增长与按汽油计算电动汽车的汽油需求增长之和是替

代后汽油需求增长；

③替代前的汽油需求与按汽油计算电动汽车的汽油需求之和是替代后汽油需求；

④替代前的电力需求增长与电动汽车的电力需求增长之和是替代后电力需求增长；

⑤替代前的电力需求与电动汽车的电力需求之和是替代后电力需求；

⑥电力汽车运输需求占比增长的增长率为外生变量，由电动汽车市场份额增长率决定；

⑦电力汽车运输需求占比增长的增长率决定电力汽车运输需求占比增长，电力汽车运输需求占比增长累计得到电力汽车运输需求占比；

⑧电力汽车运输需求占比与替代前汽油需求，共同决定按汽油计算电动汽车的汽油需求；

⑨替代前汽油需求增长、替代前汽油需求、电力汽车运输需求占比增长和电动汽车运输需求占比，共同决定按汽油计算电动汽车的汽油需求增长；

⑩电动汽车电力需求由油电替代率和按汽油计算电动汽车的汽油需求决定；

⑪电动汽车电力需求增长由油电替代率和按汽油计算电动汽车的汽油需求增长决定。

上述逻辑需要外生变量4个（见表1）。交通运输、仓储和邮政业能耗降低率由产业能源强度降低率估计，产量增长率根据线性拟合得到。EV运输需求占比增长的增长率将由EV车保有数量估计，下文将对这个变量设置不同的情景。EV油电替代率来自综合各种技术数据后选取的参数。

表1　电动汽车替代模型部分变量的基本情况

输出变量	外生变量
替代后交通运输、仓储和邮政业汽油需求	
替代后交通运输、仓储和邮政业汽油需求增长	交通运输、仓储和邮政业能耗降低率
替代后交通运输、仓储和邮政业电力需求	交通运输、仓储和邮政业产量增长率
替代后交通运输、仓储和邮政业电力需求增长	EV运输需求占比增长的增长率
EV电力需求	EV油电替代率
EV电力需求增长	

（三）情景分析油电替代效应的影响

我们分别在电动汽车超高市场占有率、高市场占有率、中等市场占有率（基准情景）、低市场占有率四种情景下，模拟电动汽车市场份额增长与宏观能源供需、能源贸易、能源依存度之间的联动关系。其中，在超高市场占有率情景下，EV运输需求占比增长的增长率参考《节能与新能源汽车产业发展规划（2012～2020年）》中的电动汽车市场占有率增长率而设置；在基准情景中，EV运输需求占比增长的增长率综合考虑技术进步率、成本降低率、规模化生产效应、政策支持力度、充电桩数量增长率、驾驶出行与充电的便捷性等因素；高市场占有率情景作为基准情景在政策鼓励加强时的模拟；低市场占有率情景则作为基准情景在政策鼓励减弱时的模拟。

电动汽车的市场保有量占比在4种情景下均将逐渐增加。在基准情景下，2020年为1.5%左右，2030年达到2.8%，2050年为20.3%。在超高市场占有率情景下，2050年达到40%左右；在高市场占有率情景下，2050年约为30%；在低市场占有率情景下，2050年约为10%。可见，不同政策鼓励强度的影响大致将在2030年之后才会开始显现。

随着电动汽车市场保有量的提高，替代效应一方面将使交通运输、仓储和邮政业的汽油需求增长减慢甚至是降低，另一方面将作用于加速拉升该产业电力需求。由于电动汽车的替代效应，在基准情景下，2020年减少汽油消费约65.85万吨，2030年减少汽油消费约233.28万吨，2050年减少汽油消费约1798.79万吨。相应的，在基准情景下，2020年增加电力消费约289.73亿千瓦时，2030年增加电力消费约1026.42亿千瓦时，2050年增加电力消费约7914.66亿千瓦时。

电动汽车油电替代效应将会引起交通运输、仓储和邮政业汽油需求降低和电力需求增加，并进一步传至总汽油需求、总原油需求和总电力需求。从趋势上看，总汽油需求走势先高后低；总原油需求在2026年达到峰值，随后逐渐下降；总电力需求逐渐下降，但在期末电动汽车对电力消费总量的拉动作用开始显现，总电力需求有反弹趋势。

根据情景模拟的结果，我国一次能源消费总量受电动汽车市场份额变动的影响较小，整体走势为逐渐下降。在各种情景下，2020年一次能源消费总量约降为43.3亿吨标准煤，2030年约降为37.8亿吨标准煤，2050年降为31.0亿吨标准煤。

电动汽车数量的增长对电力消费的拉动，将主要由火电供应来满足。水电、风电和太阳能发电等受资源条件的限制，难以作为稳定的电源供应。模拟结果显示，电动汽车的发展将对能源需求结构有显著的影响。低市场占有率（2050年电动汽车占总量的10%）情况下尚可保证总电力需求是逐步下降的趋势，而基准情景和更高市场占有率（20%以上）情况下，电力需求都在2038年之后出现反弹上升趋势。相应的，对原油和成品油的需求趋势正好相反。在低市场占有率情况下，原油需求在2025年前后达到峰值后开始下降，汽油需求在2038年前后达到峰值后开始下降。而在比低市场占有率情景更高的情景下，都带来了原油和汽油需求更快的下降（见图4、图5、图6）。

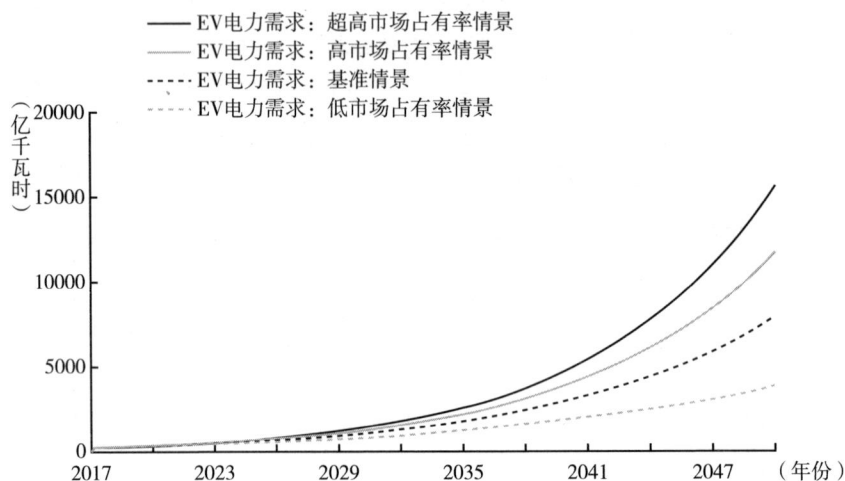

图4 替代效应下电力消费增长量情景分析

三 政策分析与建议

（一）随着技术的不断成熟和基础充电设施的完善，电动汽车相对于汽油汽车的优势将日益显现

1. 电动汽车具有空间大、启动与加速快、排放少等优点

电动汽车拥有更少组件的事实是另一个与服务相关的优点。电动汽车并不

总电力需求：超高市场占有率情景
总电力需求：高市场占有率情景
总电力需求：基准情景
总电力需求：低市场占有率情景

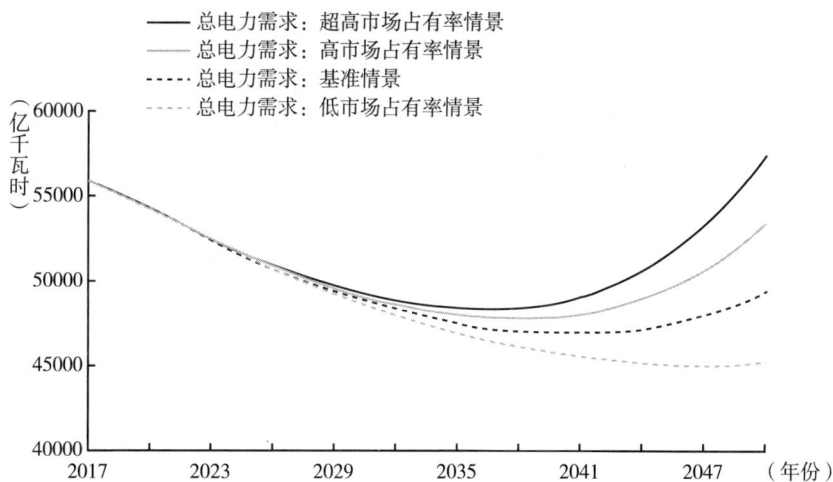

图5　替代效应下总电力需求情景分析

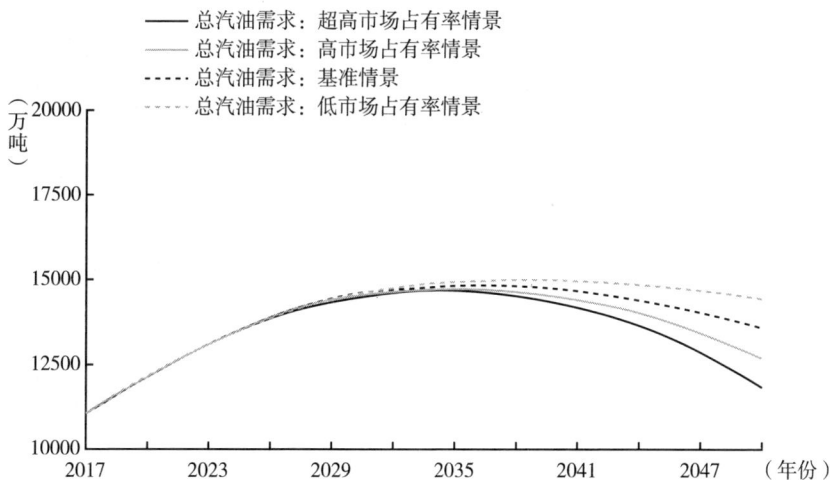

总汽油需求：超高市场占有率情景
总汽油需求：高市场占有率情景
总汽油需求：基准情景
总汽油需求：低市场占有率情景

图6　替代效应下总汽油需求情景分析

像 ICE 车辆那样有数千个部件，而是仅有几个部件，而且没有排放，这样可以简化服务。因此，电动汽车的维护成本更低。而对许多消费者来说，维护成本更低是一个巨大的卖点。

2. 电动汽车通常夜间低谷时期充电，有利于电网平衡

由于汽车普遍夜间停驶，电动汽车通常在夜间低谷时期充电，这有利于电

网平衡。智能电网也可以引入新的可再生能源，例如，太阳能和风能，并且在本地与分布式能源或电动汽车交互。智能电网可以平衡电动汽车的充电要求和电网的需求与制约，调整电动汽车的充电费用，以保证电网系统不会超负荷。这不仅对电网更有好处，而且使电动汽车能够成为可再生能源的理想消耗设备，因为充电费用可以随着可再生能源的可用性而变化。

3. 充电设施成本将进一步下降

受规模扩大和市场竞争因素的影响，在探索能够盈利的商业模式的同时，充电投资商将进一步压缩设备采购投资，并提出更高的服务要求。

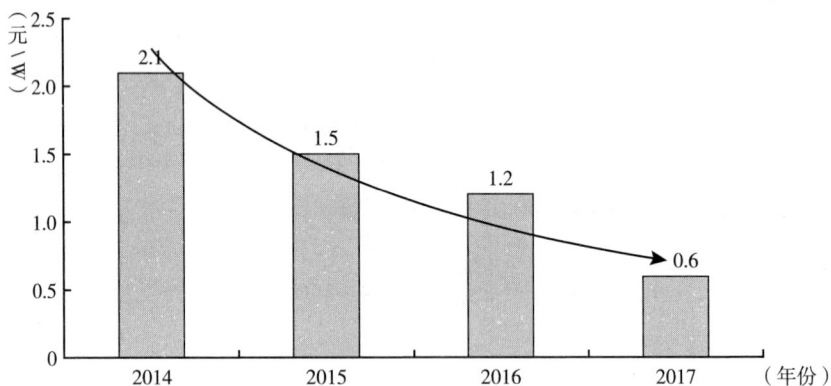

图7　直流充电桩价格趋势

资料来源：国家能源局电力司：《中国电动汽车充电基础设施发展年度报告（2016～2017）》。

（二）建议1：加强电池技术、材料技术、综合集成等基础工业技术研发

中国虽然在电动汽车总量上居于世界第一，但是在核心技术上仍然落后于日本等国家。其重要表现就是关键的电池生产主要依靠日本等国。因此，中国要想实现弯道超车，还是要遵循技术发展的规律，加强基础工业技术的研发。

（三）建议2：电动汽车无论是否清洁，其发展必然增加电力需求，因此须加快发展天然气发电，否则减煤工作的效果将大打折扣

如上文模型分析结果，电动汽车无论是否清洁，其发展必然增加电力需

求，如果不能加强非煤电力的生产，长期坚持的减煤工作的效果将大打折扣。在各种非煤电力中，天然气发电具备安全、成本、高效、稳定、环保等诸多优势，它也是发展风电等可再生能源电力的主要调峰电力。因此，加快发展天然气发电，就更为必要和迫切。

（四）建议3：通过多种技术路线的竞争推动电动汽车产业的发展

市场竞争是产业发展的最好动力。目前电动汽车的高速发展实际上主要是由政策补贴和优惠措施造成的。为了给消费者更大的选择范围，进口和国产纯电动汽车（BEV）以及插电式混合动力汽车（PHEV）都是可行的技术路线。通过这些不同技术路线之间的良性竞争，可以更好地促进国内电动汽车产业的技术进步。

电动汽车产业的发展，取决于充电基础设施的普及。这是政府发挥作用的主要领域，而不是去制定具体的技术路线。在与车企、公用事业部门和基建供应商的多方合作中，政府应发挥其重要作用，为电动汽车充电和基建开发制定一套统一的国家标准，为开发商、业主、租户和消费者提供更有力的政策支持，共同促进充电设施建设的快速推进。

B.26
中国的就业奇迹与后续行动

杨宜勇　黄燕东*

摘　要： 2017 年前三季度全国城镇新增就业 1097 万人，比上年同期增加了 30 万人，全年 1100 万人的新增城镇就业目标即将提前完成，从统计部门的数据来看，2017 年前三季度城镇调查失业率也比较低。31 个大城市的城镇调查失业率已经连续七个月保持在 5% 以下。应对劳动成本上升、机器人替代劳动者、二孩政策以后的女性就业等潜在就业问题，建议在维持比较充分就业的前提下进一步提高就业质量，提高劳动力素质，提高全要素生产率，从而促进经济的持续增长。

关键词： 奥肯定律　就业　劳动力供给

时至今日，世界经济仍然没有完全走出 2008 年那场金融危机导致的阴影，经济复苏的前进依然充满不确定性。2014 年 10 月，国际货币基金组织总裁拉加德首次使用"新平庸"来概括前景仍然灰暗的全球经济，当前全球经济仍陷在低增长、低通胀、高失业和高负债的泥沼中，各国应采取措施，避免"新平庸"变为"新现实"。中国就是世界上为数不多的以"新常态"成功摆脱"新平庸"的国家之一，不仅实现了增长中高速与温和通货膨胀，而且实现了比较充分就业和适度负债。在过去的五年里，我们创造了超过 6500 万个就业岗位，在解决青年就业问题的同时不仅解决了 2790 多万名下岗失业人员的再就业问题，而且解决了 880 多万名城镇困难人员的就业问题，其中包括帮

---

* 杨宜勇，中国宏观经济研究院社会发展所所长，研究员，博士生导师，世界经济论坛（达沃斯）全球议程理事会理事；黄燕东，浙江经济职业技术学院副教授，博士。

助 28 万户零就业家庭实现了动态清零。

当前在经济下行压力仍然存在的背景下，我国就业局势依然保持总体稳定，2017 年就业目标预计能够超额完成，全年城镇新增就业达 1200 万人以上。在全球经济经历深刻调整、国内经济面临诸多困难的背景下，持续不断的供给侧结构性改革，释放出巨大的市场活力，全年经济增长速度将达到 6.8%，高出印度经济增长率 1 个百分点。当前中国就业形势基本稳定，与经济保持在合理区间、改革红利释放、产业结构优化以及就业政策密集出台高度相关。就业形势持续向好。2017 年经济增长比较平稳，经济增量继续扩大，经济结构的调整使吸纳就业的能力明显增强，"大众创业、万众创新"持续推进，积极就业政策效应不断显现，就业成为我国经济运行当中的一个亮点。2017 年前三季度全国城镇新增就业 1097 万人，比上年同期增加了 30 万人，全年 1100 万人的新增城镇就业目标即将提前完成，从统计部门的数据来看，2017 年前三季度城镇调查失业率也比较低，31 个大城市的城镇调查失业率已经连续七个月保持在 5% 以下，9 月，31 个大城市城镇调查失业率仅为 4.83%，这是 2012 年以来的一个低点。虽然中国 GDP 增速由 2014 年的 7.4% 下降到现在的 6.8%，但是 2017 年即将实现中国连续 7 年城镇新增就业 1200 万人以上。有人问：难道奥肯定律在中国失灵了吗？

表 1　2010～2017 年经济增长速度、城镇新增就业人员、城镇登记失业率

单位：%，万人

指标	2010 年	2011 年	2012 年	2013 年	2014 年	2015 年	2016 年	2017 年（预测）
经济增长速度	10.3	9.2	7.8	7.7	7.4	6.9	6.7	6.8
城镇新增就业人员	1168	1211	1266	1310	1322	1312	1314	1200～1300
城镇登记失业率	4.10	4.10	4.10	4.05	4.09	4.05	4.02	4.05

资料来源：国家统计局发布的历年《中华人民共和国国民经济和社会发展统计公报》。

所谓奥肯定律是美国著名经济学家阿瑟·奥肯于 1962 年提出来的，该定律论证了失业率与国民生产总值增长率二者呈反方向变化的关系，即高增长率使失业率降低，低增长率则会提高失业率。奥肯还认为，失业率与国民生产总值增长率缺口之间的比率是 1:2，即失业率每增加 1 个百分点，则实际国民生产总值增长率会减少 2 个百分点左右。西方学者认为，奥肯定律揭示了产品市场和劳动市场之间极为重要的联系。它描述了实际 GDP 增长率的短期变动与失业率变动的联系。根据奥肯定律，可以通过失业率的变动推测或估计 GDP 增长率的变动，也可以通过 GDP 增长率的变动预测失业率的变动。奥肯定律的一个重要结论是：实际 GDP 必须保持与潜在 GDP 同样快的增长，以防止失业率的上升。如果政府想让失业率下降，那么，该经济社会的实际 GDP 的增长必须快于潜在 GDP 的增长。假如失业率为 8%，比自然失业率高 2 个百分点，那么按照奥肯定律，实际 GDP 增长率就比潜在 GDP 增长率低 4 个百分点。

一 理性看待中国的就业奇迹

从中国统计公报显示的 2010～2016 年 GDP 增长速度与城镇新增就业人数或者城镇登记失业率的变动关系来看，现在奥肯定律解释的那种变动规律并没有出现，反而给人们留下的印象是中国经济增长速度的变化与就业不是同向变化而是相向变化，难道奥肯定律在 21 世纪的中国真的失灵了吗？如果我们对中国劳动力供给的状况和经济结构变动的状况做更加深入的分析，会发现这仅仅是一种假象。实际情况是，中国的经济新常态并没有逃逸出奥肯定律的轨迹。本文的理由至少涉及以下几个方面。

（一）中国城镇新增就业人数并不代表中国劳动力市场实际就业总量的增量

由于中国目前处在快速城市化的过程中，城市化率平均以 1% 的速度增加。在城镇新增大量就业岗位的同时，农村也消失了大量的就业机会。因此，从局部看 2016 年的确是城市新增就业人员 1314 万人，但是算上农村减少的就业机会和城镇每年几百万名退休人员，2016 年全年总计净增的就业人员大约为 300 万人。这样看，就比较接近奥肯定律了。

表 2 中国 2010～2016 年末全国就业人员和农民工总量

单位：万人

年份	2010	2011	2012	2013	2014	2015	2016
年末全国就业人员	—	76420	76704	76977	77253	77451	77603
农民工总量	24223	25278	25278	26894	27395	27747	28171

资料来源：国家统计局发布的历年《中华人民共和国国民经济和社会发展统计公报》。

（二）中国劳动力市场的供给潜力是逐年下降的

劳动年龄人口一般指法律规定的成年人口数减去法定退休年龄的人员数以后的人口总数，是指在一定年龄范围内具有劳动能力的人口。我国规定男子为16～60周岁，女子为16～55周岁，这部分人口被视为劳动年龄人口。劳动年龄人口就是潜在劳动力供给。城镇新增就业人员不等于城镇就业净增人员，而是等于替岗人员（现在每年有几百万名退休人员）加新岗人员。现在潜在劳动力供给每年下降450万人左右，这是城镇失业率几乎在七年内纹丝不动的重要原因之一。这个与30年前潜在劳动力供给每年上升1000多万人相比形成鲜明的历史反差。

表3　中国2010～2016年15～59岁人口和0～14岁人口

单位：万人

年份	2010	2011	2012	2013	2014	2015	2016
15～59岁人口	93968	94072	93727	91954	91583	91096	92177
0～14岁人口	22261	22164	22287	23875	22558	22715	23008

资料来源：国家统计局发布的历年《中华人民共和国国民经济和社会发展统计公报》。

（三）中国劳动参与率明显下降

劳动参与率既是经济活动人口（包括就业者和失业者）占劳动年龄人口的比率，又是用来衡量人们参与经济活动状况的指标。20世纪80年代，我国劳动参与率高达80%。后来高等教育的大众化和家庭收入的增长导致劳动力供给曲线后弯，中国劳动参与率也呈现逐年下降的趋势，由2005年的76.0%降到2011年的70.8%，2016年进一步下降到69.8%。

（四）中国经济增长的就业弹性在服务业结构性增加的背景下是上升的

近年来我国服务业快速发展创造了更多的就业机会。自2011年成为吸纳就业最多的产业之后，我国服务业一直保持着较快的发展。2016年，服务业增加值同比增长7.8%，增速连续4年实现对GDP和第二产业的"双超越"。

经济增长的就业弹性提高。电商、滴滴打车、代驾等新经济业态给人们留下深刻的印象。2016 年，我国 GDP 增长 1 个单位所能带动的城镇新增就业人数超过 150 万人，与过去经济高速增长时期相比明显增加，比历史最低时期翻了一番。"十三五"时期随着新技术、新制度的加快成长，服务业分层和个性化的趋势将更加明显，一方面生产性服务业就业容量将加大，另一方面与生活相关的现代服务业发展迅猛。

表 4 中国 2010～2016 年第三产业增加值比重和全员劳动生产率

单位：%，元/人

年份	2010	2011	2012	2013	2014	2015	2016
第三产业增加值比重	43.0	43.1	44.6	46.1	48.2	50.5	51.6
全员劳动生产率	—	—	—	66199	72313	76978	94825

资料来源：国家统计局发布的历年《中华人民共和国国民经济和社会发展统计公报》。

（五）中国的"双创"功不可没

据部门统计，2016 年平均每天新登记企业 1.51 万家，2015 年平均每天新登记企业 1.2 万家，比 2014 年提升 20%，远高于改革之前的 6900 家。其中，初次创业小微企业占多数，这些新增的小微企业对发展创业式就业起到了很好的拉动作用和示范作用。"双创"目前的效果只是 1.0，未来还有 2.0、3.0，需要持续推动，久久为功。有数据显示，我国已经连续三年实现高校毕业生就业创业人数"双增长"。其中，中国大学毕业生自主创业比例持续上升，一方面自主创业的毕业生收入优势明显，另一方面大学生自主创业存活率明显提升。

（六）对中国的就业形势既不悲观，但也不能盲目乐观

"十三五"期间，中国每年需要在城镇安排就业的人数仍然维持在 2500 万人，就业的总量压力非常大。其中，约 1000 万人是登记失业人员，约 1500 万人是以高校毕业生为主体的青年就业人员。此外，"十三五"期间每年还有近 300 万农业富余劳动力需要转移就业。所谓不悲观，就是要充分看到宏观经济缓中趋稳、稳中向好的一面，我们绝不能消极懈怠，必须积极作为。所谓不能盲目乐观，就是也要充分看到就业形势的复杂性，尤其是高校毕业生持续增

加、化解过剩产能导致的职工分流、人和岗位不匹配等问题将依然存在，我们切不可掉以轻心，必须努力工作。

李克强总理日前说："对中国来说，就业是经济发展最基本的支撑，也是'最大的民生'。"把促进就业、帮扶失业和转岗人员切实放在更加突出的位置，我们要努力做到"三个必须"。一是必须科学监测就业和失业形势。精准就业是与精准的劳动力调查系统分不开的，没有精准的失业统计也不可能有精准的就业统计。目前一方面要进一步完善城镇登记失业系统，另一方面要把现有的地级市城镇调查失业系统迅速扩展到县和县级市。"把调查失业率真正变成权威数据。"二是必须实施更加积极的就业政策。加强就业服务体系建设。加大职业培训工作力度，进一步提高劳动者素质。既要加大有利于促进就业的各类财政投入，又要不断创新和改进财政投入的方法和方式。三是必须创造更加有利的就业环境。2018 年"天上不会掉馅饼，努力奋斗才能梦想成真"。把促进高校毕业生就业摆在就业工作的首位，在高校毕业生数量逐年增加的情况下，努力保障高校毕业生就业水平不降低。稳定有序地开展去产能中的职工安置工作。做好就业扶贫和农民工返乡创业工作，加强就业援助，确保零就业家庭实现动态清零。宽容创新失败，政府、市场和社会三方一起努力，共同开创中国就业的新局面。

二　中国就业面临的潜在问题

（一）如何看待劳动力成本上升

多年来，中国具有竞争力的劳动力成本吸引了全球制造业企业，但近年来中国的劳动力成本不断走高，这削弱了其对重视成本的企业的吸引力。国际劳工组织的数据表明，2006 年以来，中国的平均工资已经翻了一番还多。该机构在 2016 年的一份报告中称，到 2014 年，中国的平均名义月薪为 685 美元，而越南、菲律宾和泰国分别为 212 美元、216 美元和 408 美元。

IHS Markit 的经济学家 Paul Robinson 于 2017 年 1 月 31 日在一份声明中称，年度全球采购与采购管理人员调查表明，同意中国是一个低成本外包目的地的受访人员比例跌破 50%，为 2016 年来首次。而 2012 年该比例高达 70%。出人意料的是，IHS Markit 的调查发现，专业人士并未通过将业务转移至其他薪资水平更低的地区来归避上海和周边省份上升的劳动力成本，相反他们在熟悉地区的投入增加了一倍。Paul Robinson 称，调查结果表明中国可能正从"世界工厂"转型为全球供应链的一个中心，中国不再是简单地提供零配件，其产品集成能力有了很大提高。

为缓解人工成本上升的压力，最近中国政府做了两件大事。其中一件是降低社会保险总的缴费率。2017 年 3 月 16 日，李克强总理在记者招待会上就社保费率问题表示，"阶段性地、适当地下调'五险一金'的缴存比例是可以做的"。适当下调社保费率，一方面是社保基金有结余，另一方面是我国经济发展进入新常态后减轻企业负担以实现"稳增长、促就业"成为目标。落实降低社保费率的工作将围绕促进实体经济发展、帮助企业降低成本来展开。目前，我国"五险"总费率由原来的 41% 降至 39.25%，其中，企业负担为 28.25%，个人负担为 11%。

目前社会保险资金池继续支持降费率的潜力已十分有限了，只有国有资本真正能起到充实社保基金的作用时，新一轮的降费率窗口才有条件开启。为了保证社会保险待遇不降低，2017 年全国社保基金理事会将划转部分国有资本充实社保基金的相关工作作为重点，全力配合财政部完善划转部分国有资本充实社保基金实施方案，推动划转实施方案按期出台。

（二）如何看待机器人替代劳动者

中国人工智能时代已经拉开序幕。人工认知、廉价传感器、机器学习和分布式智能将成为第二次自动化浪潮的焦点。在实现了自动化的行业中，机器会进一步巩固自身的地位。比如，流水线生产、仓库装卸、农场采摘，甚至更为精细的配药、打扫、驾驶等。更加广泛的自动化不仅会冲击体力劳动，而且会波及包括知识型工作在内的所有工种。人工智能会完全替代人类工作吗？

人类在每一次庆祝自己的技术革新成果诞生时，又不由自主地陷入一种对技术的集体恐慌。因为每一次技术革命在创造新的产业和就业机会的同时，不可避免地会摧毁一些落后的产业和传统的就业机会。在劳动力队伍中，由于青年人适应性较强，其问题不大；而一些 40 岁以上的中年人往往感到力不从心。

马克思在《资本论》中阐释资本主义积累的一般规律时，运用资本有机构成提高理论论证了资本主义相对人口过剩的规律，认为在短期既定条件下技术进步一般与就业增长负相关。与此同时，马克思还论述了技术进步在长期条件下对就业是有促进作用的，认为科技进步不仅会导致社会分工的加深、就业领域的拓展、消费需求的增长，还可以增加就业总量。

从静态分析，假设其他条件不变，一个工厂采用新技术提高了劳动生产率，伴随着资本密集程度提高，毫无疑问会挤出一部分现有劳动力。但是，现实是不断发生变化的。我们从动态分析，一个工厂采用新技术，它的上下游产业配套也会发生变化，伴随着收入水平的提高，还会派生新的需求，可以推动经济进一步发展。公元 0 年地球上人口不到 1 亿人，直到 1000 年中国的人口也不到 1 亿人。但是，伴随后来的农业革命和工业革命，技术的突破，不仅使我们能够养活更多的人口，现在世界人口 75 亿人，中国人口 14 亿人（含港澳台）；基本上接近充分就业状态，而且人们有了更多的闲暇时间，生活空间和生活质量全面改善。因此，在对待技术进步和就业问题时，我们首先要以积极的姿态在战略上藐视敌人，其次要以严谨的态度在战术上重视敌人。为此，国际劳工组织的《2015 年世界就业与社会展望》报告认为，在全球供应链促进经济增长的同时，也需要执行国际劳工标准，实施积极的劳动力市场政策，不断提升就业和社会保障水平。其中必须包括提高技能、培训和教育，以确保用其他就业机会来弥补因技术进步和供应链的全球化而丧失的工作机会。

人们对就业的恐慌源于理论的不彻底和自信心的不足。未来人类和机器人及其之间将形成一种合作共生关系。因为毕竟人工智能无法完全地效仿人类的智能，这使我们必须学会与身边的机器人协同工作。我相信工会和企业家协会关于节制使用机器人的谈判，未来能够决定机器人和人工智能的合理使用。

（三）如何看待二孩政策以后的女性就业

随着二孩政策的出台和二孩产假的延长，二孩政策对女性就业的影响不可忽视。据调查，全面放开二孩政策主要是基于中国人口老龄化及人口红利的减退，但这个政策可能走向反方向，二孩政策带来的劳动力增加那是 20 年以后的事情，当下立即发生的是，每年 200 万名左右的女性，由于二孩，会在接下来的一年时间内立即退出劳动力市场，有些人甚至永远退出职场。

有些女性集中的行业，比如电子厂，原来就存在用工荒的问题，二孩政策让用工的缺失雪上加霜。接下来会发生什么呢？也许男性会进入传统的所谓女性统治的工种，比如幼儿园老师、护士等。提高这些行业的工资，吸引女性在生育后继续留在职场，也许最终让男女薪酬不平等的现象在这里画上句号。再不济，机器人和人工智能可能会进入这些领域。

其实，二孩政策和二孩产假的延长加剧了女性职场劣势，导致针对女性的就业性别歧视更加严重。尽管有明确的法律及社会舆论的影响，针对女性的就业性别歧视在中国的存在还是一个毋庸置疑的事实：女性员工对于工作的投入度低，特别是妊娠期以及孩子 1 ~ 2 岁时，大约有两年的时间，甚至更长时间，女性员工无法全力投入工作，这给管理者安排工作带来了很大的挑战。这种现实性的不公平选择正在从民营企业蔓延到国营企业。

解决这个问题，不仅要进一步完善生育保险制度，而且要进一步加强对生育妇女的职位保护，增加一些对儿童抚育的福利政策，出台按家庭总收入（而不是按每一个的收入）计征个人所得税的制度，因为中华民族的正当延续毕竟是更高一个层级的问题。

国家卫生和计划生育委员会主任李斌公开表示，要解决好全面实施二孩政策的配套政策问题，依法保障女性的就业权益，要严格落实《中华人民共和国劳动法》《妇女权益保障法》等法律法规，制定和完善保障妇女合法权益的配套措施，要保障妇女的就业、休假的权利，要支持女职工生育以后能重返工作岗位。特别是鼓励用人单位制定有利于女职工平衡职业和家庭关系的相关政策，帮助女职工做好职业规划，坚决反对在妇女就业问题上的歧视。

三　全面促进就业的后续行动

（一）在维持比较充分就业的前提下进一步提高就业质量

就业是最大的民生。我们既要坚持实施就业优先战略和继续执行积极就业政策，又要实现更高质量和更充分就业。特别是要把就业政策和宏观经济政策、产业政策、财政政策、金融政策相结合，在发展经济的过程中，还是要多创造一些就业岗位，特别是一些高质量的就业岗位。通过就业政策保障充分就业，要提供全方位公共就业服务，促进高校毕业生等青年群体、农民工多渠道就业创业。就业优先战略着眼于提高就业质量，要大规模开展职业技能培训，注重解决结构性就业矛盾，鼓励创业带动就业。一般来说，就业质量至少包括就业环境、就业能力、就业状况、劳动者报酬、社会保护、劳动关系 6 个维度，因此，提高就业质量需要在顶层设计的基础上协调推进。要坚持在经济增长的同时实现居民收入同步增长，在劳动生产率提高的同时实现劳动报酬同步提高。

（二）进一步提高劳动力素质

在迈向经济现代化的过程中，一个国家经济发展越来越多地不是取决于劳动力的数量，即不是取决于传统意义上的人口红利，而是取决于劳动力的质量，即取决于现代意义上的人才红利。正如有的经济学家所说的，经济活动的核心生产要素开始从资本、有形资产、一般劳动力转为知识、科技劳动力、风险资金、无形资产及优美的环境。因此，是否具有充分提供知识生产与创造的人才以及高素质的科技劳动力，即智力密集程度以及区域创新条件如何，是一个地区是否能吸引现代经济活动的关键。但是对于任何国家与地区而言，高素质劳动力都是不可多得的稀缺资源，为此，如何能够获取高素质劳动力便自觉或不自觉地成为现代区域经济活动发展与布局的关键着眼点。从 2018 年开始高校毕业生每年将突破 800 万人，而且在 800 万人以上的高位上还要持续相当长一段时间，我们必须把这些高素质劳动力利用好，提高他们的岗位匹配能力，进一步促进人力资本的良性循环。与此同时，要维护好劳动者平等就业的权益，反对就业歧视，进一步破除社会性流动的障碍，让人人都能够通过自身的劳动，实现自身的价值。

（三）进一步提高全要素生产率

完善现代化经济体系，不仅需要提高劳动生产率，更需要提高全要素生产率。劳动生产率是指劳动者在一定时期内创造的劳动成果与其相适应的劳动消耗量的比值。而全要素生产率是指产量与全部要素投入量之比。全要素生产率的来源包括技术进步、组织创新、专业化和生产创新等。产出增长率超出要素投入增长率的部分为全要素生产率（TFP，也称总和要素生产率）增长率。传统意义的就业显然是生产性的，强调工作的现实性；现代意义的就业是战略性的，在注重工作现实性的基础上更加强调工作的价值性，更加看重就业的溢出效应。从宏观层面来看，提高全要素生产率，就是要提高资源配置水平，即将劳动力从全要素生产率较低的农业部门，转移到全要素生产率较高的非农部门。从微观层面来看，可以结合企业的具体情况进行多方面的尝试，比如，加大研发投入，引进新技术，开发新产品，或者改善管理，提高整体效率，抑或激发员工的积极性和创造性等。总而言之，在不断提升经济发展战略制高点的情况下，进一步发挥技术、管理、人力资本等这些无形要素的作用是十分关键的。

附　　录

Appendix

B.27
统计资料

年份	GDP 增长率(%)	第一产业增加 值增长率(%)	第二产业增加 值增长率(%)	第三产业增加 值增长率(%)	交通运输、仓储和邮政业 增加值增长率(%)
1978	11.7	4.1	15.0	13.7	9.8
1979	7.6	6.1	8.2	7.9	8.3
1980	7.8	−1.5	13.6	6.0	4.3
1981	5.2	7.0	1.9	10.4	1.9
1982	9.1	11.5	5.6	13.0	11.4
1983	10.9	8.3	10.4	15.2	9.5
1984	15.2	12.9	14.5	19.3	14.9
1985	13.5	1.8	18.6	18.2	13.8
1986	8.8	3.3	10.2	12.0	13.9
1987	11.6	4.7	13.7	14.4	9.6
1988	11.3	2.5	14.5	13.2	12.5
1989	4.1	3.1	3.8	5.4	4.2
1990	3.8	7.3	3.2	2.3	8.3
1991	9.2	2.4	13.9	8.9	10.6

续表

年份	GDP增长率（%）	第一产业增加值增长率（%）	第二产业增加值增长率（%）	第三产业增加值增长率（%）	交通运输、仓储和邮政业增加值增长率（%）
1992	14.2	4.7	21.2	12.4	10.1
1993	14.0	4.7	19.9	12.2	12.5
1994	13.1	4.0	18.4	11.1	8.5
1995	10.9	5.0	13.9	9.8	11.0
1996	10.0	5.1	12.1	9.4	11.0
1997	9.3	3.5	10.5	10.7	9.2
1998	7.8	3.5	8.9	8.4	10.6
1999	7.6	2.8	8.1	9.3	12.2
2000	8.4	2.4	9.4	9.7	8.6
2001	8.3	2.8	8.4	10.3	8.8
2002	9.1	2.9	9.8	10.4	7.1
2003	10.0	2.5	12.7	9.5	6.1
2004	10.1	6.3	11.1	10.1	14.5
2005	11.3	5.2	12.1	12.2	11.2
2006	12.7	5.0	13.4	14.1	10.0
2007	14.2	3.7	15.1	16.0	11.8
2008	9.6	5.4	9.9	10.4	7.3
2009	9.2	4.2	9.9	9.6	4.2
2010	10.4	4.3	12.3	9.8	9.8
2011	9.3	4.3	10.3	9.4	9.9
2012	7.7	4.3	7.9	8.1	6.8
2013	7.7	3.8	7.8	8.3	7.2
2014	7.3	4.1	7.3	7.8	6.9
2015	6.9	3.9	6.0	8.3	6.8
2016	6.7	3.3	6.1	7.8	6.7
2017	6.8	3.4	6.2	7.8	6.7

年份	批发和零售业增加值增长率（%）	全社会固定资产投资规模（现价，亿元）	全社会固定资产投资名义增长率（%）	全社会固定资产投资实际增长率（%）	工业品出厂价格指数上涨率（%）
1978	23.1	899	19.9	19.5	0.1
1979	8.7	977	8.7	4.7	1.5
1980	-1.9	911	-6.8	-8.5	0.5
1981	29.5	961	5.5	2.9	0.2
1982	-0.7	1230	28.0	25.1	-0.2

续表

年份	批发和零售业增加值增长率（％）	全社会固定资产投资规模（现价,亿元）	全社会固定资产投资名义增长率(％)	全社会固定资产投资实际增长率(％)	工业品出厂价格指数上涨率（％）
1983	21.2	1430	16.2	13.3	-0.1
1984	24.7	1833	28.2	23.9	1.4
1985	33.5	2543	38.8	30.1	8.7
1986	9.4	3121	22.7	15.8	3.8
1987	14.7	3791	21.5	14.1	7.9
1988	11.8	4747	25.2	10.0	15.0
1989	-10.7	4410	-7.1	-12.9	18.6
1990	-5.3	4518	2.4	-3.0	4.1
1991	5.2	5595	23.8	15.0	6.2
1992	10.5	8080	44.4	25.3	6.8
1993	8.6	13072	61.8	27.8	24.0
1994	8.2	17043	30.4	18.1	19.5
1995	8.2	20019	17.5	10.9	14.9
1996	7.6	22974	14.8	10.3	2.9
1997	8.8	24941	8.6	6.7	-0.3
1998	6.5	28406	13.9	14.1	-4.1
1999	8.7	29855	5.1	5.5	-2.4
2000	9.4	32918	10.3	9.1	2.8
2001	9.1	37213	13.1	12.6	-1.3
2002	8.8	43500	16.9	16.7	-2.2
2003	9.9	55567	27.7	25.0	2.3
2004	6.6	70477	26.8	20.1	6.1
2005	13.0	88774	26.0	24.0	4.9
2006	19.5	109998	23.9	22.1	3.0
2007	20.2	137324	24.8	20.2	3.1
2008	15.9	172828	25.9	15.6	6.9
2009	12.1	224599	30.0	33.2	-5.4
2010	14.3	278122	23.8	19.5	5.5
2011	12.6	311485	23.9	15.6	6.0
2012	9.8	374676	20.3	19.0	-1.7
2013	10.1	447074	19.3	18.9	-1.9
2014	9.1	512763	15.3	14.7	-1.9
2015	9.2	563014	9.8	11.8	-5.2
2016	8.9	608618	8.1	6.3	-1.3
2017	9.0	651505	7.0	2.6	6.2

续表

年份	固定资产投资价格指数上涨率(%)	居民消费价格指数上涨率(%)	城镇居民实际人均可支配收入增长率(%)	农村居民实际人均纯收入增长率(%)	新增货币发行(亿元)
1978	0.3	1.5	-2.4	6.7	NA
1979	3.8	2.1	19.6	17.6	NA
1980	1.9	7.0	6.2	18.2	NA
1981	2.5	2.6	1.6	10.7	50
1982	2.4	1.9	5.8	21.1	43
1983	2.6	1.2	4.3	14.7	91
1984	3.4	1.7	12.5	12.7	262
1985	6.7	7.6	0.1	11.7	196
1986	6.0	6.5	13.8	3.2	231
1987	6.4	7.3	2.4	5.2	236
1988	13.9	18.8	-2.3	6.4	680
1989	6.7	18.0	0.0	-1.6	210
1990	5.6	3.1	8.5	1.8	300
1991	7.6	3.4	7.2	2.0	533
1992	15.3	6.4	9.7	5.9	1158
1993	26.6	14.7	9.5	3.2	1529
1994	10.4	24.1	8.5	5.0	1424
1995	5.9	17.1	4.9	5.3	597
1996	4.0	8.3	3.9	9.0	917
1997	1.7	2.8	3.4	4.6	1376
1998	-0.2	-0.8	5.8	4.3	1027
1999	-0.4	-1.4	9.3	3.8	2251
2000	1.1	0.4	6.4	2.1	1197
2001	0.4	0.7	8.5	4.2	1036
2002	0.2	-0.8	13.4	4.8	1589
2003	2.2	1.2	9.0	4.3	2468
2004	5.6	3.9	7.7	6.8	1722
2005	1.6	1.8	9.6	6.2	2563
2006	1.5	1.5	10.4	7.4	3041
2007	3.9	4.8	12.2	9.5	3303
2008	8.9	5.9	8.4	8.0	3844
2009	-2.4	-0.7	9.8	8.5	4028
2010	3.6	3.3	7.8	10.9	6381

年份	固定资产投资价格指数上涨率(%)	居民消费价格指数上涨率(%)	城镇居民实际人均可支配收入增长率(%)	农村居民实际人均纯收入增长率(%)	新增货币发行(亿元)
2011	6.5	5.4	8.4	11.4	6120
2012	1.1	2.6	9.7	10.7	3911
2013	0.3	2.6	7.0	9.3	3915
2014	0.5	2.0	6.8	9.2	1726
2015	−1.8	1.4	6.6	7.5	2975
2016	−0.6	2.0	5.6	6.4	4945
2017	4.3	1.6	6.3	7.0	4067

年份	社会消费品零售总额(亿元)	社会消费品零售总额名义增长率(%)	社会消费品零售总额实际增长率(%)	贷款余额(亿元)	新增贷款(亿元)
1978	1559	32.7	31.8	1850	187
1979	1800	15.5	13.2	2040	190
1980	2140	18.9	12.2	2415	375
1981	2350	9.8	7.3	2861	446
1982	2570	9.4	7.3	3181	320
1983	2849	10.9	9.2	3590	409
1984	3376	18.5	15.2	4766	1176
1985	4305	27.5	17.2	5905	1139
1986	4950	15.0	8.5	7590	1685
1987	5820	17.6	9.6	9032	1442
1988	7440	27.8	7.9	10551	1519
1989	8101	8.9	−7.6	14360	3809
1990	8300	2.5	0.3	17681	3321
1991	9416	13.4	10.2	21338	3657
1992	10994	16.8	10.8	26323	4985
1993	14270	29.8	14.7	32943	6620
1994	18623	30.5	7.2	39976	7033
1995	23614	26.8	10.5	50544	10568
1996	28360	20.1	13.2	61156	10612
1997	31253	10.2	9.3	74913	13757
1998	33378	6.8	9.7	86523	11610
1999	35648	6.8	10.1	93733	7210
2000	39106	9.7	11.4	99370	5637

年份	社会消费品零售总额（亿元）	社会消费品零售总额名义增长率（%）	社会消费品零售总额实际增长率（%）	贷款余额（亿元）	新增贷款（亿元）
2001	43055	10.1	11.0	112314	12944
2002	48136	11.8	13.3	131293	18979
2003	52516	9.1	9.2	158995	27702
2004	59501	13.3	10.2	178197	19202
2005	68353	14.9	14.0	194690	16493
2006	79145	15.8	14.6	225347	30657
2007	93572	18.2	13.9	261691	36344
2008	114830	22.7	15.9	303395	41704
2009	132678	15.5	16.9	399685	96290
2010	156998	18.3	14.8	473247	79511
2011	183919	17.1	11.7	547947	74700
2012	210307	14.3	12.1	629910	81963
2013	237810	13.1	11.5	719000	89090
2014	262394	12.0	10.9	816800	97800
2015	300931	10.7	10.6	939513	122713
2016	332316	10.4	9.6	1066040	126500
2017	366495	10.3	9.0	1204619	138579

年份	财政收入（亿元）	财政收入增长率（%）	财政支出（亿元）	财政支出增长率（%）	财政收支差额（亿元）
1978	1132	29.5	1122	33.0	10.2
1979	1146	1.2	1282	14.2	-135.4
1980	1160	1.2	1229	-4.1	-68.9
1981	1176	1.4	1138	-7.4	37.4
1982	1212	3.1	1230	8.0	-17.7
1983	1367	12.8	1409	14.6	-42.6
1984	1643	20.2	1701	20.7	-58.2
1985	2005	22.0	2004	17.8	0.6
1986	2122	5.8	2205	10.0	-82.9
1987	2199	3.6	2262	2.6	-62.8
1988	2357	7.2	2491	10.1	-134.0
1989	2665	13.1	2824	13.3	-158.9
1990	2937	10.2	3084	9.2	-146.5
1991	3149	7.2	3387	9.8	-237.1

年份	财政收入 （亿元）	财政收入 增长率（%）	财政支出 （亿元）	财政支出 增长率（%）	财政收支 差额（亿元）
1992	3483	10.6	3742	10.5	-258.8
1993	4349	24.8	4642	24.1	-293.4
1994	5218	20.0	5793	24.8	-574.5
1995	6242	19.6	6824	17.8	-581.5
1996	7408	18.7	7938	16.3	-529.6
1997	8651	16.8	9234	16.3	-582.4
1998	9876	14.2	10798	16.9	-922.2
1999	11444	15.9	13188	22.1	-1743.6
2000	13395	17.0	15886	20.5	-2491.3
2001	16386	22.3	18903	19.0	-2516.5
2002	18904	15.4	22053	16.7	-3149.5
2003	21715	14.9	24650	11.8	-2934.7
2004	26396	21.6	28487	15.6	-2090.4
2005	31649	19.9	33930	19.1	-2281.0
2006	38760	22.5	40423	19.1	-2162.5
2007	51322	32.4	49781	23.2	1540.4
2008	61330	19.5	62593	25.7	-1262.3
2009	68518	11.7	76300	21.9	-7781.6
2010	83101	21.3	89874	17.8	-6772.7
2011	103874	25.0	109248	21.6	-5373.4
2012	117210	12.8	125712	15.1	-8000.0
2013	129210	10.1	140212	10.9	11002
2014	140350	8.6	151662	8.2	-11312
2015	152217	8.4	175768	15.8	-23551
2016	159552	4.8	187841	6.9	-28288
2017	173159	8.5	205056	9.2	-31898

年份	城乡储蓄存款 余额（亿元）	城乡储蓄存款 余额增长率（%）	货币和准货币 （M2）（亿元）	货币和准货币 （M2）增长率（%）	社会融资总额 （亿元）
1978	211	15.7	NA	NA	NA
1979	281	33.4	NA	NA	NA
1980	400	42.2	NA	NA	NA
1981	524	31.1	NA	NA	NA
1982	675	29.0	NA	NA	NA
1983	892	32.1	NA	NA	NA

续表

年份	城乡储蓄存款余额(亿元)	城乡储蓄存款余额增长率(%)	货币和准货币(M2)(亿元)	货币和准货币(M2)增长率(%)	社会融资总额(亿元)
1984	1215	36.1	NA	NA	NA
1985	1623	33.6	5199	NA	NA
1986	2238	38.0	6721	29.3	NA
1987	3081	37.7	8331	24.0	NA
1988	3822	24.0	10100	21.2	NA
1989	5196	36.0	11950	18.3	NA
1990	7120	37.0	15293	28.0	NA
1991	9242	29.8	19350	26.5	NA
1992	11759	27.2	25402	31.3	NA
1993	15203	29.3	34880	37.3	NA
1994	21519	41.5	46923	34.5	NA
1995	29662	37.8	60750	29.5	NA
1996	38521	29.9	76095	25.3	NA
1997	46280	20.1	90995	19.6	NA
1998	53407	15.4	104498	14.8	NA
1999	59622	11.6	119898	14.7	NA
2000	64332	7.9	134610	12.3	NA
2001	73762	14.7	158302	17.6	NA
2002	86911	17.8	185007	16.9	20112
2003	103617	19.2	221223	19.6	34113
2004	119555	15.4	254107	14.9	28629
2005	141051	18.0	298756	17.6	30008
2006	161587	14.6	345604	15.7	42697
2007	172534	6.8	403442	16.7	59664
2008	217885	26.3	475167	17.8	69804
2009	260772	19.7	606225	27.6	139105
2010	303302	16.3	725852	19.7	140191
2011	343636	13.3	851591	17.3	128286
2012	391970	14.1	974149	14.4	157605
2013	447602	12.0	1106525	13.6	172900
2014	497742	11.2	1228400	12.2	165000
2015	546078	9.7	1392269	13.3	154162
2016	597751	9.5	1550067	11.3	178023
2017	639594	7.0	1689573	9.0	190852

续表

年份	进口总额（亿美元）	进口总额增长率(%)	出口总额（亿美元）	出口总额增长率(%)	货物贸易顺差（亿美元）
1978	108.9	51.0	102.0	34.4	-7
1979	156.8	44.0	135.8	33.1	-21
1980	200.2	27.7	181.2	33.4	-19
1981	220.1	10.0	220.1	21.5	0
1982	192.9	-12.4	223.2	1.4	30
1983	213.9	10.9	222.3	-0.4	8
1984	274.1	28.1	261.4	17.6	-13
1985	422.5	54.1	273.5	4.6	-149
1986	429.0	1.5	309.4	13.1	-120
1987	432.2	0.7	394.4	27.5	-38
1988	552.8	27.9	475.2	20.5	-78
1989	591.4	7.0	525.4	10.6	-66
1990	533.5	-9.8	620.9	18.2	87
1991	637.9	19.6	719.1	15.8	81
1992	805.9	26.3	849.4	18.1	44
1993	1039.6	29.0	917.4	8.0	-122
1994	1156.1	11.2	1210.1	31.9	54
1995	1320.8	14.2	1487.8	22.9	167
1996	1388.3	5.1	1510.5	1.5	122
1997	1423.7	2.5	1827.9	21.0	404
1998	1402.4	-1.5	1837.1	0.5	435
1999	1657.0	18.2	1949.3	6.1	292
2000	2250.9	35.8	2492.0	27.8	241
2001	2435.5	8.2	2661.0	6.8	226
2002	2951.7	21.2	3256.0	22.4	304
2003	4127.6	39.8	4382.3	34.6	255
2004	5612.3	36.0	5933.3	35.4	321
2005	6599.5	17.6	7619.5	28.4	1020
2006	7914.6	19.9	9689.8	27.2	1775
2007	9561.2	20.8	12204.6	26.0	2643
2008	11325.7	18.5	14306.9	17.2	2981
2009	10059.2	-11.2	12016.1	-16.0	1957
2010	13962.4	38.8	15777.5	31.3	1815
2011	17435	24.9	18983.8	20.3	1549

年份	进口总额 （亿美元）	进口总额 增长率(%)	出口总额 （亿美元）	出口总额 增长率(%)	货物贸易顺差 （亿美元）
2012	18178	4.3	20489	7.9	2303
2013	19504	7.3	22096	7.9	2592
2014	19582	0.4	23443	6.1	3861
2015	16842	−14.0	22787	−2.8	5945
2016	15882	−5.5	20976	−7.7	5094
2017	18217	14.7	22364	6.6	4146

注：1989 年以后的新增贷款包括全部金融机构。2011 年以后固定资产投资不含农户。表中 2017 年数据为预测值。

Abstract

At present, the global economy continues torecover. The prices of commodities have rebounded and the global trade shows an upward trend. However, there are still many uncertainties, and this recovery is unstable in the future.

China's economy in 2017 has continued its steady growth. The national economy presents to be the trend of steady growth, structural optimization, conversion of kinetic energy, and improvement of quality and efficiency. The growth rate of investment in fixed assets declined slightly. The growth rate of consumption in general was stable. The growth rate of import and export rebounded significantly. And the income of residents steadily increased. It is expected that in the year of 2017, China's economy will grow by about 6.8%, a slight increase from the previous year, achieving the growth target of the beginning of the year. The growth rates of the first and second industries were stable. The tertiary industry contributed significantly to the economic growth, with the added value accounting continued to increase.

In 2017, the investment in fixed assets of the whole society maintains a moderate and rapid growth. It is estimated to exceed 65 trillion RMB, of which infrastructure investment will increase by 15.2%, real estate development by 7.5% and manufacturing growth by 3.7%. Infrastructure investment is the driving forces of steady growth, of which non-government investment growth rate is higher than the previous year, reaching 5.5%. The total retail sales of social consumer goods appears to be a steady growth, and is expected to reach 36.6 trillion RMB. In terms of the consumer structure, final consumption expenditure contribute 65.3% of GDP growth, reaching the highest level since 2001. In the meantime, the growth rate of China's import and export rebounded sharply over the previous year, especially for the import growth rate. The annual trade surplus was 414.6 billion U.S. dollars, a decrease of 96.1 billion U.S. dollars over the previous year

2018 is the first year to fully implement the spirit of the 19th National People's Congress of the Communist Party of China. There is a good foundation for economic and social development. It is expected that economic growth will be maintained at 8.7%, employment closely related to livelihood will be maintained, and prices will remain basically stable. The quality and efficiency of development are expected to continue to improve, and China's economic growth will maintain a steady and favorable development trend in the new normal.

Contents

Abstract: Since China's economy entered a new normal in 2012, the economic growth has been slowed down structurally, and the goal of GDP growth by increasing capital supply to promote capital formation has become increasingly difficult to achieve. Fundamental changes have taken place in the basic assets of the basic money supply, from long-term assets of foreign exchange to short-term assets serving financial liquidity. It means that 'off real to virtual' has the root characteristics in the base money supply. This paper reviews the experience, logic and institutional arrangement of the economic growth and the periodic changes of money supply, analyzes the basic changes of the money supply mechanism, and explores the new relationship and challenge between the economic growth and the money supply under the open pattern. The redesign of the financial and banking system is not a simple issue, which requires to be adaptable to the new normal circumstances.

Keywords: Increase Money; Supply; Off Real to Virtual; Financial System

B. 4 Forecast of National Economic Development in 2017 and Outlook for 2018 *Zhao Kun, Wang Baolin* / 048

Abstract: Since 2017, the Chinese economy has continued its steady upward trend. The national economy has shown a trend of steady operation, structural optimization, conversion of kinetic energy, and improvement of quality and efficiency. The 19th National People's Congress of the Communist Party of China has greatly encouraged and strengthened the people's confidence and determination in building socialism with Chinese characteristics in the new era, and has mobilized all aspects of enthusiasm and creativity. 2018 is the first year of fully implementing the spirit of the 19th CPC. China is still at an important strategic stage, and there is a good foundation for economic and social development. Under the guidance of Xi Jinping's socialism with Chinese characteristics, the creativity and vitality of the entire society will continue to be stimulated, the quality and efficiency of development are expected to continue to rise, and the economy will maintain a steady and favorable development trend.

Keywords: China; National Economy; The New Era

B. 5 The New Foundation of Economic Growth was Initially Formed with New Features Becoming Increasingly Apparent: 2017 – 2018 Economic Situation Analysis and Outlook *Zhang Liqun* / 054

Abstract: After six years of economic growth shift, the Chinese economy has initially entered a new growth platform in 2017. In terms of policies, in accordance with the general tone of steady progress, the macro-control started in 2012 shifted from a strong stimulus to a moderate timely adjustment, from focusing on investment to equal emphasis on investment and consumption, from focusing on demand expansion to the combination of stabilizing demand, adjusting structure, changing growth model, and deepening the reform. The sustainability of policies has been significantly enhanced. In terms of the market, firstly, the external economic environment is more stabilized. The trend of global economic recovery tended to be clear, thus the export started to turn around. Second, contradiction in urbanization promotion was being solved actively, and positive factors supporting investment growth were constantly increasing. In particular, under joint action of macroeconomic regulation and market effect, remarkable progress has been made in China's economic restructuring and upgrading, and reform achievement is positive. These factors constitute the new foundation for economic growth, and support the steady economic growth. Based on the above analysis, it is expected that the feature of steady growth in 2018 will be more pronounced.

Keywords: Economic Situation; New Foundation of Economic Growth; China

B. 6 Industrial Economic Operation Analysis and Forecast in the First Three Quarters of 2017

Huang Qunhui, Jiang Feitao and Zhang Hangyan / 063

Abstract: In the first three quarters of 2017, China's industry showed a general trend of stabilization. The structure of the industrial sector continued to take the trend of high-end. The industries in the northeast region improved significantly. The structure of the industrial investment continued to pick up slightly. The growth rate of industrial exports was the best since 2012. The profit of industrial enterprises maintained a relatively high growth rate. These steady feature is coupled by various factors, such as the supply-side structural reform, market recovery, etc. However, the uncertainties and instability of international environment still exist. The domestic economy is still in the period of restructuring, where many hidden worries and challenges exists. In the short term, the rising cost of industrial enterprises is worth noting. The model predictions show that there is a high probability that the industrial added value will grow by 6% −6.5% in 2017.

Keywords: Industry; Investment Growth; ConsumptionStructure; Growth in Industry

B.7 Industrial Operation Analysis in the First Three Quarters of 2017 and Forecast in 2017 *Xie Sanming* / 081

Abstract: The national economy has been operating steadily in 2017. The value added of large-scale industrial enterprises year-on-year increased by 6.7% from January to September, an acceleration of 0.7 percentage points from the same period of previous year. The growth rate of high-tech industries was 13.4%, higher than that of the industries above designated size 6.7 percentage point, an acceleration of 2.8 percentage points from the same period of previous year. The high-tech growth was even more prominent, while the high energy-consuming industries was slow. As a result, the industrial structure was further optimized. The profits of industrial enterprises above designated size increased by 22.8% over the same period of last year, accelerating 1.2% percentage points. The reduction effect of excess capacity is outstanding. From January to September, industrial capacity utilization was 76.6%, up 3.5% from the same period of last year, which is the highest level in nearly five years. It is expected that in the fourth quarter above-scale industrial added value growth rate will increase by about 6.5%, and the annual will increase of 6.6%.

Keywords: Structure Optimization; Investment; Growth

B.8 Economic Prosperity Analysis and Forecast in 2017 −2018 *Chen Lei, Meng Yonggang and Sun Chentong* / 090

Abstract: The monthly economic sentiment in China fluctuated from December 2015 to a new round of short-term steady growth. This round of short-term peak turning point in 2017 March to April is a large probability event. The economic downturn since April 2017 is likely to continue beyond 2Q 2018, but the decline will not be too great. Economic operation is expected to maintain a generally steady state of operation at the new prosperity level. It is estimated that the GDP growth rate will reach 6.8% and 6.6% respectively in 2017 and 2018, with the CPI rising rates of 1.6% and 2% respectively. The moderate characteristics of the economy and price cycle under the new normal will be apparent.

Keywords: Economic Cycle; Boom Analysis; Monitoring and Warning; Economic Forecast

Ⅲ   Policies Analysis and Supply-side Reform

B. 9   The Current Economic Situation and Policy Orientation

Zhu Baoliang / 114

Abstract: In 2017, the China's economy appears a steady growth. It is estimated that the annual economic growth will be around 6.8%. With the optimization of economic structure, the leading role of service industry has been further strengthened. The industry has moved towards the middle and high-end. The high-tech manufacturing and equipment manufacturing industries have shown a trend of accelerating growth. This conversion improves quality and efficiency of economic structure. In 2018, China's economy is facing downward reversion pressure, and the space for economic downturn is also significantly narrowed. It can continue to implement prudent neutral monetary policy, strengthen financial supervision, activate civil vigor, and continue to promote supply-side structural reforms.

Keywords: Growth; Structure Optimization; Conversion; Supply Side

B. 10   Policy Choice of China's Economic Development in 2018

Li Boxi / 124

Abstract: The Chinese economy achieves steady growth in 2017. The main indicators of economic development are generally better than expected. This paper suggests that positive factors should be analyzed the in the long-term development, unfavorable factors should be removed, and economic growth should reflect the need of sustainable development. Cultivate the new momentum of economic development. Solve the problems of de-capacity, local bonds and financial mess, stabilize the real estate and stabilize Foreign investment and non-government investment. Apply the new development strategy and the new development concept throughout all aspects of China's economic development. Plan the national strategy of China's participation in economic globalization, including how to enable more Chinese people to enjoy the benefits of globalization. Promote green development.

Keywords: Globalization; Economic Growth; Green Development

B. 11 China's Macroeconomic Situation and Policy: 2017 −2018

Zheng Chaoyu / 130

Abstract: In 2017, when China's economy grew steadily and entered the expansion phase of a new round of economic cycles, the complete wave-trough economic cycle between 2002 and 2016 has ended. In 2018, the Chinese economy should adopt more proactive fiscal and monetary policies. Through the expansion of countercyclical demand management, China should further promote economic recovery and normalize its overall economic performance, and try its best to respond to the high savings in China's economic development-high investment − High growth model in order to restart China's rapid economic catching up process.

Keywords: China's Economy; Growth, Volatility and Inflation; Demand Management

B. 12 China's Economic Growth Quality Analysis and Prospect

Shi Fu, Ren Baoping / 142

Abstract: This paper proposes a new method to estimate the indicator of economic growth quality, which is based on the two dimensions, economic growth fundamentals and social achievements respectively. In 1992 − 2016, the quality of

China's provincial economic rose in volatility, with four complete cycles in 1992 − 2014 and a new round of cyclical fluctuations start at 2015. In recent years, the time span of the fluctuation cycle of economic growth in China has been gradually widened. Combined with the change trend of the economic growth quality index since 2012 and macroeconomic data in the first three quarters of 2017, the quality of China's economic growth will enter a longer period rise. It is estimated that from 2020 to 2022, the average economic growth quality indicator will rise to 0.55 from 0.49 in 2016. Shanghai will exceed 0.85, achieving the highest economic growth rate. However, the unbalanced distribution of economic growth in the east, middle and west regions cannot change in a short period of time.

Keywords: Macro Economy; Economic Growth Quality; Unbalanced Development

Ⅳ   Financial and Economy

B. 13   Estimation of China's Financial Redistribution Effect

Lou Feng / 157

Abstract: This paper expands on the traditional analysis of fiscal redistribution. It incorporates indirect tax into the research framework, and builds an analytical framework that can comprehensively measure the redistributive effect of fiscal instruments, including various taxes, social security and transfer payments. Based on China's 2012 input-output table and survey data of urban and rural residents, this paper applied Fiscal Budget, Resident Income Accounting Framework and MT Index Measurement and Decomposition to build a social accounting matrix and a computable general equilibrium model. The results show that the overall redistribution of fiscal revenue in our country is reverse regulation. The Gini coefficient increased from 0.4129 before the fiscal effect to 0.4316 after the fiscal effect, up by 4.5%. Among them, indirect tax contributes −37%, social security contributes −28%, the transfer payment contributes 69%, social security contributes of 9%, personal income tax contributes 15%, and the use of indirect tax contributes of −126%. Financial redistribution also exacerbated the income gap between urban and rural areas. This phenomenon is rare in both middle-income and high-income countries. The main reason is that the proportion of transfer payments, social security expenditures, personal income tax and social security contributions in fiscal expenditure and income is too low, and the positive adjustment of income distribution is too small. On the other hand, indirect tax has a high proportion in fiscal revenue, and the negative adjustment of income distribution intensity is too great.

Keywords: Income Gap; Fiscal Redistribution; Gini Coefficient; Calculable General Equilibrium (CGE)

B. 14 Monetary and Financial Operation under a Steady Neutral Orientation *Yan Xiandong , Liu Xi and Miao Dalin* / 180

Abstract: In the first three quarters, GDP grew by 6.9%, fixed asset investment (excluding peasant households) increased by 7.5%, CPI increased by 1.5%, service industry index grew by 8.3%, the national fiscal revenue grew 9.7%, and the national fiscal expenditure increased 11.4% over the same period of previous year respectively. M2 growth slowed month by month, RMB deposits grew steadily, and loan growth remained stable. Bond issuance size is declined, transaction size picked up, and RMB depreciates slightly against the U. S. dollar. At the same time, there exists potential risks in production cut for environment, squatter settlement rebuilding, local government debts and bank loans. It is suggested to keep a balance between steady growth, risk prevention and deficit control, maintain a reasonable and appropriate currency liquidity, and adjust the liquidity structure.

Keywords: Investment; Import and Export; Local Debt; Environmental Protection

B. 15 China's Financial Situation Analysis and Outlook (2017 –2018) *Chen Shoudong , Sun Yanlin* / 195

Abstract: This paper extends FCI with key risk factors from the perspective of systemic risk impact, and constructs the financial climate index system using FCI as a synchronization indicator, including the financial consensus index, the financial leading index and the financial lagging index. Based on this, we predicted and analyzed China's financial situation. The results show that among the key risk factors, the risk of house price volatility and the risk inertia of the non-performing loans of the banking industry are obvious, and they are also affected by the impact of other factors. Risk monitoring is needed. The capacity-to-production risk is significantly affected by other factors. Supplementary economic policies and regulatory measures should be adopt so as to ensure the stability. It will probably achieve stable economic growth in 2017, and it will be the long-term favorable trend. However, some time in the future, higher transfer probability is in risk accumulation zone, and there are other factors that affect the stability of China's financial situation. Therefore, more attention should be paid to the prevention and control of systemic risk.

Keywords: Key Risk Factors; Systematic Risk; Financial Condition Index

V Consumption, Investment and Import-Export

B. 16 Current Investment Situation Analysis and
Its Countermeasures *Zhang Tao* / 208

Abstract: The world economy is slowly recovering, while China's economy continues to run smoothly. China has gradually become the most stable and core engine of the global economic recovery. In the new era, our economy has shifted from a period of high-speed growth to high-quality development. Strengthen the basic role of consumption, give full play to the countercyclical adjustment function of investment, they are the key to achieve steady growth, structural adjustment and development. It is estimated that the nominal investment in fixed assets in the whole society will increase by 6.3% by 2018, a slight decrease from 2017. At present, optimizing the investment structure of the industry, stimulating the vitality of private capital and regulating the two-way investment layout are three important contents of macro-control.

Keywords: China's Economic; Investment; New Era

B. 17　Changes in Consumption Structure and Policy
Orientation: 2017 −2018

Xuan Ye, Yu Yongze, Chen Qifei and Zhang Li / 218

Abstract: Since the 18th National Congress of the Communist Party of China, the income level and living standard of urban and rural residents have been significantly raised. The proportion of household consumption in GDP continues to rise. The scale of household consumption continues to expand. The consumption structure of urban and rural residents has been significantly improved. Demand grows to the pursuit of healthy life. The mode of 'Internet + consumption' further unlock the consumption potential. The 19th NCCP have set new demands on the scale expansion, structural optimization and regional balance of consumption in our country. The growing people's good life requires the rapid growth of service-oriented consumption in pursuit of a healthy life, high quality and high quality. Personalized, personalized consumption gradually become a new trend. Under the new contradictions in the new era, we need to promote the continuous upgrading of China's consumption structure from the following four aspects: continuously creating a good consumption environment and expanding service consumption; adjusting income distribution and optimizing the structure of consumer subjects; optimizing the industrial structure and effectively meeting consumer demand; Vigorously promoting the 'internet +' and innovative consumption patterns.

Keywords: New Contradiction in New Era; Consumption Structure; Policy Orientation

B. 18　China's Foreign Trade has Made Significant Progress in
Its Transformation and Upgrading
—2017 Analysis and 2018 Outlook

Jin Bosong, Liu Jianying / 240

Abstract: China's foreign trade rebounded in 2017. Compared with the world's major trading nations, the growth rate of China's foreign trade has slowed sharply, and the old scenery no longer exists. In the past, we cite a series of indicators to illustrate the progress that China has made in the transformation and upgrading of its foreign trade. In 2017, we added the analysis and forecast for the future. The import and export of foreign products is closely related to our industrial structure. There is a causal relationship between the upgrading of industrial structure is closely related to our scientific research and independent technology research and development. We analysis from the development of science and technology to high-end manufacturing industry, and conclude that China's foreign trade will enter a new stage in the future.

Following the trend of recovery in 2017, the world economy and trade will maintain rapid growth in 2018, and the world economy will enter a prosperous period with its short-term operation. In 2016, artificialintelligence made major breakthroughs. In 2017, the major powers in the world launched a grand artificial intelligence game. 2018 is to be a crucial moment for the rise of the world's science and technology industry. In 2018, our country's foreign trade will achieve rapid growth with quality, grade and brand.

Keywords: Transformation and Upgrading; Technological Industrial Revolution; Artificial Intelligence; World Economy; Prosperity Period.

Ⅵ Market Price and Income Distribution

Abstract: From 2012 to 2018, China's manufacturing industry completed the upgrading of its overall model and structural optimization. The transformation and upgrading of manufacturing industries have had a synergistic effect on the pattern of consumption and investment. Data show that consumption-related industries are gradually approaching the critical point of change in 2017 and are expected to form explosive growth in 2018 − 2019, leading the Chinese economy into a new consumption era. In the future, the people's growing good life will need to be continuously met, the quality of consumption will be improved, the structure will be improved, the scale will be expanded, the proportion will increase, and then the economy will be able to develop steadily with less volatility.

Keywords: Mode upgrade; Consumption; Across; PMI

B. 20   Commodity Market Analysis in 2017 and Its Forecast of 2018

Chen Kexin / 270

Abstract: In 2017., the overall commodity market in China presents an overall warming trend with a positivemacroeconomic outlook. Significant growth in consumer demand, demand-pull effect is obvious. The improvement of supply and demand and the increase of costs have doubled the commodity supply. Due to the rise in market prices, industry profit levels doubled. It is estimated that there will be a complete drop in the commodity market indicators in 2018, but the commodity market in China still maintains a huge scale of mass production. As a result, commodities market will change from the bull market into a moderate pattern. This paper revise the overall market judgment from 'optimistic' to 'cautiously optimistic'.

Keywords: Demand-Driven; Commodity Market; China

B. 21   Taxation Situation Analysis in 2017 and Its Forecast of 2018

Fu Guangjun / 281

Abstract: In 2017, tax revenue increased 13. 8% in the first quarter, and its growth rate was 6. 9% higher than the economic growth rate. The cumulative growth rate in the second quarter was 11. 6% , slightly down from the first quarter, but still higher than the economic growth rate of 4. 7 percentage points. The third quarter cumulative growth rate of 12. 8% , higher than the economic growth rate of 5. 9 percentage points. The growth rate of major tax revenue increased over the previous year. Tax revenue from major coastal provinces, except Beijing and Jiangsu, recorded a higher growth rate of tax revenue. The majority of other provinces picked up their growth rate from the previous year, which directly affected the national tax revenue growth showing a recovery trend. If the macroeconomic situation in China is running at a slow speed in 2017, tax revenue will once again enter a period higher than the period of economic growth.

Keywords: Tax Situation; Tax Revenue; China

B. 22   Review of Stock Market in 2017 and Outlook for 2018
Li Shiqi, Zhu Pingfang / 292

Abstract: In 2017, China's stock market was stable under the background of strict financial supervision. The issuance of new shares was normalized. The successful inclusion ofA shares in MSCI marked a new stage in the opening up of China's stock market. The A-share market entered a stage of market differentiation. Blue chip stocks Steady rise in value, consumer cycle stocks led the gains. Supply-side structural reforms will continue to exert force in 2018. The policy of ' deleveraging and short-selling' is expected to become the focus. The global economic recovery will open the normalization of monetary policy and the overall liquidity will tighten steadily. In 2018, China's stock market will usher in more structural opportunities under the main line of value investment.

Keywords: Stock Market; Monetary Policy; Investment Value

Ⅶ   New Economy & New Kinetic Energy

B. 23   China Digital Economy Development Overview in 2016 −2017
Ye Xiumin, Jiang Qiping / 309

Abstract: China's digital economy maintained its rapid growth in 2016. The total output value of the digital economy reached 22. 6 trillion RMB, accounting for 30. 1% of the national total. It has become an important part of the national economy. Innovation in the field of digital economy continued to emerge. The effect of ' Internet +' in promoting the integration of traditional economy and digital economy. It plays a significant role in promoting public entrepreneurship and flexible employment, helping poverty alleviation, and improving the issues concerning agriculture, countryside and farmers. 'Digital economy' has been written into the government work report, and has been developing towards integration, ecology, data and globalization.

Keywords: Digital Economy; Convergence; Consumption; Industry Upgrade

B. 24 Actively Promote the Innovation and Development of Modern Supply Chain, and Enhance the Quality of Economic Development *Cai Jin, Wu Wei* / 331

Abstract: Since 2017, the overall economic operation has shown a trend of steady growth in China. The improvement of the synergy of economic operation is manifested in the synergy of development among different enterprises, between different industries and between different regions. Due to the stable demand and supply-side structural reforms, economic growth will maintain a steady growth rate. It is suggested that innovation and development in modern supply chain is an effective way to reduce costs, increase efficiency, optimize economic structure, create a good logistics environment, and reduce institutional costs, create new value for the innovation and development of modern supply chain, and promote the quality of economic development.

Keywords: Steady Growth; Supply Chain; Innovation; Coordination

B. 25 Impact of Electric Vehicle Alternative Fuel Car Prospects on Future Energy Demand *Li Ping, Liu Qiang and Wang Qia* / 340

Abstract: This report reviews the development of global and China's electric vehicle (EV) industry, and analyze how this development will influence future energy mix of China with background through the China Energy Modeling System. The result shows that the development of EV will have a sound impact to energy mix in future, raising the demand of electricity. Thus China needs to enhance her policy on coal-power generation and promote the development of natural gas-power more quickly, otherwise the effects of coal-reduction policy will be mitigated by this fast demand. Meanwhile, this report also suggests China should encourage the competition among different technical routes of EV, including pure EV, PHECV, Hybrid, etc. This competition will promote the development of the whole industry as well as technological updating.

Keywords: Electric Vehicle; Energy Mix Structure; Energy Projection Model; Fuel Choice

B. 26　China's Employment Miracle and Its Follow-up Actions

Yang Yiyong, Huang Yandong / 352

Abstract: In the first three quarters of 2017, 10.77 million new jobs were created across the country, an increase of 300,000 over the same period of last year. The target of creating over 11 million jobs in urban areas is about to be completed ahead of schedule. According to the statistical data, unemployment rate in the third quarter of 2017 was also relatively low. From urban surveys in 31 big cities, unemployment rates have remained below 5% for seven consecutive months. To tackle the potential employment problems such as rising labor costs, replacement of laborers by workers, and female employment after the second child policy, it is suggested that the employment quality, the labor force quality, and the total factor productivity should be further improved, so as to promote the economy Sustained growth.

Keywords: Okun's Law; Employment; Labor Supply

社会科学文献出版社

皮书系列

❖ 皮书起源 ❖

"皮书"起源于十七、十八世纪的英国,主要指官方或社会组织正式发表的重要文件或报告,多以"白皮书"命名。在中国,"皮书"这一概念被社会广泛接受,并被成功运作、发展成为一种全新的出版形态,则源于中国社会科学院社会科学文献出版社。

❖ 皮书定义 ❖

皮书是对中国与世界发展状况和热点问题进行年度监测,以专业的角度、专家的视野和实证研究方法,针对某一领域或区域现状与发展态势展开分析和预测,具备原创性、实证性、专业性、连续性、前沿性、时效性等特点的公开出版物,由一系列权威研究报告组成。

❖ 皮书作者 ❖

皮书系列的作者以中国社会科学院、著名高校、地方社会科学院的研究人员为主,多为国内一流研究机构的权威专家学者,他们的看法和观点代表了学界对中国与世界的现实和未来最高水平的解读与分析。

❖ 皮书荣誉 ❖

皮书系列已成为社会科学文献出版社的著名图书品牌和中国社会科学院的知名学术品牌。2016年,皮书系列正式列入"十三五"国家重点出版规划项目;2013~2018年,重点皮书列入中国社会科学院承担的国家哲学社会科学创新工程项目;2018年,59种院外皮书使用"中国社会科学院创新工程学术出版项目"标识。

中国皮书网

（网址：www.pishu.cn）

发布皮书研创资讯，传播皮书精彩内容
引领皮书出版潮流，打造皮书服务平台

栏目设置

关于皮书：何谓皮书、皮书分类、皮书大事记、皮书荣誉、
皮书出版第一人、皮书编辑部

最新资讯：通知公告、新闻动态、媒体聚焦、网站专题、视频直播、下载专区

皮书研创：皮书规范、皮书选题、皮书出版、皮书研究、研创团队

皮书评奖评价：指标体系、皮书评价、皮书评奖

互动专区：皮书说、社科数托邦、皮书微博、留言板

所获荣誉

2008 年、2011 年，中国皮书网均在全国新闻出版业网站荣誉评选中获得"最具商业价值网站"称号；

2012 年，获得"出版业网站百强"称号。

网库合一

2014 年，中国皮书网与皮书数据库端口合一，实现资源共享。

权威报告・一手数据・特色资源

皮书数据库
ANNUAL REPORT(YEARBOOK)
DATABASE

当代中国经济与社会发展高端智库平台

所获荣誉

- 2016年，入选"'十三五'国家重点电子出版物出版规划骨干工程"
- 2015年，荣获"搜索中国正能量 点赞2015""创新中国科技创新奖"
- 2013年，荣获"中国出版政府奖・网络出版物奖"提名奖
- 连续多年荣获中国数字出版博览会"数字出版・优秀品牌"奖

成为会员

通过网址www.pishu.com.cn或使用手机扫描二维码进入皮书数据库网站，进行手机号码验证或邮箱验证即可成为皮书数据库会员（建议通过手机号码快速验证注册）。

会员福利

- 使用手机号码首次注册的会员，账号自动充值100元体验金，可直接购买和查看数据库内容（仅限使用手机号码快速注册）。
- 已注册用户购书后可免费获赠100元皮书数据库充值卡。刮开充值卡涂层获取充值密码，登录并进入"会员中心"—"在线充值"—"充值卡充值"，充值成功后即可购买和查看数据库内容。

社会科学文献出版社 皮书系列
SOCIAL SCIENCES ACADEMIC PRESS (CHINA)

卡号：333232695414
密码：

数据库服务热线：400-008-6695
数据库服务QQ：2475522410
数据库服务邮箱：database@ssap.cn
图书销售热线：010-59367070/7028
图书服务QQ：1265056568
图书服务邮箱：duzhe@ssap.cn

S 基本子库
SUB DATABASE

中国社会发展数据库（下设 12 个子库）

全面整合国内外中国社会发展研究成果，汇聚独家统计数据、深度分析报告，涉及社会、人口、政治、教育、法律等 12 个领域，为了解中国社会发展动态、跟踪社会核心热点、分析社会发展趋势提供一站式资源搜索和数据分析与挖掘服务。

中国经济发展数据库（下设 12 个子库）

基于"皮书系列"中涉及中国经济发展的研究资料构建，内容涵盖宏观经济、农业经济、工业经济、产业经济等 12 个重点经济领域，为实时掌控经济运行态势、把握经济发展规律、洞察经济形势、进行经济决策提供参考和依据。

中国行业发展数据库（下设 17 个子库）

以中国国民经济行业分类为依据，覆盖金融业、旅游、医疗卫生、交通运输、能源矿产等 100 多个行业，跟踪分析国民经济相关行业市场运行状况和政策导向，汇集行业发展前沿资讯，为投资、从业及各种经济决策提供理论基础和实践指导。

中国区域发展数据库（下设 6 个子库）

对中国特定区域内的经济、社会、文化等领域现状与发展情况进行深度分析和预测，研究层级至县及县以下行政区，涉及地区、区域经济体、城市、农村等不同维度。为地方经济社会宏观态势研究、发展经验研究、案例分析提供数据服务。

中国文化传媒数据库（下设 18 个子库）

汇聚文化传媒领域专家观点、热点资讯，梳理国内外中国文化发展相关学术研究成果、一手统计数据，涵盖文化产业、新闻传播、电影娱乐、文学艺术、群众文化等 18 个重点研究领域。为文化传媒研究提供相关数据、研究报告和综合分析服务。

世界经济与国际关系数据库（下设 6 个子库）

立足"皮书系列"世界经济、国际关系相关学术资源，整合世界经济、国际政治、世界文化与科技、全球性问题、国际组织与国际法、区域研究 6 大领域研究成果，为世界经济与国际关系研究提供全方位数据分析，为决策和形势研判提供参考。

法律声明

　　"皮书系列"（含蓝皮书、绿皮书、黄皮书）之品牌由社会科学文献出版社最早使用并持续至今，现已被中国图书市场所熟知。"皮书系列"的相关商标已在中华人民共和国国家工商行政管理总局商标局注册，如LOGO（▉）、皮书、Pishu、经济蓝皮书、社会蓝皮书等。"皮书系列"图书的注册商标专用权及封面设计、版式设计的著作权均为社会科学文献出版社所有。未经社会科学文献出版社书面授权许可，任何使用与"皮书系列"图书注册商标、封面设计、版式设计相同或者近似的文字、图形或其组合的行为均系侵权行为。

　　经作者授权，本书的专有出版权及信息网络传播权等为社会科学文献出版社享有。未经社会科学文献出版社书面授权许可，任何就本书内容的复制、发行或以数字形式进行网络传播的行为均系侵权行为。

　　社会科学文献出版社将通过法律途径追究上述侵权行为的法律责任，维护自身合法权益。

　　欢迎社会各界人士对侵犯社会科学文献出版社上述权利的侵权行为进行举报。电话：010-59367121，电子邮箱：fawubu@ssap.cn。

社会科学文献出版社